Forum für Verhaltenstherapie und psychosoziale Praxis
Band 29

W0227261

Verlag

Forum für Verhaltenstherapie und psychosoziale Praxis
Band 20

Verhaltenstherapeutische Ansätze im Umgang mit schizophren Erkrankten

Konzepte - Praxis - Perspektiven

herausgegeben von

Arnold Stark

Deutsche Gesellschaft für Verhaltenstherapie
Tübingen
1995

Prof. Arnold Stark
Fachhochschule Hildesheim/Holzminden
Fachbereich Sozialpädagogik
Hohnsen 1
31134 Hildesheim

Die Deutsche Bibliothek – CIP-Einheitsaufnahme
Verhaltenstherapeutische Ansätze im Umgang mit schizophren Erkrankten :
Konzepte - Praxis - Perspektiven
Hrsg.: Arnold Stark. – Tübingen : dgvt-Verlag, 1996
    (Forum für Verhaltenstherapie und psychosoziale Praxis ; Bd. 29)
    ISBN 3-87159-129-7
NE: Stark, Arnold [Hrsg.]; GT

© 1996 dgvt-Verlag, Tübingen
Deutsche Gesellschaft für Verhaltenstherapie (DGVT)
Postfach 13 43
72003 Tübingen

Umschlagbild: Wolf-Dieter Schuh, Reutlingen
Umschlaggestaltung: Cathrin Steppuhn, Tübingen
Satz: Iris Belz, Leinfelden-Echterdingen
Druck: Müller+Bass, Tübingen
Bindung: Buchbinderei Nädele, Nehren

ISBN 3-87159-129-7

Inhaltsverzeichnis

Vorwort

Der vorliegende Band ist aus einem Themenblock auf dem 10. Kongreß für Klinische Psychologie und Psychotherapie 1994 in Berlin entstanden und enthält Kongreßbeiträge in überarbeiteter Form, erweitert durch weitere Aufsätze. Daß das Buch 20 Jahre nach dem Erscheinen des "Berichts der Enquête-Kommission über die Lage der Psychiatrie in der Bundesrepublik Deutschland" erscheint, war ursprünglich nicht beabsichtigt. Daß es etwa gleichzeitig mit anderen Veröffentlichungen zum Thema erscheint, nehme ich als Hinweis darauf, daß wir mit der Etablierung verhaltenstherapeutischer und psychoedukativer Methoden als Standardtherapie schizophren Erkrankter in absehbarer Zeit rechnen können. Ich hoffe, daß auch dieser Band seinen Beitrag dazu leisten kann.

Danken möchte ich allen Autorinnen und Autoren, weiter Herrn Otmar Koschar aus dem Verlag der DGVT und Andrea Sacher von der Redaktionskommission für wohlwollende Aufnahme und Begleitung sowie Rückmeldung. Besonderer Dank gilt Frau Helgard Schulz, Herrn Wolf-Dieter Schuh und Herrn Andreas Bay für die Bereitschaft, ihre Arbeiten für die Gestaltung des Buches zur Verfügung zu stellen, sowie Frau Dipl.-Psych. Marlies Busch für die Vermittlung.

Gewidmet soll das Buch den noch lebenden Opfern von "Euthanasie"-Maßnahmen und Zwangssterilisation sein, die immer noch nicht als Verfolgte des NS-Regimes anerkannt sind.

In einer Zeit, in der eine berufspolitische Diskussion mit dem Motto angeregt werden kann: "Es geht um den Anspruch einer Disziplin, der der gesunden Erziehung und Sozialarbeit.", mag die Erinnerung an vergangene Gesundheitskulte sinnvoll sein.

Hildesheim, September 1995

Arnold Stark

Einleitung

Der Themenblock auf dem 10. Kongreß für Klinische Psychologie und Psychotherapie der DGVT 1994 trug den Titel: "Verhaltenstherapie bei Schizophrenen unter Berücksichtigung der ambulanten Versorgung". In der Zeit bis zur Erscheinung des Buches, das aus diesem Themenblock entstanden ist, hat sich nicht nur unsere Sensibilität für den Etikettierungen festschreibenden und damit stigmatisierenden Charakter der Bezeichnung "Schizophrenie" erhöht. Deutlich ist auch geworden, daß Auswahl und Anordnung der einzelnen Beiträge lediglich zu Überlegungen für die ambulante Arbeit mit schizophren Erkrankten anstoßen können .

Wie sehr sich Typen und Begrifflichkeit verhaltenstherapeutischen und psychoedukativen Vorgehens mit dem Sozialleistungssystem der Bundesrepublik Deutschland stoßen, versucht der Herausgeber Arnold Stark aufzuzeigen.

Den notwendigen Rahmenbedingungen verhaltenstherapeutischen Handelns im Umgang mit schizophren Erkrankten, nämlich Gemeindenähe sowie Koordination und Bündelung der Maßnahmen gilt der Beitrag von HÖFER, Mitglied der Fachkommission Psychiatrie Niedersachsen.

Verzichtet haben wir auf einen Beitrag zu den sozialrechtlichen Voraussetzungen zur Finanzierung von Verhaltenstherapie und verhaltenstherapeutisch begründetem Vorgehen bei schizophren Erkrankten, da zu befürchten wäre, daß ein solcher Beitrag in kurzer Zeit nicht mehr den sozialrechtlichen Gegebenheiten entsprechen würde.

SCHAUB & BRENNER geben einen systematischen Überblick über die bestehenden verhaltenstherapeutischen Ansätze zur Behandlung schizophren Erkrankter und deren Entwicklung. Auf die Funktion der Psychiatrischen Universitätsklinik Bern für die Einführung verhaltenstherapeutischer Verfahren bei schizophren Erkrankten im deutschsprachigen Raum zu verweisen, erübrigt sich.

Für die Bundesrepublik Deutschland konnte eine solche Vollständigkeit nicht angestrebt werden. Eine Reihe von Einzelbeiträgen stellt das Spektrum verhaltenstherapeutischer Arbeit im ambulanten und komplementären Bereich vor:

Süllwold & Herrlich (1990) haben ihre Studie zur ambulanten Behandlung schizophren Erkrankter als "weiterer Baustein für ein multimodales Konzept der Schizophreniebehandlung" vorgelegt. Deshalb beginnt der Abschnitt mit Praxisbeispielen aus der Bundesrepublik Deutschland mit einem Beitrag von HERRLICH. Sie zeigt anhand von Fallbeispielen auf, wie umfassend die Möglichkeiten der ambulanten Behandlung schizophren Erkrankter sind. MAURER & BERTEN diskutieren mit Erfahrungen aus verschiedenen Einrichtungstypen vor allem die Besonderheiten, Möglichkeiten und Grenzen verhaltenstherapeutischer Beziehungsgestaltung im ambulanten Setting (den Aspekt der Beziehungsgestaltung nimmt aus anderer Sicht an anderer Stelle Brücher nochmals auf). NAGEL-SCHMITT schildert insbesondere die Gestaltung des Rahmens für die Übertragung psychoedukativer

Ansätze in einem bewußt niedrigschwelligen Angebot. Der Abschnitt schließt mit Darstellungen von Verhaltenstherapien in psychiatrischen Wohnheimen von CONRADS. Die Falldarstellungen stammen aus einem noch weithin vernachlässigten Bereich der psychiatrischen Versorgung. Gezeigt wird, daß Verhaltenstherapie, die den methodischen Anforderungen einer Verhaltenstherapie als "Psychotherapie" genügt, sinnvoll gerade in einem pädagogischen Kontext durchgeführt werden kann. Grundlage dieses Beitrags sind Falldokumentationen aus dem Weiterbildungsstudium "Psychotherapie mit Schwerpunkt Verhaltenstherapie" der DGVT und der FernUniversität Hagen.

Diesen Einzelbeiträgen folgen zwei Abschnitte, die standardisierte Vorgehensweisen schildern:

Der erste Abschnitt gilt der Arbeit mit den LIBERMAN-Modulen, soweit die Übersetzungen von Brenner und Mitarbeitern (1990) vorliegen. SPILLE schildert das Vorgehen beim "Symptom-Management-Modul". HEMPEL stellt aus der Sicht des niedergelassenen Nervenarztes erste Überlegungen darüber an, wie der Bedeutung der Frühsymptome bei schizophren Erkrankten in der ambulanten Regelversorgung Rechnung getragen werden kann. BEHRENDT berichtet über bereits bestehende Erfahrungen im Setting der Tagesklink der Universitätsklinik Homburg/ Saar.

Ein weiterer Abschnitt bezieht sich auf die Arbeit mit psychoedukativen Programmen. Von den Arbeitsgruppen in der Bundesrepublik Deutschland, die standardisierte Vorgehensweisen entwickelt haben, sind diejenigen aus München (Bäuml, 1994) und Münster (Kieserg & Hornung 1994) vertreten. Aus der Münchener Arbeitsgruppe zieht BUTTNER nach einer Definition des inzwischen inflationär gebrauchten Begriffes "Psychoedukation" das Fazit, daß die Einbeziehung behavioraler Elemente für die Wirksamkeit psychoedukativer Verfahren wesentlich ist. Eine versorgungsepidemiologische Studie zur Verbreitung psychoedukativer Verfahren in süddeutschen psychiatrischen Krankenhäusern von BUTTNER & KISSLING legt nahe, daß in der stationären Akutbehandlung die Voraussetzungen für den Einsatz psychoedukativer Verfahren und für verhaltenstherapeutische Behandlung in der späteren ambulanten Nachsorge bereits bestehen. BÄUML, PITSCHEL-WALZ & KISSLING schließlich berichten aus dem Münchener Psychose-Informations-Projekt (PIP), die auch in ein Programm zur Weiterbildung für die ambulante Versorgung eingehen werden. Kieserg & Hornung (1994) haben das "Psychoedukative Training für schizophrene Patienten" (PTS) mit dem Ziel entwickelt, die ambulante Versorgung zu verbessern. Auch HORNUNG, KIESERG & FELDMANN verfügen neben den Ergebnissen einer systematischen Studie über klinische Erfahrungen nur aus einem tagesklinischen Setting.

Der letzte Teil hat insbesondere die Arbeit mit Familien als notwendigen Bestandteil jeder längerfristigen Psychotherapie mit schizophren Erkrankten zum Thema. Mit dem Beitrag von DÜRR & HAHLWEG wird ein bewährter stringent verhaltenstherapeutischer Ansatz psychoedukativer Arbeit mit Familien vorgestellt und am Fallbeispiel illustriert. Die Beiträge von HIETEL-WENIGER & BRÜCHER zur psychoedukativen Gruppenarbeit sowie von BRÜCHER zur Arbeit mit Familien aus Arbeitszusammmenhängen der Universitätsklinik Marburg stellen wir aus zwei Gründen an den Schluß: Psychoedukation in der stationären Behandlung und Ar-

beit mit Familien in der ambulanten Nachsorge werden als Teile eines umfassenden Therapiekonzepts deutlich. Noch wichtiger sind die Ausführungen über die
Bedeutung der therapeutischen Beziehungsgestaltung, insbesondere der Nähe-Di-
stanz-Regulation, für die Arbeit gerade mit schizophren Erkrankten. Bei der Fülle
von Mitteilungen über das methodische Vorgehen in allen Beiträgen kann die Bedeutung der therapeutischen Beziehung nicht genug hervorgehoben werden.

Ursprünglich hatten wir den Wunsch, als kritisches Korrektiv zur doch behand-
lungsorientierten Perspektive verhaltenstherapeutischer Ansätze einen Beitrag über
die "Psychose-Seminare" als neuer Form des Umgangs von Professionellen, Psychose-Erfahrenen und Angehörigen miteinander aufzunehmen, verbunden auch mit
der Stellungnahme der NutzerInnen (und letztlich AuftraggeberInnen) der hier vorgestellten Dienstleistungen. Daß uns dies nicht gelungen ist, bedeutet nicht, daß
wir nicht an der Stellungnahme psychiatrie-erfahrener Personen auch zu dem hier
vorgelegten Sammelband interessiert sind.

Literatur:

Bäuml, J. (1993). Psychosen aus dem schizophrenen Formenkreis. Ein Ratgeber für Patienten und Angehörige. Berlin: Springer

Kieserg, A. & Hornung, W.P. (1994). Psychoedukatives Training für schizophrene Patienten
(PTS). Tübingen: dgvt-Verlag

Süllwold, L. & Herrlich, J. (1990). Psychologische Behandlung schizophren Erkrankter.
Stuttgart: W. Kohlhammer

I.

Rahmenbedingungen sind keine Randbedingungen - das Versorgungssystem der Bundesrepublik Deutschland als Rahmen verhaltenstherapeutischer Arbeit mit schizophren Erkrankten

Umseitiges Bild:

ohne Titel
Helgard Schulz, Mai 1995

Zum sozialpolitischen Kontext verhaltenstherapeutischer Arbeit mit schizophren Erkrankten in der ambulanten Versorgung

Arnold Stark

Vor 20 Jahren erschien der "Bericht über die Lage der Psychiatrie in der Bundesrepublik Deutschland". Diesem Bericht folgten Modellvorhaben, die schließlich in die "Empfehlungen der Expertenkommission der Bundesregierung zur Reform der Versorgung im psychiatrischen und psychotherapeutisch/psychosomatischen Bereich" vom 11. November 1988 einmündeten. Diese "Empfehlungen" sind die immer noch gültige Diskussionsgrundlage für Überlegungen zur Weiterentwicklung der psychiatrischen Versorgung, so auch für den "Bericht der Fachkommission Psychiatrie Niedersachsen", der im November 1993 vom Sozialministerium des Landes Niedersachsen vorgelegt wurde.

Die Fachkommission äußert sich dabei auch zum Stellenwert der Verhaltenstherapie insbesondere für die Behandlung chronisch psychisch Erkrankter. Da sich die Aussage vermutlich auch für die gesamte Bundesrepublik Deutschland verallgemeinern läßt, soll sie ausführlich zitiert werden:

Der dringend erforderliche Einsatz ambulanter Behandlungskompetenz [...] kann nur dann für ein der komplexen Krankheitssituation angemessenes Behandlungsprogramm genutzt werden, wenn in einem erheblich verbesserten Umfang Möglichkeiten der medizinischen Rehabilitation eingesetzt werden können. Die bisherige Anwendungspraxis des SGB V entspricht bei weitem nicht den konzeptionell abgesicherten medizinischen Hilfemöglichkeiten. Das Fehlen von Ausführungsregelungen zu § 27 SGB V, der ausdrücklich den Einsatz besonderer Hilfen für psychisch Kranke vorsieht, hat dazu geführt, daß bislang leider nur auf der Grundlage von Sonderregelungen und Modellerprobungen positive Erfahrungen gesammelt werden konnten. [...]
Ein besonderer Mangel besteht bei psychotherapeutischen Behandlungen und supportiven Psychotherapien für chronisch psychisch Kranke, insbesondere mit schizophrenen Psychosen. Hierfür müssen spezifische und wohl ausgewählte Therapiemethoden eingesetzt werden. Diese existieren, sind aber zu wenig verbreitet und müssen weiterentwickelt werden. Die Richtlinien-Psychotherapie läßt solche Behandlungen zwar grundsätzlich zu, tatsächlich finden sie kaum statt. Die Gründe dafür liegen unter anderem darin, daß Ausrichtung und Erfahrung der (insbesondere psychologischen) Psychotherapeuten auf andere Patientengruppen gerichtet sind und die Patienten selbst ihre diesbezüglichen Versorgungsbedürfnisse nicht klar genug formulieren und durchsetzen können.

Erforderlich ist die Verwirklichung einer der Problematik angepaßten Psychotherapie, wofür insbesondere verhaltenstherapeutische/kognitive Verfahren in Frage kommen. Die Richtlinienpsychotherapie sollte sich dieser Patientengruppe vermehrt zuwenden. [...]

(Bericht der Fachkommission Psychiatrie Niedersachsen, 1993, S. 33 ff.)

In der Koalitionsvereinbarung zwischen SPD und GRÜNEN vom 19. Juni 1990 war die Einrichtung einer Fachkommission zur "Formulierung eines Konzepts zur aktivierenden Pflege und zu Aspekten einer gemeindenahen Psychiatrie" beschlossen worden. Die "Fachkommission Psychiatrie Niedersachsen" schlägt in ihrem bereits zitierten "Bericht" unter anderem eine Novellierung des "Niedersächsischen Psychisch-Kranken-Gesetzes (Nds.PsychKG)" vor. Dabei soll, anders als bisher, ein Behandlungsauftrag für "Sozialpsychiatrische Dienste" als multidisziplinär besetztem Organisationstyp vorgesehen werden. Dies wäre auch ein Beitrag dazu, der Forderung nach einem hinreichenden ambulanten verhaltenstherapeutischen Angebot für psychisch Erkrankte nachzukommen. Der Entwurf zu einer Novellierung liegt vor; die Diskussion darum ist noch nicht abgeschlossen (vgl. Höfer, 1995, in diesem Band).

Zu gleicher Zeit stand auf Bundesebene die Diskussion um ein "Psychotherapeutengesetz" auf einem Höhepunkt, dies nicht ohne Widersprüche: Zwar wurde relativ schnell Konsens darüber erzielt, daß Erfahrungen im psychiatrischen Versorgungssystem notwendiger Bestandteil einer psychotherapeutischen Ausbildung sein müssen. Andererseits wurden auch Indikationskataloge diskutiert, die psychotisch Erkrankte von der Behandlung durch psychologische Psychotherapeut/inn/en ausgeschlossen, den Zugang zu einer solchen Behandlung zumindest erschwert hätten (vgl. Referentenentwurf des Bundesministeriums für Gesundheit vom 24. 5. 1993). Fachverbände wie die "Deutsche Gesellschaft für Verhaltenstherapie" (DGVT) lehnten einen Indikationskatalog ab - unter anderem mit dem Hinweis darauf, daß bei der stationären Behandlung psychotisch Erkrankter Psycholog/inn/en mit dem Einsatz verhaltenstherapeutischer Methoden ihren festen Platz haben.

Daß eine Trennung zwischen "Krankheit" und "Krankheitsfolgen" für das Geschehen bei psychischen Erkrankungen nicht angemessen ist, dabei leistungsrechtlich zu Benachteiligungen für psychisch Erkrankte führt, geht bereits aus den Ausführungen im "Bericht der Enquête-Kommission über die Lage der Psychiatrie in Deutschland" hervor. Als Versuch, Mißverständnissen vorzubeugen, die sich aus der Verwendung (primär) leistungsrechtlicher Begriffe außerhalb ihres Kontextes ergeben können, sei nochmals der "Bericht der Fachkommission Psychiatrie Niedersachsen" zitiert:

Die Kennzeichnungen "psychisch krank" und "seelisch behindert" dienen begrenzten Verständigungszwecken. Sie sind nicht so definiert, daß sie in jedem möglichen Zusammenhang mit der gleichen Bedeutung verstanden werden. Deswegen ist es notwendig, bei ihrer Verwendung stets den Kontext zu nennen. [...]
Die Begriffe "psychisch krank" und "seelisch behindert" beziehen sich im leistungsrechtlichen Zusammenhang nämlich auf unterschiedliche Auswirkungen psychischer Störungen. Im Kontext der hilfe- und leistungsberechtigten Konstruktionen bedeutet "psychisch krank" be-

handlungsbedürftig und behandlungsberechtigt. "Seelisch behindert" dagegen kennzeichnet -
gegebenenfalls - die anhaltende, erhebliche Beeinträchtigung der Anpassungsmöglichkeiten
[...]. Eine derartige Unterscheidung ist dagegen aufgrund diagnostischer Klassifizierungen
nicht gegeben [...]. Deswegen kann für ein und dieselbe Person sowohl die Feststellung
"psychisch krank" als auch die Feststellung "seelisch behindert" zutreffen.

(a. a. O. S. II f.)

Für den sozialpolitischen Rahmen dieser Veröffentlichung heißt dies zunächst, daß
auch chronisch psychisch Erkrankte Zugang zu psychotherapeutischen - hier speziell verhaltenstherapeutischen - Leistungen haben sollten.

Da "Verhaltenstherapie" (als "Psychotherapie") auf der Grundlage einer umfassenden Problemanalyse - also über "krankheitswertige Symptomatik" hinausgehend -
durchgeführt wird, widerspricht der Gedanke einer störungsspezifischen Kontraindikation den Grundlagen verhaltenstherapeutischen Handelns. Verhaltenstherapeutische Ansätze sind - diesen Grundlagen entsprechend - in der Bundesrepublik
Deutschland sowohl über die Psychologischen Institute wie auch über psychiatrische
Einrichtungen - z.B. das Max-Planck-Institut für Psychiatrie - verbreitet worden.
Andererseits entspricht es diesem Verständnis von "Verhaltenstherapie", daß zusammen mit verhaltenstherapeutischen auch gemeindepsychologische und gemeindepsychiatrische Ansätze vertreten wurden und werden. In der DGVT hat die Diskussion über verhaltenstherapeutische Ansätze - und über die Gestaltung ihrer Rahmenbedingungen in einem sozialtherapeutischen Setting - bei schizophren Erkrankten
immer ihren festen Platz gehabt. Auf den von der DGVT ausgerichteten Kongressen
für Klinische Psychologie und Psychotherapie wurden regelmäßig aktuelle Entwicklungen in diesem Bereich zur Diskussion gestellt.

Auf den Hinweis darauf, daß die Möglichkeiten der Verhaltenstherapie für
schizophren Erkrankte noch kaum realisiert sind, reagierte die DGVT auch bei der
Vorbereitung des 10. Kongresses für Klinische Psychologie und Psychotherapie
1994 in Berlin: Ein Themenblock mit dem Titel "Verhaltenstherapeutische Ansätze
für schizophren Erkrankte in der Bundesrepublik unter Berücksichtigung der ambulanten Versorgung" wurde ausgerichtet, mit dessen Organisation wir beauftragt
waren. Der Zuspruch zu diesem Themenblock bestätigte nochmals, daß verhaltenstherapeutische (und zunehmend auch psychoedukative) Ansätze in der Behandlung
und Rehabilitation schizophren erkrankter Menschen bereits einen hohen Stellenwert besitzen, obwohl die geeigneten Rahmenbedingungen noch weithin fehlen.
Für die ambulante Anwendung verhaltenstherapeutischer und psychoedukativer
Ansätze fehlen allerdings noch gesicherte Erfahrungswerte. Die Beiträge dieses
Bandes zeigen, daß wir uns hier noch in der Erkundungsphase befinden.

Daß verhaltenstherapeutisches Vorgehen noch nicht zum Standard der ambulanten Behandlung von schizophren Erkrankten gehört, bildet sich auch in der verhaltenstherapeutischen Weiterbildung ab: Falldokumentationen von Therapien
schizophren Erkrankter werden - zumindest in den Weiterbildungsmodellen der
DGVT - immer noch relativ selten eingereicht. Zwar sind immer wieder Verhaltenstherapien bei schizophren Erkrankten Gegenstand der Ausbildung (vgl. z.B.
Pfeifer in: Vogel et al., 1994); sie stammen wesentlich aus dem stationären Bereich und bleiben vereinzelt. Dies hat sich auch nicht wesentlich geändert, als am-

bulante psychiatrische Einrichtungen stärker in der verhaltenstherapeutischen Weiterbildung repräsentiert waren: Dokumentationen verhaltenstherapeutischer Behandlungen von hoher Qualität liegen uns inzwischen auch aus Sozialpsychiatrischen Diensten vor; die Arbeit mit schizophren Erkrankten stellt (z.B. gegenüber
der Verhaltenstherapie bei depressiv Erkrankten) aber immer noch eher die Ausnahme dar. Dabei hat die Verhaltenstherapie bei Schizophrenen in den Lehrbü-
chern zur Klinischen Psychologie und in einschlägigen Fachzeitschriften ihren festen Platz. Wir können nur vermuten, daß es vielleicht eher strukturelle Merkmale
der Gesundheitsversorgung insbesondere im ambulanten Bereich als die besonderen Interessenschwerpunkte psychologischer Psychotherapeut/inn/en sind, die
Grundlage für die eingangs zitierte Stellungnahme der Fachkommission Psychiatrie
Niedersachsen sind.

Der Themenblock auf dem 10. Kongreß der DGVT 1994 in Berlin sollte deshalb insbesondere auch Diskussionsforum über Möglichkeiten ambulanter Verhaltenstherapie sein. Bei den Beiträgen waren Ärztinnen/Ärzte und Psychologinnen/
Psychologen zu etwa gleichen Anteilen vertreten. Wir verstehen dies als Hinweis
darauf, daß die Bedeutung psychologischer Ansätze in der Behandlung schizophren Erkrankter gewürdigt und die notwendige berufsübergreifende Kooperation
etabliert ist.

Bei den Beiträgen des vorliegenden Bandes erscheint uns besonders wichtig,
daß verhaltenstherapeutische Ansätze als Beitrag zur Verbesserung der Lebensqualität ihren Wert auch in der soziotherapeutischen und pädagogischen Arbeit erweisen (vgl. Nagel-Schmitt, 1995; Conrads, 1995 sowie Buttner & Kissling, 1995 in
diesem Band).

Die Bezeichnung "verhaltenstherapeutische Ansätze" wird hier als Sammelbe-
griff benutzt. Nicht nur die Diskussion über die Weiterentwicklung der Ausbildung
in Verhaltenstherapie als "Psychotherapie" im Sinne des zur Diskussion stehenden
"Psychotherapeutengesetzes" (wobei die DGVT auch in Zukunft berufsübergreifende Ausbildungen anbieten wird) macht eine Klärung und Differenzierung der Begriffe notwendig:

Aus fachlicher Sicht bedeutet "Verhaltenstherapie", daß Indikationsstellung und
Therapieplanung angepaßt an die individuelle Situation auf der Grundlage einer
umfassenden Problem- und Verhaltensanalyse erfolgen. In diese Problemanalyse
gehen Lebenssituation und auch Rahmenbedingungen der Behandlungssituation als
mögliche Wirkfaktoren ein. Dabei ist als Ergebnis einer solchen umfassenden Analyse durchaus denkbar, daß zur Indikationsstellung die Wahl eines leistungsrechtlichen Rahmens gehört, der nicht "Psychotherapie" ist, z.B. wenn es sinnvoll erscheint, verhaltenstherapeutische Interventionen von hohem methodischem Standard im Rahmen der Alltagswelt und durch permanent anwesende Bezugspersonen
anzubieten (vgl. Conrads, 1995, in diesem Band).

Damit kann nicht die leistungsrechtliche Einordnung darüber entscheiden, ob
Verhaltenstherapie "lege artis" durchgeführt wird. Verhaltenstherapien mit indivi-
dualisierter Planung der Interventionen könnten damit ihrer leistungsrechtlichen
Einordnung nach sowohl als "Psychotherapie", Maßnahme der "medizinischen Rehabilitation" oder "Hilfe zur Eingliederung" firmieren. Bei der Diskussion, die
auch in der DGVT zur Weiterentwicklung der Psychotherapie-Ausbildung geführt

wird, wäre es kaum einsehbar, wenn die methodischen Standards von Verhaltenstherapie dem leistungsrechtlichen System der Bundesrepublik Deutschland untergeordnet würden.

Daß die sozialleistungsrechtlich vorgegebene starre Unterscheidung der Maßnahmen der Situation psychisch Erkrankter nicht entspricht und damit sachfremd ist, ist oben angedeutet und wird von Höfer (1995, in diesem Band) noch weiter ausgeführt.

Aus der Sicht der methodischen Standards von Verhaltenstherapie als komplexem Problemlösungsprozeß auf der Grundlage einer individuellen Problemanalyse stellt sich weiter die Frage, wie weit die Arbeit mit "Therapiemanualen" und - noch mehr - psychoedukativen Programmen als "Verhaltenstherapie" in diesem Sinne gelten kann. Wie Fiedler (1995) ausführt, wird die Bedeutung standardisierter Programme zunehmen; für die Weiterentwicklung der Ausbildung in Psychotherapie wird gefordert, den problemangemessenen Umgang mit solchen Manualen explizit mit aufzunehmen. Von den methodischen Standards der Verhaltenstherapie als komplexem Problemlösungsprozeß her wäre zu fragen, wie weit solche Programme Teil eines umfassenden verhaltenstherapeutischen Therapieplans sind. Gerade bei der Anwendung von Programmen zur Rückfallprophylaxe in der ambulanten Regelversorgung wird dies in der Regel kaum möglich und sachgerecht sein. Soweit Vertreter/innen nichtärztlicher Berufsgruppen im Rahmen der kassenärztlichen Regelversorgung tätig werden, sollte das gesamte Leistungsspektrum des SGB V (z.B. auch Leistungen der "psychosomatischen Grundversorgung") ausgeschöpft werden können. Gerade am Beispiel der Anwendung psychoedukativer Verfahren in der ambulanten Regelversorgung könnte gezeigt werden, daß die Beschränkung z.B. Psychologischer Psychotherapeut/inn/en auf Leistungen der Psychotherapie nicht sachgerecht ist.

Dem augenblicklichen Entwicklungsstand verhaltenstherapeutischer Ansätze in der Bundesrepublik Deutschland entsprechend, nimmt die Arbeit mit Therapiemanualen und mit psychoedukativen Programmen auch im vorliegenden Band großen Raum ein. Dabei liegen für die Umsetzung in die ambulante Versorgung noch zu wenige Erfahrungen vor, als daß man von Erfahrungsregeln sprechen könnte (vgl. dazu auch Albes et al., 1995).

Dabei können vielleicht auch von der Selbstorganisation Psychiatrie-Erfahrener Impulse ausgehen, deren Stellenwert wir noch nicht abschätzen können. Eine wichtige Funktion der Selbsthilfegruppen Psychiatrie-Erfahrener wird auch angesichts verhaltenstherapeutischer Ansätze darin bestehen, "therapiefreie Räume" zu schaffen: Auch wenn das Ziel die Verbesserung der Lebensqualität ist, werden verhaltenstherapeutische Ansätze nicht frei von unerwünschten "Nebenwirkungen", die des Erfahrungsaustausches an solchen sozialen Orten bedürfen. Wie weit Psychose-Erfahrene, die sich zunehmend selbst organisieren, als Nutzer/inn/en und im eigentlichen Sinne Auftraggeber/inn/en eigene Organisationsformen von verhaltenstherapeutisch orientierter und psychoedukativer Begleitung entwickeln werden, die die konkrete Utopie von "Verhandlung statt Behandlung" einlösen können.

Literatur

Albes, S.; Buick, Th. & Pleininger-Hofmann, M. (1995): Psychoedukative Gruppenarbeit im psychiatrischen Alltag einer Region - Erfahrungen mit der Umsetzung im ambulant/ komplementären Bereich. In: Wienberg, G. (Hrsg.). Schizophrenie zum Thema machen. Bonn: Psychiatrie-Verlag

Bundesministerium für Gesundheit: Entwurf eines Gesetzes über die Berufe des Psychologischen Psychotherapeuten und des Kinder- und Jugendlichenpsychotherapeuten und zur Änderung des Fünften Buches Sozialgesetzbuch (Referentenentwurf vom 24. Mai 1993)

Empfehlungen der Expertenkommission der Bundesregierung zur Reform der Versorgung im psychiatrischen und psychotherapeutisch/psychosomatischen Bereich. Bonn, 11. November 1988

Empfehlungen zur Verbesserung der psychiatrischen Versorgung in Niedersachsen. Bericht der Fachkommission Psychiatrie. Hannover, Januar 1993

Fiedler, P. (1995). Psychoedukative Verhaltenstherapie in Gruppen - eine systematische stichwortorientierte Übersicht über die zugänglichen Konzepte und Therapiemanuale. *Verhaltensmodifikation und Verhaltensmedizin*, 16, 35-53

Pfeifer, Th. (1994). Stationäre Verhaltenstherapie bei einem 23jährigen Patienten mit einer schizophrenen Störung. In: Vogel, H. et al. (Hrsg.). Verhaltenstherapeutische Fallberichte. Tübingen: dgvt-Verlag

Ambulante gemeindepsychiatrische Voraussetzungen der Verhaltenstherapie mit schizophren Erkrankten

Eberhard Höfer

[...] Nach kurzer Zeit herrschte Chaos in meinem Gehirn, alles wurde zusammengemanscht wie ein großes Rührei. Das Durcheinander, das die Stimmen anrichteten, war einfach zu chaotisch, ich konnte es nicht ertragen und explodierte [...]

Lori Schiller, 1995: Wahnsinn im Kopf - mein Weg durch die Hölle der Schizophrenie

Zunächst eine Vorbemerkung: Mein Beitrag ist nicht absichtsfrei, sondern zielt in zwei Richtungen: er soll einmal ein Plädoyer für den Ausbau ambulanter psychiatrischer Versorgungsstrukturen, zum anderen ein Plädoyer für die Anwendung ergänzender, insbesondere verhaltenstherapeutisch orientierter Maßnahmen in den bestehenden ambulanten Versorgungsstrukturen sein.

Die Ausführungen und die darin enthaltenen Bewertungen sind gefärbt durch eine nun mehr als 14jährige Tätigkeit in einem multiprofessionell ausgestatteten Sozialpsychiatrischen Dienst. Neben der ärztlichen und sozialarbeiterischen Profession war in diesem Dienst von Anfang an auch die psychologische vertreten. Ausgestattet war er auch mit einer Behandlungsermächtigung, so daß im Rahmen des Dienstes, zumindest beispielhaft, eine für chronisch psychisch Erkrankte notwendige "mehrdimensionale rehabilitative Komplexleistung" erbracht werden konnte.

Das Klientel

Wenn an dieser Stelle von chronisch psychisch Erkrankten gesprochen wird, so sind damit die Menschen gemeint, die an einer sog. Schizophrenie erkrankt sind. Eine Erkrankung mit vielfältigen Erscheinungsformen, die wir in den letzten Jahren zunehmend durch sozio-psycho-biologische Modelle zu begreifen versuchen. Sie führt zu schweren Störungen des Realitätsbezuges und der Realitätsbeurteilung, die den gesamten üblichen Lebensvollzug infragestellen und je nach Ausmaß gravierend beeinträchtigen können.

Ausgehend von K. Conrads (1979) Gestaltanalyse des schizophrenen Schubes (über die Stadien: Trema, apophäne Phase, apokalyptische Phase) und den "Zeichen eines residualen Antriebsverlustes" entwickelte G. Huber (vgl. Huber, 1983) das Konzept substratnaher, kognitiver Basissymptome, das von L. Süllwold (1973) durch psychologische Gesichtspunkte bereichert wurde.

Unter Zugrundelegung einer somatischen Grundstörung im Bereich der Transmitterchemie und Neurophysiologie im mesolimbischen System werden drei in Erscheinung tretende Ebenen unterschieden:

a) Störungen der Informationsverarbeitung, Störung der selektiven sensorischen Filterfunktion, Verlust an Gewohnheitshierarchien

b) Kognitive Basissymptome als Folge der Informationsverarbeitungsstörung. Der Erkrankte nimmt z.B. die Beeinträchtigung der Leitbarkeit der Denkvorgänge wahr, erlebt die schizophrenietypische Denkzerfahrenheit als Denk-, Konzentrations- und Gedächtnisstörung. Ständig eindringende Nebenassoziationen machen ihn unfähig, die Aufmerksamkeit zu fokussieren. Gelockerte Assoziationen, Gedankengleiten, Kontextunsicherheit, Vorbeireden etc. sind die Folge. Es entsteht ein Verlust an automatisierten Fertigkeiten, Unsicherheit bei der Unterscheidung von Gefühlsqualitäten (Störung der selektiven Aufmerksamkeit, Automatismenverlust, Diskriminationsschwäche - dadurch Stimmenhören, Leiberlebensstörungen, erhöhte Erregbarkeit und Beeindruckbarkeit, Unruhe, Schlafstörungen etc.). (Vgl. hierzu Symptome 1. und 2. Ranges von Schneider, 1959.)

c) Schizophrenietypische Endphänomene als Ausdruck der Auseinandersetzung mit den Basisstörungen (vgl. Hartwich 1983, Janzarik 1983). Ein Teil der als Symptom erscheinenden Verhaltensweisen kann auch als Selbstheilungsversuch schizophren Erkrankter gewertet werden (Böker & Brenner, 1983).

Neben den kognitiven Defiziten darf die emotionale Dimension bei dem Versuch einer konzeptionellen Erfassung des Störungsbildes nicht vernachlässigt werden, insbesondere die reduzierte emotionale Abpufferungsfähigkeit. Letztere wirkt sich wesentlich auf das soziale Verhalten aus. Im Umgang mit schizophren Erkrankten hat sich besonders auch die Berücksichtigung der affektlogischen Funktionen von Ausdruck, Verhalten und Inszenierungen bewährt (vgl. auch Ciompi, 1982).

Brown et al. (1958) fragten nach dem Schicksal von Patienten, die nach relativ langem Krankenhausaufenthalt entlassen wurden. Eindeutig günstigen Einfluß hatte die berufliche Eingliederung des Patienten. Die von Brown begonnene Untersuchung der EE-Faktoren (expressed emotions) des "emotionalen Überengagements" von nahen Angehörigen als Rückfall fördernde Kommunikationsstruktur wurde von Vaughn und Leff (1976) fortgesetzt. Diese fanden in Familien mit niedrigen EE-Faktoren Rückfallquoten von 15% und in Familien mit hohen EE-Faktoren und ohne Möglichkeit der Kontaktabschirmung Rückfallquoten von 92%. Die Gabe von Neuroleptika konnte die Rückfallquote in der ersten Gruppe auf 12% senken, in der zweiten Gruppe auf 53%. Wurde die Konfliktdichte in der zweiten Gruppe auf unter 35 Stunden Gesichtskontakt pro Woche gesenkt, ließ sich diese Rückfallquote auf 42% ohne Neuroleptika und auf 15% mit Neuroleptika reduzieren (vgl. Katschnig, 1977; Leff, 1977; Vaughn & Leff, 1977). Die sozialpsychiatrische Betrachtungsweise versucht dabei, die psychische Störung in dem jeweiligen sozialen Kontext zu verstehen, aber auch unter Einbeziehung des sozialen Umfeldes zu behandeln.

Ciompi hat in seinem Artikel: "Wie können wir die Schizophrenen besser behandeln? - Eine Synthese neuer Krankheits- und Therapiekonzepte" die wichtigsten pathologisierenden Milieufaktoren sowohl den psychopathologischen Störungen beim Patienten als auch dem optimal/therapeutischen Milieu gegenübergestellt (Ciompi, 1981). Schizophrene brauchen danach: "möglichste Einfachheit, Klarheit, Eindeutigkeit, Übersichtlichkeit und Kohärenz aller "Informationen" i.s.S. inklusive menschliche Kontakte, Umgangsstil, Umgebungsgestaltung, Behandlungsprogramme etc.":

- bei *akut produktiver Symptomatik*: dosierte Reduktion psychosozialer Stimuli
- bei *chronisch-unproduktiver Symptomatik*: dosierte Vermehrung von psychosozialen Stimuli.

Diese Überlegungen flossen in die Konzeptionierung des Soteriaprojektes ein, das die therapeutische Haltung den Erkrankten gegenüber entscheidend beeinflußt hat.

Auf der oben dargestellten Grundlage wurden verschiedene erfolgreiche Therapie- und Rehabilitationsformen entwickelt, die zum einen eine möglichst klare, formgebende Strukturierung und zum anderen eine optimale Stimulierung zum Ziel haben.

Das Vulnerabilität-Streß-Coping-Konzept der Schizophrenie begründet eine fruchtbare Zusammenarbeit zwischen den Betroffenen (Klient, Angehörige) und den therapeutisch Tätigen. Neben psychoedukativen Maßnahmen zur Rezidivprophylaxe, wie sie u.a. Kissling (1991) besonders propagiert hat, gilt es Trainingsprogramme zur Erlernung sozialer Fertigkeiten und Kompetenzen sowie von Bewältigungs- und Kompensationsmechanismen (vgl. Kieserg & Hornung, 1994) ambulant einzusetzen, die sich stationär längst bewährt haben. Die Ergebnisse von einer großen Anzahl von Studien über soziale Fertigkeitrainings mit psychiatrischen Patienten zeigen (vgl. Liberman & Eckman, 1989):

1) Psychiatrische Patienten können in Verhaltensweisen trainiert werden, die ihre sozialen Fertigkeiten verbessern;

2) Die Patienten zeigen eine mittlere Generalisierung des trainierten Verhaltens;

3) Ein umfassendes, intensives soziales Fertigkeitstraining bei psychiatrischen Patienten kann klinische Symptome reduzieren und die Wahrscheinlichkeit eines Rückfalles verringern.

Ein vereinfachtes zirkuläres Modell, reduziert auf den Sonderfall einer dyadischen Beziehung, kann an dem folgenden Schaubild dargestellt werden und der Ableitung wie Einordnung von Wirkfaktoren und Maßnahmen dienen:

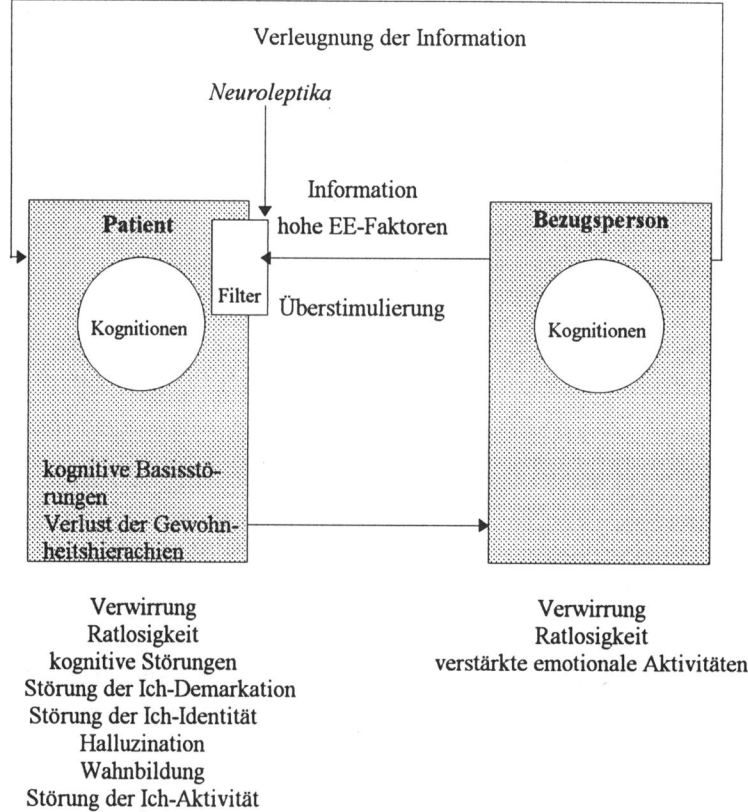

Das multikonditionale Störungs- und Krankheitsgeschehen mit seinen Auswirkungen auf die lebensbestimmenden Grundlagen (soziales Umfeld, Wohnen, Arbeit, Freizeit) als Krankheitsfolge erfordert grundsätzlich auch ein mehrdimensionales therapeutisches Vorgehen, das von einer Berufsgruppe allein nicht erbracht werden kann.

Psychiatriereformbewegung

"Die Rückkehr der psychisch Kranken in die Gesellschaft" so lautete das Thema des Hamburger Psychiatriekongresses von 1970, der die Psychiatrie-Reformbewegung auf eine breite Basis stellte. Dabei brachte insbesondere die Einbeziehung nichtärztlicher Berufsgruppen viel Bewegung in die Diskussion.

Für die Bewegung der gemeindenahen Psychiatrie und der Enthospitalisierung in verschiedenen Ländern nennt Häfner (1987) unterschiedliche Motive:

1. Die Kritik an der teilweise unzumutbaren Unterbringung psychisch Kranker in Großkrankenhäuser alten Stiles...
2. Neue therapeutische und rehabilitative Möglichkeiten durch die Entwicklung der Psychopharmaka und wirksamer Psychotherapiemethoden.
3. Die zunehmende Beschäftigung mit dem Einfluß sozialer Faktoren auf Auftreten und Verlauf psychischer Erkrankungen.
4. Das Bemühen um eine rechtliche und soziale Gleichstellung körperlich und psychisch Kranker.
5. Die Suche nach kostengünstigeren Alternativen zur stationären Versorgung.

Schon Griesinger hat vor über hundert Jahren die Erforderlichkeit stationärer Behandlung nicht aus der Tatsache der psychischen Erkrankung an sich, sondern aus den schädigenden Auswirkungen der Erkrankung abgeleitet:

Von den nervenkranken Individuen, welche als sogen. Geisteskranke den Irrenanstalten zugeführt werden, kommen nur ziemlich wenige in diese wegen der einfachen Thatsache ihrer Geisteskrankheit, für die Hülfe gesucht wird, die meisten vielmehr wegen eines gewissen Grades dieser Krankheit, welcher Störungen, Unzuträglichkeiten, fatale, für den Kranken oder Andere nachtheilige Handlungen bereits mit sich führte oder unmittelbar besorgen lässt; Hunderte von Menschen, welche an denselben Krankheiten, aber nicht in demselben Grade und derselben Aesserungsweise leiden, kommen in andere, gewöhnliche Hospitäler oder sind zu Hause in ärztlicher Behandlung oder gehen selbst frei im Leben umher." (Griesinger, 1868-69)

Er folgerte daraus, nur soviel stationäre Therapie wie unbedingt erforderlich. Auch die kostengünstigere gemeindenahe Versorgungsform war für ihn schon ein Argument.

Ähnliche Überlegungen bewegten den Bundestagsabgeordneten Walter Picard etwa hundert Jahre später, als er 1970 den Antrag auf Untersuchung über die Situation der psychisch Kranken in der Bundesrepublik stellte. (November, 1970: Gründung der "Deutschen Gesellschaft für soziale Psychiatrie"; Januar, 1971: Gründung der "Aktion psychisch Kranke")

1975 Psychiatrie-Enquête-Bericht über die Lage der Psychiatrie in der Bundesrepublik Deutschland - zur psychiatrischen und psychotherapeutisch/psychosomatischen Versorgung der Bevölkerung. Der daraufhin 1976 eingerichtete "Modellverbund Ambulante psychiatrische/psychosomatische Versorgung" und die Erprobung psychiatrischer Versorgungsnetze durch das "Modellprogramm Psychiatrie" ab 1980 führte im November 1988 zu den "Empfehlungen der Expertenkommission der Bundesregierung zur Reform der Versorgung im psychiatrischen und psychotherapeutisch/psychosomatischen Bereich".

Auf dieser Grundlage wurden in einzelnen Bundesländern Umsetzungsempfehlungen erarbeitet, z.B. in Bayern der "Zweite Bayrische Landesplan zur Versorgung psychisch Kranker und psychisch Behinderter" vom August 1990 und später in Niedersachsen "Empfehlungen zur Verbesserung der psychiatrischen Versorgung in Niedersachsen" von 1993 .

Wesentliche Ergebnisse und Zielrichtungen der Psychiatriereformbewegung sind die Gemeindenähe der Angebote und die weniger einrichtungs- als vielmehr funktionsbezogene Betrachtungsweise. So soll der Gemeindepsychiatrische Verbund, wie ihn die Expertenkommission der Bundesregierung vorgeschlagen hat, aus folgenden (Funktions-)*Komponenten* bestehen:

• aufsuchend-ambulanter Dienst
• Einrichtung mit Kontaktstellenfunktion
• Tagesstätte

Sogenannte *Bausteine* der gemeindepsychiatrischen Versorgung sind:

a) Niedergelassener Nervenarzt
b) Institutsambulanz
c) Sozialpsychiatrischer Dienst
d) Einrichtung mit Kontaktstellenfunktion und Tagesstätte
e) Beschützte Wohnangebote
f) Tagesklinik
g) Stationäre Einrichtung: Krankenhaus/Abteilung

Nicht genannter Baustein sind freie psychologische Praxen, die aus der allgemeinen psychotherapeutischen Versorgung nicht mehr wegzudenken sind.

Entscheidend ist die Vernetzung und Koordination der von den verschiedenen Bausteinen angebotenen Hilfen auf den unterschiedlichen Ebenen für die Versorgung chronisch psychisch Kranker:

a) Ebene der Versorgungsplanung
b) Ebene der Anbieter von Hilfen
c) Ebene der konkreten klientenbezogenen Hilfen

Auf die Entwicklung Sozialpsychiatrischer Dienste, die eine zentrale Stellung bei der Übernahme kommunaler Verantwortung für die Versorgung psychisch Kranker in einer Region übernehmen und ihre sehr unterschiedliche Ausgestaltung, will ich hier nicht näher eingehen. Einen guten Überblick hat kürzlich Karl-Ernst Brill in der Darstellung über die Münchner Sozialpsychiatrischen Dienste gegeben (1993). Bedeutend sind in diesem Zusammenhang die Ausführungen von Rössler, Fätkenheuer und Löffler (1993) über die Nutzer/Patientenorientierung versus institutionsorientierte Defizitanalyse bei der Versorgung Schizophrener durch Sozialpsychiatrische Dienste in Baden-Württemberg.

Zusammenfassend kann gesagt werden, daß sich die Notwendigkeit der Psychiatriereform aus der Feststellung von gravierenden Versorgungsmängeln ergab. Die Vorschläge zur Umstrukturierung und Verbesserung der Versorgung beruhen dabei auf dem Bemühen, die Versorgungsmängel zu beseitigen. Dabei beklagte die "Expertenkommission der Bundesregierung zur Reform der Versorgung im psychiatrischen und psychotherapeutisch/psychosomatischen Bereich" für die gesamte gemeindepsychiatrische Versorgung einen Wirrwarr an Zuständigkeiten.

Blickrichtungswechsel

Wenn es um ambulante psychiatrische Versorgung geht, muß ein Blickrichtungswechsel vollzogen werden, der offenbar so selbstverständlich, wie er erscheint, gar nicht ist: Lebensmittelpunkt und Lebenswelt auch psychisch Kranker ist nicht die Klinik und das Krankenhaus, sondern die Gemeinde, insbesondere die politische Gemeinde, die Wohnung, die Arbeit, die Freunde, die Familie! Dies zu betonen kann nicht genügend oft wiederholt werden, ist doch immer noch in der Erforschung psychiatrischer Krankheitsbilder ein gewisser Klinikzentrismus nicht zu übersehen. Es geht um die persönlichen Umstände des Erkrankten.

Selbst der Bericht "Zur Lage der Psychiatrie in der ehemaligen DDR - Bestandsaufnahme und Empfehlungen" (30.5.1991) ist nicht frei von einer überwiegend einseitigen stationären Sichtweise. Selbstheilungsversuche, Coping-Verhalten und überhaupt das Erleben und Selbsterleben im ganzheitlichen Sinne finden bei klinischen Betrachtungsweisen kaum Beachtung (Böker & Brenner, 1983). Auch Formulierungen wie: Vorsorge vor stationärer Behandlung und Nachsorge nach stationärer Behandlung in den verschiedenen Psych.KGs der Länder deuten die klinische Perspektive an. Schließlich sieht selbst die Kritik an der Drehtürpsychiatrie die Klinik als Dreh- und Angelpunkt der Beurteilung einer Versorgungsqualität, weniger die Lebensqualität und das Erleben der Erkrankten. Aber darum kann es nicht gehen.

Gemeindepsychiatrie bedeutet, daß psychisch kranke Bürger wie andere Bürger auch in der Gemeinde leben, wegen ihrer krankheitsbedingten Dysfunktionalität zu einem solchen Leben aber immer wieder befähigt werden müssen. Das die dysfunktionalen Auswirkungen psychischer Störungen durch eine unvorbereitete Umgebung, insbesondere Familie, verstärkt wird versteht sich von selbst.

Dieser Blickrichtungswechsel stellt die Person- und Nutzerorientierung sowie das sogenannte Normalitätsprinzip in den Mittelpunkt. Denn Lebensqualität wird durch die Möglichkeiten zur Teilhabe an den in einer Gemeinschaft üblichen Bedürfnisbefriedigungen bestimmt. Hieraus kann dann die Frage von Qualität und Quantität des Versorgungsbedarfes abgeleitet werden (Bedürfnis - Bedarf).

Defizite einer lebensweltbezogenen Versorgungsforschung

Häfner (1987) konnte in der bereits erwähnten Studie zur psychiatrischen Versorgungsforschung und Evaluation extramuraler Versorgung bei Schizophrenen feststellen: "Je höher der Anteil der ambulanten Behandlung an der Gesamtversorgung, um so geringer ist die Anzahl der Krankenhaustage in der nachfolgenden Periode. Gleichzeitig ist eine signifikante Verminderung der produktiven Symptomatik sowie von Verhaltens- und Sprachstörungen zu verzeichnen [...]. Mit der Häufigkeit ambulanter Kontakte in einem gegebenen Zeitraum reduziert sich in der Folge die Nachfrage nach Krankenhausbehandlung."
Dennoch: "Der Stand der Evaluationsforschung in der Bundesrepublik Deutschland ist bisher weder im Hinblick auf die theoretischen Grundlagen noch hinsichtlich der praktischen Nutzung optimal", stellt Helga Kania von der Abteilung Epidemio-

logie und Sozialmedizin der Medizinischen Hochschule Hannover vorsichtig in einem Zwischenbericht zum "Modellverbund" fest (April 1992). Insgesamt erscheint die lebensweltbezogene Erforschung der Versorgung und Unterstützung psychisch Erkrankter defizitär, spiegelt sich doch in vielen Arbeiten zur ambulanten Versorgung eine klinische Sichtweise und die mangelnde Erfahrung im ambulanten Bereich erkennbar wieder.

Untersuchungen zur ambulanten Versorgungssituation

Der Sicherstellungsauftrag weist den niedergelassenen Ärzten eine zentrale Stellung auch bei der Versorgung schizophren Erkrankter zu. Er wies ihnen auch bisher eine isolierte Position als vorwiegender "Einzelkämpfer" zu.

Zur ambulanten Versorgungssituation psychisch Erkrankter stellt die sog. Nervenarztstudie fest, daß 7 Millionen Bundesbürger wegen psychiatrisch-neurologischer Leiden in ambulanter Behandlung stehen und 2,4 Millionen, also ca. 4% der Wohnbevölkerung, von ca. 4200 Nervenärzten in freier Praxis versorgt werden. Das sind ca. 600 Patienten pro Nervenarzt. Rund zwei Drittel der wegen psychiatrisch-neurologischer Leiden in ambulanter Behandlung stehenden Bürger werden nicht von Nervenärzten versorgt. Gleichwohl wird die Versorgung als effizient beurteilt und andere Versorgungsformen für weitgehend überflüssig erachtet (vgl. Meyer-Lindenberg, 1992).

Unter Bezug auf die Typoskript-Fassung der Nervenarztstudie vom Sommer 1987 wird in den Empfehlungen der Expertenkommission der Bundesregierung (1988) ausgeführt, daß 69% des Nervenarztklientels "Störungen im psychischen Bereich" und 66% "neurologische Störungen" aufweisen. Die häufigsten Diagnosegruppen psychischer Krankheit im Gesamtklientel sind: endogene Psychosen 28%, neurotische/Persönlichkeitsstörungen 23%, psychosomatische Störungen 15%. 5% der Patienten erhalten eine Gesprächs- oder Verhaltenstherapie, 1% der Patienten eine tiefenpsychologisch fundierte und analytische Psychotherapie.

Die Expertenkommission der Bundesregierung relativiert die Bewertung der Nervenarztstudie, wenn sie feststellt, daß diese vor allem aus der Inanspruchnahme der niedergelassenen Nervenärzte resultierte und bestimmte Patientengruppen nicht ausreichend berücksichtigten. So werden immerhin zwei Drittel der in Behandlung stehenden neurologisch-psychiatrisch Erkrankten von nichtspezialisierten Ärzten versorgt. Die mangelnde Kooperation niedergelassener Nervenärzte, die sich auf Grund der Struktur in der isolierten Lage als Einzelkämpfer wiederfinden, mit anderen Berufsgruppen und Diensten wird bedauert!

Eine solche komplexe, multikonditionale Erkrankung, wie sie das Störungsbild einer Schizophrenie darstellt, mit den mehrdimensionalen Krankheitsfolgen und mit den Auswirkungen auf Lebensvollzug und -gestaltung erfordert auch ein mehrdimensionales therapeutisches Vorgehen, das von einem "isolierten" Therapeuten allein nicht geleistet werden kann.

Die Erfahrung aufsuchender Dienste zeigt, daß bestimmte Patientengruppen wie: psychisch kranke alte Menschen, persönlichkeitsgestörte Menschen mit schwierig verlaufenden Neurosen und frühen Störungen, die Gruppe prognostisch ungünstiger Abhängigkeitskranker und schließlich ein Anteil der chronisch und akuten Psychosen, insbesondere Schizophrenien, kaum oder nur unzureichend vom niedergelassenen Nervenarzt erreicht werden. Das deckt sich mit der immer wieder gemachten Beobachtung, daß einzelne Nervenarztpraxen nur eine ganz geringe Anzahl von Patienten mit schizophrenen Psychosen aufweisen. Die Expertenkommission bemängelt, daß auf Grund der derzeitigen Bedingungen systemische Ansätze und trainierende Gruppenverfahren erforderlich, aber im Praxissetting kaum möglich seien. Insgesamt werden ca. 12% der Bevölkerung als psychiatrisch bzw. psychotherapeutisch behandlungsbedürftig angesehen.

Auf die regional sehr unterschiedliche Erreichbarkeit psychotherapeutischer Hilfen insbesondere von Therapeuten der Deutschen Gesellschaft für Psychotherapie, Psychosomatik und Tiefenpsychologie wiesen Angermeyer und Rohde (1987) hin. Es zeigten sich deutliche geographische Häufungen im Bereich großer Städte und im näheren Umkreis von Weiterbildungsinstituten. Ähnliche Häufungen sind auch für die Versorgung mit Psychotherapeuten anderer Richtungen zu erwarten. Auch der Blick auf die Versorgungslandschaft mit ambulanten Diensten speziell Sozialpsychiatrischen Diensten zeigt Häufungen in relativ gut versorgten Regionen bei einer großen qualitativen und quantitativen Variabilität der einzelnen Dienste.

Die Studie des Instituts für Strukturforschung und Entwicklungsplanung an der Universität Hannover für die Niedersächsische Fachkommission Psychiatrie (1993) zeigt, daß nur 4% der in Niedersachsen befragten Nervenarztpraxen Psychologen, Sozialarbeiter oder Krankenpflegepersonal mit voller Stundenzahl beschäftigen. In 93 Nervenarztpraxen arbeiten 5 PsychologInnen teilzeit und 2 PsychologInnen vollzeit. Die Kooperationspflege über das herkömmliche Beziehungsgeflecht zwischen Arztpraxen war gering und lückenhaft. Die Umfrage bei den Sozialpsychiatrischen Diensten ergab, daß nur etwa 20% der Dienste "häufiger" psychotherapeutische Hilfen anbot. Insgesamt wurde die ambulante Versorgungsstruktur von den Diensten überwiegend als defizitär angesehen. Häufungen zeigten sich insbesondere bei der Frage nach niedergelassenen Psychotherapeuten speziell auch für chronisch psychisch Erkrankte (wurde von 83% der Dienste als defizitär eingeschätzt), bei der Frage nach beschützten Wohnangeboten (von 95,7% der Dienste als defizitär angegeben), bei der Frage nach tagesstrukturierenden Hilfsangeboten (100% der Dienste, d.h. alle Dienste sahen hier Defizite), schließlich bei der Frage nach beruflicher Rehabilitation (95,7%). Die ambulante Versorgungslage psychisch kranker alter Menschen wurde von 91,6% , die der chronisch psychisch Erkrankten von 85,2% der befragten Dienste als defizitär angegeben.

Die Forderung, psychisch Kranke mit körperlich Kranken gleichzustellen, bedeutet auch die Notwendigkeit ausreichender Versorgungsstrukturen mit spezifisch abgestimmten Angeboten im ambulanten Bereich.

Daß neben der neuroleptischen Basistherapie eine notwendig ergänzende psychotherapeutische Behandlung ambulant oft erst dann möglich ist, wenn in einer Region die Versorgung weniger schwer Erkrankter abgedeckt, also ein gewisser Überhang an psychotherapeutischer Kapazität vorhanden ist, kann menschlich nachvollzogen und verstanden werden. Eine solche Prioritätssetzung ist aber von Versorgungsgesichtspunkten gänzlich unakzeptabel. Hier wäre es folgerichtig, daß der schwerer Erkrankte mehr Hilfe als der leichter Erkrankte benötigt.

Die Charakterisierung der nervenärztlichen Praxis, wie sie die Expertenkommission der Bundesregierung vorgenommen hat, weist diese als relativ isoliert und kooperationsgehemmt aus. Ähnliches ließe sich sicher auch über viele freie psychologische Praxen sagen, die ebenso bestimmten strukturell-wirtschaftlichen Zwängen unterworfen sind. Diese Zwänge wirken sich nicht selten kontraproduktiv auf die Erforderlichkeit mehrdimensionaler Behandlungsstrategien von Bürgern aus, die an einer Schizophrenie erkrankt sind. So korrespondiert mit den Ergebnissen der Niedersächsischen Fachkommission Psychiatrie eine Studie von Linden, Förster, Oel und Schlötelborg (1993), in der in einer repräsentativen Stichprobe von 1344 Anträgen auf Langzeittherapie in Verhaltenstherapie nur bei 15 der Anträge von PsychologInnen die Diagnose der Schizophrenie genannt wurde. Insgesamt wurden in 6,1% der Anträge "VT-überschreitende" Diagnosen wie Psychosen genannt. Gerade der multikonditionale Ansatz der Schizophrenie legt eine Kombination verschiedener Therapieverfahren nahe, wie sie längst in einer Fülle von Untersuchungen als erfolgreich nachgewiesen wurden. Die Kombination von verschiedenen Behandlungsformen erfordert natürlich nicht selten die Kooperation der Anbieter. Eine Vernetzung der unterschiedlichen Angebote im ambulanten Bereich ist unumgänglich: pharmakologische "Basistherapie", verhaltenstherapeutische Angebote mit Unterstützung sozialer Fertigkeiten, Angehörigenarbeit, Angebote der beruflichen Rehabilitation, Angebote in den Bereichen Wohnen und Freizeit.

Die Ideengestalten: Zentrum und Verbund

Sozialpsychiatrie, Rehabilitationsmedizin, aber auch Gesundheitförderung haben sich speziell der Störungen und Erkrankungen angenommen, die zur Chronifizierung neigen. Sie lenken ihre Aufmerksamkeit nicht mehr allein auf das ätiopathologische Modell der traditionellen kurativen Medizin, deren zentraler Bestandteil der ärztliche Eingriff ist, sondern auf ein Krankheitsfolgen oder -auswirkungsmodell, das der Integration in die Gemeinschaft und den Krankheitsauswirkungen auf diese Integration besondere Beachtung schenkt.

Bangma (1992) hat diese beiden Modelle anschaulich gegenübergestellt:

1. das ätiopathologische Modell oder das traditionelle medizinische Modell:
   Ätiologie - Pathologie - Symptomatologie

2. das Krankheitsfolgemodell:
   Ätiologie
   Pathologie:
   Schaden (Impairment: Beeinträchtigung oder Verlust von Strukturen/Funktionen)
   Funktionelle Einschränkung (Disability: Einschränkung oder Verlust von Fähigkeiten/Aktivitäten)
   Soziale Beeinträchtigung (Handicap: Benachteiligung im täglichen Leben, Versagen sozialer Fähigkeiten).

Als wesentliche Problembereiche einer Rehabilitationsmedizin können nach Bangma (1992) genannt werden:

- das Gebiet der körperlichen Unabhängigkeit, ausgedrückt in den grundlegenden Aktivitäten (und Verrichtungen) des täglichen Lebens (z.B. Selbstversorgung);
- das Gebiet der psychischen Leistungsfähigkeit (einschließlich der intellektuellen Möglichkeiten und des affektlogischen Verhaltens)
- das Gebiet der Kommunikation (einschließlich des Sprechens und Hörens)
- das Gebiet des sozialen Lebens (einschließlich sozialer Unterstützungssysteme, des beruflichen Bereichs etc.)

Die Rehabilitationsdiagnose setzt sich damit aus folgenden Komponenten zusammen:

- Diagnose der Krankheit und ihre Prognose
- Niveau des somatischen und psychischen Schadens (Struktur und Funktion) auf Organebene und der Ebene der komplexen Organfunktionen
- Leistungsniveau bzw. Niveau der Fähigkeiten in den oben dargestellten Problembereichen
- soziales Integrationsniveau (mit sozialen Unterstützungssystemen) (vgl. Bangma 1992).

Diese für die Rehabilitationsmedizin dargestellte Zielsetzung läßt sich unschwer auf die ambulante Rehabilitation psychisch Erkrankter übertragen.

Neben den sozialrechtlichen Ausführungen zur Rehabilitation und der (Wieder-) Eingliederung in die Gemeinschaft psychisch Behinderter (bei der Formulierung des Bundessozialhilfegesetzes war der Begriff "Rehabilitation" noch nicht üblich) sieht auch das Sozialgesetzbuch V krankenversicherungsrechtliche Leistungen für die Behandlung und medizinische Rehabilitation psychisch Erkrankter vor (eine strikte Unterscheidung zwischen Behandlung und medizinischer Rehabilitation ist bei chronisch psychisch Erkrankten auf Grund der besonderen Eigenart der Störung m.E. nicht möglich).

§ 27 (SGB V) Krankenbehandlung

Versicherte haben den Anspruch auf Krankenbehandlung, wenn sie notwendig ist, um eine Krankheit zu erkennen, zu heilen, ihre Verschlimmerung zu verhüten oder Krankheitsbeschwerden zu lindern. [...]

Bei der Krankenbehandlung ist den besonderen Bedürfnissen psychisch Kranker Rechnung zu tragen, insbesondere bei der Versorgung mit Heilmitteln und bei der medizinischen Rehabilitation. [...]

Nach den bisherigen Richtlinien über die Durchführung der Psychotherapie in der kassenärztlichen Versorgung des Bundesausschusses der Ärzte und Krankenkassen (3.7.1987, geändert 9.4.1991) zählt Psychotherapie zur ärztlichen Krankenbehandlung, die auch von speziell qualifizierten Diplompsychologinnen und Diplompsychologen im Rahmen des sog. Delegationsverfahrens durchgeführt werden kann. Psychotherapie, auch die Verhaltenstherapie, soll nach diesen Richtlinien der Heilung oder Besserung einer seelischen Krankheit bzw. bei einer seelischen Behinderung der medizinischen Rehabilitation dienen. Im Rahmen einer medizinischen Rehabilitation kann Psychotherapie dann angewandt werden, wenn psychodynamische Faktoren wesentlichen Anteil an einer seelischen Behinderung oder an deren Auswirkungen haben, und wenn eine Eingliederung in Arbeit, Beruf und Gesellschaft möglichst auf Dauer erreicht werden kann.

Neben Ergotherapie (Soziotherapie wird diskutiert) als sogenanntes "Heilmittel" stellen auch die Krankenhausersatzpflege bzw. die Behandlungssicherungspflege Leistungen im Sinne des SGB V dar. Im Einzelnen konnten bereits modellhaft Vereinbarungen zwischen Leistungsträgern und qualifizierten Leistungserbringern für den Bereich "ambulante psychiatrische Pflege" getroffen werden. (In diesem Zusammenhang kann auch auf die Vereinbarungen im ambulanten Suchtversorgungsbereich verwiesen werden.)

Nicht zuletzt führen gerade die Mängel in der sozialrechtlichen Anwendungspraxis zu Mängeln der vorgehaltenen Versorgungsangebote und damit zu einer defizitären ambulanten Versorgung überhaupt.

Chronisch psychisch Erkrankte benötigen "ein strukturiertes und institutionell zusammengefaßtes Bündel von aufeinander abgestimmten Maßnahmen, um ihren besonderen Behandlungs- und Rehabilitationsbedürfnissen" Geltung zu verschaffen (Arbeitsgemeinschaft Rehabilitation, Hamburg 1993). Der individuelle Hilfebedarf im ambulanten Bereich ist, wie ausgeführt, ein mehrdimensionaler auf verschiedenen Ebenen und "Achsen". Er entsteht dort, wo der Lebensort des Betroffenen liegt: in der sozialen Gemeinschaft, in der Gemeinde, im Sektor, in einer Region. Es ist das Lebensumfeld des Betroffenen, dessen "Möglichkeitsrahmen" auf der institutionellen Ebene durch die Gemeindestrukturen, insbesondere hier durch die politische Gemeinde festgelegt wird. Deshalb auch Gemeindepsychiatrie als Angebot von Unterstützungsmöglichkeiten - und zwar nicht mehr institutionsbezogen, sondern personenbezogen.

Die Niedersächsische Fachkommission Psychiatrie stellt für die spezifische soziale Situation psychisch Erkrankter fest: "die Ausprägung und/oder der chronische Verlauf der psychischen Störung" führen dazu," daß die sozialen und beruflichen, teilweise auch familiären Beziehungen zusammenbrechen und dadurch die Voraussetzungen für eine Gesundung immer ungünstiger werden."

"Rehabilitation" psychisch Erkrankter ist "nicht die Angelegenheit einer Berufsgruppe allein. Insbesondere eine final orientierte medizinische Rehabilitation verlangt entsprechend den komplexen Problemlagen eine Komplexleistung, die nur multidisziplinär erbracht werden kann" (Reumschüssel-Wienert, 1995).

Aus der seit vielen Jahren bekannten Problematik unzureichender ambulanter Rehabilitation psychisch Erkrankter haben sich unter Berücksichtigung der gegenwärtigen sozialrechtlichen Versorgungsbedingungen einerseits und der Bedürfnisse psychisch Erkrankter andererseits zwei Ideengestalten herauskristallisiert, die sich bereits in unterschiedlicher Form konkretisiert haben (vgl. z.B. Sozialpsychiatrische Zentren - SPZ - im Rheinland und im Oberbergischen Kreis). Es sind die Ideengestalten des Zentrums und des Verbundes.

"Einer der entscheidenden Nachteile in der psychiatrischen Versorgung besteht darin, daß Maßnahmen und Hilfen außerhalb des psychiatrischen Krankenhauses nicht in dem Maße integriert vermittelt werden können, wie dies der Besonderheit psychischer Erkrankung entspräche" (Endbericht der Enquête-Kommission des 11. Deutschen Bundestages "Strukturreform der gesetzlichen Krankenversicherung", 1990). Diesem Mißstand entgegenzuwirken, ist die Grundlage der Ideengestalten Zentrum und Verbund.

Bei häufig überforderten familiären Beziehungen und ausgedünnten sozialen Netzen ist unter den derzeitigen Bedingungen der Erkrankte "in der Regel darauf verwiesen, die für ihn wichtigen Lebens- und Sozialbezüge allein zu knüpfen, sich zu orientieren, sich innerhalb der unterschiedlichen Trägerzuständigkeiten und Anspruchsvoraussetzungen zurechtzufinden und sich zu behaupten. Handlungen sind also erforderlich, deren mangelnde Ausgeprägtheit selbst Kennzeichen psychischer Erkrankung ist" (Endbericht der Enquête-Kommission des 11. Deutschen Bundestages "Strukturreform der gesetzlichen Krankenversicherung", 1990).Daraus ergibt sich die Notwendigkeit, die für den einzelnen Erkrankten erforderlichen Hilfen zu bündeln und zu koordinieren. An dieser Stelle sei der Begriff "case-management" erwähnt, der über einen Katalog sozialarbeiterischer Hilfen hinaus die konkrete Verantwortungsübernahme für eine bedarfsgerechte und angemessene Unterstützung eines Betroffenen meint.

Der Zentrumsgedanke greift den "Komplexleistungsgedanken" auf und versucht ihn in die ambulante Situation zu übertragen. Dabei übernimmt er die Vorschläge der Expertenkommission der Bundesregierung (1988) z.B. zum Gerontopsychiatrischen Zentrum oder zu den "gemeindepsychiatrisch orientierten Nervenarztpraxen" und sieht vor, eine Einrichtung im Sinne einer Ambulanz so auszustatten, daß sie durch wechselseitige professionelle Ergänzung in der Lage ist, die Isolation der Anbieter zu überwinden, damit dem spezifischen Rehabilitationsbedarf schizophren Erkrankter Rechnung getragen werden kann.

Die Vorstellung von der Bündelung der Leistungsangebote findet man nicht nur im psychiatrischen Bereich, sondern auch in Bereichen der ambulanten organmedizinischen Rehabilitationsversorgung. Ambulante therapeutische Gemeinschaften (ATG) werden über die Praxisgemeinschaft oder Gemeinschaftspraxis hinaus als multiprofessionelle Angebote entworfen und durch entsprechende Finanzierungsvereinbarungen abgesichert. Dabei sind verschiedenste Rechtsformen denkbar: Gemeinschaftspraxis, gemeinnützige GmbH, GmbH, Trägerverein, Wohlfahrtsverband, etc. Ein multiprofessionelles Angebot mit einem beweglich einsetzbaren Mitarbeiterpool wird in einer organisatorischen Einheit, in der Pflegekräfte, SozialarbeiterInnen, PsychologInnen, ErgotherapeutInnen, ÄrztInnen und andere Berufsgruppen zusammenarbeiten, für den Erkrankten bereitgestellt. Dadurch kann eine am Hilfebedarf des Erkrankten orientierte, flexible Unterstützung geleistet werden, die der Kompensation von Defiziten und der Förderung von gesunden Ressourcen dient. Bei diesen, auf den individuellen Hilfebedarf abgestimmten Maßnahmen stellt die Verhaltenstherapie wichtige Instrumentarien bereit, die in unterschiedlichen Settings von verschiedenen, entsprechend qualifizierten Berufsgruppen erbracht werden können.

Die Idee des Verbundes ergänzt unter Berücksichtigung der gegebenen Bedingungen die Ideengestalt des Zentrums. Die unterschiedlichen, in einer Versorgungsregion vorhandenen Behandlungs- und Rehabilitationsangebote werden zu bedarfs- und bedürfnisorientierten Maßnahmen gebündelt und vernetzt.

Zur Überwindung partikularer, isolierter Versorgungsstrukturen hat die Niedersächsische Fachkommission Psychiatrie ein dem Gemeindepsychiatrischen Verbund angelehntes Verbundsystem vorgeschlagen, das sie SOZIALPSYCHIATRISCHEN VERBUND nennt (1993). Unter Berücksichtigung der Eigenverantwortlichkeit der Anbieter (Wohlfahrtsverbände, Praxen, etc.) und der Leistungsträger soll unter der moderierenden Federführung eines kommunalen Sozialpsychiatrischen Dienstes die Koordinierung und Vernetzung der Angebote erreicht werden. Dabei wird es nicht zuletzt um die Anwendung und Umsetzung sozialrechtlich seit langem formulierter Rehabilitationszielsetzungen gehen.

In der Gemeindepsychiatrie ist der Verbundgedanke ein wesentlicher Bestandteil kommunaler Daseinsfürsorge bei der Versorgungsverpflichtung chronisch psychisch Erkrankter. Die Kommune übernimmt die Planungs- und Koordinationsverantwortung, ohne daß sie die Leistungsträger und Leistungserbringer (Behandlung, Rehabilitation, Eingliederung, Prävention, Pflege - soziales Umfeld, Wohnen, Arbeit, Freizeit) entpflichtet. Sie übernimmt vielmehr eine zentrale Moderatorenfunktion im Sozialpsychiatrischen Verbund, die der Sozialpsychiatrische Dienst in ihrem Auftrag ausführt. Neben den ambulanten sind auch die teilstationären und stationären Versorgungsangebote mit eingeschlossen.

Der Sozialpsychiatrische Verbund, der die regional zuständige Klinik, die niedergelassenen Fachärzte, gemeindepsychiatrisch orientierte Praxen, psychologische Praxen, ambulante psychiatrische Zentren, Pflegedienste, die ambulanten, teilstationären und stationären Angebote der Freien Träger, andere Dienste, die an der Betreuung psychisch Erkrankter beteiligt sind, sowie die verschiedenen Leistungsträger zusammenfaßt, stellt einen an den Bedürfnissen der Betroffenen orientierten Versorgungsbedarf fest, um die notwendigen institutionellen Hilfe- und Unterstützungsleistungen festzulegen und zu initiieren.

Der Ausschuß für Sozial- und Gesundheitswesen des Niedersächsischen Landtages hat den Gesetzesentwurf für das neue Niedersächsische Gesetz über Hilfen für psychisch Kranke und Schutzmaßnahmen (Nds. PsychKG) in seiner Sitzung am 24.5.1995 mit Beratung der §§ 1 bis 18 durch entsprechende Empfehlungen vorläufig abgeschlossen. Der Gesetzesentwurf bezieht wesentliche Gedanken und Vorstellungen der Expertenkommission der Bundesregierung und der Niedersächsischen Fachkommission Psychiatrie zur Gemeindepsychiatrie mit ein. Über die bereits in der alten Fassung festgeschriebene kommunale Verantwortung für psychisch Erkrankte und die Einrichtung Sozialpsychiatrischer Dienste unter fachärztlicher Leitung geht der Entwurf hinaus, indem er die Einrichtung eines Sozialpsychiatrischen Verbundes fordert:

§ 7 Entwurf Nds. PsychKG
Sozialpsychiatrischer Verbund
(1) Die Verwaltungsbehörde bildet einen Sozialpsychiatrischen Verbund. In ihm sollen alle Anbieter von Hilfen im Sinne des § 4 Abs. 1 vertreten sein. Der Sozialpsychiatrische Dienst führt dessen laufende Geschäfte.
(2) Der Sozialpsychiatrische Verbund sorgt für die Zusammenarbeit der Anbieter von Hilfen und für die Abstimmung der Hilfen, um die Versorgung nach Maßgabe des § 4 Abs. 8 sicherzustellen. Die Sozialpsychiatrischen Verbünde in benachbarten Versorgungsgebieten sollen zu diesem Zweck zusammenarbeiten.

(3) Plant ein Anbieter von Hilfen oder dessen Träger eine wesentliche Änderung des Angebots an Hilfen, so hat er den Sozialpsychiatrischen Verbund hierüber unverzüglich zu unterrichten.

§ 7/1
Verzeichnis der Hilfsangebote
Der Sozialpsychiatrische Dienst erstellt ein Verzeichnis aller Hilfsangebote und schreibt dieses laufend fort.

§ 7/2
Sozialpsychiatrischer Plan
Der Sozialpsychiatrische Dienst erstellt im Benehmen mit dem Sozialpsychiatrischen Verbund einen Sozialpsychiatrischen Plan über den Bedarf an Hilfen und das vorhandene Angebot. Der Sozialpsychiatrische Plan ist laufend fortzuschreiben.

§ 7/3
Zusammenarbeit, Übertragung von Aufgaben
(1) Der Sozialpsychiatrische Dienst und die Anbieter von Hilfen arbeiten zur Erfüllung der Aufgaben nach § 3 eng zusammen.
(2) Die Verwaltungsbehörde kann Organisationen, Einrichtungen und Personen als Anbieter von Hilfen die Aufgaben des Sozialpsychiatrischen Dienstes ganz oder teilweise übertragen, wenn diese bereit und in der Lage sind, auf Dauer die zu übertragenden Aufgaben entsprechend den Vorschriften dieses Gesetzes wahrzunehmen. Die Übertragung erfolgt durch öffentlich-rechtlichen Vertrag.

§ 8
(2) Ist es der betroffenen Person durch innere oder äußere Umstände nicht möglich, eine Behandlung ihrer Störung, Krankheit oder Behinderung im Sinne des § 1 Nr. 1 durch eine niedergelassene Fachärztin oder einen niedergelassenen Facharzt aufzunehmen oder fortzusetzen, so hat der Sozialpsychiatrische Dienst eine solche Behandlung nach Möglichkeit zu vermitteln und zu fördern. Ist dies nicht zu erreichen, so hat der Sozialpsychiatrische Dienst nach Maßgabe des Absatzes 3 die Behandlung durch eigene fachärztliche Kräfte solange zu gewährleisten, bis sich die weitere ambulante Behandlung im Sinne des Satzes 1 anschließen kann.
(3) Die Verwaltungsbehörde hat darauf hinzuwirken, daß die Behandlung von Versicherten der gesetzlichen Krankenkassen nach Absatz 2 Satz 2 im Rahmen der vertragsärztlichen Versorgung erfolgt.

Der Sozialpsychiatrische Verbund ist ein Instrument der Gemeindepsychiatrie, Hilfen zukünftig vorrangig dort zu gewähren und zu ermöglichen, wo sich die Lebenswelt der Betroffenen ereignet (vgl. Beins 1994). Qualitätsbestimmend orientieren sich die Hilfen an den Nutzerbedürfnissen.

Literatur

Angermeyer, M.C. & Rohde, J.J. (1987). Zur Ökologie der psychotherapeutischen Versorgung in der Bundesrepublik Deutschland. *Psychother. med. Psychol.*, 37, 161-169

Arbeitsgemeinschaft Rehabilitation psychisch kranker Menschen in Hamburg (1993): Rahmenkonzept zur ambulanten Behandlung und medizinischer Rehabilitation psychisch Kranker und Behinderter in Hamburg. (Hamburg, unveröffentl. Manuskript)

Bagma, B.D. (1992). Grußwort. Rehabilitation - Zukunft 200 - Kongreßbericht/ Bundeskongreß für Rehabilitation 1991, in Düsseldorf

Beins, W. (Referat). Der Sozialpsychiatrische Verbund als Instrument der Gemeindepsychiatrie. Gehalten auf dem Forum des Nds. Landesfachbeirat Psychiatrie am 23.11.1994

Böker, W. (1991). Die Entwicklung eines partnerschaftlichen Therapieverständnisses der Schizophrenie als Folge neuer Ätiologiekonzepte und Wandlungen des psychiatrischen Zeitgeistes. *Psychiat. Praxis*, 18, 189-195

Böker, W. & Brenner, H.D. (1983). Selbstheilungsversuche Schizophrener. *Nervenarzt*, 54, 578-589

Böker, W. & Brenner, H.D. (1989). Schizophrenie als systemische Störung. Bern, Stuttgart, Toronto: Verlag Hans Huber

Brill, K.-E. (1993). Sozialpsychiatrische Dienste: ein Überblick. In: Berger, H. & Schirmer, U. (Hrsg.). Sozialpsychiatrische Dienste. Entwicklung, Konzepte, Praxis. Freiburg im Breisgau: Lambertus Verlag

Brown, G.W.; Carstairs, G.M. & Topping, G. (1958). Post-hospital Adjustment of Chronic Mentel Patients. *Lancet*, 2, 685-689

Ciompi, L. (1981). Wie können wir die Schizophrenen besser behandeln? - Eine Synthese neuer Krankheits- und Therapiekonzepte. *Nervenarzt*, 52, 506-515

Ciompi, L. (1982). Affektlogik. Stuttgart: Klett-Cotta

Conrad, K. (1979). Die beginnende Schizophrenie. Versuch einer gestaltanalyse des Wahns. 4. Aufl. Stuttgart: Georg Thieme Verlag

Elgeti, H. (1995). Der regionale und bevölkerungsbezogene Ansatz in der gemeindepsychiatrischen Versorgungsplanung. *Sozialpsychiatrische Informationen*, 3, 6-13

Empfehlungen der Expertenkommission der Bundesregierung zur Reform der Versorgung im psychiatrischen und psychotherapeutisch/psychosomatischen Bereich. Hrsg. Bundesministerium JFFG, 11. November 1988

Empfehlungen zur Verbesserung der psychiatrischen Versorgung in Niedersachsen, Bericht der Fachkommission Psychiatrie, Januar 1993

Endbericht der Enquête-Kommission des 11. Deutschen Bundestages "Strukturreform der gesetzlichen Krankenversicherung". Bd. 1. Bonn (1990), 262

Gesetzgebungs- und Beratungsdienst beim Niedersächsischen Landtag, Zum Entwurf eines Niedersächsischen Gesetzes über Hilfen für psychisch Kranke und Schutzmaßnahmen (Nds. PsychKG) - Drs 13/200, 5.7.1995

Griesinger, W. (1868-69). Über Irrenanstalten und deren Weiter-Entwicklung in Deutschland. *Archiv für Psychiatrie und Nervenkrankheiten*, I, 8-43

Häfner, H. & an der Heiden, W. (1987). Psychiatrische Versorgungsforschung: Ein Beitrag zur Evaluation extramuraler Versorgung bei Schizophrenen. *Psychiat. Prax.*, 14, 41-46

Haase, U.-F.; Reumschüssel-Wienert, C. & Kiel, W. (1993). Die Einbeziehung der vorrangigen Kostenträger in die ambulante Rehabilitation psychisch kranker und behinderter Menschen. Ein Diskussionspapier. Hrsg. Parität. Wohlfahrtsverband Landesverband Hamburg

Hartwich, P. (1983). Kognitive Störungen bei Schizophrenen. *Nervenarzt*, 54, 455-466

Hinterhuber, H.; Kulhanek, F. & Fleischhacker, W.W. (1990). Kombination therapeutischer Strategien bei schizophrenen Erkrankungen. Wiesbaden: Friedrich Vieweg Verlag

Hornung, W.; Buchkremer, G.; Redbrake, M. & Klingberg, S. (1993). Patientmodifizierte Medikation: Wie gehen schizophrene Patienten mit ihren Neuroleptika um? *Nervenarzt*, 64, 434-439

Huber, G. (1983). Das Konzeptsubstrat naher Basissymptome und seine Bedeutung für Theorie und Therapie schizophrener Erkrankungen. *Nervenarzt*, 54, 23-32

Huber, G. & Gross, G. (1995). Was wissen wir heute über Schizophrenie? *Psycho*, 4, 156-173

Janzarik, W. (1983). Basisstörungen. Eine Revision mit strukturdynamischen Mitteln. *Nervenarzt*, 54, 122-130

Kania, H. (April 1992). Zwischenbericht zur Vorlage beim Gesundheitsministerium und bei dem Modellverbund - Einzelvorhaben Osnabrück

Katschnig, H. (1977).(Hrsg.). Die andere Seite der Schizophrenie: Patienten zu Hause. München, Wien, Baltimore: Urban und Schwarzenberg

Kissling, W. (1991). Schizophrene Psychosen. Wie könnte eine wirkungsvolle Rezidivprophylaxe aussehen? *Der informierte Arzt*, Sonderdruck aus Heft 13

Leff, S.P. (1977). Die Angehörigen und die Verhütung des Rückfalls. In: Katschnig (1977). (Hrsg), 167-180

Liberman, R.P. & Eckman, T.A. (1989). Zur Vermittlung von Trainingsprogrammen für soziale Fertigkeiten an psychiatrischen Einrichtungen: Möglichkeiten der praktischen Umsetzung eines neuen Rehabilitationsansatzes. In: Böker, W. & Brenner, H.D. (1989)

Linden, M.; Förster, R.; Oel, M. & Schlötelborg R. (1993). Verhaltenstherapie in der kassenärztlichen Versorgung: Eine versorgungsepidemiologische Untersuchung. *Verhaltenstherapie*, 3, 101-111

Meyer-Lindenberg, J. (1992). Die ambulante Versorgung psychisch Kranker und Behinderter in der Bundesrepublik durch niedergelassene Nervenärzte. In: Picard, W. &Reimer, F. (1992)

Mosher, L.R. & Burti, L. (1992). Psychiatrie in der Gemeinde. Bonn: Psychiatrie-Verl.

Picard, W. & Reimer, F. (1992). Grundlagen und Gestaltungsmöglichkeiten der Versorgung psychisch Kranker und Behinderter in der Bundesrepublik und auf dem Gebiet der ehemaligen DDR, Tagungsbericht. Köln: Rheinland Verlag

Reumschüssel-Wienert, Ch. (1995): Ambulante wohnortnahe medizinische Rehabilitation psychisch kranker Menschen. *Sozialpsychiatrische Informationen*, 3, 14-19

Rössler, W.; Fätkenheuer, B. & Löffler, W. (1993). Soziale Rehabilitation Schizophrener - Modell Sozialpsychiatrischer Dienst. Stuttgart: Ferdinand Enke Verlag

Schneider, K. (1959). Klinische Psychotherapie, 5. Aufl. Stuttgart: Georg Thieme Verlag

Süllwold, L. (1973). Kognitive Primärstörung und die Differenzialdiagnose Neurose/ beginnende Schizophrenie. In: Huber, G. (Hrsg). Verlauf und Ausgang schizophrener Erkrankungen. Stuttgart, New York: SchattauerVerlag, 193-208

Vaughn, C. & Leff, S.P. (1976). The Influence of Family and Social Factors on the Course of Psychiatric Illness. *Br. S. Psychiatry*, 129, 125-137

Vaughn, C. & Leff, S.P. (1977). Umgangsstile in Familien mit schizophrenen Patienten. In: Katschnig, H. (1977), 181-194

Zapotoczky, H.G. (1990). Der Beitrag der Verhaltenstherapie zur Behandlung der Schizophrenien. In: Hinterhuber, H.; Kulhanek, F. & Fleischhacker, W.W. (1990)

Zweiter Bayrischer Landesplan zur Versorgung psychisch Kranker und psychisch Behinderter. Hrsg. Bayrisches Staatsministerium für Arbeit und Sozialordnung, August 1990

Zur Lage der Psychiatrie in der ehemaligen DDR - Bestandsaufnahme und Empfehlungen im Auftrag des Bundesministers für Gesundheit 30.5.1991

II.

Verhaltenstherapeutische Ansätze für die Behandlung schizophren Erkrankter im Überblick

Umseitiges Bild:

(Satan) "Amadeus"
Wolf-Dieter Schuh

Aktuelle verhaltenstherapeutische Ansätze zur Behandlung schizophren erkrankter Menschen

Annette Schaub & Hans Dieter Brenner

Zusammenfassung

In den letzten Jahren haben verhaltenstherapeutische Ansätze in der Kombination mit Psychopharmakotherapie in der Behandlung schizophren erkrankter Menschen zu erheblichen Fortschritten geführt. Kognitive und kognitiv-behaviorale Therapien, Trainingsprogramme zur Verbesserung der sozialen Kompetenz und Problemlösung sowie bewältigungsorientierte Therapieansätze haben hierzu einen wesentlichen Beitrag geleistet. Während kognitive Therapien im engeren Sinn primär auf eine Veränderung der Störungen der Informationsverarbeitung abheben, intendieren kognitiv-behaviorale Ansätze zudem eine Veränderung der sozialen Fertigkeiten und Problemlösungskompetenz, die bei Trainingsprogrammen zur Verbesserung der sozialen Kompetenz schließlich ganz im Mittelpunkt stehen. Bewältigungsorientierte Therapieansätze, die überwiegend auch psychoedukativ ausgerichtet sind, informieren den Betroffenen über die Erkrankung und vermitteln Strategien im Umgang mit Frühwarnsymptomen und belastenden Situationen. Forschungsergebnisse zu den jeweiligen Therapien werden referiert und diskutiert.

Vulnerabilitäts-Modelle und ihre therapeutischen Implikationen

Das Vulnerabilitäts-Streß-Modell (Zubin & Spring, 1977) und seine Weiterentwicklungen (Nuechterlein & Dawson, 1984; Liberman et al., 1986a; Nuechterlein, 1987; Yank et al., 1993) haben in den letzten Jahren für das Verständnis schizophrener Erkrankungen an Bedeutung gewonnen. Diese interaktiven, mehrschichtigen Modelle bilden die Grundlage für spezifische Annahmen zur Ätiologie, den Verlauf der Erkrankung sowie psychosoziale und psychopharmakotherapeutische Behandlungsansätze. Aufgrund der vielfach bestätigten Relevanz neurobiologischer, psychologischer und sozialer Faktoren für das Auftreten und den Verlauf schizophrener Erkrankungen können diese heute im Sinne des biopsychosozialen

Krankheitskonzepts als systemische Störungen und weniger als Krankheit im traditionellen medizinischen Sinn verstanden werden (Brenner et al., 1992a). Genetisch determinierte und/oder früh erworbene Variationen der cerebralen Struktur und/oder Physiologie liegen Unterschiede in Wahrnehmungs- und kognitiven Prozessen zugrunde, d.h. Prozessen der Informationsverarbeitung. Diese individuellen Unterschiede interagieren wiederum mit Umweltfaktoren bei der Transformation der biologischen Normabweichungen in manifeste Krankheitssymptome. Vulnerabilität als relativ stabiles, den Zeitablauf überdauerndes Merkmal (trait) wird in diesen Modellen von Episoden schizophrener Erkrankung als instabilen, wechselnden Zuständen (states) abgegrenzt (Zubin & Spring, 1977). Belastungen bzw. Stressoren kommen in diesem Modell vorrangig auslösende Funktion zu. Eine schizophrene Episode tritt bei einem dafür vulnerablen Menschen dann auf, wenn er mit Problemen und Belastungen konfrontiert wird, die seine Bewältigungskompetenz übersteigen. Stark emotionale Beziehungen zu wichtigen Personen in einem kritischen oder emotional überinvolvierten Familienklima, eine überstimulierende soziale Umwelt sowie kritische Lebensereignisse können zu solchen Auslösern werden.

Abbildung 1: Konzeptueller Rahmen zum Verständnis und Ausgang der Schizophrenie mit den Faktoren Vulnerabilität, Streß, Bewältigung und Kompetenz (Liberman et al., 1986a; aus Böker & Brenner, 1986, S. 97)

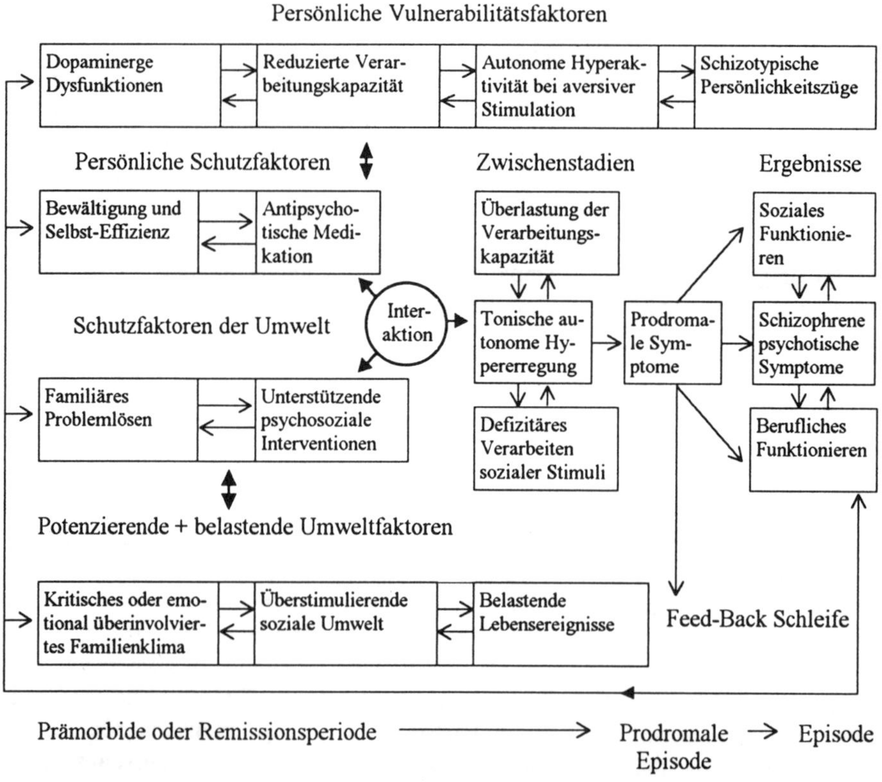

In den vorherrschenden Vulnerabilitätsmodellen werden insbesondere Defizite der Informationsverarbeitung sowie Auffälligkeiten des autonomen Nervensystems (Hypo- oder Hypererregung, mangelnde Habituationsfähigkeit) als Vulnerabilitätsmarker gewertet (Zubin & Spring, 1977; Nuechterlein & Dawson, 1984; Liberman et al., 1986a; Nuechterlein, 1987). Weiterentwicklungen des Vulnerabilitäts-Streß-Modells differenzieren zwischen primären und sekundären Defiziten als unterschiedlichen kognitiven Störungen (Brenner et al., 1992a; Hemsley, 1994; Spaulding et al., 1994). Primäre Störungen werden als eher substratnah, d.h. im direkten Zusammenhang mit neurophysiologischen Faktoren, und als überdauernde Störungen betrachtet, während sekundäre Störungen demgegenüber aus einer generellen kognitiven Störung resultieren sollen. Spaulding et al. (1994) beschreibt in seinem Modell drei unterschiedliche Faktoren: (1) einen vulnerabilitätsnahen Faktor, der ein breites Spektrum spezifischer kognitiver Funktionen umfaßt. Dieser Faktor limitiert die Ansprechbarkeit auf psychosoziale Maßnahmen und verweist auf eine schlechte Prognose; (2) einen zweiten Faktor, der in den jeweiligen Krankheitsepisoden kognitive Prozesse wie Konzeptbildung, Gedächtnisleistungen und Fähigkeiten zum Problemlösen beeinträchtigt; (3) einen dritten Faktor, der dem letztgenannten qualitativ ähnlich ist, jedoch als residual, weniger episodenspezifisch und durch psychosoziale Behandlungsmaßnahmen veränderbar beschrieben wird.

Als Protektoren gelten eine gute soziale Integration und prämorbide Persönlichkeit, wobei in neueren Konzepten wie dem Vulnerabilitäts-Streß-Bewältigungs-Modell (Liberman et al., 1986a; Nuechterlein, 1987) zusätzlich auch der Bewältigungskompetenz sowie Überzeugungen der persönlichen Selbstwirksamkeit ("self-efficacy", Bandura, 1977) eine wichtige Rolle zukommt. In diesem Modell ist der schizophrene Patient nicht ein passives Opfer seiner Erkrankung, sondern er kann den Verlauf seiner Erkrankung aktiv mitgestalten. Die Fähigkeit des Betroffenen kompetent zu handeln, kann sich sowohl auf seine soziale Umgebung als auch bedingt auf seine Hirnfunktionen auswirken (Brenner et al., 1992a). Die informationsverarbeitenden Systeme des Zentralnervensystems entwickeln sich mit der genetisch gesteuerten neuronalen Vernetzung des Neokortex, wobei sie zu ihrer Ausreifung aber ständige sensorische Erfahrungen benötigen. Da die neuronale Aktivität durch externe Informationen moduliert wird, können pathogene psychosoziale Faktoren zwar einerseits zu überdauernden kognitiven Dysfunktionen führen, andererseits können günstige psychosoziale Faktoren auch zu einer Milderung dieser Störungen beitragen.

Je nach Stadium der Erkrankung führen diese Vulnerabilitätsmodelle zu unterschiedlichen therapeutischen Konsequenzen. Die primäre Intervention sollte an sich versuchen, gefährdete Individuen im Vorfeld der Erkrankung anhand von High-Risk Studien zu identifizieren und vor Ausbruch der Erkrankung prophylaktisch zu behandeln. Dieser Ansatz wirft jedoch ethische Fragen auf, da noch keine eindeutigen Indikatoren vorliegen, die ein derartiges Vorgehen erlauben. Ansätze zur Modifikation der Vulnerabilitätsmarker nach eingetretener Erkrankung im Sinne der sekundären Intervention klingen vielversprechend, bleiben aber noch hinter ihren Ansprüchen zurück. Die Veränderung biologischer Prozesse über Neuroleptikatherapie im Sinne einer Symptomsupression scheint eher gewährleistet, wenngleich jedoch die diesen Prozessen zugrundeliegende Vulnerabilität nur bedingt beeinflußbar erscheint. Therapieansätze zum Aufbau kognitiver und sozialer Funktionen, von Bewältigungskompetenz sowie zur Reduktion von Umweltstreß (z.B. Abbau einer angespannten familiären Atmosphäre) sind in Kombination mit Psychopharmakatherapie erfolgversprechend.

Im einzelnen liegen derzeit folgende verhaltenstherapeutische Ansätze vor:
1) kognitive Trainingsprogramme zur Reduktion von Störungen der Informationsverarbeitung, zumeist über Kompensationsmechanismen,
2) kognitiv-behaviorale Therapieansätze zur Verbesserung kognitiver Störungen, sozialer Kompetenz und Fähigkeit zur Problemlösung, wobei diese Ansätze hierarchisch aufgebaut sind,
3) Therapieansätze zur Verbesserung der sozialen Kompetenz und der Problemlösung, wobei durch eine strukturierte Vorgabe der jeweiligen Inhalte auch kognitive Störungen berücksichtigt werden,
4) bewältigungsorientierte Therapieansätze, die dem Patienten Verständnis für Krankheitszusammenhänge, aber auch Bewältigungsstrategien im Umgang mit krankheitsbezogenen und alltäglichen Stressoren vermitteln,
5) Familientherapie zur Reduktion eines hohen familiären emotionalen Engagements.

Mit Ausnahme der Familientherapie werden die genannten Ansätze im folgenden näher beschrieben und ihre Anwendbarkeit und Effizienz diskutiert. Zu den jeweiligen Ansätzen werden relevante Untersuchungen aufgeführt, wobei jedoch nicht der Anspruch der Vollständigkeit erhoben wird.

Kognitive Therapie bei schizophren Erkrankten

Die kognitive Therapie bei schizophren Erkrankten hat in den letzten Jahren an Bedeutung gewonnen. Hierunter kann der Ansatz der "cognitive remediation", d.h. die Modifikation kognitiver Defizite schizophrener Patienten durch spezifische Interventionen sowie die kognitive Umstrukturierung dysfunktionaler Kognitionen gerechnet werden. Die "cognitive remediation" findet derzeit viel Beachtung (z.B. Bellack, 1992; Brenner et al., 1992b; Green, 1993; Hogarty & Flesher, 1992; Liberman & Green, 1992). Green et al. (im Druck) differenzieren in diesem Zusammenhang zwischen einer generellen Stimulation, einem Substitutions-Transfer (z.B. Vermittlung von Problemlösestrategien) sowie einer Verhaltensmodifikation (z.B. Modellernen). In diesem Artikel werden auf einzelne kognitive Leistungsfunktionen ausgerichtete sowie kombinierte kognitiv-behaviorale Trainingsprogramme unterschieden.

Kognitive Trainingsprogramme

Kognitive Trainingsprogramme zielen auf eine Verbesserung kognitiver Funktionen wie Aufmerksamkeit, Reaktionsgeschwindigkeit, Gedächtnis und Konzeptbildung (s. Tabelle 1). Dabei werden die Aufgaben wiederholt trainiert, Strategien zum Umgang mit Aufmerksamkeitsstörungen (z.B. Meichenbaum & Cameron, 1973) oder zur Problemlösung (z.B. Bellack et al., 1990) vermittelt sowie motivationale Anreize gesetzt, um eine Leistungssteigerung zu erzielen. Erste Ansätze zur Modifikation kognitiver Defizite in den 60er und 70er Jahren bezogen sich auf Störungen der Aufmerksamkeit und Abstraktionsfähigkeit. Wagner (1968) trainierte diese Störungen durch Aufgaben, die Differenzierungsleistungen zwischen relevanten und irrelevanten Details forderten. Meiselman (1973) förderte Prozesse der Aufmerksamkeit, indem Patienten trainiert wurden, zwei Stimulus-Modalitäten zu beachten. Lamberti et al. (1988) war einer der ersten im deutschsprachigen Raum, der ein EDV-gesteuertes Aufmerksamkeitstraining einsetzte, das die aktive Aufrechterhaltung der selektiven visuellen Aufmerksamkeit ansprach (im Sinne von "sustained attention" unter Interferenzreizen) und Trainingserfolge bei schizophrenen Patienten erzielte. Das Training von Aufmerksamkeitsfunktionen führte zu einer Verbesserung der Reaktionsgeschwindigkeit (Benedict & Harris, 1989), wobei eine neuere Studie diese Ergebnisse nicht replizieren konnte (Benedict et al., 1994). Ein computergestütztes Training, das verschiedene Aufgaben zur akustischen und visuellen Aufmerksamkeit umfaßte, erbrachte bessere Therapieerfolge in der Reaktionsgeschwindigkeit bei Patienten gegenüber einem kognitiven Training, das dem Unterprogramm "Kognitive Differenzierung" aus dem Integrierten Psychologischen Therapieprogramm (IPT; Roder et al., 1988) vergleichbare Aufgaben enthielt (Hermanutz & Gestrich, 1991).

Tabelle 1:

Training einzelner kognitiver Funktionen
* Aufmerksamkeit
    Wagner, 1968; Meiselman, 1973; Lamberti et al., 1988; Benedict & Harris, 1989; Hermanutz & Gestrich, 1991; Benedict et al., 1994
* Reaktionsgeschwindigkeit
    Rosenbaum et al., 1957; Spaulding et al., 1989; Nuechterlein et al., 1991
* Gedächtnis
    Larsen & Fromholt, 1976; Koh et al., 1981; Hammond & Summer, 1972; Wallace et al., 1993
* Konzeptuelle Funktionen
    Goldberg et al., 1987; Bellack et al., 1990; Summerfelt et al., 1991; Green et al., 1992; Hellman et al., 1992; Delahunty et al., 1993; Stratta et al., 1994

Training mehrerer kognitiver Funktionen
* Cognition
    Olbrich & Mussgay, 1990; Mussgay et al., 1991; Gansert & Olbrich, 1992; Olbrich, 1993
* COGLAB
    Spaulding et al., 1989; Spaulding et al. im Druck

Frühere Versuche, die Gedächtnisfunktionen schizophrener Patienten durch das repetitive Memorieren von Silben- und Wortfolgen zu verbessern, brachten ebenfalls umschriebene Erfolge (Larsen & Fromholt, 1976; Koh et al., 1981; Hammond &

Summer, 1972). Neuere Untersuchungen sprechen für die Überlegenheit eines Gedächtnistrainings, das die Aneignung semantischer Bezüge betont, gegenüber einer reinen Wiederholung der Wörter (Wallace et al., 1993). Trainingsansätze zur Verbesserung der Reaktionszeit basierten überwiegend auf motivationalen Anreizen wie Bestrafung von Fehlern oder Belohnung richtiger Lösungen (z.B. Rosenbaum et al., 1957). Neuere Ansätze zielen darauf ab, durch Wiederholung der Leistungsanforderungen diese Funktionen zu verbessern (z.B. Spaulding et al., 1986; 1989; Nuechterlein et al., 1991).

Der Wisconsin Card Sorting Test (WCST; Heaton, 1981) wird in letzter Zeit verstärkt zum Training konzeptueller Funktionen, die dem präfrontalen Kortex zugeordnet werden, eingesetzt. Mit diesem Verfahren werden die Konzeptbildung, das Aufrechterhalten von Konzepten sowie kognitive Flexibilität und Rigidität bei Problemlösungsstrategien erfaßt. Die Mehrzahl der Untersuchungen belegt Leistungsschwierigkeiten schizophrener Patienten in diesem Bereich (z.B. Butler et al., 1992), die jedoch über Interventionen modifiziert werden können (z.B. Green et al., 1992). Entgegen früheren Untersuchungen, bei denen Patienten trotz Instruktionshilfen keine Leistungsverbesserung beibehalten konnten (Goldberg et al., 1987), zeigen andere Untersuchungen, daß motivationale Faktoren z.B. Verstärkung durch Geld (Bellack et al., 1990; Summerfeld et al., 1991), die Vermittlung effizienter Problemlösungsstrategien durch den Versuchsleiter (Hellmann et al., 1992), die Kombination aus beiden vorangegangenen Methoden (Green et al., 1992), das Training vergleichbarer Aufgaben (Delahunty et al., 1993) sowie die Mitteilung der beabsichtigten Lösungsschritte durch die Versuchsperson (Stratta et al., 1994) zu einer Leistungssteigerung beitragen. Die Trainingserfolge waren bis zu sechs Monate stabil (Delahunty et al., 1993). Diese Ergebnisse sprechen dafür, daß basale kognitive Defizite bei schizophrenen Patienten modifiziert werden können, wobei der WCST jedoch nicht als Vulnerabilitätsmarker gewertet werden kann.

Neuerdings werden vermehrt computergestützte Trainingsprogramme, in denen komplexe und unterschiedliche Aufgabenstellungen als Programmpaket zusammengefaßt sind, zur Behandlung schizophrener Patienten herangezogen. Derartige Übungsprogramme wurden zumeist auch in der Rehabilitation neurologischer Patienten für unterschiedliche Funktionsbereiche eingesetzt, wobei die Ähnlichkeit der kognitiven Defizite beider Patientengruppen betont wird (Jaeger, 1994; Green, 1993). Als komplexe, verschiedene Funktionen umfassende Computerprogramme liegen derzeit das "Cognition" und das "COGLAB" vor. Das Programmpaket "Cognition" (Marker, 1989), von dem gute Erfahrungen im Hinblick auf Praktikabilität und positive Akzeptanz durch die Patienten berichtet werden, deckt eine Vielzahl unterschiedlicher Funktionen ab wie arithmetische, logische und semantische Fertigkeiten, visuomotorische Koordination sowie verbale und visuelle Gedächtnisleistungen (Gansert & Olbrich, 1992). Mussgay et al. (1991) und Olbrich und Mussgay (1990) untersuchten den Einfluß dieses komplexen kognitiven Trainingsprogramms auf kognitive Defizite im Vergleich zu einer Kontrollgruppe, in der kreative Tätigkeiten durchgeführt wurden. Während elementare kognitive Funktionen keine Trainingseffekte erkennen ließen, zeigten sich jedoch Leistungssteigerungen in allen komplexen kognitiven Funktionen gegenüber der Kontrollgruppe, was die Ausbildung neuer kognitiver Strategien nahelegt. Weitere Untersuchungen belegen Therapieeffekte bei schizophrenen Patienten, wobei jedoch kein Vergleich mit einer Kontrollgruppe erfolgte (Olbrich, 1993). Mit dem Programmpaket "COGLAB" der Arbeitsgruppe um Spaulding (Spaulding et al., 1989; Reed et al., 1992) werden Aufmerksamkeit, Reaktionszeit, Konzeptbildung und Diskriminationsleistungen trainiert. Es wird zu diagnostischen und therapeutischen Zwecken genutzt, wobei bei diesem Programm für schizophrene Patienten bereits eine breite Datenbasis vorliegt. Leistungsfunktionen im "COGLAB" korrelierten mit offenem Verhalten wie Antriebslosigkeit, sozialem Rückzug sowie interpersonellen Problemlösestrategien (Spaulding et al., im Druck).

Zur Überprüfung der Effizienz dieser kognitiven Therapieansätze wird in der Therapieforschung zwischen Studien zur "feasibility" und solchen zur Generalisation von Therapieeffekten unterschieden (Green et al., im Druck). "Feasibility" Studien untersuchen, ob Defizite schizophrener Patienten unter bestimmten Bedingungen modifiziert werden können und falls dies zutrifft, welche Interventionen den größten Erfolg versprechen. In Generalisationsstudien wird hinterfragt, ob die Trainingserfolge sich nur auf die trainierte Aufgabe beziehen oder auf andere Aufgaben bzw. alltägliche Lebensbezüge generalisieren. Bei einer "upward"-Generalisation sollten sich die Therapieeffekte von einer elementaren Ebene auf komplexere Funktionen ausweiten z.B. ein kognitives Training führt auch zu Veränderungen der sozialen Fertigkeiten. Bei einer "downward"-Generalisation wird der Transfer in der umgekehrten Richtung erwartet: das Training sozialer Fertigkeiten sollte auch kognitive Funktionen beeinflussen. Im Hinblick auf die oben dargestellten Verfahren läßt sich zusammenfassend sagen, daß mit Ausnahme der Ergebnisse der Arbeitsgruppe von Spaulding (im Druck) keine kontrollierten Studien vorliegen, die über aufgabenbezogene Übungseffekte hinaus die Effizienz dieser Trainings belegen.

Kognitiv-behaviorale Therapieansätze

Das Integrierte Psychologische Therapieprogramm für schizophrene Patienten (IPT)

Das Integrierte Psychologische Therapieprogramm (IPT) (Brenner et al., 1980, 1987a, 1994a; Roder et al., 1988, 1992) basiert auf der Pervasivitätshypothese, wonach Störungen der Informationsverarbeitung sich wechselseitig verstärken und Auswirkungen auf höhere Funktionsebenen (z.B. soziale Kompetenz) haben (s. Tabelle 2). In dem hierarchisch gegliederten kognitiv-behavioralen Gruppentherapieprogramm werden zuerst attentional/perzeptive und kognitive Funktionen, dann soziale Fertigkeiten und Strategien zur Problemlösung trainiert. Das IPT hat vor allem im deutschsprachigen Raum beträchtliche Verbreitung erfahren (s. Mussgay & Olbrich, 1988; Gansert & Olbrich, 1992), wurde aber auch in den USA und in Japan aufgegriffen (Brenner et al., 1994a; Reed, 1991). Mehrere Evaluationsstudien mit mittel bis schwer chronifizierten schizophrenen Patienten zeigten Therapieeffekte vor allem in elementaren kognitiven Prozessen, jedoch hinsichtlich kom-

plexer kognitiver Prozesse sowie Veränderungen im sozialen und psychopathologischen Bereich fielen die Ergebnisse unterschiedlich aus (Brenner et al., 1990).
Die kognitiven Funktionen blieben trotz Leistungssteigerung gegenüber der Norm
beeinträchtigt (Hodel & Brenner, 1994). Das alleinige Training kognitiver Funktionen zeigte wenig Einfluß auf psychopathologische und soziale Funktionen (Roder,
1990; Kraemer et al., 1987; Theilemann, 1993). Wurde den kognitiven Interventionen das Training sozialer Funktionen vorgeschaltet, waren die subjektiv erlebten
Basisstörungen stärker verbessert gegenüber einer umgekehrten Abfolge der Interventionen, wobei sich in beiden Therapiearmen Verbesserungen der Psychopathologie und sozialen Anpassung abzeichneten (Hodel & Brenner, 1994). In keiner
der beiden Therapiegruppen zeigten sich statistisch signifikante Verbesserungen
der objektivierbaren kognitiven Funktionen. Brenner et al. (1995) diskutieren in
diesem Zusammenhang, ob die im IPT trainierten kognitiven Funktionen für soziale Funktionen weniger relevant sind, soziale Interventionen eher arousal-redu-
zierend wirken oder einen stärkeren motivationalen Anreiz darstellen wegen ihres
höheren Bezugs zum Alltag.

Die Annahme einer direkten pervasiven Wirkung kognitiver Funktionen auf die
Verhaltensebene hat sich demnach nicht bestätigt (Brenner et al., 1987a, 1990,
1992b; Mussgay & Olbrich 1988). Die neueren Ergebnisse sprechen für ein Modell
zweier vitiöser Zirkularitäten, das die Wechselwirkung zwischen verschiedenen
Ebenen kognitiver und sozialer Funktionen widerspiegelt und auf eine radiale Per-
vasivität zwischen parallelen Subsystemen der Verhaltensorganisation verweist (s.
Abbildung 2).

Abbildung 2: Schematische Darstellung der vitiösen Zirkularitäten in der Schizophrenie nach
Brenner et al., 1992a

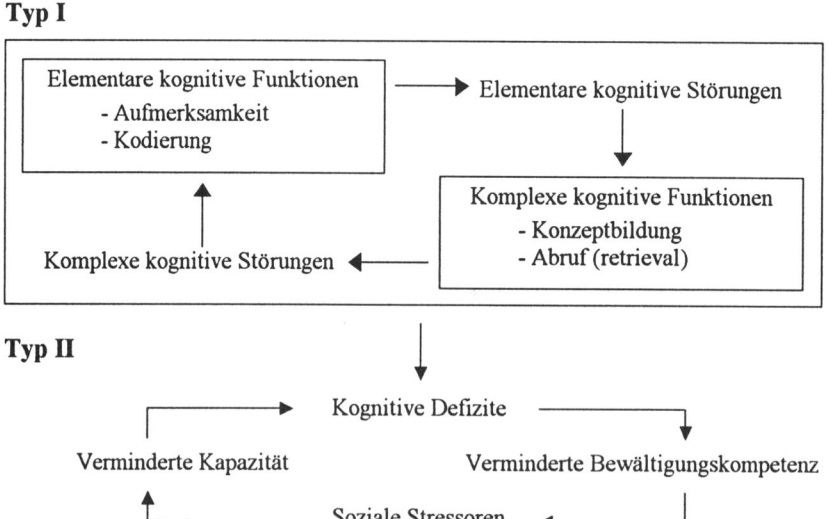

Der erste vitiöse Zirkel zeigt die wechselseitige Beeinflussung zwischen elementaren und komplexen kognitiven Funktionen. Der zweite vitiöse Zirkel verdeutlicht, wie kognitive Defizite den Erwerb und das Einsetzen adäquater Bewältigungsstrategien erschweren und über dadurch mitbedingte soziale Defizite zu vermehrtem Streßerleben führen, was sich wiederum negativ auf die kognitiven Funktionen auswirkt. Effektive Behandlungsmaßnahmen sollten aufgrund des Wechselwirkungsprozesses sowohl kognitive als auch soziale Defizite zu modifzieren versuchen.

Tabelle 2:

Integration des Trainings kognitiver Funktionen, sozialer Fertigkeiten und Problemlösestrategien
- Integriertes Psychologisches Therapieprogramm
  Brenner et al., 1980, 1990, 1994; Roder et al., 1988, 1992
- IPT-Modifikationen
  Kraemer et al., 1988; Schaub & Möller, 1990; Kienzle et al., 1992
- IPT-Weiterentwicklungen
  Hodel & Brenner (im Druck); Roder et al., (im Druck)

Modifikation dysfunktionaler Denkstile
- Integrative Schema-focused Cognitive Programme
  Perris, 1989, 1992

Die Modifikationen des IPTs bezogen sich zunächst auf den Einbezug von Bewältigungsstrategien in belastenden Situationen (Kraemer et al. 1988; Schaub & Möller, 1990), wobei diese als ergänzendes Unterprogramm in die Gesamttherapie eingebettet wurden. Zudem wurde das Programm für die Anwendung bei schizophrenen Jugendlichen adaptiert (Kienzle & Martinius, 1992). In den letzten Jahren sind zusätzlich neue Akzente im IPT gesetzt worden: Hodel und Brenner (im Druck) entwickelten ein weiteres Unterprogramm "Umgang mit Emotionen", das positive und negative Emotionen im situativen Kontext analysiert und mögliche Bewältigungsstrategien in individualisierten Rollenspielen erprobt. Der Vergleich mit Kontrollgruppen, in der körperbezogene Entspannungsübungen oder das Unterprogramm "Kognitive Differenzierung" des IPT durchgeführt wurden, zeigte signifikante Verbesserungen kognitiver Funktionen bei erstgenanntem Therapieprogramm gegenüber den Kontrollbedingungen, jedoch nicht bei den emotionsspezifischen Meßinstrumenten. Eine weitere Neuerung bezieht sich auf das Programm "Wohnen, Arbeit, Freizeit" von Roder et al. (im Druck), in welchem Ziele und Anforderungen in diesen Lebensbereichen erst kognitiv vorstrukturiert werden und dann die Umsetzung in den Handlungsbereich angestrebt wird. Eine kontrollierte Vergleichsstudie hierzu steht noch aus. Die Veränderungen des IPTs zeigen insgesamt also eine Schwerpunktverschiebung in Richtung eines stärkeren Einbezugs von Emotionen und einer Ausweitung auf spezifische, den Lebensalltag direkt betreffende Bereiche.

Kognitive Therapie im Sinne einer Modifikation dysfunktionaler Denkstile

Der Ansatz von Perris (1989; 1992) zielt auf eine Veränderung dysfunktionaler Kognitionen und Einstellungen hinsichtlich des Selbstkonzeptes. Während viele verhaltenstherapeutische Programme den Erwerb neuer, möglicherweise mehr adaptiver Verhaltensweisen intendieren, fokussiert sein Ansatz auf der Identifikation und Modifikation dysfunktionaler Kognitionen, welche die Entwicklung und den Einsatz angemessener Fähigkeiten behindern. Sein kognitiv-behaviorales Behandlungsprogramm umfaßt neben Milieu- und Gruppentherapie auch individuelle Psychotherapie. Vorläufige Ergebnisse einer Evaluationsstudie mit 21 schizophrenen Patienten zeigten in der 3-Jahres Katamnese eine hohe soziale Integration, selbständige Lebensführung und gute Compliance bei gleichzeitiger medikamentöser Niedrigdosierung (Perris & Skagerlind, 1994).

Trainingsprogramme zur Verbesserung sozialer Fertigkeiten und Problemlösekompetenz

Erste Ansätze im Sinne verhaltenstherapeutischer Interventionen zur Verbesserung der sozialen Adaptation waren sog. Token-economy-Programme, die bei chronisch schizophrenen Patienten eingesetzt wurden (Ayllon & Azrin, 1968). Die derzeitigen Programme zur Verbesserung sozialer Fertigkeiten sind jedoch von diesem operanten Verstärkermodus weit abgerückt und beziehen den Patienten aktiv in die Behandlung ein (s. Tabelle 3). Das Training sozialer Fertigkeiten der Arbeitsgruppe um Bellack (Bellack & Hersen, 1978; Bellack et al., 1984) intendierte eine Verbesserung von für die soziale Interaktion relevanten Verhaltensparametern. Die Erforschung des Sozialverhaltens schizophrener Patienten belegt jedoch auch die Wichtigkeit der sozialen Wahrnehmung und des sozialen Problemlösens (Bellack et al., 1994, in Vorbereitung). Die stark strukturierten Programme der Social and Independent Living Skills der Arbeitsgruppe um Liberman (1990) zielen auf die Verbesserung der sozialen Kompetenz und der Problemlösefertigkeiten für eine selbständige Lebensführung. Durch eine kognitive Vorstrukturierung der jeweiligen Inhalte und die Verwendung bestimmter Hilfsmittel wird den kognitiven Störungen der Patienten Rechnung getragen. Dieser Therapieansatz umfaßt verschiedene Module, die sich auf unterschiedliche Lebensbereiche beziehen wie Gestaltung der Freizeit, Kommunikationsfertigkeiten, aber auch den Umgang mit Symptomen und Medikamentenmanagement. Da letztgenannte stärker auf eine Bewältigung im Umgang mit der Erkrankung abheben, werden sie unter den bewältigungsorientierten Therapieansätzen aufgegriffen. Untersuchungen zur Wirksamkeit der "Social Independent Living Skills" belegten, daß Patienten der Therapiegruppe im Vergleich zur Kontrollgruppe einen größeren Lernzuwachs in den vermittelten Lerninhalten sowie eine Verbesserung der Lebensqualität zeigten (Eckman et al., 1992; Vaccaro & Wallace, 1992; Wallace et al., 1992).

Tabelle 3:

Therapie sozialer Kompetenz

• Training sozialer Fertigkeiten
  Bellack & Hersen, 1982; Bellack et al., 1984; Liberman et al., 1984; Hogarty et al., 1986, 1991

• Training sozialer Fertigkeiten und Problemlösestrategien: Social Independent Living Skills (SILS)
  Liberman et al., 1990; Eckman et al., 1992; Vaccaro & Wallace 1992; Wallace et al., 1992

Es liegen drei größere kontrollierte Evaluationsstudien vor, die den Einfluß von Trainingsprogrammen zur Verbesserung sozialer Fertigkeiten auf die soziale Anpassung, die Symptomatik und/oder den Krankheitsverlauf untersuchen. Nach Bellack et al. (1984) führte das Training zur sozialen Kompetenz (Dauer: 3 Monate, 3x wöchentlich) gegenüber der sonst üblichen Standardbehandlung nach Beendigung der Therapie sowie 3 Monate später zu einer deutlicheren Verbesserung der Psychopathologie. Bei einer katamnestischen Erhebung nach einem Jahr lagen jedoch keine Unterschiede mehr vor. Liberman et al. (1986b) verglich ein Therapieprogramm zur Verbesserung sozialer Fertigkeiten mit einem ganzheitlichen Gesundheitsprogramm (Dauer: 9 Wochen, 5x wöchentlich), wobei die Angehörigen beider Gruppen zusätzlich noch verhaltenstherapeutische Familientherapie bzw. eine edukativ-psychodynamische Therapie erhielten. Die Patienten der erstgenannten Gruppe waren besser sozial integriert und zeigten weniger Krankheitssymptome als die Patienten der zweiten Gruppe. Das Fehlen einer Gruppe der Standardversorgung und der konfundierende Einfluß durch das zusätzliche Familientherapieangebot erschweren eindeutige Aussagen über die Wirkungsweise des sozialen Trainingsprogramms.

Die größte Studie zur Überprüfung der Wirksamkeit von Therapieverfahren zur Verbesserung der sozialen Kompetenz führte Hogarty et al. (1986, 1991) durch. Die Therapie dauerte 2 Jahre in unterschiedlichen Bedingungen: a) Training sozialer Fertigkeiten, b) Familientherapie, c) kombinierte Therapie aus a) und b) und d) Standardtherapie. Alle Patienten lebten in einer Familie, die durch ein hohes emotionales Engagement gekennzeichnet war oder hatten regelmäßigen Kontakt mit ihr, was die Rückfallgefährdung der Patienten erhöhte. Im Gegensatz zu Bellack und Liberman wurden die Patienten individuell therapiert und nicht in Gruppen. Die kombinierte Therapie war den übrigen Bedingungen überlegen mit einer Rückfallrate von 0% nach einem Jahr: die Einzeltherapien hatten eine Rückfallrate von ca. 20%, die Standardbedingung von 40%. Kritisch anzumerken ist jedoch, daß nur die Patienten ohne Rezidiv bei den späteren Katamnesezeitpunkten berücksichtigt wurden, was zu recht kleinen Stichprobengrößen führte. Das Zusammenleben mit Angehörigen mit hohem emotionalen Engagement stellt eine spezifische Belastung dar. Es stellt sich daher die Frage, ob die Ergebnisse des sozialen Trainings bei weniger emotional involvierten Angehörigen besser ausgefallen wäre. Im zweiten Katamnesejahr verlor sich aber der additive rückfallprophylaktische Effekt aus der Kombination von Familientherapie und dem Training sozialer Fertigkeiten.

Die Wirksamkeit der Trainingsprogramme zur sozialen Kompetenz werden hinsichtlich der Generalisierung, des Transfers, der Aufrechterhaltung und Anwendung erlernter Fertigkeiten kritisch hinterfragt. Es ist noch ungeklärt, ob sie zu einer Aufschiebung oder einer Verhinderung neuerlicher Krankheitsepisoden beitragen. Übersichtsarbeiten zur Effizienz der Trainingsprogramme sozialer Fertigkeiten (Donahoe & Driensenga, 1988; Benton & Schroeder, 1990; Halford & Hays, 1991) kommen nach Bewertung einer Vielzahl von Untersuchungen zu folgenden Aussagen: Schizophrene Patienten können eine große Zahl verschiedener sozialer Fertigkeiten erlernen (z.B. Kommunikationsverhalten). Es gibt Hinweise auf den Transfer der erlernten sozialen Fertigkeiten in den Alltagsbereich, jedoch ist das Ausmaß der Generalisation begrenzt je nach Komplexität der jeweiligen Fertigkeit und dem Ausmaß der kognitiven Defizite des Patienten. Dieser Therapieansatz führt zu einer deutlichen Verbesserung der sozialen Kompetenz, wenn spezifische Methoden zur Messung sozialer Fertigkeiten eingesetzt werden, sowie zu einer höheren selbsteingeschätzten Selbstsicherheit und einem reduziertem Angstniveau in sozialen Situationen. Trainingseffekte können bis zu 6 - 12 Monate anhalten (Bellack, im Druck). Jedoch zeigt sich nur ein mäßiger Einfluß auf die Rezidivhäufigkeit.

Bewältigungsorientierte Therapieansätze bei schizophrenen Patienten

Die Psychotherapie bei schizophrenen Patienten hat in den letzten Jahren eine neue Akzentsetzung erfahren: Die Ergebnisse der modernen Copingforschung sowie gegenwärtige Schizophreniemodelle werden zunehmend in neueren Behandlungskonzepten aufgegriffen, die dem Patienten bei der Bewältigung der Symptome und dem Leben mit einer besonderen Vulnerabilität eine aktive Rolle zuerkennen. Aufgrund einer zu negativen Einschätzung der Einsichtsfähigkeit, der Bereitschaft zur aktiven Auseinandersetzung mit der Krankheit und der Bewältigungskompetenz schizophrener Patienten waren derartige Behandlungskonzepte lange Zeit vernachlässigt worden.

Die bewältigungsorientierten Therapieansätze lassen sich schematisch einteilen in primär auf Informationsvermittlung ausgerichtete, primär symptombezogene sowie krankheits- und belastungsbezogene Ansätze. Trotz Unterschieden in der inhaltlichen Zielsetzung, der Zeitdauer, dem Therapiesetting (Einzel- versus Gruppentherapie) und der Strukturiertheit des Therapieangebots haben diese Ansätze folgende Gemeinsamkeiten: Der Patient wird als aktiver Partner in die Behandlung integriert, der theoretische Hintergrund ist zumeist das Vulnerabilitäts-Streß-Bewältigungs-Modell, der Schwerpunkt des Vorgehens liegt auf dem Aufbau von Bewältigungskompetenz und die Vermittlung von Informationen zur Krankheit spielt eine wichtige Rolle.

Tabelle 4:

Bewältigungsorientierte Therapieansätze

* Primär auf Informationsvermittlung ausgerichtete Behandlungskonzepte
  Bäuml et al., 1991, 1993; Brücher, 1992; Stark, 1992
* Symptombezogene Therapie
  Herz et al., 1989, 1991; Liberman, 1988a; Tarrier et al., 1993a,b; Behrendt, 1994;
  Chadwick & Birchwood 1994
* Krankheits- und belastungsbezogene Therapie
  Süllwold & Herrlich, 1990, 1992; Wiedl, 1994; Schaub et al., (im Druck)

Primär auf Informationsvermittlung ausgerichtete Behandlungskonzepte

Die eher kurzzeitigen primär psychoedukativen Interventionsprogramme (Dauer: 4-10 Sitzungen) vermitteln Informationen zum Krankheitsbegriff, zu den Ursachen der Erkrankung, zur Akut- sowie Rückfallschutzbehandlung und werden meist mit psychoedukativen Angehörigengruppen kombiniert (z.B. Bäuml et al., 1991; Bühler, 1992; Stark 1992). Informationszentrierte Patientengruppen bei schizophrenen Psychosen belegen eine Verbesserung des Wissensstandes und der Compliance der Patienten und eine geringere Rezidivrate im Vergleich zur Standardversorgung (Bäuml et al., 1994). In diesem Zusammenhang erwähnenswert sind auch sogenannte "Medikamentengruppen" (z.B. Larkin 1982), in denen Patienten über die Wirkungsweise der Medikamente informiert und sie zur Compliance motiviert werden, sowie Ansätze zur Medikamentenmitbestimmung (Liberman, 1988b; Brenner et al., 1988; Buchkremer et al., 1988; Kieserg & Hornung, 1994).

Symptombezogene Therapieansätze

Die symptombezogenen Therapieansätze kann man hinsichtlich des Krankheitsprozesses dahingehend unterscheiden, ob sie den Umgang mit Früh- und Warnsymptomen oder chronischen Symptomen thematisieren. Es liegen Therapieansätze zur Verbesserung der Selbstkontrolle vor, die sich auf die Identifizierung, das Monitoring und die Verarbeitung von Früh- und Warnsymptomen einer drohenden neuerlichen Krankheitsepisode beziehen. Untersuchungen belegen, daß ein hoher Prozentsatz der Patienten und Angehörigen Früh- und Warnsymptome registrieren (Birchwood et al., 1989; Docherty et al., 1978; Herz & Melville, 1980; Wiedeman et al., 1994) und daß diese zumeist nicht-psychotischen Beschwerden bei ca. 50% der Patienten länger als eine Woche dauern, bevor sie in ein Rezidiv einmünden (Herz & Melville, 1980). Durch diese Ergebnisse ermutigt, entwickelte die Arbeitsgruppe von Herz et al. (1982, 1989, 1991) ein Programm zur Frühintervention aus intermittierender Neuroleptikatherapie und psychoedukativer Familientherapie, bei der besonderes Gewicht auf die Erstellung eines Krisenplans gelegt wird. Andere Studien kombinieren diesen Ansatz mit Niedrigdosierung der Psychopharmaka (z.B. Marder et al., in press). Ziel der Erkennung von Frühsymptomen sind insbesondere das schnelle medikamentöse Abfangen des anlaufenden psychotischen Prozesses und damit einhergehend die Verbesserung der beruflichen und sozialen Anpassung (Herz et al., 1982, 1989; Hirsch et al., 1986; Jolley & Hirsch, 1990). Derzeitige Ergebnisse belegen die Überlegenheit der Niedrigdosierung gegenüber der Intervalltherapie für die Rezidivprophylaxe bei schizophren Erkrankten (Kissling, 1994; Gaebel et al., 1994).

In den letzten Jahren haben auch weiter ausgreifende psychoedukative Programme an Bedeutung gewonnen, die den Umgang mit Früh- und Warnsymptomen, die Vermittlung von Informationen über das Krankheitsgeschehen sowie Fragen der Medikation und gesundheitsfördernder Verhaltensweisen beinhalten. Das strukturierte Therapieprogramm zum Umgang mit Symptomen (SMM) von Liberman (1988a) vermittelt den Patienten, wie sie mit Hilfe von Fachleuten und ihnen nahestehenden Personen ihre Symptome erkennen und besser mit ihnen umgehen können. Das Therapieprogramm zum Umgang mit Medikamenten (MMM; Liberman, 1988b) soll Patienten anleiten, eigenverantwortlich ihre Medikamente einzunehmen, sowie eine bessere Kooperationsbereitschaft bezüglich der Medikation vermitteln. Die Anwendung dieser Programme erbrachte Veränderungen auf psychopathologischer und sozialer Ebene (Eckman et al., 1990; Wallace et al., 1992). Patienten, die an MMM und SMM teilnahmen (Dauer: 3-4 Monate), zeigten signifikante Verbesserungen in den vermittelten Lerninhalten im Vergleich mit einer supportiven Gruppe am Ende des Trainings sowie bei einer Nachuntersuchung nach einem Jahr (Eckman et al., 1992). Beide Therapieprogramme wurden von der Arbeitsgruppe von Brenner (Brenner, 1989, 1990) übersetzt und in einer adaptierten Form evaluiert (Brenner et al., 1994; Stöckli et al., 1992). Die dabei gewonnenen Ergebnisse belegen bei entsprechender Modifikation eine gute Anwendbarkeit dieser strukturierten Module unter europäischen Verhältnissen. Eine modifizierte Version des SMM (Dauer: ca. 3 Monate) zeigte bei gleichzeitiger neuroleptischer Behandlung eine signifikante Verbesserung der Psychopathologie und der psychosozialen Funktionen, eine Zunahme internaler und eine Abnahme externaler Kontrollüberzeugungen sowie passiver Bewältigungsstrategien (s. Behrendt in diesem Band; Behrendt et al., 1993; Schaub et al., 1994a, b). Die Replizierbarkeit dieser Ergebnisse wird gegenwärtig im Rahmen einer kontrollierten Studie überprüft. Eine kontrollierte Studie von Buchkremer und Fiedler (1987) zeigte eine geringere Rückfallrate bei Patienten, die an einer Therapie teilnahmen, die sie zu Experten ihrer eigenen Erkrankung und Behandlung machte, gegenüber einem Training zur Verbesserung sozialer Fertigkeiten sowie einer Kontrollgruppe.

Chronische psychotische Symptome werden von den Patienten häufig als sehr belastend erlebt und gehen oft mit Angst und Depression einher. Die in diesem Bereich vorliegenden Therapieansätze beruhen weitgehend auf Einzelfallstudien, unkontrollierten Studien oder Studien mit kleiner Stichprobengröße (z.B. Alford et al., 1982; Milton et al., 1978). Tarrier et al. (1993a,b) entwickelte ein einzeltherapeutisches Behandlungskonzept zur Verbesserung der Bewältigungskompetenz im Umgang mit therapieresistenten chronischen psychotischen Symptomen (Dauer: 5 Wochen, 2x wöchentlich), das in einer kontrollierten Studie mit 27 schizophrenen Patienten überprüft wurde. Zuerst lernt der Patient, die den Symptomen vorausgehenden Hinweise sowie seine Reaktionen auf die Symptome zu analysieren. Als hilfreich werden kognitive (z.B. Wechsel der Aufmerksamkeit) und aktionsorientierte Strategien (z.b. Zunahme von Einzelaktivitäten) eingeschätzt wie auch Strategien zur Veränderung der physiologischen Erregung (z.B Entspannung). Der Patient trainiert die für ihn möglicherweise hilfreichen Strategien unter simulierten Bedingungen und wird dann ermutigt, Copingstrategien in-vivo im Umgang mit den identifizierten und anderen Symptomen einzusetzen. Im Gegensatz zu einer problemlösungsorientierten Therapie zeigte sich ein signifikanter Anstieg der Anzahl sowie der als effizient eingeschätzten Bewältigungsstrategien. In beiden Gruppen verbesserte sich die Psychopathologie signifikant im Sinne einer Reduktion der Schwere und Häufigkeit psychotischer Symptome (insbes. Wahnvorstellungen), wobei Veränderungen der Bewältigung, aber nicht der Problemlösung signifikant mit einer Verbesserung der Psychopathologie korrelierten.

Andere Ansätze beziehen sich auf die Modifikation von Wahnvorstellungen, wobei das Becksche Modell der Veränderung irrationaler Kognitionen bei nichtpsychotischen Störungen aufgegriffen wird (Beck, 1952). Die kognitive Umstrukturierung war anderen Methoden wie Entspannung, systematische Desensibilisierung für soziale Situationen, aber auch dem konfrontativen Angehen der Wahnvorstellungen überlegen (Watts et al., 1973; Milton et al., 1978; Chadwick & Lowe, 1991). Bei letztgenannter Methode zeigte sich zumeist eine Verstärkung der Wahnthematik. Auch Chadwick und Birchwood (1994) erzielten Erfolge bei der kognitiven Therapie von Überzeugungen zu chronischen akustischen Halluzinationen.

Krankheits- und belastungsbezogene Therapie

Zu den krankheits- und belastungsbezogenen Therapien gehören die Ansätze von Süllwold und Herrlich (1990, 1992), von Wiedl (1994) sowie von unserer Arbeitsgruppe (Schaub et al, im Druck). Neben dem Umgang mit krankheitsbedingten Symptomen und Beeinträchtigungen sowie sozialen Belastungen kommt der Vermittlung eines funktionalen Krankheitskonzeptes in diesen Therapieansätzen eine wichtige Bedeutung zu.

Die zentralen Elemente der von Süllwold und Herrlich (1990) entwickelten verhaltenstherapeutischen Einzelbehandlung (durchschnittliche Dauer: ca. 20 Sitzungen, bei Bedarf bis zu 99 Sitzungen; 1x wöchentlich) sind die Vermittlung eines Krankheitskonzeptes nach dem Diathese-Streß-Modell, das Erkennen kritischer Bedingungen, die psychotische Störungen auslösen bzw. diese verstärken, sowie ein besseres Verständnis der Symptome und deren Intensitätsschwankungen. So können psychotische Symptome als zeitweilige Dekompensation verstanden werden, subjektiv erlebte Basisstörungen z.B. wie Denkstörungen als Überlastungsreaktionen bei zu starker Stimulation. Der Aufbau eines Selbstbildes unter Einbeziehung der subjektiven Seite der Vulnerabilität soll dem Patienten die trotz seiner Erkrankung verbliebenen Gestaltungsmöglichkeiten verdeutlichen. Das Selbstkonzept sollte nicht einseitig auf die Krankheitsgefährdung ausgerichtet sein, sondern auch eine Vorstellung der eigenen Individualität und der verbliebenen Entwicklungsmöglichkeiten umfassen. Wesentlich ist auch die stärkere Eigenkontrolle über die Erkrankung durch bewußt in ihrer Wirkung verstandene Bewältigungsstrategien. Diese Therapie führte bei 40 schizophrenen Patienten zu einem relativ hohen Anteil ambulant abgefangener psychotischer Krisen sowie einer als auffallend gut einzuschätzenden Compliance mit der neuroleptischen Behandlung und Krankheitseinsicht. Die stationäre Wiederaufnahmerate betrug im Katamnesezeitraum von 2 Jahren nur 30%. Zudem verbesserten sich die psychopathologische Symptomatik, die subjektiv erlebten Beschwerden wie auch die soziale Integration und Problembewältigung. Kritisch ist jedoch anzumerken, daß es sich hierbei um keine kontrollierte Studie handelte.

Wiedl (1994) entwickelte einen gruppentherapeutischen Therapieansatz zur Krankheits- und Belastungsbewältigung, der Informationen über die Erkrankung und Behandlungsperspektiven vermittelt, sowie den Umgang mit Belastungen thematisiert (Therapiedauer: ca. 50 Sitzungen, 1x wöchentlich). Folgende Konzepte spielen darin eine zentrale Rolle: Das funktionale Krankheitskonzept, d.h. all diejenigen krankheitsbezogenen Kognitionen, die eine konstruktive Auseinandersetzung mit der Erkrankung ermöglichen sowie das funktionale Selbstkonzept im Sinne der Kognitionen über die eigene Person und ihre Beziehung zur realen und vorgestellten Umwelt, die eine Auseinandersetzung mit derselben begünstigen. Unmittelbare Ziele dieses bewältigungsorientierten Ansatzes für schizophrene Patienten sind die Erhöhung der Selbstwirksamkeit, der Eigenkompetenz und der Soziabilität des Bewältigungsverhaltens. Wiedl (1994) betont hierbei die Wichtigkeit, kognitive Beeinträchtigungen durch entsprechende Hilfsmittel oder Vorgehensweisen zu kompensieren wie durch Materialien zur Stützung der Aufmerksamkeit- und Gedächtnisfunktionen. Er fordert eine Verbindung von diagnostischem, therapeutischem und evaluativem Vorgehen im Sinne einer kontrollierten Praxis.

Der folgende bewältigungsorientierte Gruppentherapieansatz (Schaub et al., im Druck) basiert auf den Ergebnissen der Grundlagenforschung und eigener Studien zum Bewältigungsverhalten schizophrener Patienten (Böker & Brenner, 1983; Brenner et al., 1987; Schaub, 1993, 1994) sowie Elementen bereits existierender Ansätze (Schaub & Möller, 1990; Süllwold & Herrlich, 1990; Wiedl, 1994). Im Gegensatz zu den vorangegangenen Ansätzen ist dieser als eher mittelfristig ausgerichtet (Dauer: 25 Sitzungen; 2x wöchentlich), strukturierter und stärker auf Streßbewältigung und den Aufbau positiver Ressourcen fokussierend zu charakterisieren. Auf dem Hintergrund des Vulnerabilitäts-Stress-Coping-Kompetenz-Modells versucht dieser Ansatz, die schizophreniespezifischen Belastungen gezielt aufzugreifen und die entsprechende Belastungsverarbeitung therapeutisch anzugehen. In der Therapie werden ein funktionales Krankheitsmodell entwickelt sowie Informationen über verschiedene Behandlungsmöglichkeiten gegeben. Der Schwerpunkt der Therapie liegt auf der Identifikation und Analyse individueller Streßsituationen sowie der Erarbeitung alternativer Bewältigungsstrategien. Die praktische Umsetzung möglicher Problemlösungen geschieht über Rollenspiele und ein in-vivo Training. Zudem wird der Umgang mit Früh- und Warnsymptomen thematisiert. Ein weiterer Therapieinhalt ist eine positive Freizeitgestaltung. Parallel werden aufgrund der positiven Erfahrungen aus verschiedenen Studien (vgl. Hogarty et al., 1986) mit den Angehörigen psychoedukativ ausgerichtete Familiengespräche durchgeführt, in denen die Familie wesentliche Informationen über die Krankheit, zur Verbesserung der Kommunikation und den Umgang mit belastenden Situationen (z.B. gemeinsame Erstellung eines Krisenplans) erhält. Pilotstudien zu diesem Therapieansatz zeigten eine Abnahme der Psychopathologie und passiver Bewältigungsstategien sowie eine Zunahme der Compliance mit der Behandlung und ein größeres Selbstvertrauen. Die Evaluation im Rahmen einer umfangreichen kontrollierten Studie steht aber noch aus.

Diskussion

Betrachtet man die Entwicklung verhaltenstherapeutischer Behandlungskonzepte in der Schizophrenie, so stehen zu Beginn operante Verfahren im Vordergrund, die ein Menschenbild widerspiegeln, das eine einseitige Abhängigkeit des Verhaltens von Umweltbedingungen annahm. In den 70er Jahren gewinnen Trainingsprogramme zur Verbesserung der sozialen Kompetenz an Bedeutung, wobei diese hochstrukturierten Programme dem Patienten spezifische verbale und nonverbale Verhaltensmuster vermitteln. Durch eine Zunahme der sozialen Kompetenz wird eine höhere soziale Integration und Lebensqualität der Betroffen erwartet. Die mäßigen Therapieerfolge in diesem Bereich wurden u.a. darauf zurückgeführt, daß den kognitiven Defiziten der Patienten nicht genug Rechnung getragen wurde. Folglich werden die sozialen Trainingsprogramme stärker auf diese Defizite ausgerichtet.

Die kognitive Rehabilitation, deren Gegenstand die Verbesserung der Informationsaufnahme und -verarbeitung ist, gewinnt an Bedeutung. Hierunter fallen primär kognitive Trainingsprogramme sowie kombinierte kognitiv-behaviorale Ansätze. Die kognitive Rehabilitation wurde früher aus verschiedenen Gründen vernachläßigt: kognitive Defizite wurden als Epiphänomene ohne funktionale klinische Bedeutung oder als sehr grundlegend und nicht veränderbar betrachtet (Spring & Ravdin, 1992). Diese Annahmen müssen jedoch revidiert werden. So wurde z.B. die von Goldberg et al. (1987) postulierte fehlende Lernfähigkeit schizophrener Patienten hinsichtlich komplexer Aufgabenstellungen wie dem Wisconsin Card Sorting Test widerlegt (z.B. Bellack et al., 1990; Green et al., 1990; Spaulding et al., 1986). Selbst sog. Vulnerabilitätsmarker können nach neueren Untersuchungen durch gezieltes Training modifiziert werden (Green et al., im Druck).

Wenngleich die Ergebnisse für primär kognitive und insbesondere computergestützte Trainings z.T. recht vielversprechend klingen und im Zeitalter des Computers die Möglichkeit eines derartigen Vorgehens auch genutzt werden sollte, gilt es jedoch zu berücksichtigen, daß es nur wenige Untersuchungen gibt, die einen umschriebenen Transfer derartiger Trainingsprogramme auf den Alltagsbereich belegen. Nach Caprez (1992) ist die Anwendung von computergestützen Programmen nur in einer Palette anderer therapeutischer Ansätze sinnvoll. Die direkte Umsetzung experimentalpsychologischer Erkenntnisse über Defizite der Informationsverarbeitung in entsprechende quasi-experimentelle Verfahren erscheint Brenner (1992) nicht geeignet. Dagegen sprechen die Abstraktheit des Materials sowie der Umstand, daß bei einem isolierten Training einzelner kognitiver Funktionen die gleichzeitig bestehenden anderen kognitiven Defizite und die sozialen Dimensionen der Störungen nicht berücksichtigt werden und somit die Effizienz im Hinblick auf natürliche Lebenssituationen fraglich ist. Bellack (1992) warnt vor einem ungerechtfertigten Optimismus hinsichtlich der kognitiven Rehabilitation, da die genaue Rolle der Informationsverarbeitungsprozesse bei Verhaltensdefiziten nicht klar sei und die derzeit vorrangigen Methoden wie Übung oder Gebrauch komplexer Gedächtnisstrategien sich auch in der neurologischen Rehabilitation nicht als erfolgreich erwiesen haben. Er plädiert daher für die Verbesserung der Umweltbedingungen und die Vermittlung kompensatorischer Strategien wie z.B. Problemlösefertigkeiten in sozialen Situationen (Bellack et al., 1994).

Die Kombination kognitiver und sozialer Therapieelemente scheint auf dem Hintergrund neuerer Schizophreniemodelle besonders vielversprechend (Brenner et al., 1992a). Ansätze wie das Integrierte Psychologische Therapieprogramm (Brenner et al., 1980, 1994; Roder et al., 1992) und die Social Independent Living Skills (Liberman et al., 1990) bieten eine Möglichkeit, beiden Aspekten gerecht zu werden. Das Training sozialer Fertigkeiten setzt die Möglichkeit zu deren Umsetzung in der aktuellen Lebenssituation voraus wie auch ein implizites Wissen über soziale Situationen, in denen sie angewandt werden können ("consensual knowledge base about social situations"; Penn, 1991). In diesem Zusammenhang gewinnen auch Aspekte der sozialen Wahrnehmung wie auch der Wahrnehmung von Emotionen an Bedeutung.

In den letzten Jahren wird kognitiven Prozessen zunehmend eine Steuerungsfunktion für das Verhalten zugesprochen. Unter dem Einfluß dieser Forschungsrichtung entwickelt sich die Verhaltenstherapie weg von einem Verhaltenstraining für umschriebene Problemsituationen hin zu einem Training genereller Verhaltensstrategien oder -kompetenzen für verschiedene Problembereiche. Beispiele hierfür sind die Trainingsverfahren zur Selbstinstruktion und -kontrolle, von Problemlösungs- und Bewältigungsstrategien sowie Ansätze zur kognitiven Umstrukturierung.

Da sich im Rahmen der Familientherapie (z.B. Falloon et al., 1982; Hogarty et al., 1986, 1991) psychoedukative Elemente bewährt haben, werden diese auch neuerdings in der Einzel- und Gruppentherapie mit den Patienten aufgegriffen. Das Vulnerabilitäts-Streß-Modell und seine Weiterentwicklung das Vulnerabilitäts-Streß-Coping-Kompetenz Modell sowie die Ergebnisse der Copingforschung, die den Patienten als aktiven "Mitgestalter" seiner Erkrankung beschreiben, führten zu einer stärker patientenorientierten Behandlungsweise, in der das Erleben und die Bedürfnisse des Patienten ernstgenommen und sie stärker in den therapeutischen Prozeß eingebettet werden. Der stärker informative Aspekt wird in einigen Ansätzen zugunsten einer sehr individualisierenden, auf eine Integration der Modellvorstellungen in das subjektive Erleben des Patienten abhebende Therapie aufgegeben. Entgegen früheren Annahmen, daß das Ansprechen von belastenden Situationen (z.B. im Gruppengeschehen) für schizophrene Patienten nicht geeignet sei, wie auch sehr private Themen in der Therapie gemieden werden sollten, sprechen Erfahrungen mit diesen Therapieansätzen für dieses Vorgehen unter Berücksichtigung der individuellen Belastbarkeit. Bei dieser neuen Form der Therapie gilt es jedoch weiterhin die kognitiven Defizite der Patienten zu berücksichtigen wie auch ihrer erhöhten emotionalen und kognitiven Vulnerabilität gerecht zu werden. Im

Gegensatz zu den kognitiven Ansätzen, aber auch zu den psychosozialen Interventionen scheint der bewältigungsorientierte Ansatz aufgrund der hohen Ich-Involvierung und des möglichen Transfers eine höhere Generalisierbarkeit der Therapieinhalte zu gewährleisten. Die wissenschaftliche Erhärtung dieser Annahme steht aber noch aus.

Derzeit scheint ein Plädoyer für komplexe, verschiedene Funktionen umfassende Therapiekonzepte, die "den Menschen hinter der Erkrankung sehen", angebracht. Der gegenwärtige Wissensstand in der psychiatrischen Rehabilitation legt nahe, daß kognitiv-behaviorale, psychosoziale oder bewältigungsorientierte Trainingsprogramme zusammen mit einer umsichtig angewandten neuroleptischen Therapie, einer unterstützenden Umgebung und einer effizienten Patientenbetreuung den Patienten mit einer schweren und langdauernden psychischen Krankheit die größtmögliche Chance für eine soziale Integration sowie Schutz vor einem Rückfall bieten und zugleich eine optimale Lebensqualität fördern (Liberman et al., 1986). Wichtig ist hierbei auch der Einbezug der Familienangehörigen und des sozialen Umfeldes in den Therapieprozeß.

Ebenso wesentlich ist es, dem Patienten Einblick in die jeweiligen Therapiekonzepte zu vermitteln, seine Krankheitstheorien und Zielvorstellungen aufzugreifen sowie sich um eine Annäherung der Patienten- und Therapeutenziele zu bemühen. Die Therapieerwartung und Zieldefinitionen der Patienten sind stärker in den Mittelpunkt des Interesses gerückt (Grawe et al., 1994). Im Hinblick auf die Therapieinhalte sind die Patienten besser motiviert, wenn sie die Relevanz für ihre Leistungseinbußen bzw. für ihre eigenen Lebenssituation erkennen. Wünschenswert sind auch Untersuchungen, die das Erleben der Patienten in der Therapie stärker thematisieren z.B. Berichte von Patienten über die Teilnahme an verhaltenstherapeutischen Interventionen. In diesem Zusammenhang wesentlich ist auch der stärkere Einbezug von Emotionen und Ich-Involvierung in die Therapie. Die Frage der Lebensqualität sollte neben der Psychopathologie und sozialen Integration stärker in den Mittelpunkt des Interesses gerückt werden wie auch die Therapiezufriedenheit der Patienten.

Die Therapieforschung bei schizophrenen Patienten hat in den letzten Jahren große Fortschritte gemacht, wobei jedoch einige Fragen weiterhin ungeklärt blieben. Worin liegen die spezifischen klar umgrenzbaren Defizite bei schizophrenen Patienten? Inwiefern handelt es sich hierbei um veränderbare bzw. stabile Defizite? Inwiefern sind die vorliegenden Therapieverfahren effizient, um diese Defizite anzugehen? Weitere Fragen beziehen sich auf die Generalisierbarkeit von Therapieerfolgen auf andere Funktionen bzw. Lebensbereiche sowie auf das Wechselspiel zwischen verschiedenen Therapieverfahren. Es liegen nur wenig Studien über das Prozeßgeschehen des Therapieverlaufs vor: die Frage der Effizienz wird zumeist anhand einer Prä- und Postmessung zu klären versucht, ohne daß weitere Erhebungszeitpunkte vorgenommen werden. Follow-up Untersuchungen sind meist eher kurzfristig, jedoch sollte sich der eigentliche Katamnesezeitraum auf 1½ Jahre beziehen, da dies besonders die kritische Zeit für Rückfälle darstellt. Ungeklärt ist derzeit auch die Frage der Prädiktoren, d.h. welche Patienten profitieren von welcher Therapie am stärksten? Schließlich ist die Entwicklung neuer Meßmethoden wünschenswert, die den Patienten der jeweiligen Therapie zuordnen helfen.

Die Weiterentwicklung und Evaluation psychotherapeutischer Behandlungsmethoden stellt eine wichtige Bedingung für eine effektivere Rehabilitation schizophrener Patienten dar, da nur eine Kombination von Psychopharmakotherapie und psychosozialen Interventionsmethoden den Patienten eine bessere soziale Integration und Lebensführung ermöglicht. Das heterogene Krankheitsbild der Schizophrenie, die intraindividuellen Fluktuationen, motivationale und kognitive Defizite, aber auch die z.T. schwankende Krankheitseinsicht erschweren die Psychotherapie bei schizophrenen Patienten. Dennoch sollte es eine vorrangige Aufgabe sein, gerade für diese Patienten gute Rehabilitations- und Therapiemöglichkeiten zu gewährleisten. Die Möglichkeit einer umfassenden und ggfs. längerfristigen Behandlung, die die Koordination und Kontinuität von stationären, teilstationären und ambulanten Diensten sowie komplementären Einrichtungen gewährleistet, sollte angestrebt werden.

Literatur

Alford, G.D.; Fleece, L. & Rothblum, E. (1982). Hallucinatory-Delusional Verbalisations: Modification in a Chronic Schizophrenic by Self-Control and Cognitive Restructuring. *Behaviour Modification*, 6, 421-435

Ayllon, T. & Azrin, N. (1968). The Token Economy: A Motivation System for Therapy and Rehabilitation. New York: Appleton-Century-Crofts

Bäuml, J.; Kissling, W.; Meurer, C.; Wais, A. & Lauter, H. (1991). Informationszentrierte Angehörigengruppen zur Complianceverbesserung bei schizophrenen Patienten. *Psychiatrische Praxis*, 18, 48-54

Bäuml, J.; Kissling, W.; Buttner, P.; Pitschel-Walz, G.; Mayer, C.; Börner, R.; Engel, R.; Peuker, J. & Welschehold, M. (1993). Informationszentrierte Patienten- und Angehörigengruppen zur Complianceverbesserung bei schizophrenen Psychosen. Erste Ergebnisse der Münchner PIP-Studie. Vortrag gehalten am 4. Kongress der Deutschen Gesellschaft für Verhaltensmedizin und Verhaltensmodifikation

Bäuml, J.; Kissling, W. & Pitschel-Walz, G. (1994). Psychoeducational Groups for Schizophrenic Patients and their Relatives - Influence on Compliance and Coping During the Long Term Treatment with Neuroleptics. Vortrag gehalten am International Congress on Clinical Psychopathology in Timisoara, Rumänien

Bandura, A. (1977). Self-Efficacy: Toward a Unifying Theory of Behavioral Change. *Psychological Review*, 84, 191-215

Beck A.T. (1952). Successful outpatient psychotherapy of a chronic schizophrenic with a delusion based on borrowed guilt. Psychiatry, 15, 303-312

Behrendt, B.; Brenner, H.D.; Donzel. G; Günther, R.; Schaub, A.; Stöckli, M. & Waldvogel D. (1993). The Symptom Management Module: Evaluation of the German Version in a Multi-Center Collaborative Study. Paper presented at the 4th Congress of the World Association for Psychosocial Rehabilitation (WAPR), Dublin

Bellack, A.S. & Hersen, M. (1978). Chronic Psychiatric Patients: Social Skills Training. In: Hersen, J.M. & Bellack, A.S. (Eds.). Behaviour Therapy in the Psychiatric Setting. Baltimore: Williams & Wilkins

Bellack, A.S.; Turner, S.M.; Hersen, M. & Luber, R.F. (1984). An Examination of the Efficacy of Social Skills Training for Chronic Schizophrenic Patients. *Hospital and Community Psychiatry*, 35, 1023-1028

Bellack, A.S.; Morrison, R.L. & Mueser, K.T. (1989). Social Problem Solving in Schizophrenia. *Schizophrenia Bulletin*, 15, 101-116

Bellack, A.S.; Mueser, K.T.; Morrison, R.L.; Tierney, A. & Podell, K. (1990). Remediation of Cognitive Deficits in Schizophrenia. *American Journal of Psychiatry*, 147, 1650-1655

Bellack, A.S. (1992). Cognitive Rehabilitation for Schizophrenia: Is it Possible? Is it Necessary? *Schizophrenia Bulletin*, 18, 43-50

Bellack, A.S. & Mueser, K.T. (1993). Psychosocial Treatment for Schizophrenia. *Schizophrenia Bulletin*, 19, 317-336

Bellack, A.S.; Sayers, M.; Mueser, K. & Bennett, M. (1994). Evaluation of a Social Problem Solving in Schizophrenia, *Journal of Abnormal Psychology*, 103, 371-378

Bellack A.S. (in Druck). Social Skills Deficits and Social Skills Training: New Developments and Trends. In: Brenner, H.D.; Böker, W. & Grenner, R. (Eds.)

Benedict, R.H. & Harris, A. (1989). Remediation of Attention Deficits in Chronic Schizophrenic Patients: A Preliminary Study. *British Journal of Clinical Psychology*, 28, 187-188

Benedict, R.H.; Harris, A.E.; Markow, T.; McCormick, J.A.; Nuechterlein, K.H. & Asarnow, R.F. (1994). Effects of Attention Training on Information Processing in Schizophrenia. *Schiophrenia Bulletin*, 20, 537-546

Benton, M.K., & Schroeder, H.E. (1990). Social Skills Training with Schizophrenics: A Meta-Analytic Evaluation. *Journal of Consulting and Clinical Psychology*, 58, 741 - 747

Birchwood, M.; Smith, J.; McMillan, F.; Hogg, B.; Prasad, R.; Harvey, C. & Bering, S. (1989). Predicting Relapse in Schizophrenia: The Development and Implementation of an Early Signs Monitoring System Using Patients and Families as Observers, a Preliminary Investigation. *Psychological Medicine*, 19, 649-656

Böker, W. & Brenner, H.D. (1983). Selbstheilungsversuche Schizophrener: Psychopathologische Befunde und Folgerungen für Forschung und Therapie. *Nervenarzt*, 54, 578-589

Böker, W. & Brenner, H.D. (1986). Bewältigung der Schizophrenie. Bern: Huber

Braff, D.L. (1992). Reply to Cognitive Therapy and Schizophrenia. *Schiz. Bulletin*, 18, 37-38

Brenner, H.D. (1989). Therapieprogramm zum Umgang mit Medikamenten (Medication Management Module). Therapeuten-Handbuch und Patienten-Arbeitsbuch. Bern: Abteilung für Theoretische und Evaluative Psychiatrie an der Universitätsklinik Bern.

Brenner, H.D. (1990). Therapieprogramm zum Umgang mit Symptomen (Symptom Management Module). Therapeuten-Handbuch und Patienten-Arbeitsbuch. Bern: Abteilung für Theoretische und Evaluative Psychiatrie an der Universitätsklinik Bern.

Brenner, H.D. (1992). Grundlagen einer integrierten Therapie der Schizophrenie. In: Roder, V.; Brenner, H.D.; Kienzle, N. & Hodel, B. (1992). Integriertes Psychologisches Therapieprogramm für schizophrene Patienten (IPT). 2. überarb. und ergänzte Auflage, S.13 -38. München: Psychologie Verlags Union

Brenner, H.D.; Stramke, W.G.; Mewes, F.; Liese, F. & Seeger, G. (1980). Erfahrungen mit einem speziellen Therapieprogramm zum Training kognitiver Fähigkeiten in der Rehabilitation chronish schizophrener Patienten. *Nervenarzt*, 51, 106-112

Brenner, H.D.; Hodel, B.; Kube, G. & Roder, V. (1987a). Kognitive Therapie bei Schizophrenen: Problemanalyse und empirische Ergebnisse. *Nervenarzt*, 58, 72-83

Brenner, H.D.; Böker, W.; Müller, J.; Spichtig, L. & Würgler, S. (1987b). On Autoprotective Efforts of Schizophrenics, Neurotics and Controls. *Acta Psychiatrica Scandinavica*, 75, 405-414

Brenner, H.D.; Waldvogel, D.; Wäber, M. & Ambühl, B. (1988). Therapieprogramm zum eigenverantwortlichen Umgang mit Medikamenten bei chronisch psychisch Kranken, *Swiss Med*, 10, 15-20

Brenner, H.D.; Kraemer, S.; Hermanutz, M. & Hodel, B. (1990). Cognitive Treatent in Schizophrenia. In: Straube, E. & Hahlweg, K. (Eds.). Schizophrenia: Concepts, Vulnerability and Intervention. Berlin: Springer, 161-191

Brenner, H.D.; Hodel, B.; Genner, R.; Roder, V. & Corrigan, P.W. (1992a). Biological and Cognitive Vulnerability Factors in Schizophrenia: Implications for Treatment. *British Journal of Psychiatry*, 161 (Suppl. 18), 154-163

Brenner, H.D.; Hodel, B.; Roder, V. & Corrigan, P.W. (1992b). Treatment of Cognitive Dysfunctions and Behavioral Deficits in Schizophrenia. *Schizophrenia Bulletin*, 18, 21-26

Brenner, H.D.; Roder, V.; Hodel, B.; Kienzle, N.; Reed, D. & Liberman, R.P. (1994a). The Integrated Psychological Treatment Program. Toronto: Huber Hogrefe

Brenner, H.D.; Cueni, C.; Dittmar, G.; Donzel, G.; Günther, R.; Kröner, B.; Schütte, B.; Seidensticker-Loh, E. & Waldvogel, D. (1994b). Therapieprogramm zum Umgang mit Medikamenten - Erfahrungen mit einer deutschsprachigen Version des "Medication Management Module" der Arbeitsgruppe von J.P. Liberman. *Schizophrenie*, 1, 25-30

Brenner, H.D. & Bröker, W. (Hrsg). Integrative Therapie der Schizophrenie. Göttingen: Hogrefe

Brenner, H.D.; Hodel, B. & Giebeler, U. (im Druck). Kognitive Therapien bei schizophren Erkrankten: Theoretische Grundlagen, empirische Befunde und zukünftige Entwicklungen. Schizophrenie Sonderband "Neuere Ansätze in der Behandlung der Schizophrenie"

Brenner, H.D.; Böker, W. & Grenner, R. (Eds.). Towards a Comprehensiv Therapy of Schizophrenia. Göttingen: Hogrefe

Brücher, K. (1992). Ein individualisiertes psychoedukatives Therapiekonzept in der stationären Behandlung Schizophrener - Modelle und eigene Erfahrungen. *Psychiatrische Praxis*, 19, 59-65

Buchkremer, G. & Fiedler, P. (1987). Kognitive versus handlungsorientierte Therapie. Vergleich zweier psychotherapeutischer Methoden zur Rezidivprophylaxe bei schizophrenen Patienten. *Nervenarzt*, 58, 481-488

Buchkremer, G.; van der Ven, M. & Schulze Mönking, H. (1988). Medikamentenmitbestimmung - Ein Psychotherapieziel bei schizophrenen Patienten. In: Helmchen, H. & Tölle, R. (Hrsg.). Therapie mit Neuroleptika - Perazin (S. 125-128). Stuttgart: Thieme

Buchkremer, G. & Fiedler, P. (1987). Kognitive versus handlungsorientierte Therapie. *Nervenarzt*, 58, 481-488

Butler, R.W.; Jenkins, M.A.; Sprock, J. & Braff, D.L. (1992). Wisconsin Card Sorting Test in Chronic Paranoid Schizophrenia. *Schizophrenia Research*, 7, 169-176

Caprez, G. (1992). Sinn und Unsinn des Computereinsatzes in der neuropsychologischen Rehabilitation. In: Roth, V.M. (Hrsg.). Computer in der Sprachtherapie (S. 17-25). Tübingen: Gunter Narr Verlag

Chadwick, P. & Birchwood, M. (1994). The Omnipotence of Voices. A Cognitive Approach to Auditory Hallucinations. *British Journal of Psychiatry*, 164, 190-210

Chadwick, P. & Lowe, C.F. (1991). Measurement and Modification of Delusional Beliefs. *Journal of Consulting and Clinical Psychology*, 58, 225-232

Dauwalder, H.P.; Ciompi, L.; Aebi, E. & Hubschmid, T. (1984). Ein Forschungsprogramm über die Rehabilitation psychisch Kranker: Untersuchungen zur Rolle von Zukunftserwartungen bei chronisch Schizophrenen. *Nervenarzt*, 55, 257-264

Delahunty, A.; Morice, R. & Frost, B. (1993). Specific Cognitive Flexibility Rehabilitation in Schizophrenia. *Psychological Medicine*, 23, 221-227

Docherty, J.P.; van Kammen, D.P.; Siris, S.G. & Marder, S.R. (1978). Stages of Onset in Schizophrenic Psychosis. *American Journal of Psychiatry*, 135, 420-426

Donahoe, C.P. & Driensenga, S.A. (1988). A Review of Social Skills Training with Chronic Mental Patients. In: Hersen, M.; Eisler, R.M. & Miller, P.M. (Eds.). Progress in Behavior Modification (pp. 131-164). Newbury Park, CA: Sage

Eckman, T.A.; Liberman, R.P.; Phipps, C.C. & Blair, K.E. (1990). Teaching Medication Management Skills to Schizophrenic Patients. *Journal of Clinical Psychopharmacology*, 10, 33-38

Eckman, T.A.; Wirshing, W.C.; Marder, S.R.; Liberman, R.P.; Johnston-Cronk, K.; Zimmerman, K. & Mintz, J. (1992). Technology for Training Schizophrenics in Illness Self-Management: A Controlled Trial. *American Journal of Psychiatry*, 149, 1549-1555

Falloon, I.R.H.; Boyd, J.L. & McGill, C.W. (1982). Familiy Management in the Prevention of Exacerbations of Schizophrenia: A Controlled Study. *New England Journal of Medicine*, 306, 1437-1440

Gaebel, W. (1994). Intermittent Medication - an Alternative? *Acta Psychiatrica Scandinavica*, 89 (suppl. 382), 33-38

Gansert, U. & Olbrich, R. (1992). Die Einführung eines computergestützten kognitiven Trainings für schizophrene Kranke in Gruppenform: Ein Erfahrungsbericht. *Schizophrenie*, 7, 26-31

Gestrich, J. & Hermanutz, M. (1991). Computer-gestütztes Aufmerksamkeitstraining mit Schizophrenen. In: Schüttler, R. (Hrsg.). Theorie und Praxis kognitiver Therapieverfahren bei schizophrenen Patienten. München: Zuckschwerdt

Goldberg, T.E.; Weinberger, D.R.; Berman, K.F.; Pliskin, N.H. & Podd, M.H. (1987). Further Evidence for Dementia of the Prefrontal Type in Schizophrenia? A Controlled Study of Teaching the Wisconsin Card Sorting Test. *Archives of General Psychiatry*, 44, 1008-1014

Grawe, K.; Donati, R. & Bernauer, F. (1994). Psychotherapie im Wandel. Von der Konfession zur Progression. Göttingen, Bern, Toronto: Hogrefe

Green, M.F. (1990). Information Processing in Schizophrenia. In: Kavanagh, D.J. (Eds.). Schizophrenia: An Overview and Practical Handbook (pp. 46-58). London: Chapman & Hall

Green, M.F. (1993). Cognitive Remediation in Schizophrenia: is it time yet? *American Journal of Psychiatry*, 150, 178-187

Green, M.F.; Satz, P.; Ganzell, S. & Vaclav, J.F. (1992). Wisconsin Card Sorting Test Performance in Schizophrenia Remediation of a Stubborn Deficit. *American Journal of Psychiarty*, 149, 62-67

Green, M.F.; Hellman, S. & Kern, R.S (in Druck). Feasibility Studies of Cognitive Remediation in Schizophrenia: Grasping the Little Picture. In: Brenner, H.D.; Böker, W. & Grenner, R. (Eds.)

Halford, W.K. & Hayes, R. (1991). Psychological Rehabilitation of Chronic Schizophrenic Patients: Recent Findings on Social Skills Training and Family Psychoeducation. *Clinical Psychology Review*, 11, 23-44

Hammond, K.R. & Summer, D.A. (1972). Cognitive Control. *Psychological Review*, 79, 58-67

Heaton, R.K. (1981). Wisconsin Card Sorting Test Manual. Odessa, Fla, Psychological Assessment Resources

Heinrichs, D.W.; Cohen, B.P. & Carpenter, W.T. (1985). Early Insight and the Management of Schizophrenic Decompensation. *Journal of Nervous and Mental Disease*, 173, 133-138

Hellmann, S.; Green, M.F.; Kern, R.S. & Christenson, C.D. (1992). The Effects of Instruction Versus Reinforcement on the Wisconsin Card Sorting Test. *Journal of Clinical and Experimental Neuropsychology*, 14, 63

Hemsley, D.R. (1994). A Cognitive Model for Schizophrenia and its Possible Neural Basis. *Acta Psychiatrica Scandinavica*, 90 (suppl. 384), 80-86

Hermanutz, M. & Gestrich, J. (1987). Kognitives Training mit Schizophrenen. *Nervenarzt*, 58, 91-96

Herz, M.I. & Melville, C. (1980). Relapse in Schizophrenia. *American Journal of Psychiatry*, 137, 801-805

Herz, M.I.; Szymanski, H.V. & Simon, J.C. (1982). Intermittant Medication for Stable Schizophrenic Outpatients: An Alternative to Maintenance Medication. *American Journal of Psychiatry*, 139, 918-922

Herz, M.I.; Glazer, W.; Mirza, M.; Mostert, M.; Hafez, H.; Smith, P.; Trigoboff, E.T.; Miles, D.; Simon, J.; Finn, J. & Schohn, M. (1989). Die Behandlung prodromaler Episoden zur Prävention von Rückfällen in der Schizophrenie. In: Böker, W. & Brenner, H.D. (Hrsg.): Schizophrenie als systemische Störung. Die Bedeutung intermediärer Prozesse für Theorie und Therapie (S. 270-282). Bern: Huber

Herz, M.I.; Glazer, W.M.; Mostert, M.A.; Sheard, M.H.; Szymanski, H.V.; Hafez, M.; Mira, M. & Vana, J. (1991). Intermittent vs. Maintenance Medication in Schizophrenia. Two Year Results. *Archives of General Psychiatry*, 48, 333-339

Hirsch, S.R.; Jolley, A.G.; Manchanda, R. & McRink, A. (1986). Frühzeitige medikamentöse Intervention als Alternative zur Depot-Dauermedikation in der Schizophreniebehandlung: Ein vorläufiger Bericht. In: Böker, W. & Brenner, H.D. (Hrsg.). Bewältigung der Schizophrenie (S. 62-71). Bern: Huber

Hodel, B. & Brenner, H.D. (1994). Cognitive Therapy with Schizophrenic Patients: Conceptual Basis, Present State, Future Directions. *Acta Psych. Scandinavica*, 90 (suppl. 384), 108- 115

Hodel, B. & Brenner, H.D. (in press). A New Development in the "Integrated Psychological Therapy (IPT)" for Schizophrenic Patients: First Results of Emotional Management Training. In: Brenner, H.D.; Böker, W. & Grenner, R. (Eds.)

Hogarty, G.E.; Anderson, C.M.; Reiss, D.J.; Kornblith, S.J.; Greenwald, D.P.; Javna, C.D. & Madonia, M.J. (1986). Family Psychoeducation, Social Skills Training and Maintenance Chemotherapy in the Aftercare of Schizophrenia: I. One Year Effects of a Controlled Study an Relapse and Expressed Emotion. *Archives of General Psychiatry*, 43, 633-642

Hogarty, G.; Anderson, C.M.; Reiss, D.; Kornblith, S.; Greenwald, D.; Ulrich, R. & Carter, M. (1991). Family Psychoeducation, Social Skills Training and Maintenance Chemotherapy in the Aftercare Treatment of Schizophrenia: II. Two-Year Effects of a Controlled Study on Relapse and Adjustment. *Archives of General Psychiatry*, 48, 340-347

Hogarty, G.E. & Flesher, S. (1992). Cognitive Remediation in Schizophrenia: Proceed...with Caution. *Schizophrenia Bulletin*, 18, 51-57

Hogarty, G.E.; Kornblith, S.J.; Greenwald, D.; DiBarry, A.L.; Codey, S.; Reiss, D.; Carter. M. & Ulrich, R. (in press). Personal: Therapy:A Disorder-Relevant Psychotherapy for Schizophrenia: Description and Prelinimary Findings. *Schizophrenia Bulletin*, 21, 379-393

Jaeger, J.; Berns, S.; Tigner, A. & Douglas, E. (1994). Neuropsychological Deficits may be the Primary Determinant of Functional Disability in Symptomatically Stable Patients. *Schizophrenia Research*, 11, 160

Jolley, A.G. & Hirsch, S.R. (1990). Intermittierende und niedrigdosierte Neuroleptika-Therapie: Prophylaktische Strategien bei der Schizophrenie. In: Olbirch, R. (Hrsg.). Therapie der Schizophrenie (S. 53-63). Stuttgart: Kohlhammer.

Kern, R.S.; Green, M.F. & Goldstein, M.J. (im Druck). Can We Modify an Indicator of Vulnerability to Schizophrenia? *Schizophrenia Bulletin*

Kern, R.S.; Green, M.F. & Satz, P. (1992). Neuropsychological Predictors of Skills Training for Chronic Psychiatric Patients. *Psychiatry Research*, 4, 223-230

Kienzle, N. & Martinius, J. (1992). Modifikationen und Adaptationen des IPT für die Anwendung bei schizophrenen Jugendlichen. In: Roder, V.; Brenner, H.D.; Kienzle, N. & Hodel, B. (Hrsg.). Integriertes Psychologisches Therapieprogramm für schizophrene Patienten (IPT). 2. überarbeitete und ergänzte Auflage (S. 171-182). München: Psychologie Verlags Union

Kieserg, A. & Hornung, W.P. (1994). Psychoedukatives Training für schizophrene Patienten (PTS). Materale Nr. 27. Tübingen: dgvt-Verlag

Kissling, W. (1994). Compliance, Quality Assurance and Standards for Relapse Prevention in Schizoprenia. *Acta Psychiatrica Scandinavica*, 89 (suppl. 382), 16-24

Koh, S.D.; Grinker, R.R.; Marusarz, T.W. & Forman, P.L. (1981). Affective Memory and Schizophrenic Anhedonia. *Schizophrenia Bulletin*, 7, 292-303

Kraemer, S.; Sulz, K.H.D.; Schmid, R. & Lässle, R. (1987). Kognitive Therapie bei standardversorgten schizophrenen Patienten. *Nervenarzt*, 58, 84-90

Kraemer, S.; Dinkhoff-Awiszus, & Möller, H.J. (1988). Modifikationen des Integrierten Psychologischen Therapieprogramms (IPT). In: Roder, V.; Brenner, H.D.; Kienzle, N. & Hodel, B. (Hrsg.). Integriertes Psychologisches Therapieprogramm für schizophrene Patienten (IPT) (S. 141-146). München, Weinheim: Psychologie Verlags Union

Lamberti, G.; Wieneke, K.H. & Brauke, N. (1988). Der Computer als Hilfe beim Aufmerksamkeitstraining - Eine klinisch-experimentelle Studie. *Rehabilitation*, 27, 190-198

Larkin, A.R. (1982). What's a Medication Group? *Journal of Psychosocial Nurses Mental Health Services*, 20, 35-37

Larsen, S.F. & Fromholt, P. (1976). Memonic Organisation and Free Recall in Schizophrenia. *Journal of Abnormal Psychology*, 85, 61-65

Liberman, R.P. (1988a). Social and Independent Living Skills. The Symptom Management Module. Trainer's Manual and Patient's Handbook. Los Angeles: Clinical Research Center for Schizophrenia and Psychiatric Rehabilitation

Liberman, R.P. (1988b). Social and Independent Living Skills. The Medication Management Module. Trainer's Manual and Patient's Handbook. Los Angeles: Clinical Research Center for Schizophrenia and Psychiatric Rehabilitation

Liberman, R.P. & Eckman, T.A. (1989). Dissemination of Skills Training Modules to Psychiatric Facilities. *British Journal of Psychiatry*, 155 (Suppl. 5), 117-122

Liberman, R.P. & Green, M. (1992). Whither Cognitive-Behavior Therapy for Schizophrenia? *Schizophrenia Bulletin*, 18, 27-35

Liberman, R.P.; Jacobs, H.E.; Boone, S.E.; Foy, D.W.; Donahoe, C.P.; Falloon, I.R.H.: Blackwell, G.; Wallace, C.J. (1986a). Fertigkeitentraining zur Anpassung Schizophrener an die Gemeinschaft. In: Böker, W. & Brenner, H.D. (Hrsg.). Bewältigung der Schizophrenie. Bern: Huber

Liberman, R.P.; Massell, H.K. & Wallace, C.J. (1986b). Social Skills Training for Schizophrenic Individuals at Risk for Relapse. *American Journal of Psychiatry*, 143, 523-526

Liberman, R.P.; Mueser, K.T.; Wallace, C.J.; Jacobs, H.E.; Eckman, T. & Massel, H.K. (1990). Training Skills in the Psychiatrically Disabled: Learning Coping and Competence. In: Straube, E.R. & Hahlweg, K. (Hrsg.). Schizophrenia: Concepts, Vulnerability and Intervention (S. 193 - 216). Berlin: Springer-Verlag

Liberman, R.P. & Green, M.F. (1992). Whither Cognitive-Behavior Therapy for Schizophrenia? *Schizophrenia Bulletin*, 18, 27-35

Liberman, R.P.; Wallace, C.F.; Blackwell, G.; Eckman, T.A.; Vaccaro, J.V. & Kuehnel, T.G. (im Druck). The UCLA Social and Independent Living Skills Program. *British Journal of Psychiatry* (Suppl.)

Marder, S.R. (1994). The Role of Dosage and Plasma Levels in Neuroleptic Relapse Prevention. *Acta Psychiatrica Scandinavica*, 89 (suppl. 382), 25-27

Marker, K. (1989). Cognition I. Version 2.2 Marker software, Dossenheim

Meichenbaum, D. & Cameron, R.C. (1973). Training Schizophrenics to Talk to Themselves: A Means of Developing Attentional Controls. *Behavior therapy*, 4, 515- 534

Meiselman, K. (1973). Broadening Dual Modality Cue Utilization in Chronic Nonparanoid Schizophrenics. *Journal of Consulting and Clinical Psychology*, 41, 447-453

Milton, F.; Patwa, V.K. & Hafner, J. (1978). Confrontation vs. Belief Modification in Persistently Deluded Patients. *British Journal of Medical Psychology*, 51, 127-130

Mueser, K.T.; Bellack, A.S.; Douglas, M.S. & Wade, J.H. (1991). Prediction of Social Skill Acquisition in Schizophrenic and Major Affective Disorder Patients from Memory and Symptomatology. *Psychiatry Research*, 37, 281-296

Mueser, K.T.; Bellack, A.S.; Morrison, R.L. & Wixted, J.T. (1990). Social Competence in Schizophrenia: Premorbid Adjustment, Social Skill, and Domains of Functioning. *Journal of Psychiatric Research*, 24, 51-63

Mueser, K.T.; Kosmidis, M.H. & Sayers, M. (1992). Symptomatology and the Prediction of Social Skills Acquisition in Schizophrenia. *Schizophrenia Research*, 8, 59-68

Mussgay, L.R. & Olbrich, R. (1988). Trainingsprogramme in der Behandlung kognitiver Defizite Schizophrener. *Zeitschrift für Klinische Psychologie*, XVII, 341-353

Mussgay, L.R.; Olbrich, R.; Ihle, W. & Handtmann, T. (1991). Das Training kognitiver Fertigkeiten bei schizophrenen Patienten und seine Effekte auf elementare Informationsverarbeitungsmaße. *Zeitschrift für Klinische Psychologie*, XX, 193-114

Nuechterlein, K.H. (1987). Vulnerability Models for Schizophrenia: State of the Art. In: Häfner, I.; Gattez, W.F. & Janzarik, W. (Eds.) Search for the Causes of Schizophrenia. Berlin, Heidelberg, New York: Springer

Nuechterlein, K.H. & Dawson, M.E. (1984). Informations Processing and Attentional Functioning in the Developmental Course of Schizophrenic Disorders. *Schi. Bulletin*, 10, 160-203

Nuechterlein, K.H.; Dawson, M.E.; Ventura, J.; Fogelson, D.; Gitlin, M. & Mintz, J. (1991). Testing Vulnerability Models: Stability of Potential Vulnerability Indicators Across Clinical State. In: Häfner, H. & Gattez, W.F. (Eds.). Search for the Causes of Schizophrenia (pp. 171-191). Heidelberg: Springer-Verlag

Nuechterlein, K.H.; Dawson, M. & Green, M.F. (1994). Information-Processing Abnormalities as Neuropsychological Vulnerability Factors for Schizophrenia. *Acta Psychiatrica Scandinavica*, 90 (suppl. 384), 71-79

Olbrich, R. (1993). Computer-Based Training Programs for Cognitive Deficits in Schizophrenia. Abstracts' book of the WAPR Congress, Dublin, 131

Olbrich, R. & Mussgay, L. (1990). Reduction of Schizophrenic Deficits by Cognitive Training: An Evaluative Study. *European Archives of Psychiatry and Neurological Sciences*, 239, 366-369

Penn, D.L. (1991). Cognitive Rehabilitation of Social Deficits in Schizophrenia: A Direction of Promise or Following a Primrose Path. *Psychosocial Rehabilitation Journal*, 15, 27-41

Perris, C. (1989). Cognitive Therapy with Schizophrenic Patients. London: Guilford Press

Perris, C. (1992). A Cognitive Behavioral Treatment Program for Patients with a Schizophrenic Disorder. In: Liberman, R.P. (Ed.). New Directions for Mental Health Services: Effective Psychiatric Rehabilitation (pp. 21-32). San Francisco: Jossey-Bass

Perris, C. & Skagerlind, L. (1994). Cognitive Therapy with Schizophrenic Patients. *Acta Psychiatrica Scandinavica*, 89 (suppl. 382), 65-70

Reed, D. (1991). Effects of Cognitive Therapy on Social Functioning for Persons with Chronic Schizophrenia and Other Severe Psychiatric Disorders. Unpublizierte Doktorarbeit. Universität Nebraska

Reed, D.; Sullivan, M.E.; Penn, D.L.; Stuve, P. & Spaulding, W.D. (1992). Assessment and Treatment of Cognitive Impairments. In: Liberman, R.P. (Ed.). New Directions for Mental Health Services: Effective Psychiatric Rehabilitation (pp. 7-19). San Francisco: Jossey-Bass

Roder, V.; Brenner, H.D.; Kienzle, N. & Hodel, B. (1988). Integriertes Psychologisches Therapieprogramm für schizophrene Patienten (IPT). München, Weinheim: Psychologie Verlags Union

Roder, V. (1990). Evaluation einer kognitiven Schizophrenietherapie. In: Kühne, G.E.; Brenner, H.D. & Huber, G. (Hrsg.). Kognitive Therapie bei Schizophrenen (S. 27-39) Jena: Gustav Fischer

Roder, V.; Brenner H.D.; Kienzle, N. & Hodel, B. (1992). Integriertes Psychologisches Therapieprogramm für schizophrene Patienten (IPT). 2. überarbeitete und ergänzte Aufl. München: Psychologie Verlags Union

Roder, V.; Heimberg, D.; Hirsbrunner, A. & Brenner, H.D. (im Druck). Behaviour Therapy with Schizophrenic Patients: Residential, Vocational and Recreational Rehabilitation. In: Merlo, M. (Ed.). Cognitive Therapy with Schizophrenic Patients: The Evoluation of a New Treatment Approach. Seattle, Toronto, Bern: Hogrefe & Huber

Rosenbaum, G.; Mackavey, W.R. & Grisell, J.L. (1957). Effects of Biological and Social Motivation on Schizophrenic Reaction Time. *Journal of Abnormal Social Psychology*, 54, 364-368

Schaub, A. (1993). Formen der Auseinandersetzung bei schizophrener Erkrankung. Frankfurt am Main: Peter Lang.

Schaub, A. (1994). Relapse and Coping Behavior in Schizophrenia. *Schizophrenia Research*, 11, 188

Schaub, A. & Möller, H.J. (1990). Training kognitiver und sozialer Defizite bei schizophrenen Patienten. *Zentralblatt Neurologie und Psychiatrie* (Eds. O. Hallen & G. Huber), 255-277. Heidelberg: Springer.

Schaub, A.; Behrendt, B. & Brenner, H.D. (1994a). The Influence of the German Version of the Symptom Management Module on Perveived Self-Control in Schizophrenia. Proceedings for the 28th Annual Association for Advancement of Behavior Therapy (AABT) Convention, p. 282., San Diego CA

Schaub, A.; Behrendt, B.; Brenner, H.D.; Mueser, K. & Donzel, G. (1994b). Predictors of Differential Response in Schizophrenic Patients to the German Version of the Symptom Management Module. Vortrag gehalten beim Schizophrenia Congress: New Perpectives on Development and Treatment, February, Oslo

Schaub, A.; Andres, K.; Brenner, H.D. & Donzel, G. (im Druck). Entwicklung einer bewältigungsorientierten Gruppentherapie für schizophrene Patienten. In: Brenner, H.D. & Böker, W. (Hrsg.)

Spaulding, W.D. (1992). Design Prerequisites for Research on Cognitive Therapy for Schizophrenia. *Schizophrenia Bulletin*, 18, 39-42

Spaudling, W.D.; Storms, L.; Goodrich, V. & Sullivan, M. (1986). Applications of Experimental Psychopathology in Psychiatric Rehabilitation. *Schizophrenia Bulletin*, 12, 560-577

Spaulding, W.D.; Garbin, C.P. & Crinean, W.J. (1989). Die logischen und psychometrischen Voraussetzungen für eine kognitive Therapie der Schizophrenie. In: Böker, W. & Brenner, H.D. (Hrsg.). Schizophrenie als systemische Störung. Bern: Huber.

Spaulding, W.D.; Sullivan, M.; Weiler, M.; Reed, D.; Richardson, C. & Storzbach, D. (1994). Changing Cognitive Functioning in Rehabilitation of Schizophrenia. *Acta Psychiatrica Scandinavica*, 90 (suppl. 384), 116-124

Spaulding, W.; Penn, D. & Garbin, C. (im Druck). Cognitive Changes in the Course of Rehabilitation. In: Brenner, H.D. & Böker, W. (Hrsg.)

Spring, B.J. & Ravadin, L. (1992). Cognitive Remediation in Schizophrenia: Should We Attempt it? *Schizophrenia Bulletin*, 18, 15-20

Stark, F.M. (1992). Strukturierte Information über Vulnerabilität und Belastungsmanagement für schizophrene Patienten. *Verhaltenstherapie*, 2, 40-47

Stöckli, M.; Waldvogel, D. & Brenner, H.D. (1990). Schizophrenie-Rückfallprävention: "Therapieprogramm zum Umgang mit Symptomen". *Swiss Med*, 12, 17-22

Stratta, P.; Mancini, F.; Mattei, P.; Casacchia, M. & Rossi, A. (1994). Information Processing Strategy to Remediate Wisconsin Card Sorting Test Performance in Schizophrenia: A Pilot Study. *American Journal of Psychiatry*, 151 915-918

Süllwold, L. & Herrlich, J. (1990). Psychologische Behandlung schizophren Erkrankter. Stuttgart, Berlin, Köln: Kohlhammer

Süllwold, L. & Herrlich, J. (1992). Providing Schizophrenic Patients with Concept of Illness. An Essential Element of Therapy. *British Journal of Psychiatry*, 161 (suppl. 18), 129-132

Summerfeld, A.T.; Alphs, L.D.; Funderburk, F.R.; Strauss, M.E. & Wagman, A.M.I. (1991). Impaired Wisconsin Card Sort Performance in Schizophrenia May Reflect Motivational Defiits. *Archives of General Psychiatry*, 48, 282-283

Tarrier, N.; Beckett, R.; Harwood, S.; Baker, A.; Yusupoff, L. & Ugarteburu, I. (1993a). A Trial of Two Cognitive-Behavioural Methods of Treating Drug-Resistant Residual Psychotic Symptoms in Schizophrenic Patients: I. Outcome. *British Journal of Psychiatry*, 162, 524-532

Tarrier, N.; Sharpe, L.; Beckett, R.; Harwood, S.; Baker, A. & Yusopoff, L. (1993b). A Trial of Two Cognitive Behavioural Methods of Treating Drug-Resistant Residual Psychotic Symptoms in Schizophrenic Patients. II. Treatment-Specific Changes in Coping and Problem-Solving Skills. *Soc psychiatry Psychiatr Epidemiol*, 28, 5-10

Theilemann, S. (1993). Beeinflussung kognitiver Störungen bei schizophrenen und schizoaffektiven Psychosen mit Hilfe kognitiver Therapie im Vergleich zur Soziotherapie. *Nervenarzt*, 64, 587-593

Vaccaro, J.V. & Wallace, C.J. (1992). Combining Social Skills Training and Assertive Case Management: The Social and Independent Living Skills Program of the Brentwood Veterans Affairs Medical Center. In: Liberman, R.P. (Ed.). New Directions for Mental Health Services: Effective Psychiartric Rehabilitation (pp. 33 - 42). San Francisco: Jossey - Brass.

Wagner, B.R. (1968). The Training of Attending and Abstracting Reponses in Chronic Schizophrenics. *Journal of Experimental Research in Personality*, 3, 77-78

Wallace, C.J.; Liberman, R.P.; MacKain, S.J.; Blackwell, G. & Eckman, T.A. (1992). Effectiveness and Replicability of Modules for Teaching Social and Instrumental Skills to the Severely Mentally Ill. *American Journal of Psychiatry*, 149, 654-658

Wallace, C.J.; Green, M.F.; Kuehnel, T.G. & Bowen (1993). Intensive Memory Remediation Using Levels of Processing Approach (unpublished manuscript)

Watts, F.N.; Powell, G.E. & Austin, S.V. (1973). The Modification of Abnormal Beliefs. *British Journal of Medical Psychology*, 46, 359-363

Wiedeman, G.; Hahlweg, K.; Hank, G.; Feinstein, E.; Müller, U. & Dose, M. (1994). Zur Erfassung von Frühwarnzeichen bei schizophrenen Patienten. *Nervenarzt*, 65, 438-443

Wiedl, K.H. (1994). Bewältigungsorientierte Therapie bei Schizophrenen. *Zeitschrift für Klinische Psychologie, Psychopathologie und Psychotherapie*, 42, 89-117

Wishner, J. & Wahl, O. (1974). Dichotic Listening in Schizophrenia. *Journal of Consulting and Clinical Psychology*, 42, 538-546

Yank, G.R.; Bentley, K.J. & Hargrove, D.S. (1993). The Vulnerability-Stress-Model of Schizophrenia: Advances in Psychological Treatment. *American Journal of Orthopsychiatry*, 63, 55-69

Zubin, J. & Spring, B. (1977). Vulnerability - a New View of Schizophrenia. *Journal of Abnormal Psychologie*, 86, 103-126

III.

Von der Universitätsklinik zum psychiatrischen Wohnheim - Erfahrungen mit ambulanter Verhaltenstherapie und Psychoedukation in unterschiedlichen Kontexten

Einzelfall-orientierte ambulante Verhaltenstherapie bei schizophren Erkrankten

Jutta Herrlich

Einleitung

Im Anschluß an eine akute Krankheitsepisode fällt vielen schizophren Erkrankten die Wiedereingliederung in ihr gewohntes Milieu schwer. Bestehende Restsymptome, anhaltende kognitive Dysfunktionen im Sinne von Basisstörungen (s.u.) erschweren die mühelose Wiederaufnahme früherer Tätigkeiten sowohl im privaten, wie auch im beruflichen Bereich. Die Befürchtung einer möglichen Wiedererkrankung beschäftigt die Betroffenen ebenso wie ihre Angehörigen und kann zu Blockierungen im Verhalten und ängstlicher Selbstüberwachung führen (s.u.).

In dieser Situation hat sich nach unseren Erfahrungen eine bewältigungsorientierte ambulante Psychotherapie, die den speziellen Erfordernissen dieser Patientengruppe Rechnung trägt, bewährt (Süllwold & Herrlich, 1990). Eine solche Einzeltherapie ist zu verstehen als notwendige Ergänzung zur medikamentösen Behandlung, zu psychoedukativen Gruppen für Betroffene (z.B. Kieserg & Hornung, 1994) und deren Angehörige (z.B. Hahlweg et al., 1995), zu Gruppenbehandlungen im Sinne des Integrierten Psychologischen Therapieprogramms (IPT) von Brenner und Mitarbeitern (Roder et al., 1988), sowie zu Verhaltenstrainings für jeweils umschriebene Problemkreise (z.B. Liberman et al., 1986). Sie bietet sich grundsätzlich für schizophren Erkrankte in der Remission und für solche Patienten an, die von einer Gruppenbehandlung nicht profitieren können.

Anders als bei Angststörungen oder Zwangserkrankungen ergibt sich aus der Diagnose einer Schizophrenie keine quasi prototypische Behandlungsempfehlung. Vielmehr macht die Vielgestaltigkeit der Symptomatik, die Komplexität der Störungen bzw. ihrer individuellen Störungsmanifestationen eine Einzelfallkonzeption der Behandlung notwendig. Ihre Zielsetzungen für Veränderungen und die Interventionen müssen dementsprechend auf das gesamte Repertoire verhaltenstherapeutischer Methoden zurückgreifen (sog. Breitspektrumverhaltenstherapie, Grawe et al., 1994, S. 502). Dabei sind die Grenzen der Beeinflußbarkeit von Grundstörungen ebenso zu berücksichtigen, wie die partiell verändert ablaufenden Lernprozesse aufgrund von Störungen der Informationsverarbeitung (s.u.).

Wie bereits erwähnt, kann das Ziel der psychologischen Behandlung nicht die Überwindung der Erkrankung oder der überdauernden Disposition im Sinne einer besonderen Vulnerabilität sein, sondern eine effektivere Bewältigung der Störungen und deren psychosozialer Konsequenzen. Einer daraus resultierenden Verbesserung der Toleranz gegenüber Stressoren kommt rezidivprophylaktischer Wert zu (Pitschel-Walz et al., 1995), und sie wirkt sich positiv auf die allgemeine Lebenszufriedenheit der Betroffen aus. Die für die Behandlung anzunehmenden Wirkfaktoren sehen wir überwiegend in einer Ressourcenaktivierung und in einer aktiven Hilfe zur Problembewältigung (Grawe, 1995). Sie können dazu beitragen, daß der schizophren Erkrankte seine Erkrankung zumindest teilweise als beeinflußbar und kontrollierbar erfährt.

Psychologisches Verständnis von Basisstörungen

Das Konzept der Basisstörungen geht davon aus, daß die vielfältigen klinischen Erscheinungsformen schizophrener Erkrankungen nur auf einige wenige Grundstörungen zurückgehen, die die besondere Vulnerabilität der Betroffenen ausmachen und von denen angenommen wird, daß sie direkt auf organische Prozesse zurückzuführen sind (Süllwold & Huber, 1986).

Als Indikatoren für die Wirksamkeit solcher Grundstörungen konnte die experimentelle Schizophrenieforschung Störungen der Informationsverarbeitung objektivieren, die sich im Erleben der Betroffenen als diskrete kognitive und affektive Beeinträchtigungen wiederfinden.

Verlaufsuntersuchungen haben gezeigt, daß solche basalen Störungen der Wahrnehmung, des Denkens, der Sprache etc. einer akuten Krankheitsmanifestation lange vorausgehen können und in den symptomarmen Verlaufsabschnitten trotz guter Remission die Bewältigung von Alltagsanforderungen erheblich erschweren. Sie beeinflussen die Wiedereingliederung der Betroffenen offenbar stärker als das Ausmaß vorhandener Reststörungen im klinischen Sinn.

Dessen ungeachtet orientiert sich die klinisch-psychiatrische Diagnostik noch immer überwiegend an den auffälligeren, prägnanten Symptomen der Erkrankung und vernachlässigt diese subjektive Seite des veränderten Erlebens. Hinweise auf Wahrnehmungsveränderungen (Größer-, Kleiner-, Verzerrtsehen etc.), Störungen der Konzentration (z.B. vermehrte Ablenkbarkeit durch Nebenstimulation), Beeinträchtigungen der Sprache (z.B. keine längeren Sätze mehr bilden zu können, weil das Wortrepertoire eingeschränkt ist oder Nebenassoziationen mit dem Sprechablauf interferieren), Störungen der Motorik (z.B. Blockierungen in Bewegungsabläufen), Gedächtnisdefizite (z.B. kurzfristige Unsicherheit darüber, welche Handlungen gerade abgelaufen sind) etc., werden bei der Befunderhebung und Behandlung noch zu wenig berücksichtigt.

Systematische internationale Untersuchungen mit dem Frankfurter Beschwerdefragebogen (FBF, Süllwold & Huber, 1986), einem Instrument zur quantitativen Erfassung solcher defizitären Hintergrundstörungen, konnten inzwischen übereinstimmend belegen, daß viele schizophren Erkrankte über eine differenzierte Selbstwahrnehmung solcher stark fluktuierenden, anforderungsabhängigen Beeinträchtigungen verfügen. Die Beschreibungen der Beschwerden stimmen überein mit der Annahme einer allgemeinen Desintegration psychischer Abläufe als einer Kernstörung der Schizophrenie, wie dies aus den experimentellen Untersuchungen zur Informationsverarbeitung ebenfalls abzuleiten ist (Süllwold, 1995).

Nach unserem derzeitigen Wissensstand kann davon ausgegangen werden, daß die Informationsverarbeitung schizophren Erkrankter durch eine Beeinträchtigung aufmerksamkeitsreduzierender sog. automatischer Verarbeitungsprozesse zugunsten aufmerksamkeitsfordernder sog. kontrollierter Verarbeitungsmodi bestimmt wird. Der Rückgriff bzw. die gezielte Verwertung von Erfahrungen ist in vielfältiger Weise erschwert (Hemsley, 1994). Die mangelnde Verfügbarkeit von Erfahrung hat zur Folge, daß redundante Informationen nicht als solche erkannt, sondern als immer wieder neu erlebt werden. Süllwold (1995, S. 29) formuliert: "Als zentrales Defizit, von welchem viele Einzelphänomene abhängen, kann demnach die ungerichtete, zu ausgedehnte Aktivierung von Gedächtnismaterial angesehen werden. Damit verbunden ist eine Schwäche des Hemmungsprozesses zum Ausblenden irrelevanter Assoziationen und Stimuli."

Damit werden Eigenbeobachtungen der Betroffenen verständlich wie: Reaktionsverzögerungen, Angst und Unsicherheit vor allem in neuen Situationen oder vor neuen Anforderungen, das Erleben einer reduzierten Verarbeitungskapazität unter Zeitdruck, erschwerte gezielte Aktivierung von Gedächtnismaterial, mangelnde Flexibilität gegenüber rasch wechselnden Anforderungen, eine starke Ablenkbarkeit geordneter Denk- und Handlungsabläufe, ausbleibende emotionale Reaktionen aufgrund mangelnder Berücksichtigung der Kontextbedingungen u.ä.

So können Störungen der expressiven und rezeptiven Sprache sowohl die Sprachorganisation beeinträchtigen, als auch das Verständnis von Gesprochenem und Geschriebenem erschweren. Im sozialen Kontakt kann dies dazu führen, daß es dem Betroffenen schwerfällt, längeren Ausführungen inhaltlich zu folgen. Die sich ergebenden Verständnislücken führen zu einer Verunsicherung im persönlichen Kontakt und haben bei manchen schizophren Erkrankten sozialen Rückzug und die Vermeidung langer Gespräche zur Folge. Selbstwahrgenommene Einbussen, die sich auf das kurzfristige Behalten und das sensorische Augenblicksgedächtnis beziehen, führen zu Unterbrechungen in der Kontinuität der Wahrnehmung und bilden häufig den Ausgangspunkt für vermehrte Handlungskontrollen bzw. stereotype Wiederholungen motorischer Abläufe, deren Funktion in einer Erhöhung der Wahrnehmungsprägnanz zu sehen ist.

Bereits diese wenigen Beispiele können verständlich machen, daß eine Instabilität aller Informationsverarbeitungsschritte notwendigerweise desorganisierende Auswirkungen auf das Verhalten und Erleben der Betroffenen haben kann. Die Toleranz gegenüber externen und internen Stressoren wird vermindert. Komplexe soziale Behinderungen sind eine mögliche Folge. Kompensationsversuche durch bewußte Verstärkung willentlicher Konzentration, durch die Einführung von Realitätskontrollen, durch Rückzug und Vermeidung haben höchstens kurzfristige Effekte bzw. erhalten längerfristig selbst Störungscharakter.

Das Konzept der Basisstörungen kann genutzt werden als Ausgangspunkt für ein besseres Verständnis der Betroffenen und ihrer Angehörigen für die erlebte Störungsfluktuation, die Identifikation möglicher Stressoren und den effektiveren, bewußten Einsatz von Bewältigungsstrategien, wie wir dies im Rahmen der Erarbeitung eines funktionalen Krankheitskonzeptes an anderer Stelle beschrieben haben (Süllwold & Herrlich, 1990).

Auch für das therapeutische Vorgehen lassen sich aus den Störungen der Informationsverarbeitung und dem daraus resultierenden veränderten Erleben folgende Empfehlungen ableiten:

* Anzahl und Dauer der Sitzungen hängen von der individuellen emotionalen und konzentrativen Belastbarkeit ab. Dies kann bedeuten: zeitlich kürzere, dafür häufigere Gespräche am Anfang. Verlängerung der Intervalle und zeitliche Ausdehnung der Therapiesitzungen im weiteren Verlauf.
* Konkretisierendes Nachfragen und direktives Vorgehen vor allem zu Beginn der Behandlung wirken angstreduzierend und entlasten den Patienten von Reaktionsunsicherheit in der Therapiesituation.
* Die Auswahl anzustrebender Teilziele der Behandlung sollte eng umschrieben und möglichst konkret sein, um eine entsprechende Orientierung im Alltag zu begünstigen. Die Grenzen der Beeinflußbarkeit von Grundstörungen müssen dabei berücksichtigt werden, um realistische Veränderungsziele anzustreben.
* Hoher Grad an Strukturiertheit im Vorgehen dient ebenfalls der Reduktion von Unsicherheit und verbessert die Auffassungsfähigkeit.
* Ein hohes Maß an Redundanz ist notwendig, um die Auffassung, das Einprägen und die Streßresistenz zu verbessern. Dies gilt sowohl für Selbstinstruktionen, als auch für modifizierte Einstellungen und neu erworbene Handlungsabläufe etc.

Aspekte einer ambulanten psychologischen Behandlung

Bei der Konzeptentwicklung für eine systematische therapeutischen Förderung der Krankheitsbewältigung auf der Grundlage des Vulnerabilitäts-Streß-Coping-Kompetenz-Konzeptes schizophrener Erkrankungen stellten wir fest, daß der Aufbau einer Krankheitseinsicht ein wesentliches Element der Behandlung sein muß. Die Erarbeitung eines funktionalen Krankheitskonzeptes ist dafür wesentliche Grundlage. Wir haben sie daher zum inhaltlichen Schwerpunkt unseres Vorgehens gemacht. Mangelndes Wissen über die eigene Erkrankung begünstigt dysfunktionale oder falsche Vorstellungen, Rat- und Hilflosigkeit. Dadurch wird die Entwicklung effektiver Copingstrategien begrenzt und Aufrechterhaltung einer längerfristigen Compliance für die Behandlung erschwert.

In diesem Zusammenhang ist immer wieder festzustellen, daß sowohl bei Patienten als auch bei Angehörigen Informationen vor allem über die diskreten Symptome der Erkrankung außerhalb akuter Krankheitsepisoden weitgehend fehlen. Weder der Betroffene noch seine Umwelt kann verstehen, weshalb auch nach abgeklungener Akutsymptomatik Funktionseinschränkungen bei der Bewältigung von Alltagsanforderungen bestehen bleiben. Das Verständnis psychotischer Symptome als zeitweilige Dekompensation basaler Funktionsbeeinträchtigungen unter Streß bietet hierfür einen wichtigen Anknüpfungspunkt.

Für die Modifikation bzw. Korrektur krankheitsbezogener Einstellungen genügt eine Informationsvermittlung häufig auch dann nicht, wenn sie sich am Erleben der Betroffenen selbst orientiert. Der Einsatz direkter kognitiver Veränderungsstrategien, wie sie ursprünglich in der Behandlung Depressiver entwickelt wurden (z.B. Beck et al., 1981) bildet daher einen methodischen Schwerpunkt in unserem Vorgehen.

Auf diese beiden wesentlichen Aspekte im Gesamtbehandlungsplan soll in diesem Beitrag jedoch nur ergänzend hingewiesen werden. Im folgenden will ich versuchen, anhand einiger Fallbeschreibungen Anregungen für die kognitiv-verhaltenstherapeutische Einzelbehandlung schizophren Erkrankter zu geben. Eine solche Therapie ist meiner Erfahrung nach durchaus lohnend und geeignet, dem Betroffenen Strategien zu vermitteln, die ihm auch mittel- und längerfristig - durch Übernahme in ein Selbstmanagement - den Umgang mit Symptomen der Erkrankung und diskreten Phänomenen im Sinne von Basisstörungen erleichtern, die ihm helfen drohende Rezidive frühzeitig zu erkennen und die damit zu einer größeren Lebenszufriedenheit unter Einbeziehung der besonderen Vulnerabilität beitragen. Die vorurteilshafte Einschätzung von Müller (1991), daß es sich hierbei um "[...] die Suche nach kurzen und oberflächlich-verhaltenstherapeutisch wirkenden Therapiekonzepten" handelt, die nicht hinreichend hilft, "[...] sogar manchmal die Kluft zwischen Hunger und Speise" vergrößert (S. 282), belegt in diesem Kontext lediglich die Ignoranz gegenüber dem Erleben schizophren Erkrankter selbst.

Zur Behandlung persistierender akustischer Halluzinationen

Als gemeinsame Grundlage akustischer Halluzinationen kann aus psychologischer Sicht eine Diskriminierungsschwäche zwischen Vorstellung und Wahrnehmung angenommen werden. Aufgrund einer Stimulusinterferenz mißlingt die Zuordnung von Reizquellen (intern vs. extern). Elemente des eigenen Denkens erhalten den Realitätscharakter von Stimmen, deren Ausblenden häufig nur schwer gelingt. Während eine solche sensorische Erfahrung anfangs häufig beängstigend erlebt wird, zeigen viele Patienten jedoch mit der Zeit eine individuell unterschiedliche Habituation. Doch auch bei solchen Patienten, die im Verlauf der chronifizierenden Erkrankung gelernt haben sich mit diesem Phänomen zu arrangieren; die unter dem Eindruck akustischer Halluzinationen ihrem Beruf nachgehen und sich sozial weitgehend unauffällig verhalten können, entsteht dann ein erheblicher Leidensdruck, wenn es aufgrund einer zeitweise zunehmenden Penetranz der Stimmen zu einer Interferenz mit geordnetem Denken und Verhalten, einer stärkeren Desorganisation durch eindringende Elemente im Erleben kommt und die adäquate Zuwendung im sozialen Kontakt erschwert wird.

Ausgehend von der Auffassung dieser Störung als Fehlinterpretation der Reizquellen und dem Aufzeigen der Nähe zum eigenen Denken, haben sich unserer Erfahrung nach vor allem der Einsatz von Ablenkungstechniken in Kombination mit beruhigenden Selbstkommentaren bewährt. Der Betroffene wird instruiert, seine Aufmerksamkeit bewußt auf Aspekte der äußeren Umgebung zu lenken und dabei eine Art Bildbeschreibung vorzunehmen. Ziel ist, daß dieses Verhalten nach entsprechender Einübung in der Therapiesituation in beeinträchtigenden Situationen des Stimmenhörens eingesetzt werden kann. Ergänzend ist es vielfach notwendig, die verhaltenssteuernde Funktion von Selbstinstruktionen (z.B. Meichenbaum, 1979) zu nutzen, damit bei Interferenz des halluzinatorischen Erlebens mit ablaufenden Handlungen, die gerade ausgeübten Tätigkeiten nicht unterbrochen werden.

Nach diesem Vorgehen lassen sich Frequenz, erlebte Intensität, zugeschriebener Realitätsgrad und Ausmaß der subjektiven Beeinträchtigung positiv beeinflussen. Das Erleben der Kontrollierbarkeit erhöht zusätzlich die Toleranz gegenüber aversiver Stimulation, wie es Stimmenhören zeitweise auch bei chronisch Kranken darstellt.

Kasuistik:

Alter: 42 Jahre Geschlecht: männlich
Krankheitsdauer: 25 Jahre
Anzahl der Hospitalisierungen: 2
Verlauf: chronisch rezidivierend
Beschäftigungsstatus: Schwerbehindertenstelle im Öffentlichen Dienst
Therapiedauer: 35 Stunden

Herr R. kommt von sich aus zur Behandlung, da er trotz neuroleptischer Dauermedikation chronisch unter akustischen Halluzinationen leidet, die zeitweise durch lebhafte szenische Vorstellungsabläufe kompliziert werden. Wenn es zu einer solchen Störungskombination kommt, unterbricht Herr R. seine jeweilige Tätigkeit, versucht sich in einen reizarmen, möglichst dunklen Raum zurückzuziehen. Findet er eine solche Möglichkeit in seinem Arbeitsumfeld nicht, verläßt er seinen Arbeitsplatz und geht nach Hause. Wegen zu häufigen, nicht entschuldigten Verlassens der Arbeitsstelle war bereits eine Abmahnung erfolgt und weitergehende Schritte wurden in Aussicht gestellt. - Aufgrund seines eigenen umfangreichen Literaturstudiums verfügte Herr R. bereits über ein angemessenes funktionales Krankheitskonzept auf dem unsere Therapie aufbauen konnte. Er hatte im Verlauf der Erkrankung gelernt, die überwiegend handlungskommentierenden Stimmen als Symptome der Erkrankung zu akzeptieren, die sich vor allem in sozialen Gruppensituationen und bei starker beruflicher Beanspruchung verstärkten. - Ausgehend von den o.g. psychologischen Erklärungshypothesen für Halluzinationen war dem Patienten verständlich zu machen, daß eine willentliche Aufmerksamkeitsausrichtung auf die sensorische Umgebung und deren begleitende Kommentierung der gedanklichen Dominanz der Stimmen und der sich aufdrängenden szenischen Vorstellungen entgegenwirken kann. Herr R. wurde darauf vorbereitet, daß die Wirksamkeit dieses Vorgehens anfänglich nur zu einer kurzen Erleichterung führen werde. Erst nach einem erheblichen Pensum systematischer Übung dieser Art sei ein stabiler Effekt zu erwarten. Dieses Stadium war im vorliegenden Fall nach etwa vier Wochen erreicht. Bereits relativ rasch zu verzeichnende Teilerfolge im Umgang mit dieser Strategie verstärkten den Eindruck der prinzipiellen Kontrollierbarkeit der Phänomene und motivierten den Patienten zu einer Verstärkung seiner Übungsbemühungen. Es konnte in diesem Stadium der Behandlung mit Herrn R. die Vereinbarung getroffen werden, auch unter dem Eindruck möglicher massiver Halluzinationen den Arbeitsplatz nicht zu verlassen. Für den Fall, daß weder

Ablenkungstechniken noch beruhigende Selbstkommentare zu einer Besserung des Befindens führten, sollte sich Herr R. nach Einschaltung einer "Bedenkzeit" von 5 Minuten offiziell abmelden. Der Patient verfügt über eine allgemein sehr hohe Arbeitsmotivation und der Erhalt seines Arbeitsplatzes ist ihm sehr wichtig. Das mag mit dazu beigetragen haben, daß Herr R. von der letztgenannten Verhaltensalternative in den letzten beiden Jahren keinen Gebrauch gemacht hat. Er ist inzwischen gut in der Lage durch das Einlegen einer kurzen Arbeitspause - ohne Rückzug - durch Ablenkung im o.g. Sinn sich aufdrängende Halluzinationen zurückzudrängen und seine Arbeit fortzuführen. Unentschuldigte Fehlzeiten sind nicht mehr vorgekommen, die Fehlzeiten insgesamt haben sich auf ein Drittel reduziert. - Die im Vorspann genannte Zahl der Therapiestunden resultiert aus sich anschließenden, in monatlichen Abständen erfolgenden Beratungsgesprächen zu wechselnden Themen der allgemeinen Lebensführung (z.B. Freizeitgestaltung, Urlaubsplanung, Umgang mit Kollegen).

Zur Behandlung von Beziehungsideen, paranoiden Tendenzen und Wahn

Paranoide Verarbeitungsmuster sind nach unserer Auffassung u.a. das Ergebnis einer unzureichenden Kontextsteuerung z.B. bei der Analyse und Interpretation von Gesprächen, der Einschätzung mimischen Ausdrucksverhaltens oder unvermittelt ins Aufmerksamkeitszentrum geratender Detailbeobachtungen. Eine kognitive Orientierung am Nächstliegenden mißlingt. Auf dem Hintergrund eines eingeengten Wahrnehmungsstils können sich verstärkt entsprechende mißtrauische Erwartungen ausbilden. Diese erschweren wiederum ihrerseits bei zunehmender Evidenz und Unkorrigierbarkeit der Überzeugungen eine adäquate Berücksichtigung des situativen Kontexts bei der Bewertung von Wahrnehmungen. - Während wir bei der Behandlung paranoider Reaktionsbereitschaft, Beziehungsideen und anderen wenig systematisierten paranoiden Störungen gute Erfahrungen mit kognitiven Methoden der Einstellungsmodifikation und der Verhaltenssteuerung gemacht haben (z.B. Diskriminierungslernen von Wahrnehmung und Interpretation, sokratischer Dialog zur Infragestellung eigener Annahmen, Entwicklung von Alternativhypothesen, Realitätsprüfungen etc.), setzen wir bei Wahnkranken den Behandlungsschwerpunkt eher auf die Umstrukturierung des Denkens hinsichtlich der Verhaltenskonsequenzen und der persönlichen Zielsetzungen.

Kasuistik

Alter: 40 Jahre
Geschlecht: männlich
Krankheitsdauer: 4 Jahre
Anzahl der Hospitalisierungen: 1
Verlauf: chronisch einfach
Beschäftigungsstatus: ohne
Therapiedauer: 17 Stunden

Herr J. kommt auf Veranlassung seiner Ehefrau zur Behandlung. Sie leidet zunehmend darunter, daß er seit seiner Entlassung aus der stationären Behandlung vor
3½ Jahren sich überwiegend zu Hause aufhält, Haushalt und gemeinsamen Sohn
versorgt sowie in eher schleppendem Tempo notwendige Instandsetzungen am
Haus vornimmt. Er verläßt das Haus nur dann, wenn jemand zurückbleibt. Berufliche Rehabilitationsversuche, die eine gleichzeitige mehrstündige Abwesenheit der
Familie von zu Hause zur Folge hätten, lehnte der Patient deswegen ab. Er unter-
nimmt kaum mehr etwas mit der Familie gemeinsam. Als Ausgangspunkt hierfür
erwies sich die wahnhafte Überzeugung des Patienten, daß sich in Abwesenheit
der Familie Fremde Zutritt zum Haus verschafften, diskrete Veränderungen und
vor allem zunächst wenig offensichtliche Beschädigungen am Inventar vornähmen
(z.B. feine Risse in den Tapeten, Beschädigung von Buchrücken, Kratzer in der
Tischplatte verursachten). Solche Aktionen sollten ihn mürbe machen, wenn nicht
gar einen neuerlichen akuten Krankheitsschub auslösen. Herr J. schließt dies daraus, daß solche Erlebnisweisen seiner akuten Ersterkrankung vorangegangen seien.
Er räumt ein, daß er damals in seinen Interpretationen und paranoiden Befürchtungen zu weit gegangen sei, manches sicher überzogen gesehen habe, dies sei jedoch
gegenwärtig nicht der Fall. Herr J. vermutet eine gezielte Kampagne gegen sich
und seine Familie, die er mit dem Einfluß mächtiger Meinungsträger seines Wohn-
ortes in Zusammenhang bringt, ohne - auch in seinem Sinne - "schlüssige" Motive
dafür nennen zu können. Ausgehend von massiven körperlichen Mißempfindungen
fühlt sich Herr J. zeitweise, vor allem nachts, bestrahlt. Er ordnet das ebenfalls in
die Zermürbungstaktik gegen seine Gesundheit ein. Medikamente stellten dagegen
nur teilweise einen Schutz dar. - Die ersten fünf Behandlungsstunden dienten
schwerpunktmäßig der Erarbeitung einer partiellen Krankheitseinsicht. Ausgangspunkt hierfür waren die subjektiven Krankheitserfahrung von Herrn J. und die von
ihm erlebten Leistungsbeeinträchtigungen im Sinne von Basisstörungen. Diese waren dem Ausbruch der akuten paranoid-halluzinatorischen Symptomatik, die Herr
J. durchaus als solche bezeichnet und als Erkrankung auffaßt, vorausgegangen und
von ihm als umfassendes Nachlassen seiner Studierfähigkeit bemerkt worden. Das
Verstehen der manifesten Psychose als Komplikation einer allgemeinen Störanfälligkeit psychischer Prozesse entsprach dem Erleben von Herrn J. und konnte
dementsprechend für die gesamte psychologische Behandlung als gemeinsamer
Ausgangspunkt für Diskurse zum individuellen Krankheitsgeschehen genutzt werden. Während Herr J. auf diesem Weg und durch eine komplettierende sachbezo-
gene Krankheitsaufklärung eine persönliche Neigung zu paranoiden Tendenzen, einem leicht zu aktualisierenden Mißtrauen und einer Tendenz zu Beziehungssetzungen akzeptierte, hielt er - erwartungsgemäß - an den wahnhaften Überzeugungen
fest. Ein immer wieder an unterschiedlichsten, zunächst neutralen Beispielen
eingeübtes Unterscheidungslernen zwischen sensorischer Wahrnehmung und Interpretation bzw. Verarbeitung des Wahrgenommenen bildete die Grundlage dafür,
das wahnhafte Erleben des Patienten kommunizierbar zu machen, ohne ihn in seiner Haltung zu bestärken, oder ihn in eine zunehmende Rechtfertigungshaltung mir
gegenüber zu bringen. Dieser immer wieder reflektierte Umgang mit einem
"schwierigen Thema" führte allmählich bei Herrn J. zu einem Umdenken in dem
Sinne, daß es wenig zweckmäßig ist, einen Gesprächspartner, den man nicht von

seiner Meinung überzeugen kann, immer wieder in der gleichen Weise zu beeinflussen zu versuchen. Etwa ab der 8. Stunde wurde daraufhin vereinbart, detaillierte "Belege" für die Hypothese eines Komplotts nicht mehr zum Gegenstand der Gespräche zu machen. Die Zeit sollte statt dessen dafür genutzt werden, die realen Verhaltenskonsequenzen der wahnhaften Überzeugungen einer Kosten-/ Nutzenanalyse hinsichtlich der persönlichen Lebensqualität, des familiären Klimas und vor allem der beruflichen Perspektiven zu unterziehen. Das Erkennen und Akzeptieren seiner starken Belastung durch hohe "Kosten" in allen Lebensbereichen ermöglichten eine allmähliche Umstrukturierung im Denken und die Festlegung erster Teilziele wie Exmatrikulation, Untersuchung beim Arbeitsamt unterziehen, Beaufsichtigungsmöglichkeiten für den Sohn suchen, Stellenanzeigen studieren etc. Während Bewerbungen auf Stellenanzeigen ohne Erfolg blieben, führte die Untersuchung und Beratung beim Arbeitsamt zur Einleitung einer Berufsfindungsmaßnahme. Die letzten Therapiestunden waren dementsprechend den Themen Arbeitstechniken, Pausen einplanen, Erkennen individueller sozialer Stressoren als Auslöser paranoider Tendenzen und deren Etikettierung, aktives Ausblenden des Wahnthemas in sozialen Situationen und dem Thema Rückfallprophylaxe gewidmet. Herr J. nahm im Anschluß an die Berufsfindungsmaßnahme (verbunden mit Internatsunterbringung) an einer sog. Erprobungsphase teil und hat inzwischen eine dreijährige Ausbildung im kaufmännischen Bereich begonnen.

Zur Behandlung desorganisierten Verhaltens und diskreter Denkstörungen

Zeitlich ausgedehnte bzw. häufig auftretende gedankliche und motorische Blockierungen werden von den Betroffenen als "Verlust der Selbstverfügbarkeit" erlebt. Dies ist besonders anfänglich mit Angst und Unsicherheit verbunden und unterhält die Befürchtung, den Alltagsanforderungen nicht mehr gerecht werden zu können. Dem Erleben der motorischen Reaktionsunfähigkeit entspricht nicht selten das quälende Erleben einer umfassenden Entscheidungsunfähigkeit. Diese bezieht sich nicht nur auf bedeutungsvolle Entschlüsse, sondern auf alltägliche Fragen wie z.B. des Anziehens, des Einkaufens etc. Um einem solchen "Entscheidungsdruck" zu entgehen, entwickeln die Betroffenen vielfach die Tendenz, überwiegend die gleichen Kleidungsstücke zu tragen, nur eine bestimmte Marke an Lebensmitteln einzukaufen etc. Während anfänglich der Überblick über notwendige Aktivitäten noch erhalten ist, kann er mit fortschreitender Symptomatik verlorengehen. In ihrem Denken wirken die Patienten dann vage und unbestimmt, affektiv erscheinen sie ratlos, im allgemeinen Verhalten planlos, ohne Konzept. Steigen die äußeren Belastungen und Anforderungen, kann es zu einer ausgeprägten "Überlastungshemmung" kommen bzw. zu einer völligen Konfusion im Verhalten und Erleben.

Die erklärende Hypothese des Zustandekommens solcher Phänomene als Komplikationen dissoziiert ablaufender Informationsverarbeitungsschritte auf biologischer Grundlage kann viele Patienten von Schuldgefühlen hinsichtlich der eigenen Insuffizienz gegenüber alltäglichen Verrichtungen entlasten. Darüber hinaus hat

sich in der Behandlung solcher Schwierigkeiten allgemein der Einsatz von Stun-
den- und Wochenplänen zur Strukturierung von Tätigkeiten bewährt, wie sie zum
Aufbau von Aktivitäten z.B. auch bei Depressiven genutzt werden. Sie werden
ergänzt durch individuelle Checklisten für ausgewählte Tätigkeiten (z.B. den Ablauf von Arbeitsabläufen), die einerseits Instruktionscharakter haben und andererseits für die Selbstüberprüfung erreichter Ziele eingesetzt werden können. Bei
schwerer Störungsausprägung kann es notwendig werden, Standards für Wäsche-
wechsel, Wechsel der Handtücher, Haarewaschen u.ä. gemeinsam festzulegen und
schriftlich zu fixieren. Entgegen der immer wieder vorgebrachten Befürchtung
wird ein solches Vorgehen keineswegs als unangenehme, entmündigende Bevormundung erlebt, sondern als Entlastung von alltäglichem Entscheidungsdruck.

Im weiteren Verlauf der Behandlung werden dann am Einzelfall orientierte Aspekte eines allgemeinen Entscheidungstrainings (z.B. Auflistung von pros und kon-
tras von Alternativen) eingeführt und an vielen Beispielen erprobt.

Kasuistik

Alter:	40 Jahre
Geschlecht:	weiblich
Krankheitsdauer:	8 Jahre
Anzahl der Hospitalisierungen:	keine
Verlauf:	chronisch einfach
Beschäftigungsstatus:	zeitlich befristete Bürotätigkeit
Therapiedauer:	6 Stunden

Die Patientin wird von einer Nervenärztin überwiesen, an die sie sich wegen der
Indikationsstellung für eine Psychotherapie gewandt hatte. Eine mehrjährige tiefenpsychologisch orientierte Behandlung hatte keine Effekte auf die subjektiven
Beschwerden erbracht. In zeitlichem Zusammenhang mit der bevorstehenden Arbeitsaufnahme nach mehrjähriger Arbeitslosigkeit und einem damit verbundenen
Ortswechsel war es zu einer psychischen Dekompensation gekommen. In deren
Vordergrund standen hochgradige Ambivalenz, allgemeine Ratlosigkeit und kurz-
zeitige katatone Erscheinungen (regungsloses Verharren an einer Stelle, auch außerhalb der eigenen Wohnung bis zu 20 Minuten). Je näher der Räumungstermin
der Wohnung rückte, um so mehr verstärkte sich die Entscheidungsunfähigkeit von
Frau K. hinsichtlich der für den Umzug erforderlichen Aktivitäten. Schlafstörungen, allgemeine Antriebslosigkeit und Blockierungen im Denken und in der Motorik nahmen zu. Die Fokussierung des Denkens und Verhaltens auf das Handlungs-
ziel "Umzugskisten packen" gelang auch mit der Unterstützung von Freunden
nicht mehr. Deren Vorschlag, den Umzug für die Patientin zu organisieren, konnte
sie nicht annehmen, da sie befürchtete, dann gänzlich den Überblick über das Geschehen zu verlieren. Aufgrund dieser Ausgangssituation hatte Frau K. Angst, den
beruflichen Anforderungen einer neuen Stelle gar nicht mehr gewachsen zu sein.
Auf die erklärenden Hypothesen zum Zustandekommen der von ihr erlebten Phänomene als biologisch vermittelte Auswirkung von Basisstörungen reagierte die
Patientin entlastet und berichtete, daß ihr angesichts der fehlgeschlagenen Therapie
schon selbst Zweifel an einer Psychogenese ihrer Störungen gekommen seien. Sie
war auf diesem Hintergrund erstmals für eine neuroleptische Behandlung zu moti-

vieren, auf die sie - glücklicher Begleitumstand - auch gut ansprach. Schwerpunkt der psychologischen Behandlung war in der Folge neben der Erarbeitung eines funktionalen Krankheitskonzeptes die Planung des Umzugs. Zuerst wurde eine Vorstrukturierung der Arbeitsanforderungen nach wesentlich/unwesentlich für die zeitliche Abfolge vorgenommen. Für die verbleibenden Zeit wurde ein detaillierter schriftlicher Zeitplan erstellt. Anhand entsprechender täglicher Checklisten konnte Frau K. dann überprüfen, welche der festgelegten Anforderungen erledigt werden konnten. Für die einzelnen Umzugskisten wurden Ordnungskriterien festgelegt wie: "Unterwäsche und Oberbekleidung für die erste Woche am neuen Wohnort", "notwendige Dokumente für die Aufnahme der Berufstätigkeit und für die Anmeldung am neuen Wohnort" etc. Für den helfenden Einsatz von Freunden wurde ebenfalls ein Zeitplan festgelegt. Mit Hilfe dieser Interventionen war die Patientin in der Lage, den Umzug in der dafür vorgesehenen Zeit zu bewältigen. Sie konnte diese Strategien nutzen, um sich selbst schriftliche Leitfäden für das zunächst provisorische Einrichten der neuen Wohnung und die Aufnahme der Berufstätigkeit zu erstellen. Es gelang ihr, sich auf diese Weise die Orientierung angesichts einer Fülle neuer und zunächst teilweise auch unklarer Anforderungen zu erleichtern. Frau K. wurde die Fortführung einer kombinierten verhaltenstherapeutisch - medikamentösen Behandlung dringend nahegelegt, da nicht erwartet werden kann, daß bei der Fülle der Stressoren das erworbene Verhalten schon stabil bleibt.

Zur Behandlung von Antriebsstörungen und Interessenverlust

Die sog. Negativsymptomatik spielt für die psychologische Behandlung von Patienten in der Remission eine zentrale Rolle. Schwierigkeiten bei der Überwindung von Antriebsstörungen, Interessenverlust und Verlust an Eigeninitiative stehen dabei im Vordergrund der geklagten Beschwerden mit erheblicher Auswirkung auf das Gesamtverhalten und die Befindlichkeit.

Neben der detaillierten Festlegung notwendiger Aktivitäten in Stundenplanform für einen Tag bzw. eine Woche, muß zunächst eine Sammlung solcher Aktivitäten erfolgen, die der schizophren Erkrankte ursprünglich einmal gerne gemacht hat. Dabei kann in schwierigen Fällen auf allgemeine Verstärkerlisten zur Anregung zurückgegriffen werden. Aus einer solchen Sammlung werden dann die Tätigkeiten oder Unternehmungen gemeinsam ausgesucht, die der Betroffene sich am ehesten noch zutraut (z.B. Musik hören, Freunde treffen, joggen, radfahren, sich über aktuelle Musikveranstaltungen, Kinoprogramme u.ä. orientieren, Aufsuchen eines Treffpunktes). Für deren Umsetzung notwendige Teilschritte oder Vorbereitungen werden vorstrukturiert, gedanklich durchgespielt etc. ehe die Realisierung zu einem festen Termin vereinbart wird. Tendenziell eher angenehme Tätigkeiten sollten bei der Tages- und Wochenstrukturierung den eher belastend erlebten Pflichtprogrammen nachgeordnet werden.

Bei der Planung und Durchführung des Aktivitätsaufbaus erscheint es uns von grundsätzlicher Bedeutung, den schizophren Erkrankten darauf vorzubereiten, daß

es wichtig ist, diese Aktivitäten auch dann durchzuführen, wenn sie zunächst weder Begeisterung noch Interesse auslösen bzw. mit leichtem Unbehagen verbunden
sind. Ähnlich, wie dies bei depressiven Patienten der Fall ist, ist nur durch die
Wiederaufnahme von Aktivitäten und deren allmählicher Steigerung herauszufin-
den, was das Interesse zu wecken vermag und mit einer gewissen Zufriedenheit
erlebt werden kann. Im Gegensatz dazu überwiegt nach unserer Erfahrung, daß
viele Betroffene erwarten, Interesse und Tatendrang stellten sich quasi automatisch
wieder ein. Eine wenig begeisternde Aktivitätssteigerung wird auf einem solchen
Hintergrund als nicht weiter motivierend bewertet.

Kasuistik

Alter:	27 Jahre
Geschlecht:	männlich
Krankheitsdauer:	6 Jahre
Anzahl der Hospitalisierungen:	keine
Verlauf:	chronisch einfach
Beschäftigungsstatus:	Student
Therapiedauer:	25 Stunden, noch nicht abgeschlossen

Der Patient kommt auf Veranlassung seines behandelnden Nervenarztes und der
Eltern in psychologische Behandlung. Im Vordergrund der Beschwerden steht ein
kompliziertes Gebäude von ritualisierten Handlungsabläufen, die es dem Patienten
kaum mehr ermöglichen, sich selbst zu versorgen, sich ausreichend zu ernähren
oder den Anforderungen seines Studiums nachzukommen. Beim Erstkontakt fällt
auf, daß Herr A. kaum in der Lage ist, verständlich auszudrücken was ihn belastet.
Seine Beschreibungen wirken verblasen, konkretisierendes Nachfragen hilft nicht
weiter. Auch die Beschreibung seiner Rituale gerät zu einer verwirrenden Darstellung kompliziertester Beziehungssetzungen. In dem Bemühen, sich möglichst
"richtig" und präzise auszudrücken, folgen auf einen Aussagesatz drei bis vier rela-
tivierende Einschränkungen. Dabei wirkt der Patient insgesamt verlangsamt und
gequält. Das Umsetzen der bis dahin verordneten antidepressiven Medikamente zugunsten hochpotenter Neuroleptika beseitigte innerhalb von drei Wochen die bizar-
ren motorischen Abläufe; die Rituale spielen für das Verhalten von Herrn A. keine
Rolle mehr. Er stellte überrascht fest, daß er sie ohne große Mühe überwinden
konnte, ohne daß es hierfür therapeutischer Interventionen bedurft hätte. Es stellte
sich in der Folge dann heraus, daß der Patient mit wechselnder Intensität bereits
über 4 Jahre von einer Fülle unterschiedlichster paranoider Vorstellungen geleitet
worden war, die er durch ritualisierte Verhaltensweisen wie Luftanhalten, Bewegungen wiederholen etc. zu "bekämpfen" versucht hatte. Zu seiner "Beruhigung"
waren zum Schluß hochkomplizierte mehrstündige Operationen notwendig, die
dann zur aktuellen Kontaktaufnahme führten. Nach der raschen, problemlosen
Überwindung der systematisierten Verhaltensanteile entstand für Herrn A. zunächst ein Vakuum. Er konnte mit der wieder verfügbar gewordenen Zeit nichts
Produktives anfangen. Er verbrachte den größten Teil des Tages im Bett oder mit
Computerspielen. Notwendige Arbeiten für sein Studium schob er vor sich her, so
daß sie mit größer werdendem Zeitdruck immer aversiver erlebt wurden. Die Behandlung begann mit der Festlegung einer Zeit für das Aufstehen. Ein Mangel an

positiven Erwartungen an den Tagesablauf hatten bis dahin das Verbleiben im Bett, in dem er sich ebenfalls unwohl fühlte, begünstigt. Es folgten Tagesstrukturierung, Wochenplanung unter Einbeziehung fester Zeiten für angenehme Aktivitäten wie radfahren, joggen und mit Freunden gemeinsam am Computer spielen. Aufgrund der eingeschränkten konzentrativen Belastbarkeit von Herrn A. war hierfür die Einführung zeitlich gestufter Beanspruchungen notwendig, ebenso die systematische Planung von Pausen und sozialem Rückzug. Aufgrund der Selbstbeobachtungen wurden fortwährende Korrekturen bezüglich der Beanspruchung vorgenommen. Herr A. wurde andererseits ermutigt, seine Toleranzgrenzen vor allem für enge soziale Kontakte planmäßig auszubauen. Nach dem eingangs skizzierten Vorgehen ist es bisher gelungen, daß Herr A. regelmäßige Kontakte zu drei bis vier Kommilitonen unterhält, sein Studium wieder aufgenommen hat und sich auf seine Abschlußprüfungen vorbereitet. Die noch immer nicht völlig überwundenen Antriebsstörungen und die zeitweilig auftretenden Konzentrationsstörungen hat er in seinem Zeitplan ebenso berücksichtigt wie die Notwendigkeit häufiger Rekapitulationen und Zusammenfassungen des bisher Gelernten.

Zur Behandlung von Rückfallangst und unangemessener Selbstüberwachung

Das erstmalige Erleben einer akuten Psychose führt in der Regel zu einer massiven persönlichen Verunsicherung. Sich zeitweise nicht mehr realitätsangemessen verhalten, dies selbst nicht bemerkt zu haben, unter dem Einfluß von Halluzinationen und paranoidem Erleben in sozialen Beziehungen auffällig geworden zu sein, kann bei sehr beeindruckbaren Patienten eine Selbstüberwachung unterhalten, die zu einer massiven Hemmung im Verhalten führt und ihrerseits Störungscharakter bekommt. Die Frage, welche Reaktionen normal sind und welche möglicherweise krankhaft verändert, induziert notwendigerweise vor allem dann Streß, wenn entsprechende Entscheidungskriterien nicht verfügbar sind oder durch entsprechende Rückversicherungen von Bezugspersonen zu klären versucht werden. Neben einer erheblichen zusätzlichen Einschränkung im Spontanverhalten und der emotionalen Belastung sozialer Beziehungen ergibt sich eine Quelle der Beunruhigung, wenn entsprechende Rückmeldungen nicht eindeutig genug erfolgen bzw. aus dem Verhalten oder aus Nebenbemerkungen anderer verallgemeinernde negative Rückschlüsse gezogen werden. Die Übernahme der Eigenverantwortung für das Verhalten wird damit zusätzlich kompliziert, nicht selten kommt es zur Vermeidung bestimmter Orte und Menschen, die in zeitlichem Zusammenhang mit der Psychose stehen, dysfunktionale Überzeugungen behindern die weitere Remission, ohne daß damit etwa realitätsorientierte Überlegungen zu einer Rückfallprophylaxe verbunden wären. In der Behandlung solcher Patienten ist die umfassende sachliche Krankheitsaufklärung der erste Therapieschritt. Daran knüpft sich eine Aufarbeitung des in der akuten Psychose Erlebten unter dem Aspekt der Erklärbarkeit an. Im folgenden wird das Thema Rezidivprophylaxe zum sachlichen, realitätsorientierten Gegenstand der Erörterung gemacht (z.B. anhand der Untersuchungen von

Herz und Mitarbeitern). Katastrophisierende Zukunftserwartungen, Denkverzerrungen, daraus abgeleitete Hoffnungslosigkeit etc. werden mit den Methoden der direkten Beeinflussung von Kognitionen angegangen. (z.B.: Wie glauben Sie geht es jemandem, der sich täglich vor Augen hält, daß er möglicherweise wieder erkranken kann, ohne zu wissen, ob und wann das sein wird? Wie aktiv verhält sich derjenige bei der Alltagsbewältigung?)

Kasuistik

Alter:	24 Jahre
Geschlecht:	weiblich
Krankheitsdauer:	3 Jahre
Anzahl der Hospitalisierungen:	2
Verlauf:	episodisch
Beschäftigungsstatus:	Studentin
Therapiedauer:	13 Stunden, noch nicht abgeschlossen

Die Patientin kommt auf Veranlassung ihrer Angehörigen, die aufgrund anhaltender Antriebsstörungen, massiver Selbstzweifel und den stereotyp geäußerten Befürchtungen vor einem Krankheitsrückfall die beruflichen Pläne der Patientin trotz guter Remission gefährdet sehen. Aufgrund der akuten Krankheitserfahrungen in zeitlichem Zusammenhang mit einer Examensprüfung ist die Patientin hinsichtlich ihres eigenen Verhaltens zutiefst verunsichert. Sie beobachtet sich in übertriebener Weise im Hinblick darauf, ob sie einen Hinweis auf eine neuerliche Erkrankung bzw. auffälliges Verhalten feststellen kann. Nachvollziehbare Müdigkeit, verzögertes Einschlafen, vermehrte Reizbarkeit und diffuse Ängste werden in diesem Zusammenhang überinterpretiert und führen zu einer zusätzlichen Blockade sich den alltäglichen Anforderungen des Studiums allmählich wieder in stärkerem Maße auszusetzen. Nahe Bezugspersonen werden immer wieder genötigt, Einschätzungen über den bisherigen Remissionsverlauf und Fortschritte in der allgemeinen Belastbarkeit abzugeben. Auch von ihren akademischen Lehrern, die von der Erkrankung nur andeutungsweise wissen, versucht Frau L., zeitweise in wöchentlichem Abstand, Einschätzungen ihrer Leistungsfähigkeit zu erhalten. Fällt eine Rückmeldung ansatzweise kritisch aus, reagiert die Patientin mit verstärkter Depressivität, ohnehin vorhandene Antriebsstörungen werden in diesem Zusammenhang noch deutlicher beobachtet und sind schwerer aktiv zu bewältigen. In dieser Situation schaffte die Krankheitsaufklärung allein keine Abhilfe. Erst durch die Einführung von Stundenplänen und einer parallelen Erhebung von Tagesprotokollen negativer automatischer Gedanken war das Ausgangsmaterial für notwendige Modifikationen von Einstellungen zur Erkrankung, der Frage eines möglichen Rückfalls etc. zu erarbeiten. Für eine Verstärkung der Antriebsstörungen fanden sich beispielsweise Denkweisen wie: "Ich wollte es wäre schon heute abend, und ich könnte mich wieder ins Bett zurückziehen." "Wahrscheinlich schaffe ich heute mein Arbeitspensum wieder nicht". "Ich schaffe es nicht mehr, meinen alten Stand zu erreichen." Der allgemein demotivierende Einfluß solcher Kognitionen auf das Verhalten und Erleben war für Frau L. leicht nachvollziehbar. Entsprechende Korrekturen im Denken zugunsten von Einstellungen wie: "Wenn ich etwas Angenehmes vorhabe, fällt es mir leichter aufzustehen und auch mein tägliches Übungspensum zu absolvieren." "Ich muß es einfach wieder trainieren, früher aufzustehen und mir etwas Angenehmes vorzunehmen." entwickelte die Patientin selbst und erlebte sie als entlastend, ohne daß damit allein das morgendliche Aufstehen problemlos zu bewältigen war. In diesem Zusammenhang wurde Frau L. auch die Funktion der übertriebenen Rückversicherung bei den Menschen ihrer unmittelbaren Umgebung als ein Aspekt eines übergeordneten aktiven "Sich-Abhängig-Machens" von situationsbezogenen, lediglich spezielle Verhaltensausschnitte (z.B. Vorspielen auf dem Klavier) betreffenden Einschätzung anderer deutlich. Vorhandene eigene begründete Bewertungsmaßstäbe wie: Tagesmüdigkeit hat nachgelassen, konzentriertes Arbeiten gelingt wieder für gut eine Stunde, mit verteiltem Lernen kann ich mich drei bis vier Stunden gut konzentrieren, einzelne Hobbys können wieder ausgeübt werden, soziale Kontakte können genossen werden etc., hatten gegenüber den Fremdbeurteilungen nur geringes Gewicht. Die Vereinbarung einer drastischen Frequenzeinschränkung für externe Rückmeldungen (maximal alle drei Wochen, wenn überhaupt) wurde in diesem Zusammenhang von der Patientin als notwendiger erster Schritt für die Rückgewinnung des Zutrauens in die eigene Urteilsfähigkeit akzeptiert und eingehalten. So verloren Fremdeinschätzungen allmählich an Gewicht. Während der Vorbereitung auf die Examensprüfung lag der Schwerpunkt der Behandlung auf der entsprechenden Modifikation von verzerrten Vergleichsprozessen, die sich auf die Art der Prüfungsvorbereitungen und die Lernfähigkeit ihrer Kommilitonen bezogen. Durch wenige exemplarische Denkoperationen wurden der Patientin die hemmenden und streßinduzierenden Konsequenzen für ihr Verhalten und Erleben deutlich. Die Übernahme korrigierender Kognitionen konnte - natürlich nicht ohne gelegentliche "normale" Rückfälle - Frau L. jetzt sehr viel einfacher und anhaltender in Eigenregie übernehmen. Es gelang ihr - soweit dies unter Examensbedingungen allgemein möglich ist - sich relativ entspannt auf die Prüfungen vorzubereiten und sie zu absolvieren. Sie hat in der Zwischenzeit alle Prüfungen mit gutem bis sehr gutem Erfolg abgelegt, was ihr verständlicherweise entsprechenden Auftrieb gibt.

Zur Behandlung von Störungen im sozialen Kontakt

Beeinträchtigungen der Kommunikationsfähigkeit gehören zu den häufigen Beschwerdeschilderungen schizophren Erkrankter. Geht man davon aus, daß angemessene emotionale Reaktionen das Ergebnis der integrierenden Verarbeitung von Wahrnehmungen, Vorstellungen und deren subjektiver Bewertung bzw. Stellungnahme sind, wird verständlich, daß auf dem Hintergrund einer dissoziiert ablaufenden Informationsverarbeitung eine besondere Störanfälligkeit für derartige sozialen Situationen gegeben ist. In deren Folge bleiben von der Umgebung erwartete affektive Reaktionen aus, was häufig als Zeichen einer sog. Affektverflachung oder gefühlsmäßigen Indifferenz gewertet wird. Eine "unbeteiligte" Mimik kann diesen Eindruck noch verstärken. Ein solcher Eindruck muß dem emotionalen Erleben des Erkrankten jedoch keinesfalls entsprechen. Vielmehr ist es für die Schizophrenie charakteristisch, daß zwischen Ausdrucksverhalten und innerer Befindlichkeit häufig kein Zusammenhang besteht. Hinzu kommt häufig eine allgemeine Sprach-

verarmung im Sinne eines mangelnden spontanen Mitteilungsbedürfnisses. Die unzureichende Kontextsteuerung des Verhaltens in sozialen Situationen und Defizite
in der Differenzierung unterschiedlicher emotionaler Zustände stellen in vielen
Fällen jedoch das größte Handicap für die Betroffenen dar. Dies ist vor allem für
die Patienten belastend, die im Berufsleben soziale Kontakte initiieren und gestalten müssen, sowie solche, die auf Teamarbeit angewiesen sind. Nach erklärenden
Hypothesen für diese Phänomene als Auswirkungen von Basisstörungen können
bei solchen Problemstellungen alle Methoden zum Aufbau von sozialen und kommunikativen Fertigkeiten sowie zur Verbesserung der sozialen Kompetenz zur Anwendung kommen, wie sie in der verhaltenstherapeutischen Literatur ausführlich
dargestellt zu finden sind.

Kasuistik

Alter:	33 Jahre
Geschlecht:	männlich
Krankheitsdauer:	7 Jahre
Anzahl der Hospitalisierungen:	2
Verlauf:	episodisch
Beschäftigungsstatus:	Apothekenhelfer
Therapiedauer:	9 Stunden

Herr F. sucht aus eigenem Antrieb um psychologische Hilfe nach. Sein Leidensdruck resultiert weniger aus Symptomen der Erkrankung im engeren Sinne, mit
denen der Patient sehr verantwortungsbewußt umgeht, als vielmehr aus der Beobachtung, von Kollegen als Außenseiter abgestempelt und mißachtet zu werden. Die
Mitarbeiter, die von seiner Grunderkrankung nichts wüßten, sprächen ihn unver-
hohlen auf seine langsame, bedächtige Arbeitsweise an und monierten wenig ein-
fühlsam seinen spröden, wenig verbindlichen, wortkargen und unfreundlich wirkenden Umgangsstil mit den Kunden. Teilweise seien diese Rückmeldungen auch
aus seiner Sicht zutreffend. Versuche, aus eigener Anstrengung hieran etwas zu
verändern, hätten bisher nicht den gewünschten Erfolg gehabt. Den teilweise rüpel-
haften Umgangsformen fühle er sich hilflos ausgeliefert und fürchte sich inzwischen schon vor der Arbeit, die er ansonsten relativ problemlos bewältige und die
ihm Spaß mache. Ausgangspunkt der Behandlung waren zunächst detaillierte
Rückmeldungen von mir bezüglich der Verhaltensaspekte Blickkontakt, Lautstärke
beim Sprechen, Körperhaltung, Gestik und Mimik. Daran anknüpfend fand eine
erste Festlegung dahingehend statt, welche dieser Gesichtspunkte seiner Ansicht
nach einer Korrektur bedürften. Die Modifikation des mimischen Ausdrucksverhaltens erhielt dabei das stärkste Gewicht. Unter Sichtkontrolle vor dem Spiegel wurde Herr F. ermutigt, unterschiedliche Minen auszuprobieren und sich für eine zum
Thema: "freundliches Interesse" zu entscheiden. Nach anfänglichem Zögern gelang
dem Patienten eine entsprechende Festlegung. Die mehrfach wiederholte Einübung
fand unter bewußter Konzentration auf die veränderten propriozeptiven Rückmeldungen der Gesichtsmuskulatur und unter Sichtkontrolle statt. Als Herr F. sich relativ sicher fühlte, diesen Gesichtsausdruck herbeiführen zu können, wurde die
Sichtkontrolle ausgeblendet. Das bewußte Einsetzen im Kundenkontakt wurde als
Hausaufgabe vereinbart. Nach Überwindung einer gewissen Befangenheit im Hin-

blick auf das bewußte Einsetzen eines Ausdrucksverhaltens, gelang es Herrn relativ schnell, sich eigene Veränderungsziele in diesem Bereich zu überlegen, und sie
zwischen den Therapiesitzungen auszuprobieren. Langwieriger gestaltete sich dagegen die Modifikation des Kommunikationsverhaltens. Die Erarbeitung von verbindlichen Reaktionsalternativen auf ungerechtfertige Vorhaltungen und Kritik gelang relativ zügig. Deren Einübung durch Rollenspiele ließ wenig Probleme erkennen. Die Alternativen wurden in der Stunde entwickelt, schriftlich fixiert und als
Hausaufgabe die Anwendung mit entsprechenden Tagesprotokollen vereinbart. Die
Themensuche und Gestaltung unverbindlicher Gespräche mit Kunden, die auf
Blutdruckmessung, Blutentnahme o.ä. warten mußten, erwies sich demgegenüber
als schwierig. Anhand der Tagesprotokolle negativer automatischer Gedanken
zeigte sich, daß Herr F. der Überzeugung war, niemand wolle sich eigentlich mit
ihm unterhalten, unabhängig von einem möglichen Thema. Er nahm an, "alle" fän-
den ihn langweilig, nichtssagend u.ä. Erst nach relativierender kognitiver Bearbeitung dieser Grundannahmen war Herr F. bereit, quasi als Experiment, Kunden
gegenüber Bemerkungen über das Wetter, offensichtliche positive Veränderungen
im Aussehen u.ä. zu machen. Dafür ließ sich ein kleiner Themenkatalog zusam-
menstellen. Nach einer ersten Erprobungsphase fühlte sich Herr F. im Umgang mit
den Kunden etwas entspannter. Er wertete deren überwiegend positive Reaktion
auf seine Veränderungsbemühungen positiv. Das Ausbleiben größerer Auseinandersetzungen mit seinen Kollegen für den Zeitraum der Behandlung kann ebenfalls
als ein Hinweis darauf gewertet werden, daß es dem Patienten gelungen war Teilziele seines Modifikationsprogrammes zu verwirklichen. Die Behandlung wurde
aus äußeren Anlässen nach der 9. Stunde abgeschlossen, ohne daß wir von einer
ausreichenden Stabilisierung des neuen Verhaltens zu diesem Zeitpunkt ausgehen
konnten.

Zur Behandlung zwangsähnlicher Verhaltensweisen

Verlaufsbeobachtungen haben gezeigt, daß in den unterschiedlichsten Stadien schizophrener Erkrankungen Verhaltensweisen auftreten können, die phänomenolo-
gisch denen von Zwangskranken entsprechen (Süllwold et al., 1994, S. 34 ff). Diese lassen jedoch häufig einen funktionellen Anpassungswert noch erkennen. Sie
sind nicht selten Sekundärreaktionen auf Basisstörungen. Die Selbstwahrnehmung
von Defiziten in der Konzentration und im Auffassungsvermögen und unmittelbaren Behalten, führt in solchen Fällen zu einer allgemeinen Verunsicherung bezüglich soeben abgelaufener Vorgänge. Wie bereits erwähnt, können vor allem
gestörte Gedächtnisfunktionen zu solchen Lücken in der Kontinuität der Selbstwahrnehmung führen. Durch stereotype Wiederholungen, Rekonstruktionsversuche
oder wiederholte Kontrollen wird versucht, der daraus resultierenden Verunsicherung zu begegnen. Eine zweite wesentliche Funktion haben "Zwänge" bezüglich
der Vergewisserung über den Realitätsgehalt des Erlebten gegenüber Vorgestell-
tem. Hierbei erhöhen die stereotypen Wiederholungen von Handlungsschritten offenbar die Wahrnehmungsprägnanz (s.u.).

All diesen Phänomenen ist eine starke Fluktuation des Auftretens gemeinsam. Da die zwangsähnlichen Verhaltensweisen in Abhängigkeit von den zugrundeliegenden Konzentrations-, Auffassungs- oder Gedächtnisstörungen variieren, kann sich die Behandlung nicht am Konzept der Reaktionsverhinderung allein orientieren, denn sie können nicht - stimulusgebunden - in allen Situationen herbeigeführt werden bzw. sie treten in nicht kalkulierbarer Weise auf. (Auf Zwänge, deren Grundlage paranoide Erlebnisweisen sind, wollen wir an dieser Stelle nicht näher eingehen.)

In der Behandlung bewährt haben sich für die genannten Fälle nach unserer Erfahrung vor allem eine instruktionsgesteuerte Aufmerksamkeitsfokussierung mit entsprechendem Selbstkommentar. Es empfiehlt sich vor allem bei schwerer gestörten Patienten, dies mit einer zeitweise umfassenden Reaktionsverhinderung zu kombinieren.

Kasuistik

Alter:	33 Jahre
Geschlecht:	weiblich
Krankheitsdauer:	15 Jahre
Anzahl der Hospitalisierungen:	6
Verlauf:	chronisch rezidivierend
Beschäftigungsstatus:	beschützt
Therapiedauer:	32 Stunden
	noch nicht abgeschlossen

Frau V. leidet bereits seit vielen Jahren an einer chronischen paranoiden Schizophrenie. Sie kommt auf Anraten ihrer Nervenärztin und der Betreuer der Einrichtung, in der sie lebt und arbeitet. Im Vordergrund der Beschwerden stehen zwangsähnliche Wiederholungen, die die Alltagsbewältigung erheblich einschränken. Sie verursachen ihr selbst inzwischen einen hohen Leidensdruck. Besonders quälend erlebt die Patientin, daß sie 10 bis 15 mal von einer Straßenseite auf die andere wechseln "muß", um sicher zu sein, die Straße überquert zu haben. Beim Verlassen ihres Zimmers, dem Abschließen der Tür, dem Öffnen der Haustür etc. gelingt es ihr nur mit zeitaufwendigen Wiederholungen, die entsprechenden Handlungen mit der Gewißheit zu beenden, sie auch tatsächlich getan zu haben. Ähnliches gilt für das Anziehen. Es kann grundsätzlich aber nahezu alle Verhaltenssequenzen und Situationen betreffen. Diese Symptomatik besteht seit etwa vier Jahren, hat sich aber im Laufe des letzten Jahres erheblich zugespitzt. Veränderungen der neuroleptischen Therapie hatten darauf keinerlei Einfluß.

Psychopathologisch fällt bei Frau V. im Erstkontakt vor allem eine Sprunghaftigkeit im Denken sowie eine "Zerfahrenheit" der motorischen Abläufe auf, die bereits für sich genommen Kontinuitätslücken in der Selbstwahrnehmung verständlich erscheinen lassen. Hinzu kommt eine deutliche Ambivalenz im Denken. Sie führt dazu, daß Frau V. - vorher nicht kalkulierbar - Handlungsabläufe unter dem Aspekt durchdenkt: Was wäre, wenn ich das nicht gehabt/gemacht/getan hätte, sondern... (dann folgt das jeweilige Gegenteil). Auslöser für solche "Überlegungen" können spontan einsetzende Erinnerungen an viele Jahre zurückliegende Ereignisse sein (z.B. aus der Schulzeit). Die Patientin kann über diesem Denken in

eine hochgradige affektive Erregung geraten, die ihrerseits vor allem die Wiederholungen motorischer Abläufe begünstigt. - Den von Frau V. selbst gewählten ersten Behandlungsschwerpunkt bildeten die quälenden Wiederholungen beim Über-
queren der Straße, dem Verlassen des Zimmers, dem Ab- und Aufschließen von
Zimmer- und Haustür. Es entsprach dem subjektiven Erleben der Patientin, daß sie
häufig unsicher darüber sei, was sie gerade getan oder gedacht habe. Es war daher
unproblematisch, ihr zu vermitteln, daß die erlebte Unsicherheit auf Störungen der
Auffassung, der Konzentration und des Denkens zurückzuführen seien. Um diese
Unsicherheit in der Wahrnehmung zu mindern, wurde für die oben erwähnten Situationen eine verbale Selbstinstruktion vereinbart, die lautete: "Alles ganz langsam und nur einmal machen." Die entsprechenden Handlungen sollten dann ebenfalls verbal kommentiert werden (z.B.: Jetzt mache ich die Türe auf, gehe auf den
Flur...).

Unter Mitwirkung von Mitarbeitern der Einrichtung wurde die Patientin über
12 Wochen konsequent von der Arbeitsstelle abgeholt, nach Hause begleitet und
bei allen Vorgängen darin unterstützt, sich an die getroffene Vereinbarung zu halten, keine Wiederholungen mehr vorzunehmen, auch bei Auftreten einer Unsicherheit.

Die Fremdkontrolle erfolgte zunächst täglich und wurde ab der 6. Woche allmählich ausgeblendet. Entsprechend einer wahnhaften Überzeugung, daß es vielleicht gar keine Menschen gäbe, war Frau V. grundsätzlich bestrebt, alleine mit
allem zurechtzukommen. Nach etwa 10 Wochen der Fremdkontrolle war sie dementsprechend motiviert, nach der bis dahin eingeübten Strategie ihren Weg wieder
alleine zu gehen und nur im Bedarfsfall die Hilfe der Tutoren in Anspruch zu
nehmen. Nach etwa 14 Wochen war das gesteckte Teilziel erreicht. Frau V. begann, selbständig die vereinbarte Instruktion auch in anderen Problemsituationen
erfolgreich anzuwenden. Dies führte u.a. dazu, daß sie häufiger als früher an ihrer
Arbeitsstelle eintraf, weniger beansprucht war und daher seltener den Ruheraum
aufsuchte. Unter dem Eindruck massiven paranoiden Erlebens zeigen sich zeitweise noch immer Ansätze für Handlungswiederholungen. Sie können von der Patientin aber schneller abgebrochen werden und haben nach ihrer eigenen Einschätzung
insgesamt nur noch 20% des Ausmaßes wie zu Behandlungsbeginn. Gegenwärtig
ist die Modifikation des "gestörten Gegenteil-Denkens" Behandlungsschwerpunkt.
Ziel ist zunächst, die damit verbundene affektive Erregung zu neutralisieren. Dies
wird mit dem Selbstkommentar versucht: "Der erste Teil des Gedankens/der Erinnerung ist/war die Realität, der zweite Teil (etwas vielleicht doch nicht getan/
gehabt/gemacht zu haben) ist die Denkstörung. Damit war bisher eine gewisse
emotionale Entlastung zu erreichen, ohne daß bereits von einem stabilen Effekt
gesprochen werden könnte.

Perspektiven

Erst sehr allmählich findet eine Korrektur der Einschätzung statt, schizophren Erkrankte seien einer psychotherapeutischen Behandlung nicht zugänglich. Dieses
Umdenken findet aber vorwiegend für den stationären Bereich statt. Die ambulante

Nachbehandlung erfolgt noch immer fast ausschließlich durch niedergelassene Nervenärzte. Die Einbeziehung Klinischer Psychologen in die Regelversorgung dieser Gruppe von Patienten ist noch nicht etabliert, obwohl entsprechende empirische Belege für die Effektivität verhaltenstherapeutischer Behandlungsformen vorliegen (Grawe et al., 1994). Damit scheint die Situation im wesentlichen unverändert, daß durchaus vorhandene wirkungsvolle Einzelelemente eines vollständigen Therapieangebotes im Anschluß an die immer kürzer werdenden akuten Behandlungsphasen nicht in ausreichendem Maße aufeinander bezogen sind, obwohl diese Notwendigkeit unbestritten ist (Ciompi, 1986; Häfner, 1988).

Die Hoffnung, daß durch eine verbesserte Abrechnungsmöglichkeit das Interesse bei verhaltenstherapeutisch ausgebildeten Psychologen und Ärzten für die ambulante Behandlung schizophren Erkrankter zunimmt, trifft nur einen Aspekt. Ebenso wichtig ist es, daß die Behandler die Bereitschaft mitbringen, sich in die Besonderheiten im Erleben dieser Gruppe psychisch Kranker einzufühlen und einzuarbeiten. D.h. sie müssen Geduld haben und nicht abhängig sein von raschen und umfassenden Fortschritten. Es sind hohe Anforderungen an das Faktenwissen über die Erkrankung und den aktuellen Stand der Forschung zu stellen. Er oder sie muß die Bereitschaft mitbringen, den therapeutischen Prozeß aktiv zu gestalten, Perspektiven zu eröffnen und Anregungen zu geben, ohne Direktiven zu setzen und sein/ihr Wissen weitergeben. Eine wesentliche Therapeutenvariable sehen wir in der Ermutigung und Unterstützung eigener Pläne der Patienten.

Relevante Effizienzkriterien der ambulanten Behandlung sind nicht nur Rückfallverhütung oder Verhinderung von Rehospitalisierung, sondern auch eine Verbesserung der persönlichen Zufriedenheit und allgemeinen Lebensqualität der schizophren Erkrankten.

Literatur

Beck, A.; Rush, A.; Shaw, B. & Emery, G. (1981). Kognitive Therapie der Depression. München: Urban u. Schwarzenberg

Ciompi, L. (1986). Auf dem Weg zu einem kohärenten multidimensionalen Therapieverständnis der Schizophrenie: Konvergierende neue Konzepte. In: Böker, W. & Brenner, H.D. (Hrsg). Bewältigung der Schizophrenie, S.47-61. Bern, Stuttgart: Huber

Grawe, K.; Donati, R. & Bernauer, F. (1994). Psychotherapie im Wandel. Von der Konfession zur Profession. Göttingen: Hogrefe

Grawe, K. (1995). Grundriß einer allgemeinen Psychotherapie. *Psychotherapeut*, 40, 130-145

Häfner H. (1988). Rehabilitation Schizophrener. *Zeitschrift für klinische Psychologie*, 17, 187-209

Hahlweg, K.; Dürr, H. & Müller, U. (1995). Familienbetreuung schizophrener Patienten. Ein verhaltenstherapeutischer Ansatz zur Rückfallprophylaxe. Weinheim: Beltz, Psychologie Verlags Union

Hemsley, D.R. (1994). Cognitive Disturbance as the Link between Schizophrenic Symptoms and their Biological Bases. *Neurol, Psychiat and Brain Research*, 2, 163-170

Kieserg, A. & Hornung, P. (1994). Psychoedukatives Training für schizophrene Patienten (PTS). Ein verhaltenstherapeutisches Behandlungsprogamm zur Rezidivprophylaxe. Materialie Nr. 27. Tübingen: dgvt - Verlag

Liberman, P.; Jacobs, E.; Boone, E.; Foy, W.; Donahoe, P.; Falloon, I.; Blackwell, G. & Wallace, J. (1986). Fertigkeitentraining zur Anpassung Schizophrener an die Gemeinschaft. In: Böker, W. &, Brenner, H.D. (Hrsg). Bewältigung der Schizophrenie, S.96-112. Bern: Huber

Meichenbaum, D. (1979). Kognitive Verhaltensmodifikation. Die Bedeutung des "inneren Dialogs" für menschliches Erleben und Verhalten. Der Umgang mit inneren Bildern und Vorstellungen im therapeutischen Prozeß. München: Urban & Schwarzenberg

Müller, P. (1991). Psychotherapie bei schizophrenen Psychosen - historische Entwicklung, Effizienz und gegenwärtig Anerkanntes. *Fortsch.Neurol.Psychiat*, 59, 277-285

Pitschel-Walz, G.; Boerner, J.; Engel, R.; Bäuml, J. & Kissling, W. (1995). Psychoedukation in der Schizophreniebehandlung. Ergebnisse der PIP-Studie. Poster auf dem 13. Symposium für Klinisch-Psychologische Forschung in Dresden

Roder, V.; Brenner, H.D.; Kienzle, N. & Hodel, B. (1988). Integriertes Psychologisches Therapieprogramm für schizophrene Patienten. München: Psychologie Verlags Union

Süllwold, L. (1995). Schizophrenie. 3. neub. Aufl. Stuttgart, Berlin: Kohlhammer

Süllwold, L. & Herrlich, J. (1990). Psychologische Behandlung schizophren Erkrankter. Stuttgart, Berlin: Kohlhammer

Süllwold, L.; Herrlich, J. & Volk, S. (1994). Zwangskrankheiten. Psychobiologie, Verhaltenstherapie, Pharmakotherapie. Stuttgart, Berlin: Kohlhammer

Süllwold, L. & Huber, G. (1986). Schizophrene Basisstörungen. Berlin, Heidelberg: Springer

Selbstmanagement-Therapie bei schizophren Erkrankten

Jochen Maurer & Gabriele Berten

In der stationären und teilstationären Versorgung psychotischer Patienten wurden in den letzten Jahren zunehmend standardisierte Therapieprogramme angewandt. Zu nennen wären an dieser Stelle z.B. das IPT (Roder et al. 1988) sowie die Programmodule von Liberman et al. (1988, dt. Brenner, 1990). Diese Therapieprogramme wurden mittlerweile gut evaluiert, sie haben sich im Kliniksetting durchaus bewährt.

Die Übertragung dieser Programme auf andere Versorgungsbereiche, nämlich den ambulanten und komplementären mit seinen unterschiedlichen Anbietern, z.B. ärztliche und psychologische Praxen, sozialpsychiatrische Dienste, psychosoziale Dienste, Betreutes Wohnen, Übergangswohnheim, gemeinde-psychiatrische Stadtteilinitiativen u.a. ist jedoch nicht ohne weiteres möglich. Dies gilt auch für die Durchführung von "abgespeckten" Programmen, z.B. einzelne Bausteine aus dem IPT.

Woran liegt das? Die Arbeitsgruppe um Brenner empfiehlt in den Kommentaren zum IPT (1988) in der Arbeit mit chronischen Patienten auf Grund der "mangelnden Motivation" zunächst eine Motivationsphase über eine Zweierbeziehung, d.h. eine klassische dyadische Therapieform, welche Wochen bis Monate dauern soll. Es soll an die meist spärlichen Interessen der Patienten angeknüpft und Kontakt und Vertrauen hergestellt werden, ohne daß die Autoren dieses Vorgehen methodisch näher spezifizieren.

Schwer chronifizierte schizophrene Patienten stellen jedoch besondere Anforderungen an Therapeuten: Durchhaltevermögen, Frustrationstoleranz hinsichtlich diverser zu erwartender Rückfälle sowie eine ständige intensive emotionale Zuwendung.

Zur Anwendung des IPTs bei ambulanten Patienten führen die Autoren an, daß von ambulanten Patienten in der Regel nur die Teilprogramme "soziale Fertigkeiten" und "interpersonelles Problemlösen" akzeptiert würden, da diese an den alltäglichen Lebensproblemen (Partnerprobleme, Arbeit, Wohnen...) ansetzen. Kennzeichnend für diese Unterprogramme ist die Tatsache, daß sie viel weniger strukturiert sind und mit weniger bzw. keinem standardisierten Material arbeiten. Dies ist ein deutlicher Unterschied zu den Programmteilen "kognitive Differenzierung", "soziale Wahrnehmung" und "verbale Kommunikation".

Die Durchführung der Therapieprogramme bzw. der Teilprogramme im ambulanten komplementären Bereich bereitet Schwierigkeiten. Die Akzeptanz dieser Therapieprogramme bei den Patienten ist nicht so hoch, wie von Therapeutenseite gewünscht. Da die Teilnahme an solchen Programmen immer auf dem Prinzip der Freiwilligkeit basiert, erschien es uns sehr sinnvoll, in einer komplementären psychiatrischen Einrichtung, die ca. 250 Plätze in verschiedenen dezentralen Wohnheimen zur Verfügung stellt, die Motiv- und Bedürfnisstruktur der Heimbewohner bezüglich therapeutischer Angebote zu erfragen. Wir erhofften uns von dieser Befragung auch Einsichten über die Durchführungsmöglichkeiten von standardisierten oder halbstandardisierten Therapieprogrammen.

Es wurden 40 Bewohner und Bewohnerinnen im Einzelkontakt hinsichtlich ihrer Einschätzung verschiedener Versorgungsangebote interviewt. Einen Schwerpunkt des Fragenkatalogs bildeten Items zu therapeutischen Angeboten des psychologischen Dienstes, in dem folgende Methoden zur Anwendung kommen: Verhaltenstherapie, Gesprächspsychotherapie, Psychodrama, Kunst- und Musiktherapie.

Die Antworten wurden auf einer 4stufigen (1-4) Antwortskala erfragt und nonparametrisch ausgewertet. Mittels einer Faktorenanalyse wurden schließlich die vier Faktoren mit den höchsten Ladungen bestimmt. Die einzelnen Items lassen sich mittels der jeweiligen Ladungshöhe entsprechend zuordnen. (Zum weiteren methodischen Vorgehen siehe Berten und Maurer, in Vorbereitung).

Durch Vergleich der Items mit den höchsten Ladungen auf den jeweiligen Faktoren ergab sich folgende inhaltliche Benennung:

Faktor 1: Beziehung ("Mir half die Vertraulichkeit der Gespräche")

Faktor 2: Beratung im Sinne der Schaffung einer positiven Lernatmosphäre ("Ich fand es hilfreich, daß mir neue Sichtweisen/Perspektiven aufgezeigt wurden")

Faktor 3: Erlernen neuer Fähigkeiten ("Ich habe gelernt, mich zu entspannen")

Faktor 4: Therapeutische Methode ("Mir haben Rollenspiele/Übungen geholfen")

Die Faktoren "Beziehung" und "Beratung" wurden signifikant höher skaliert als die Faktoren "Erlernen neuer Fähigkeiten" und "Methode". Zwischen "Beziehung" und "Beratung" sowie "Erlernen neuer Fähigkeiten" und "Methode" gab es keine signifikanten Unterschiede.

Intensive Bemühungen, schizophrenieerkrankte Heimbewohner zur Teilnahme am IPT zu bewegen, scheiterten. Die Heimbewohner bevorzugten Einzeltherapiekontakte. Nach den Gründen befragt, antworteten die meisten Bewohner mit Bemerkungen, die sich unter der Rubrik "Exklusivität" einordnen lassen können. Die Exklusivität in der Therapeut-Klient-Interaktion, die sich auch in dem höchsten Rating solcher Antworten, die auf dem Beziehungsfaktor liegen, zeigen, wird von Patienten offensichtlich als hilfreich erlebt. Woran dies genau liegt, bliebe zu klären. Eine Ursache hierfür mag jedoch eine soziale Depraviertheit vieler psychotischer Patienten sein.

Fazit: Auch empirisch bewährte Therapieverfahren lassen sich bei entsprechendem "Widerstand" der Patienten nicht durchführen. Eine Strategie, die im Klinik- oder Tageskliniksetting durchaus funktionieren mag, nämlich daß von therapeutischer Seite aus Behandlung verschrieben und kontrolliert wird, muß auf der Basis der Freiwilligkeit scheitern. Patienten, die im Kliniksetting nicht aus eigenem Antrieb zum Therapieprogramm erscheinen, werden in der Regel vom Pflegepersonal zum Training "geholt". Eine Verweigerung der Teilnahme wird im stationären Setting als mangelnde Compliance interpretiert und kann ein Entlassungsgrund sein. Im komplementären und ambulanten Bereich sind analoge Sanktionen ausgeschlossen (siehe z.B. Heimgesetz).

Dies war für uns Anlaß, unsere eigene therapeutische Vorgehensweise einer kritischen Reflexion zu unterziehen.

Abbildung 1: Umfassendes Selbstregulationsmodell nach Kanfer (1987)

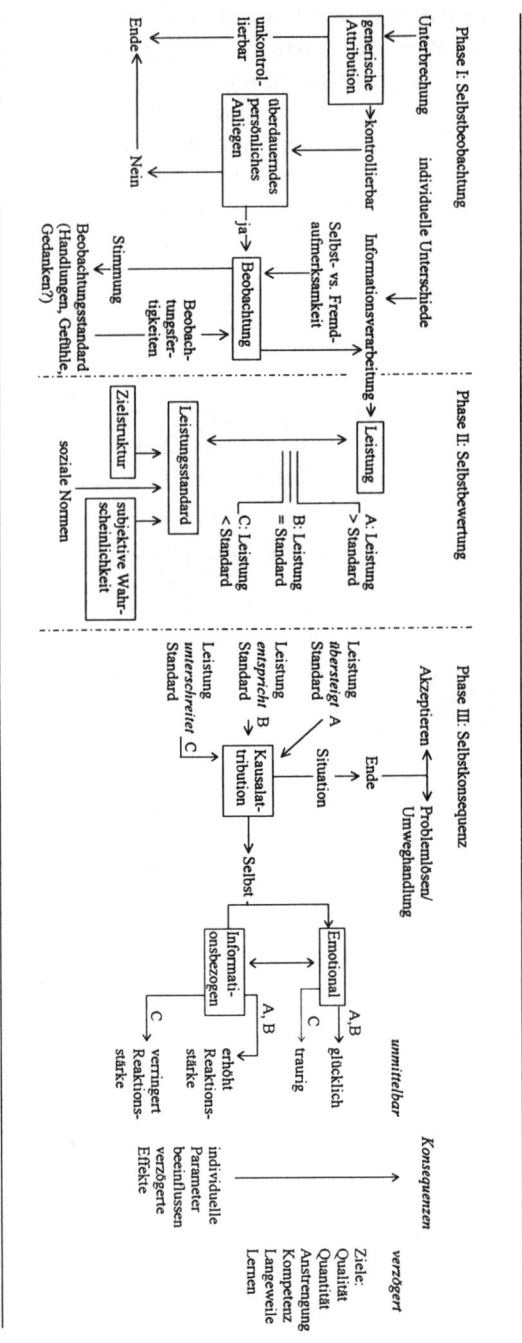

Kanfer (1987) schlägt in seinem Selbstregulationsmodell folgende Vorgehensweise vor: Bei (auch diffuser) Wahrnehmung einer Regulations- und Funktionsstörung sollten folgende Schritte durchlaufen werden: *Selbstbeobachtung - Selbstbewertung - Selbstkonsequenzen*. Wir haben uns bemüht, dieses Modell auf unsere eigene "Problemsituation" anzuwenden, nämlich den Versuch, bewährte Therapieprogramme psychotischen Patienten in einer komplementären Einrichtung anzubieten.

• *Phase 1*: Selbstbeobachtung: Als Problem kann bezeichnet werden, daß von therapeutischer Seite aus ein Therapieprogramm vorgeschlagen wird, daß trotz multipler Werbeaktionen von den Patienten nicht angenommen wird.

• *Phase 2*: Selbstbewertung: Zur Selbstbewertung gehört die Bezeichung als Problem, auf therapeutischer Seite sind Verunsicherung, ja Ärger zu erkennen. Fragen nach möglichen Ursachen dieser deutlichen Ablehnung durch Patienten schließen sich an: Haben wir schlecht motiviert? Waren wir zu direktiv oder nicht direktiv genug? Wurde die Durchführung des Programms von anderen Mitarbeitern boykottiert? War das Angebot für Patienten nicht attraktiv genug?

• *Phase 3*: Selbstkonsequenzen: Je nach Bewertungsergebnissen hinsichtlich der Fragen aus Phase 2 ergeben sich unterschiedliche Selbstkonsequenzen: Adäquate Werbungsmaßnahmen, bessere Einbeziehung anderer Mitarbeiter, Modifikation bzw. Streichen bestimmter therapeutischer Angebote.

Ergebnis dieses Selbstregulationsprozesses: Das IPT wurde als strukturiertes Gruppenangebot nicht durchgeführt, therapeutische Einzelangebote wurden forciert, Elemente des IPTs konnten in den Einzelkontakten modifiziert angewandt werden.

Nach erfolgreicher Selbstregulation stellte sich die Frage: Funktioniert das, was bei Therapeuten funktioniert, auch bei Patienten. Ist eine Übertragung des Selbstmanagementansatzes auf Psychotiker möglich? Kanfer et al. (1991) unterscheiden in ihrem Ansatz der Selbstmanagementtherapie zwischen Therapie im engeren Sinne und lebenslanger Betreuung im Sinne von Sozialarbeit. Diese beiden Ansätze werden nicht qualitativ bewertet, sondern lediglich voneinander abgegrenzt.

Nun zeigt die klinische Praxis, daß es chronisch psychisch Kranke gibt, die einer fast lebenslangen Betreuung bedürfen. Für einen Teil psychotischer Patienten scheint es jedoch sehr lohnend, therapeutische Angebote im engeren Sinne zu machen und diese als Hilfe zur Selbsthilfe zu verstehen. Daß diese Angebote ggf. einen längeren Zeitraum in Anspruch nehmen als bei neurotisch Erkrankten, dürfte nicht verwundern.

Ein wesentliches Argument, das für die Anwendung des Selbstmanagementansatzes auf Psychotiker spricht, ist die Tatsache, daß psychotisch Kranke sich bereits selbst managen.

Tabelle 1: Selbstheilungsversuche Schizophrener, Beispiele für Strategien

1. Progressive Strategien - *Training gesunder Funktionen*
   • Konzentrationsübungen
   • Sport
   • Übertönen der Halluzinationen
   • Umdeutungen
   • Flucht (z.B. durch Wohnungswechsel)
   • Kontaktsuche (z.B. Aufgeben einer Heiratsanzeige)
   • Selbstinstruktion
   • Kontaktaufnahme mit wichtigen Personen

2. Regressive Strategien
- Ins Bett legen
- Entwicklung von Stereotypien und Ritualen
- Zwangshandlung und Zwangsdenken
- Vermeiden von sozialen Kontakten
- Medikamenten- und Alkoholgebrauch
- Vermeidung von Belastungen
- doppelte Buchführung

Tab. 1 zeigt eine Einteilung der Selbstheilungsversuche schizophrener Patienten, wie sie von Lang (1981) und Böker und Brenner (1983) vorgeschlagen wird. Es sind andere Gruppierungen der verschiedenen Strategien denkbar, jedoch zeigt sich anhand dieser Aufstellung eindeutig, daß viele Patienten durchaus versuchen, ihre Krankheit durch verschiedene Strategien in den Griff zu bekommen. Dies beleben auch Befunde aus der neueren Copingforschung (zusammenfassend etwa Saupe et al., 1991). Ein Selbstmanagementansatz sollte die bereits vorhandenen Strategien aufgreifen, ernst nehmen und optimieren.

Wie könnte ein solcher Selbstmanagementansatz für Psychotiker konkret aussehen? Kanfer et al. (1991) schlagen generell ein 7phasiges Vorgehen vor:

Abbildung 2: 7-Phasen-Modell

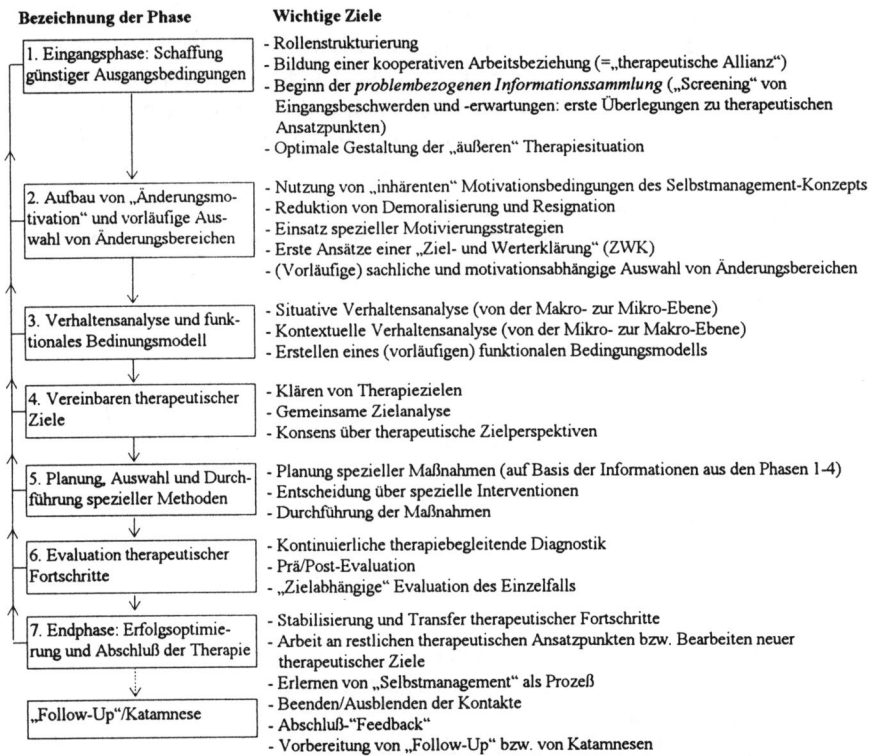

Im folgenden soll versucht werden, Anwendungshinweise für das 7- Phasen-Modell im Umgang mit psychotischen Patienten zu geben. Die Vorschläge nähren sich aus der klinischen Praxis, haben jedoch vorläufig heuristischen Charakter.

Spezifische Anwendungsgebiete für das 7-Phasen-Modell im Umgang mit psychotischen Patienten

Zu Phase 1 - Eingangsphase: Schaffung günstiger Ausgangsbedingungen

Bei der Schaffung einer therapeutischen Allianz ist zu bedenken, daß die (Erst-) Kontaktsituation nicht selbst bestimmt ist. Oft sind juristische Betreuer, Angehörige oder Klinikmitarbeiter die Initiatoren. In der Therapie mit Neurotikern wäre dieser Umstand fast ein Ausschlußkriterium.

Bei der Sammlung von Eingangsbeschwerden ist zu bedenken, daß im Mittelpunkt des Erlebens der Psychotiker nicht unbedingt die psychotischen Symptome stehen. Oft sind Alltagsprobleme (Wohnen, Arbeit, Partnerschaft etc.) viel bedeutsamer.

Bei der Gestaltung der äußeren Therapiesituation hat sich die Nutzung von Alltagssituationen sehr bewährt. So gelingen therapeutische Gespräche während Spaziergängen, in Cafés und während Autofahrten oft besser als in der klassischen "Konfrontationssitzposition" in einer psychotherapeutischen oder nervenärztlichen Praxis. Beachtet werden müssen also nicht nur Fragen der Geh- und Kommstruktur, sondern insbesondere Aspekte interpersonaler Kommunikation: Ein Nebeneinander ohne Blickkontakt (Autotherapie, Sitzanordnung in Winkelposition) hat sich als sehr hilfreich erwiesen (vergleiche hierzu auch Mosher und Burti, 1992).

Zu Phase 2 - Aufbau von "Änderungsmotivation" und vorläufige Auswahl von Änderungsbereichen

Zu den inhärent motivationalen Bedingungen zählen die Selbstbeteiligung der Patienten, eine Atmosphäre von Würde und Respekt und, soweit möglich, das Motto "verhandeln statt behandeln". Als ganz besonders wesentlich hat sich die Reduktion von Demoralisierung erwiesen. In verschiedenen Untersuchungen, z.B. Süllwold (1986) ergab sich die Induktion von positiven Erwartungen z.B. hinsichtlich Arbeit und Wohnen als ein eigenständiger, den Krankheitsverlauf förderlich beeinflussender Faktor.

Zu Phase 3 - Verhaltensanalyse und funktionales Bedingungsmodell

Bei der Erstellung funktionaler Bedingungsmodelle (Verhaltensanalyse, Problemanalyse) muß beachtet werden, daß diese sowohl für typisch psychotische Beschwerden wie auch sonstiger Lebensschwierigkeiten erstellt werden können oder sollen. Beachtenswert: Psychotische Symptome, wie z.B. Halluzinationen, werden vom Betroffenen selbst nicht nur negativ erlebt, sie bedeuten manchmal ein positives Erlebnis (C+) oder den Abbau einer vorausgehenden negativeren Erlebnisform (C-), wie z.B. unspezifische Unruhezustände, Einsamkeit, Resignation oder anderes. Zu bedenken ist auch, daß psychotische Symptome operant aufrechterhalten werden können, wenn sie als Surrogat für defiziente Fähigkeiten, z.B. Aggressionshemmungen, eingesetzt werden.

Zu Phase 4 - Vereinbaren therapeutischer Ziele

Zielvereinbarungen sollten möglichst praxisnah sein und in absehbarer Zeit Erfolge möglich machen. Auch im klassischen Sinne ungewöhnliche Ziele, auch im Sinne von Teilschritten, sind hier bedeutsam. Als mögliche Ziele wären zu nennen: Befähigung zum Benutzen öffentlicher Verkehrsmittel, Verbesserung der Sozialkontakte, Verlängerung der Aufmerksamkeitsspanne, Angstreduktion in verschiedenen Lebensbereichen u.a.

Zu Phase 5 - Planung, Auswahl und Durchführung spezieller Methoden

Kanfer et al. (1991) geben eine Aufstellung prinzipieller Selbstmanagement-Bausteine und -Fertigkeiten

Tabelle 2: Allgemeine Selbstmanagement-Bausteine und -Fertigkeiten

---

- Vermittlung von Selbstregulationsfähigkeiten
- Veränderung der Umgebung
- Therapeutische Aufgaben und "Hausaufgaben"
- Rollenspiel
- Kontrakte schließen
- Umgang mit unerwarteten Situationen
- Entspannungsübungen/körperliche Fitness
- Entwicklung von Genußfähigkeit

In der Auflistung von Kanfer et al. (Tabelle 2) finden sich tradierte verhaltenstherapeutische Techniken wie auch Vorschläge, die den herkömmlichen Rahmen überschreiten. Als Beispiele seien hier die Unterpunkte "körperliche Fitness" und "Entwicklung von Genußfähigkeit" genannt. Dies ist insofern von Bedeutung, als sich nach einer Untersuchung von Böker (1986) zur Copingforschung herausgestellt hat, daß psychisch kranke Menschen signifikant im Unterschied zu einer gesunden Kontrollgruppe lediglich problembezogenes Bewältigungsverhalten zeigen, wohingegen die gesunden Probanden unspezifisches Copingverhalten gezeigt haben. Diese Untersuchung weist darauf hin, daß es ein offensichtliches Defizit bei psychotischen Patienten gibt, sich problemspezifisch um ihr Gesundheitsverhalten zu kümmern, also z.B. Genußfähigkeit zu fördern, für allgemeine körperliche Fitness zu sorgen oder die eigene Lebensqualität zu verbessern. Solchen Ansätzen kommen jedoch auch vor dem Hintergrund der Gesundheitspsychologie (Antonovsky, 1979) zunehmend größere Bedeutung zu. Eine wichtige therapeutische Aufgabe im Umgang mit Psychotikern ist es daher, solche aktuellen empirischen Befunde stärker in die Therapie einzubeziehen.

Zu Phase 6 - Evaluation therapeutischer Fortschritte

Neben klassischer Validierung von Therapieverläufen können bei der Evaluation der Therapieerfolge insbesondere Verfahren eingesetzt werden, die die psychotischen Symptome erfassen. Neben bereits bewährten Verfahren, wie z.B. die Symptomlisten aus dem Liberman-Programm (1988), bieten sich auch Verbesserungen an, wie sie z.Zt. im deutschsprachigen Raum erprobt werden (Behrendt, 1994).

Neben der Erfassung von Symptomen scheint es jedoch auch wichtig zu sein, externe Validierungen vorzunehmen. Aspekte solcher externer Validierungen sind z.B. Art und Höhe des Alkoholkonsums, Medikamentencompliance/Dosierung der Medikamente, Klinikaufenthalte u.a.

Zu Phase 7 - Endphase: Erfolgsoptimierung und Abschluß der Therapie

Bei der Vermittlung des Selbstmanagements als Prozeß ist im Umgang mit Psychotikern insbesondere darauf zu achten, daß es vermutlich zu Mehrfachschleifen kommt. Das 7-Phasen-Modell ist als ein Idealmodell zu verstehen, das in sich vorsieht, an bestimmten Punkten der Therapie zu einer vorherigen Stufe zurückzukehren. Dies wird bei Psychotikern eher die Regel als die Ausnahme sein.

Abschließend sollen noch einmal einige praktische Empfehlungen für den Umgang mit dem 7-Phasen-Modell gegeben werden.

Tabelle 3: 9-Punkte-Programm

1. Zunächst kommt es darauf an, daß eine tragfähige persönliche Beziehung zwischen Therapeut und Klient geschaffen wird, auf deren Basis auch minimale Veränderungen bis hin zu Konfrontationen größeren Ausmaßes möglich sind.

2. Parallel zu 1) versucht der Therapeut, ein hinreichendes Verständnis davon zu erreichen, wie ein Klient sein Problem definiert sowie welche "Lösungen" er aufgrund seines Problemrahmens versucht bzw. unterlassen hat. Besonders bedeutsam sind in diesem Zusammenhang die sogenannten "health beliefs".

3. Der Therapeut nutzt gezielt die persönliche Interaktion als Gelegenheit zur Begegnung des Klienten mit einer zweiten Art von "Wirklichkeit". Dies kann im Einzelfall zwischen den Extremen "minimale Perspektivenänderung" bis "extreme Konfrontation" variieren, wobei ersteres eher bei brüchiger, letzteres bei gefestigter Therapeut-Klient-Beziehung möglich ist.

4. Kleine Änderungsschritte (kognitiv, emotional, verhaltensmäßig) können dem Klienten bereits frühzeitig zum Entdecken neuer Facetten, berücksichtigter Faktoren, andersartiger Möglichkeiten und Erfahrungen verhelfen und dazu beitragen, daß "Scheuklappen" abgelegt bzw. "Sackgassen" verlassen werden.

5. Mittels Beobachtung und Selbstbeobachtung, therapeutischer (Haus-)Aufgaben, gezielter Aufmerksamkeitslenkung während des Interviews bzw. während Rollenspielen etc. kann statt bisher automatisierter eine *kontrollierte* Art von Informationsverarbeitung mit dem Resultat neuer/anderer Lösungsmöglichkeiten bewerkstelligt werden.

6. Der Therapeut unterstützt den Klienten dabei, *generell* ineffektive eigene Lösungsmuster (z.B. "Auf-die-lange-Bank-schieben") ebenso zu erkennen wie "Tatsachen", "Utopien" oder die selbstgesetzte Blockade potentieller Lösungswege ("Alles-nur-das-nicht...!).

7. Der Bezugsrahmen des Klienten kann während der Interaktion auch durch "Sokratischen Dialog" oder durch Disputation von Annahmen verändert werden.

8. Auch ein erlebnisorientierter Zugang kann für manche (z.B. übertrieben "kopflastige" Klienten eine veränderte Problemperspektive schaffen. Hierbei kommt es u.E. vor allem auf das grundsätzliche Prinzip an, eine andere als die gewohnheitsmäßig bevorzugte Art des Umgangs mit Problemen zu forcieren (z.B. nonverbales Erleben statt verbal-kognitives Diskutieren etc.).

9. Schließlich können andersartige Problemperspektiven bzw. -lösungen auch auf eher indirekt-verdeckte Art zustandekommen, d.h. mittels "paradoxer Interventioen", "Reframing", "kognitiven Umstrukturierens" oder gezielter Nutzung "rechtshemisphärischer Kommunikationsformen" wie z.B. Metaphern oder Bilder.

In Tabelle 3 finden sich einige praktische Tips, die die Anwendung des Selbstmanagementansatzes im Umgang mit Psychotikern erleichtern können. Es zeigt sich hier insbesondere, daß nicht nur lerntheoretisch fundierte Vorgehensweisen als sinnvoll eingeschätzt werden, sondern auch Verfahren, die im Sinne einer allgemeinen Psychotherapie (Grawe, 1994) zunehmend gefordert werden. Als beachtenswert tauchen hier unter dem Punkt 9 auch Verfahren auf, die insbesondere rechtshemisphärische Kommunikationsformen nutzt. Gemeint sind hier hypnotherapeutische Techniken, die in der Anwendung bei Psychotikern kontrovers diskutiert werden. Die Autoren möchten jedoch an dieser Stelle zum wohlüberlegten Einsatz indizierter hypnotherapeutischer Techniken ermutigen (siehe auch Maurer, 1992).

Die Autoren sehen in der dargestellten modifizierten und adaptierten Anwendung der Selbstmanagementtherapie der Schizophrenie einen durchaus hoffnungsvollen Ansatz für die künftige Behandlung psychotisch Erkrankter. Dabei scheint besonders wichtig zu sein, daß dieser Ansatz mit anderen aktuellen Entwicklungen vereinbar ist. Zu nennen wäre hier unter anderem die Gründung des Bundesverbandes der Psychiatrieerfahrenen, der neue Wege in der Psychose-Behandlung unter einer Regie der betroffenen Menschen selbst einfordert

Zur Erreichung dieses Ziels ist ein Paradigmenwechsel von fremdbestimmter zu selbstbestimmter Behandlung unabdingbar. Sicherlich ist zu berücksichtigen, daß der Paradigmenwechsel sich nicht nur langsam in den Köpfen der Betroffenen vollziehen kann; die Behandlungsvorgeschichte ist in der Regel gleichbedeutend mit einer langjährigen vom medizinischen Denken dominierten Sozialisation.

Literatur

Antonovsky, A. (1979). Health, Stress and Coping. San Francisco: Jossey-Bass

Behrendt, B.(in Vorb). Das Symptommanagementmodul als Standardbehandlung in einem tagesklinischen Setting. Tübingen: dgvt-Verlag

Berten, G & Maurer, J. (in Vorb.). Wirkfaktoren der Psychotherapie in der komplementären psychiatrischen Versorgung

Böker, W. & Brenner, H.D. (1993). Selbstheilungsversuche Schizophrener. *Der Nervenarzt*, 54, 578-589

Grawe,K.; Donati, R. & Bernauer, F. (1994). Psychotherapie im Wandel von der Konfession zur Profession. Göttingen: Hogrefe

Kanfer, F.H. (1987). Selbstregulation und Verhalten. In: Heckhausen, H.; Gollwitzer, P.M. & Weinert, F.E. (Hrsg.). Jenseits des Rubikon: Der Wille in den Humanwissenschaften, 286 - 299. Berlin: Springer

Kanfer, F.H.; Reinecker, H. & Schmelzer, D. (1991). Selbstmanagementtherapie. Berlin: Springer

Lang, H.U. (1981). Anpassungsstrategien, Bewältigungsreaktionen und Selbstheilungsversuche bei Schizophrenen. *Fortschr. Neurol. Psychiatr.*, 49, 245-285

Libermann, R.P.; Mueser, K.T.; Wallace, C.J. et al. (1990). Training Skills in the Psychiatrically Disabled: Learning Coping and Competence. In: Straube, E.R. & Hahlweg, K. (Hrsg.). Schizophrenia, Concepts, Vulnerability and Intervention, 193-216. Berlin: Springer

Maurer, J. (1992). Die Anwendung hypnotherapeutischer Techniken bei schizophrenen Psychosen. *Experimentelle und klinische Hypnose*, VII, 1, 11-21

Mosher, L.R. & Burti, L. (1992). Psychiatrie in der Gemeinde. Grundlagen und Praxis. Bonn: Psychiatrie-Verlag

Roder, V.; Brenner, H.D.; Kienzle, N. & Hodel, B. (1988). Integriertes psychologisches Therapieprogramm für schizophrene Patienten (IPT). Weinheim: Psychologie-Verlags-Union

Saupe, R.; Englert, J.S.; Gebhardt, R. & Stieglitz, R.D. (1991). Schizophrenie und Coping: Bisherige Befunde und verhaltenstherapeutische Überlegungen. *Verhaltenstherapie*, 1, 130-138

Süllwold, L. & Huber, G. (1986). Schizophrene Basisstörungen. 1986. Berlin: Springer

Kognitive Strategien zur Krankheitsbewältigung bei psychisch kranken Menschen

Gesundheitsunterricht im Patientenclub

Ulrike Nagel-Schmitt

Seit Mai 1991 gibt es in der Psychiatrischen Klinik in Karlsruhe den sog. "Freitags-Club". Die Idee zu diesem informationszentrierten Patientenclub kam aus Cambridge - die Klinikdirektorin Frau Dr. M. Rave-Schwank hatte einen ähnlich strukturierten Patientenclub dort kennengelernt. Zunächst existierte der Club als Modellprojekt im Rahmen einer AB-Maßnahme. Nach der positiven Annahme durch die Patienten und der Etablierung nach zwei Jahren wurde der Club zum festen Programmpunkt der Klinik; er hat sich bisher bestens bewährt und auch über die Klinik hinaus gute Resonanz gefunden.

Das Konzept

Das Konzept dieses Clubs wurzelt zum einen in sozialpsychiatrischen Forschungsergebnissen und Überlegungen, zum anderen in Erkenntnissen der Lerntheorie und Untersuchungen zur Verbesserung der Compliance und - nicht zuletzt - auf Ergebnissen der Selbsthilfebewegung.

Abgrenzungen:

a. Patientenclubs

Abzugrenzen ist dieser FREITAGS-CLUB von sog. Gemeindeclubs für psychisch kranke Menschen - auch Patientenclubs genannt - wie sie seit Ende der sechziger Jahre als außerstationäre Treffpunkte aus der Unzufriedenheit mit der psychosozialen Versorgungsstruktur entstanden, von psychosozialen Hilfsvereinen entdeckt als methodische Instrumente zur Re-Integration psychisch Kranker in die Gemeinde. Diese Clubs sind in den meisten Fällen Freizeitclubs, die sich zum Ziel gesetzt

haben, chronisch psychisch Kranken eine Anlaufstelle zu sein und Hilfe bei der
Tagesstrukturierung und Freizeitgestaltung anzubieten - ähnlich den Tagesstätten
für ältere Menschen. Der Patientenclub hat keine explizit therapeutische Funktion
(vgl. Dörner, 1979), sondern die eher präventive Funktion der Herstellung von Beziehungen. Nach den Vorstellungen der Psychiatrie-Enquête von 1975 sollten sie
primär Patienten in ambulater Behandlung offenstehen, die sonst keine oder nur
unzureichende Kontakte finden (Psychiatrie-Enquête, 1975, S.227). "In den Empfehlungen der Expertenkommission der Bundesregierung" kommt diesem Einrich-
tungstyp als "Einrichtung mit Kontaktstellenfunktion und Tagesstätte" vor allem
tagesstrukturierende Funktion zu (vgl. Empfehlungen S. 237ff).

Ähnlich sieht der Psychiatrie-Plan von Baden-Württemberg (1974, S.22f) die
Funktionen und Aufgaben der Clubs in der "Weiterentwicklung der Psychiatrischen Grundversorgung" konkret "als ergänzende Einrichtung im Versorgungsgebiet". Diesen ergänzenden Einrichtungen wird dort eine hohe Funktion zugeschrie-
ben, da sie in erheblichem Umfang

• die stationären Einrichtungen entlasten und

• eine frühzeitige Entlassung aus der Klinik möglich - oder gar eine stationäre Behandlung überflüssig machen sollten.

Eine Abgrenzung von diesen Gemeindeclubs beinhaltet allerdings nicht, daß der
FREITAGS-CLUB diese Ziele nicht auch als wichtig erachtet und verfolgt, sondern
eher, daß der Ansatzpunkt und die Struktur anders gelagert sind.

b. Psychose-Seminare

Der FREITAGS-CLUB ist auch abzugrenzen von den "Psychose-Seminaren", wie es
sie seit Ende der achtziger Jahre an verschiedenen Universitätskliniken, z.B. am
Universitätskrankenhaus Hamburg-Eppendorf, gibt. Diese "Psychose-Seminare"
setzen zwar auch den Schwerpunkt auf kognitive Strategien, wie z.B. Informationsvermittlung und Diskussion, unterscheiden sich aber im Hinblick auf die Zielgruppe, Rahmenbedingungen und Themen.

Psychose-Seminare sind zeitlich begrenzt; z.B. ein Semester, 5, 10 oder 20 Sitzungen. Die Teilnehmer setzen sich meist zusammen aus Betroffenen/Psychiatrie-
Erfahrenen, Angehörigen und Professionellen bzw. Studenten (vgl. Bock et al.,
1992). Dieser Personenkreis trifft sich über einen vorher bestimmten Zeitraum, um
über "das Thema PSYCHOSE" Informationen zu geben, Erfahrungen auszutau-
schen und zu diskutieren.

Neben allen strukturellen Unterschieden liegt auch beim FREITAGS-CLUB ein
Schwerpunkt auf dem Thema: Schizophrenie, u.a. auch deshalb, weil diese Patientengruppe am stärksten vertreten ist. (s.u.)

Charakteristik des Angebots

Zum Verständnis des Konzeptes "FREITAGS-CLUB" ist wichtig, daß sich die Klinik
im Zentrum der Stadt Karlsruhe befindet, der Club "in" der Klinik stattfindet und
zeitlich koordiniert ist mit den Sprechzeiten der Klinik-Ambulanz. Der Club ist
also gut erreichbar. An jedem Freitag wird ein in sich abgeschlossenes Thema

behandelt. Die Teilnahme ist freiwillig, unverbindlich und kostenlos; es handelt sich um ein sog. **niedrigschwelliges Angebot**. Der Name "FREITAGS-CLUB" erschließt sich eher in Anlehnung an die Konnotation des anglo-amerikanischen Begriffes des "Club".

Zielgruppe

Die anvisierte Zielgruppe dieses Gesundheitsunterrichts sind:
* Menschen mit schwerwiegenden seelischen Störungen, insbesondere aus dem schizophrenen Formenkreis,
* Menschen die chronisch krank sind, die daher häufiger in der Klinik sind und/ oder dauernd in Abhängigkeit von sozialpsychiatrischen Diensten in der Gemeinde leben
* und Menschen, die in therapeutischen Einrichtungen oder in Wohngemeinschaften kurz- oder längerfristig wohnen.

Struktur und Rahmenbedingungen

Der "Club" findet einmal wöchentlich jeweils Freitags von 16.00 bis 17.00 Uhr im Casino der psychiatrischen Klinik statt. (Rave-Schwank, 1993)
Die Veranstaltung setzt sich aus drei Elementen zusammen:
A."Joining"
B. Informationsteil und
C. Offenes Beisammensein

A. "Joining":

bezeichnet die Begrüßungsphase durch die Clubleiterin, die die "Clubmitglieder" kennt und mit Namen begrüßt bzw. die "neuen" Teilnehmer nach ihrem Namen befragt und danach, wie sie von dem Club erfahren haben. In dieser Phase begrüßen sich auch die regelmäßig anwesenden Clubteilnehmer - oder machen sich mit neuen Teilnehmern bekannt. Die Clubleitung hat also neben der individuellen Begrüßung die Aufgabe, Kontakt zu stiften bzw. die Kontaktaufnahme untereinander zu erleichtern. Die Teilnehmer setzen sich dann an Tische für 4-8 Personen; es gibt kostenlos warme und kalte Getränke und Gebäck. Der Raum ist hell und freundlich - die Atmosphäre entspannt und gesellig.

B. Informations-Teil:

1. Die Struktur und Methode des Informationsteils.

Der Informationsteil nimmt zeitlich den größten Raum des Clubs ein, ca. eine 3/4 Stunde, und ist wiederum in 3 Teile gegliedert. Zunächst wird ein Kurzreferat von ca. 15 - 20 Min. über ein krankheitsrelevantes Thema gehalten. Dann haben die

Zuhörer die Möglichkeit, Fragen dazu zu stellen - und schließlich wird noch über das Thema diskutiert; insbesondere wird dabei den Krankheits-Betroffenen die Möglichkeit gegeben, eigene Erfahrungen zum Thema einzubringen und eventuell vorhandene kontroverse Meinungen anzusprechen.

2. Die Themen

Die Themen werden von den Teilnehmern selbst vorgeschlagen. Es handelt sich dabei oft um Themen aus der psychiatrischen Krankheitslehre; z.B. Symptome, Erscheinungsformen, Ursachen, und Verlauf bestimmter Krankheitsbilder; insbesondere der Schizophrenie. Themenbeispiele:
"Was ist eine Psychose?"
"Was sind die Ursachen der Schizophrenie?"
"Was passiert bei einem schizophrenen Zusammenbruch? Symptome der Schizophrenie"
"Wie äußern sich Depressionen?"
"Was versteht man unter einer Zyklothymie?"

Bei der Erörterung dieser Themen geht es nicht nur um bestimmte Symptomkomplexe, sondern auch - allerdings in gesonderten Vorträgen - um Behandlungsmöglichkeiten und Prognosen. Es werden sowohl die medikamentöse Behandlung dargestellt als auch psycho- und soziotherapeutische Behandlungsansätze. Insbesondere werden nicht nur Begriffe erklärt, sondern auch bestimmte Methoden transparent gemacht und in allgemein-verständlicher Form der Wirkmechanismus erklärt. Beispiele:
"Was bewirken Neuroleptika? Wirkungen und Nebenwirkungen von Antidepressiva."
"Was sind Psychopharmaka und machen sie süchtig?"
"Warum verhaltenstherapeutische Gruppen (z.B. IPT) für schizophrene Patienten?"
"Wie wirkt die Psychoanalyse?"
"Für wen ist eine Angstbewältigungsgruppe geeignet?"
"Warum Ergotherapie bei psychischen Erkrankungen?"
"Wie sieht der langfristige Verlauf einer Schizophrenie aus?"

Die Themen werden jeweils so aufbereitet, daß eigene Bewältigungsmöglichkeiten der Erkrankung deutlich werden; z.B.:
"Was kann ich selbst dazu beitragen, um einem Rückfall vorzubeugen?"
"Wie gehe ich mit Warnzeichen um?"
"Was sind depressionsfördernde Lebensumstände?"

Sie sollen insgesamt dazu geeignet sein, die Compliance zu verbessern; dies gelingt auch dadurch, daß tabuisierte Themen offen angesprochen werden und Fragen der Teilnehmer ernstgenommen werden (s.u.).
Daneben werden auch Themen behandelt, die sich mit den psycho-sozialen Folgeproblemen der Erkrankung befassen; z.B.:
"Wie bekomme ich einen Schwerbehindertenausweis?"
"Wie gehe ich mit Problemen am Arbeitsplatz um?"
"Sage ich meinen Arbeitskollegen, daß ich psychisch krank bin?"

"Vor- und Nachteile einer Frühberentung!"
"Wie kann man als psychisch kranker Mensch finanziell unabhängig leben?"
(etc.)
Wichtig sind auch Themen, die Möglichkeiten der Selbsthilfe aufzeigen; z.B.:
"Bedeutung von Streß für die Entstehung psychischer Erkrankungen"
"Entspannungsmöglichkeiten"
"Was kann ich bei Schlafproblemen tun?"
"Wann ist Angst nicht mehr normal?"
und Themen, die sich um sog. Alltagsprobleme drehen:
"Wie finde ich Kontakte"
"Freundschaften"
"Freizeitgestaltung"
"Ernährung - im Hinblick auf bestimmte Medikamente"
"Genuß und Genießen"
"Das Rauchen aufgeben?"
"Warum ist es für psychisch kranke Menschen wichtig, sich den Tag gut einzu-
teilen?"
"Wie kann ich meinen Tag besser strukturieren?"

3. Die Methode und die Information

Die Vorträge sind unterrichtsorientiert; es werden zur Verfügung stehende Medien
genützt (Overhead-Projektor, Video-Recorder, Hand-outs...), wichtige Punkte werden auf einer Tafel festgehalten, am Ende zusammengefaßt und wiederholt. Die
Vorträge sollen nicht länger als maximal 20 Minuten dauern und in einer klaren,
verständlichen Sprache abgefaßt sein; wenn möglich, werden dennoch benutzte
Fachausdrücke erklärt. Die Information soll einfach strukturiert sein und nicht zuviele Aspekte umfassen. Die Teilnehmer sollen ermutigt werden, Fragen zu stellen,
zu diskutieren und Rückmeldung zu geben. Sehr wichtig ist uns dabei, daß auch
die Betroffenen genügend Raum bekommen, ihre eigenen Erfahrungen mit dem
Thema einzubringen.
    Es hat sich in diesem Zusammenhang als wichtig und nützlich erwiesen, mit
dem Referenten/in über die Relevanz des Themas, die zeitliche Struktur des Vortrages und die Gliederung des Themas (- nicht zuviele Gliederungspunkte!) eine
Vorbesprechung zu machen. Zu denken ist dabei insbesondere an vermutete Defizite in der Informationsverarbeitungskapazität schizophrener Patienten; eine zu
komplexe, zu vage und uneindeutige Information kann die Teilnehmer überstrapa-
zieren.

4. Die Referenten

Die Vorträge werden von MitarbeiterInnen der psychiatrischen Klinik (Ärzten,
Psychologen, Ergo- und Bewegungstherapeuten, Sozialarbeitern, Klinikpfarrer,
Pflegepersonen), Gästen (z.B. Sozialpsychiatrischer Dienst, Berufsbegleitender
Dienst, Patienten-Freizeit-Club, Interessenvertretungen Psychiatrie-Erfahrener)
oder Teilnehmern selbst gehalten.

5. Erweiterung des Informationsteils & Feedback

Im Verlaufe der über 4jährigen Etablierung des FREITAGS-CLUBS hat sich eine zwar nicht ursprünglich beabsichtigte - aber durchaus erwünschte Veränderung der Struktur i.S. einer Anpassung an die Bedürfnisse der Teilnehmer und i.S. einer "Emanzipation" ergeben.

Inzwischen gibt es Themen, die von den Teilnehmern eigenständig bearbeitet bzw. dargeboten werden; z.B.:

"Wie ich meine Psychose erlebte"

"Das Bild von psychisch kranken Menschen in der Öffentlichkeit; Wunsch und Realität"

"Wie sollten unsere Angehörigen mit uns umgehen"

"Was wünschen sich psychisch Kranke in der Gemeinde für das Jahr 2000?"

Dazu gehören auch Themen i.S. einer Nutzerbewertung:

"Was war gut bei meinem Klinikaufenthalt"

"Wie habe ich das Zusammenleben auf der Station empfunden, und was kann noch verbessert werden?"

Es gibt auch FREITAGS-CLUB-Treffen bei denen der Inhalt mehrerer Sitzungen zusammengefaßt wiederholt bzw. zunächst mittels eines dafür erstellten Fragebogens abgefragt wird, um eine Kontrolle darüber zu haben, wie verständlich die Vorträge waren und das Ausmaß der aufgenommenen Information zu erfassen. Es ist sehr ermutigend, zu sehen, mit wieviel Eifer und Motivation die Teilnehmer die Fragebögen beantworten und wie erfreulich die Ergebnisse dabei sind (s.u.).

C. Offenes Beisammensein

In diesem letzten Teil des CLUB-Treffens haben die Teilnehmer die Möglichkeit, bestehende Kontakte zu vertiefen oder neue Kontakte zu knüpfen und Verabredungen zum bevorstehenden Wochenende zu treffen. Von der Clubleiterin bzw. auch den Clubteilnehmern kommen Vorschläge für Veranstaltungen am Wochenende in Karlsruhe und Umgebung, die man gemeinsam besuchen könnte.

Am Ende der Veranstaltung werden die Teilnehmer herzlich eingeladen, am nächsten Freitag wieder den FREITAGS-CLUB zu besuchen und das nächste Thema sowie der Referent bzw. die Referentin werden bekanntgegeben.

Anzumerken ist noch, daß es ca. fünf CLUB-Treffen pro Jahr gibt, die nicht diese strenge Struktur aufweisen, bzw. bei denen es keinen Informationsteil oder Vortrag gibt und die "nur" geselligen Charakter haben. Auf Wunsch der Teilnehmer haben wir bisher zusammen Sommer- bzw. Herbstfeste gemacht, Weihnachten, Fasching und Ostern gefeiert oder zusammen Filme angesehen. Es entstand durchaus der Eindruck, daß dieses gemeinsame feiern auch die Gruppenkohäsion stärkt und die Kontakte verbessert.

Wie lernen die Teilnehmer den FREITAGS-CLUB kennen? In der Regel wird der erste Kontakt zum FREITAGS-CLUB während eines stationären Aufenthaltes aufgenommen; in Einzelfällen wurde im Bekanntenkreis über den Club gesprochen und man verabredet, "gemeinsam" zu kommen - oder einige Teilnehmer erfuhren von der Existenz dieses Clubs über einen Patienten-Freizeit-Club in Karlsruhe, die Lokalpresse oder am " Tag der offenen Tür" in der Psychiatrie.

Zielsetzungen

1. Nahziel: Rehabilitation

a. Aktivierung

Der allererste Schritt und vielleicht der schwierigste: die Teilnehmer müssen "kommen"; soweit es sich um z.Zt. stationäre Patienten handelt, werden sie auf ihrer Station auf den Club aufmerksam gemacht (z.B. in der Stationsversammlung) oder sie lesen den Aushang am schwarzen Brett. Es bedeutet für Patienten mit einer Antriebsschwäche (z.B. als Basisstörung einer Schizophrenie oder im Rahmen einer Depression) schon einen großen Erfolg, freiwillig an einer Veranstaltung außerhalb der Station teilzunehmen. Ähnlich verhält es sich z.B. auch bei Menschen mit einer ausgeprägten Angststörung; es erfordert sehr viel Überwindung, eine neue Umgebung aufzusuchen und sich eine Stunde lang in einer größeren Gruppe aufzuhalten.

Für ambulante Teilnehmer ist dies oftmals sicher noch schwieriger, da sie an diesem Tag vielleicht noch zu Hause im Bett liegen, es niemanden gibt, der sie "auffordert oder einlädt" und sie auch noch einen weiteren Weg haben. Das erste Ziel der Aktivierung ist eigentlich schon dann erreicht, wenn der Teilnehmer kommt und diese Stunde an der Veranstaltung teilnimmt. Bei stationären Patienten kann der Club auch durchaus als Übungsfeld für verhaltenstherapeutische In-vivo-Übungen betrachtet werden; z.B. am Club teilnehmen, eine Frage stellen, mit jemandem Kontakt aufnehmen oder eine Verabredung treffen.

b. Weckung von Interessen

Kann der Teilnehmer darüberhinaus auch noch kognitiv dem Vortrag folgen, kann er sich u.U. neue Bereiche der Krankheitsbewältigung erschließen, insbesondere durch einen bewußteren Umgang mit Symptomen und Warnzeichen - durch Erlernen von Selbsthilfestrategien wie z.B. Entspannungsmethoden, besseren Umgang mit Streß oder Anregungen für eine gesündere Lebensweise. Daneben erhält er durch das "Modell" anderer Betroffener Hinweise, wie man mit der Erkrankung noch umgehen kann, einfach, wie man seinen Tag besser einteilen kann oder welche Möglichkeiten der Freizeitgestaltung es gibt.

Im Gespräch kann er neue Interessengebiete kennenlernen - oder auch Anregungen für die Alltagsbewältigung, z.B. wie und wo man sich ein bißchen Geld dazuverdienen kann, wenn man frühberentet ist oder arbeitslos. Eine Teilnehmerin informiert z.B. immer über aktuelle Theateraufführungen und Konzerte und gibt Tips, wie man an günstige Karten kommt; einige Teilnehmer motivieren andere zu einer Teilnahme am Klinik-Tanzabend oder dazu, an der "Gymnastik mit Musik" teilzunehmen. Erfahrungsgemäß werden diese Tips eher angenommen, wenn sie von Mit-Betroffenen kommen als von sog. Professionellen, im Sinne der Lerntheorie ein Lernen am Modell.

Beispiele für Anregungen: Tagebuch oder Gedichte schreiben, um sich mit der Erkrankung auseinanderzusetzen; die eigene Krankheitsgeschichte aufschreiben und an eine Verlag weitergeben; einer Interessenvertretung für Psychiatrie-Erfahrene beitreten und eigene Wünsche in der Öffentlichkeit vertreten; mit anderen zusammen Sport treiben; mal wieder Musik machen oder ein Instrument neu erlernen; ein neues Hobby anfangen oder gemeinsam zum Gottesdienst gehen.

c. Verbesserung der Kontaktfähigkeit und der sozialen Kompetenz

Psychische Störung ist immer auch Störung der sozialen Bezüge - wenn man den Menschen dabei helfen kann, ihre Kontaktmöglichkeiten und -fähigkeiten zu verbessern, dann kann sie das auch recht wirkungsvoll vor einer Erkrankung schützen bzw. die Wahrscheinlichkeit eines Rückfalls senken. Dies belegen insbesondere Untersuchungen zur Bedeutung von Umweltfaktoren im Vulnerabilitäts-Streß-Modell der Schizophrenie (Ciompi, 1982) - auch im Genese-Modelle der Depression (Rabkin & Struening, 1976) und Netzwerk-Forschungen (Berkman & Syme, 1979) über den Zusammenhang von sozialer Integration und Erkrankungsrisiko.

Dabei kommen die Forschungen zu sozialen Netzwerken (Henderson et al., 1981) zu dem Ergebnis, daß tragfähige soziale Netzwerke ("Gute Freunde" - unterstützende Angehörige) im Stande sind, negativen Streß gar nicht enstehen zu lassen bzw. Unterstützungsdefizite an sich als Stressoren fungieren ("main-effect"-Hypothese) oder, daß soziale Unterstützung die negativen Auswirkungen von Streß auf die Gesundheit abzupuffern im Stande ist ("buffering"-Hypothese).

Inadäquate Kommunikationsmuster erschweren häufig bei psychisch kranken Menschen Copingbemühungen, wie z.B. Kontakte aufzubauen, Hilfe zu holen, Probleme zu lösen und erhöhen dadurch wiederum den "sozialen" Streß. Effektive Kommunikation ist die Grundlage für Kontaktaufnahme und Aufbau sozialer Beziehungen. Kommunikation beinhaltet die Fähigkeit, anderen Menschen aufmerksam zuzuhören, zu verstehen, was gesagt wird und adäquat darauf einzugehen bzw. nachzufragen. Alle diese Fähigkeiten sind bei den Vorträgen gefordert und können geübt bzw. gefördert werden.

Das Angebot an sozialer Unterstützung ist nicht (nur) externe Ressource, sondern auch abhängig von personalen Fähigkeiten; Unterstützung ist ein sozialer Interaktionsprozeß und jeder Interaktionsteilnehmer übt auf diesen Prozeß Einfluß aus.

In Bezug auf den FREITAGS-CLUB kann dies sein: zu neuen Menschen Kontakt aufnehmen, eine Verabredung zu gemeinsamen Aktivitäten am Wochenende vorschlagen - oder auch im Anschluß an den FREITAGS-CLUB. Stationäre Patienten verabreden sich am Sonntag oder Feiertag zu einem gemeinsamen Spaziergang, Kaffeebesuch oder Schachspiel. Dabei ist nicht so wichtig wie groß dieses Netzwerk ist oder wie eng, sondern die "wahrgenommene" Unterstützung - das Gefühl in einen Kreis aufgenommen zu sein. (D.h. Menschen, die ihre sozialen Beziehungen als mangelhaft erleben, weisen ein höheres Erkrankungsrisiko auf, unabhängig von der tatsächlich vorhandenen sozialen Integration.)

Diese ersten Kontaktaufnahmen werden durch verschiedene Rahmenbedingungen erleichtert: z.B. das Sitzen an Gruppentischen (manchmal findet auch Gruppenarbeit statt), durch das gegenseitige Bekanntmachen, durch die ungezwungene Atmosphäre, die Vorschläge für gemeinsame Unternehmungen und nicht zuletzt durch die Tatsache, daß die Teilnehmer wissen, daß sie im Club Gleichgesinnte bzw. Gleich-Betroffene kennenlernen können und dadurch die Hemmschwelle niedriger ist. Die Teilnehmer haben ein Übungsfeld, um ihre soziale Wahrnehmung anderer Personen zu verbessern und können lernen, richtig und angemessen zu reagieren.

d. Den Schock der Diagnose überwinden

Im gemeinsamen Erfahrungsaustausch fällt es leichter, das Tabu psychischer Erkrankungen zu brechen und darüber zu reden; z.B. über die Diagnose "Schizophrenie".

Patienten sprechen miteinander über ihre Erfahrungen mit der psychischen Erkrankung, und inwiefern psychiatrische Diagnosen noch immer als Stigma erlebt werden. Oft hilft schon das "öffentliche" Ansprechen (in diesem doch noch geschützten Rahmen). Wer selbst noch nicht den Mut hat, sich zu offenbaren oder sich selbst nicht traut, Fragen zu stellen, profitiert doch. Die Teilnehmer sprechen miteinander über die Therapie, Medikamente und Behandlungserfolge. Ganz wichtig: sie machen sich auch gegenseitig Mut.

Erlebte Unterstützung und Solidarität in einer geselligen und zwanglosen Atmosphäre kann den Aufbau von sozialen Beziehungen sehr erleichtern und hilft den Schock der Diagnose überwinden. Das eigene Schicksal erscheint nicht mehr so ausweglos und wird durch andere "Mit-Betroffene" relativiert (vgl. Selbsthilfebewegung).

Im FREITAGS-CLUB kann man einfach vorbeischauen, ohne Risiko und unverbindlich und sehen, ob man Bekannte trifft oder jemanden kennenlernen kann. Oft dient der CLUB bei ambulanten Teilnehmern einfach der Wochenstrukturierung und ist manchmal der einzige Fixpunkt der Woche (Beispiele: Hr. H.L., 35 J., Elektriker, der frühberentet ist und alleine lebt; Hr. U.S., 50 J., pensionierter Lehrer lebt auch alleine; Hr. K., 37 J., Kfz-Mechaniker frühberentet und lebt bei seiner Mutter; Fr. W., 63 J., Hausfrau, verwitwet; Fr. H., 34, J., frühberentet, lebt allein; Hr. S., 51 J., arbeitslos, verheiratet, aber sonst keine Kontakte...die Reihe derer, für die der Club ein ganz wichtiger Termin in der Woche ist und die sonst wenig Gelegenheit haben, sich anderen mitzuteilen - schon gar nicht, was ihre Erkrankung betrifft - ließe sich noch fortführen.).

2. Rückfallverhütung

Verschiedene neuere Untersuchungen (Bäuml et al. 1989) und praktische Erfahrungen zeigen, daß die Rückfallrate bei schizophrenen Patienten nach ihrer Entlassung aus der Klinik höher ist (nämlich ca.50-60%), als sie mit einer neuroleptischen Rezidivprophylaxe nachgewiesenermaßen sein könnte, nämlich nur bei 10-30%. Es wird angenommen, daß dies auch damit zusammenhängt, daß ein Teil der Patienten Neuroleptika mißtrauisch gegenübersteht und sie von vornherein ablehnt oder die Behandlung vorzeitig abbricht. Diese mangelhafte Behandlungscompliance beruht zu einem Großteil auf Informationsdefiziten und Vorurteilen über die Erkrankung und deren Behandlungsmöglichkeiten (Hogarty et al., 1986; Buchkremer & Fiedler, 1987).

a. Verbesserung der Compliance durch Information über die Erkrankung und deren Behandlung

Leider bestehen heute immer noch Wissensdefizite über psychischen Erkrankungen, insbesondere bei an Schizophrenie erkrankten Menschen. Zum Teil mag dies daran liegen, daß man lange Zeit dachte, wegen mangelnder Krankheitseinsicht sei diese Personengruppe Informationen nicht zugänglich - oder falsch verstandene Informationen könnten die Patienten noch mißtrauischer gegenüber der Behandlung werden lassen. Diese Bedenken haben sich, wie neuere Forschungsergebnisse und verschiedene praktische Erfahrungen (Klein et al., 1994; Bock, 1992) zeigten, als gegenstandslos erwiesen. Im Gegenteil: es hat sich bei ähnlichen Interventionen gezeigt, daß gerade offene, klare und allgemeinverständliche Information dazu geeignet ist, Mißtrauen abzubauen und Krankheitseinsicht zu fördern. Es sollte daher zum Standard der professionellen Behandlung gehören, den Patienten (und deren Angehörigen) den aktuellen Erkenntnisstand über die psychiatrische Erkrankung und den Umgang mit ihr zu vermitteln. Die offene Information ist nicht nur Voraussetzung für den Abbau von Mißtrauen, sondern auch Voraussetzung für eine förderliche und partnerschaftliche Zusammenarbeit bei der Behandlung zwischen "Erfahrenen" und Professionellen.

Ziel des FREITAGS-CLUBS ist es, dem Patienten klare, sachgemäße (eindeutige) Informationen über seine psychische Erkrankung zu geben, wissenschaftliche Ergebnisse (soweit es sie gibt) verständlich darzustellen, Zusammenhänge mit psychosozialen Risikofaktoren herzustellen, die Behandlung transparent zu machen und dadurch seine Krankheitseinsicht zu fördern und ihn zur Mitarbeit bei der Behandlung zu motivieren und aktivieren. Die Compliance oder Therapietreue ist eine Grundvoraussetzung für eine langfristig erfolgreiche Behandlung. Langzeitstudien (Müller, 1990) haben gezeigt, daß eine zuverlässige Neuroleptikaeinnahme wirkungsvoll einen Rückfall verhindern kann. Die Compliance betrifft aber nicht nur die medikamentöse Behandlung, sondern alle therapeutischen Maßnahmen.

b. Die Behandlung mitgestalten - nicht nur behandelt "werden"

Unser psychoedukativer Ansatz geht davon aus, daß Information die Einstellung des Patienten verändert und diese Einstellungsänderung auch eine Verhaltensänderung zur Folge hat.

Der Patient wird selbst zum Experten seiner Erkrankung. Dies hat verschiedene Vorteile, nicht nur, daß er - trotz vieler Gemeinsamkeiten mit anderen Patienten - selbst seine individuellen Warnsymptome und Befindlichkeiten am besten kennt und weiß, was er dem Arzt in Krisensituationen mitteilen muß, sondern auch, daß er dadurch seinerseits lernt, seinen Zustand/Krankheit eher zu akzeptieren. Das heißt, seine Krankheits- bzw. Behandlungseinsicht wird gefördert und er kann auch sein Selbstbild "retten". Der Betroffenen kann die Krankheit als Teil seiner persönlichen Biographie annehmen und lernen, damit zu leben.

c. Verbesserung der Selbstwahrnehmung der eigenen Vulnerabilität und ihren individuellen Auslösesituationen

Es ist für eine erfolgreiche Rückfallprophylaxe wichtig, daß der Patient eigene Risiken und Warnsymptome erkennen lernt und Bewältigungsstrategien entwickelt im Umgehen mit Warnsymptomen und Streß.

Was in vielen anderen Bereichen der Medizin, insbesondere bei chronischen Erkrankungen schon recht selbstverständlich ist, nämlich die Information des Kranken über seine Erkrankung als vorbeugende und den Krankheitsverlauf positiv beeinflussende Maßnahme in die Standardbehandlung miteinzubeziehen - also den Kranken aus seiner Krankenrolle in die Expertenrolle zu befördern, ist bei psychisch Kranken noch eher die Ausnahme. Dies ist aber eigentlich nicht einsichtig, denn psychisch Kranke können durchaus ihre Situation auch erkennen - und in die Therapie aktiv miteinbezogen werden (Thurm & Häfner, 1991). Der Patient sollte vor allen Dingen lernen, seine eigene Vulnerabilität einzuschätzen und ihn belastende Situationen rechtzeitig zu erkennen - und Gegen- oder Schutzmaßnahmen einleiten, z.B. Medikamentenerhöhung. Es muß deutlich gemacht werden, daß subjektiv belastende Situationen auch "schöne" Situationen sein können, wie z.B. "sich verlieben", "mit der Familie Urlaub machen", "ein Fest feiern" oder "eine Beförderung". Der Patient sollte auch durch Selbstbeobachtung seiner psychischen Reaktionen erkennen lernen, in welchen Situationen er sich wohlfühlt und bei welchen Tätigkeiten er entspannen kann.

Ziel ist die Entwicklung einer bewältigungsorientierten aktiven Grundhaltung. Viele Probleme die sich bei einer eher "autoritär" passiv ausgerichteten Therapie ergeben (z.B. mit Angehörigen, die den Patienten für "behandlungsuneinsichtig" halten) treten dann nicht auf, wenn der Patient selbst bei seiner Therapie mitbestimmt - und das kann er erst, wenn er über die notwendige Information verfügt.

3. Ressourcenorientierung

Durch die Herausnahme aus dem Stationsalltag - die Rollenänderung durch die Teilnahme an diesem "Club" (vgl. anglo-amerik. Konnotation) und die aktive Beteiligung z.B. bei Fragen und Diskussion und Erfahrungsberichten soll der Blickwinkel geändert werden, weg von den Defiziten auf die (noch) vorhandenen Fähigkeiten und Möglichkeiten des Patienten.

Verschüttete Ressourcen des psychisch Kranken sollen nicht ungenutzt bleiben (z.B. helfen die Teilnehmer bei den Vorbereitungen für den CLUB; gestalten das Programm selbst und übernehmen auch z.T. schon Vorträge).

"Kranke sind Menschen. Psychisch Kranke sind nie nur krank. Mag ihr Leiden noch so schwer sein, sie sind nie nur ausschließlich Objekt der Bemühungen Dritter, seien es Angehörige oder Therapeuten. Sie sind immer auch handelnde Personen; und als solche verdienen sie Respekt. In der Begegnung mit der Psychiatrie vermissen sie diesen allzuoft (Finzen, 1993)."

Ganz wichtig ist uns deshalb, neben allen kognitiven und psychoedukativen Elementen, im FREITAGS-CLUB vor allem eine wertschätzende und akzeptierende Atmosphäre zu schaffen. Diese eher affektive Komponente erleichtert nicht nur die

Motivation und das Lernen, sondern trägt auch bei zur Erhaltung der persönlichen und sozialen Identität des Kranken. Bei allen psychischen Erkrankungen hat sich gezeigt, daß das Selbstwertgefühl bei der Gesundung eine zentral wichtige Rolle spielt.

Erfahrungen und Ergebnisse

Evaluation

Entsprechend den Bedürfnissen der Clubleitung nach Rückmeldung wurden auch Sitzungen durchgeführt, bei denen mit Hilfe eines Fragebogens erhoben wurde, was von den gegebenen Informationen noch "hängengeblieben" war.

Die Ergebnisse waren dabei recht ermutigend. Insgesamt wurden drei verschiedene Fragebögen erarbeitet, die jeweils mehrere Clubsitzungen zusammenfaßten. Der erste Fragebogen umfaßte den Bereich der Psychosen, insbesondere der Schizophrenie, und erfragte Ursachen, Behandlungsmöglichkeiten, Prognose und auch das Vorhandensein gängiger Vorurteile. Dieser Fragebogen wurde bei mehrmaliger Durchführung (inzwischen 4x) mit durchschnittlich 75% richtig beantwortet. Der andere Fragebogen, der sich mit dem Bereich Depression befaßte, wurde bei zweimaliger Durchführung mit durchschnittlich 78% richtigen Antworten abgegeben. Auch der dritte Fragebogen mit dem Wissen zu Schlafstörungen... wurde von den Teilnehmern zumeist zutreffend beantwortet (70%).

Mit diesen Fragebögen wurde auch gleichzeitig die Akzeptanz des FREITAGS-CLUBS erfragt. Die Teilnehmer sollten anhand einer Skala angeben, ob, und falls ja, inwiefern sie den Club als hilfreich empfanden. Insgesamt waren 80% der Teilnehmer der Auffassung, der FREITAGS-CLUB sei für sie hilfreich oder sogar sehr hilfreich.

Wer kommt - tatsächlich- in den FREITAGS-CLUB ?

Die durchschnittliche Teilnehmerzahl im ersten Jahr 1991 betrug 30 Personen, im zweiten Jahr hat sie sich auf 33 Personen eingependelt und 1994 waren es 35 Personen. Dabei blieb es bisher im großen und ganzen; allerdings kommen im Hochsommer etwas weniger und im Frühjahr und Herbst etwas mehr Clubbesucher. Es werden witterungsbedingte Hintergründe vermutet.

Ungefähr 40% der Teilnehmer sind zur Zeit stationär im Hause, weitere ca. 40% sind ehemalige Patienten, der Rest ehemalige Patienten aus anderen Einrichtungen, Angehörige, Freunde und Interessierte.

Der Personenkreis deckt sich zum Großteil mit dem anvisierten Personenkreis - ist jedoch noch erweitert durch ein paar Stammgäste, die selbst noch nicht Patienten in der Klinik waren. Alter und sozialer Status sind breit gestreut. Es nehmen ungefähr so viele Frauen wie Männer teil. Entsprechend dem Konzept wird nicht nach der Diagnose gefragt; diese kann jedoch z.T. aus Eigenaussagen erschlossen werden. Der größte Teil der Teilnehmer wurde bereits wegen einer Schizophrenie stationär behandelt. Viele leiden unter Depressionen oder Angststörungen; eine zahlenmäßig kleine Gruppe ist alkohol- oder drogenabhängig bzw. hat die Doppeldiagnose Sucht und Psychose.

Warum kommen diese Menschen in den FREITAGS-CLUB?
Ergebnisse einer Befragung:

Anfang 1994 wurde unter den Teilnehmern eine Befragung durchgeführt: warum sie in den FREITAGS-CLUB kommen und was ihnen dabei am wichtigsten ist. Die Ergebnisse der Befragung wurden dann nochmals zusammen diskutiert. Es hat sich dabei herausgestellt, daß für die Teilnahme der wichtigste Grund die fachliche Information über psychische Erkrankungen allgemein war, fast genauso häufig wurde genannt, Informationen zur Rückfallverhütung zu bekommen. Weitere Gründe waren: erfahren, wie andere mit ihrer Erkrankung zurecht kommen und auch Erfahrungsberichte Betroffener zu hören. Danach kam der Wunsch nach Erörterung allgemein psychologischer Themen; in der Reihenfolge danach wurde genannt: die Suche nach freundschaftlichen Kontakten, andere treffen; es wurde auch der Wunsch geäußert, religiöse Themen zu behandeln.

Der Wunsch nach Ablenkung - oder "nur" Unterhaltung - wurde ganz selten geäußert.

In dieser Befragung wurde auch erhoben, was sich für die Teilnehmer verändert hat, seit dem sie den FREITAGS-CLUB besuchen. Am häufigsten wurde geantwortet: "ich weiß jetzt mehr über psychische Krankheiten; meine Einstellung gegenüber meiner Erkrankung hat sich geändert und ich schäme mich nicht mehr, daß ich psychisch krank bin". Dann kam in der Reihenfolge der Häufigkeit der Antworten: "ich fühle mich nicht mehr so stark meiner Erkrankung ausgeliefert"; "ich bin jetzt regelmäßig in Behandlung"; "ich kann mit Außenstehenden besser über meine Erkrankung sprechen" und "ich weiß, wie ich mir in Krisen helfen (lassen) kann". Weniger häufig wurde geantwortet: "ich habe jetzt weniger Angst vor einem Klinikaufenthalt"; "ich habe eine andere Einstellung gegenüber der Behandlung" und "ich traue mich wieder mehr unter andere Menschen". Weitere, seltenere Antworten waren: "ich kann jetzt besser mit meiner Erkrankung umgehen" und "ich sehe die Zukunft optimistischer".

Bei der Frage, was am FREITAGS-CLUB am meisten gefällt, war am wichtigsten, "daß man zu psychiatrischen Themen Information bekomme" *und genauso wichtig* "daß man als Gast willkommen ist". Wichtig war noch "daß man etwas lernt". Seltener genannt wurde, "daß man Gleichgesinnte trifft" und "daß man sich austauschen kann". Kaum ins Gewicht fiel auch bei dieser Frage die Teilnehmer-Gruppe, die den Club nur als Teil der Freizeit-Gestaltung und zur Zerstreuung sieht. Es wurden noch mehr medizinische Themen gewünscht, vermißt wurden außerdem mehr außerklinische Referenten.

Bei einer Beurteilung nach einer Notenskala bekam der Club von 70% die Note gut. Zusammenfassend läßt sich sagen: die Teilnehmer kommen in den FREITAGS-CLUB mit dem Wunsch, aus der Krankenrolle /Patientenrolle herauszukommen und statt dessen in der Rolle als Mitmensch oder "Gast" wahrgenommen zu werden. Der Wunsch oder sogar das Bedürfnis nach medizinisch-psychiatrischer Information ist sehr groß. Die offene Information wird auch oft als hilfreich und entlastend erlebt.

Diese Wissen hilft die Compliance zu verbessern und auch eigene Coping-Strategien zu entwickeln.

Dazu einige Äußerungen von Teilnehmern:

"Ich glaube ohne meine 1/2 Leponex und den FREITAGS-CLUB wäre ich schon längst mal wieder in die Klinik gekommen" Pat. 40 J., ledig, Frührentner, lebt allein und lernte den FREITAGS-CLUB bei seinem letzten Klinikaufenthalt 1991 kennen und ist seither ein ganz regelmäßiger Teilnehmer, der sich aber eher im Hintergrund hält.

"Der Club hat mir geholfen, daß ich meine Krankheit mit Würde ertragen kann..." eine Teilnehmerin, die im FREITAGS-CLUB im Rahmen eines Vortrages über ihre Krankheit berichtete und von den anderen Clubteilnehmern soviel positive Rückmeldungen bekam, daß sie sich entschloß, ein Buch über ihre Krankheitsgeschichte zu schreiben, das inzwischen kurz vor einer Veröffentlichung steht.

"Ich freue mich die ganze Woche schon auf den Club"... Eine Patienten von der die Clubleiterin sehr oft montags oder dienstags ein Kärtchen bekommt mit der Mitteilung, daß sie am Freitag kommen wolle und sich schon auf den Club freue.

"Ich habe heute Urlaub und konnte dies nützen, mal wieder vorbeizuschauen." Eine Teilnehmerin, die längere Zeit den Club besuchte und inzwischen wieder voll berufstätig ist - und daher nicht mehr regelmäßig teilnehmen kann.

Es lassen sich insgesamt keine validen Aussagen darüber machen, ob auch rehabilitative Ziele erreicht wurden, da es keine Begleituntersuchungen gibt - und diese auch eher kontraproduktiv wären. Insoweit können nur Einzelpersonen zitiert oder Fragebogen-Untersuchungen und Diskussionen herangezogen werden. Es wäre sicher sehr vermessen, zu behaupten, man hätte das große Ziel: Rückfallverhütung erreicht, aber ich denke; es ist "ein" Weg in diese Richtung.

Insgesamt zeigten die Rückmeldungen der Teilnehmer, daß sich "ihr" Kontakt zur Klinik (zu Professionellen) verbessert hat, was vermuten läßt, daß sie sich in Krisensituationen schneller behandeln lassen. Auch trägt die Teilnahme der Klinikdirektorin an den Gesprächen und Diskussionen im FREITAGS-CLUB sichtlich zur Akzeptanz der Klinik bzw. Behandlung bei.

Diskussion

Nach vierjähriger Erfahrung mit dem Gesundheitsunterricht im FREITAGS-CLUB kommen wir zu dem Fazit, daß sich die Arbeit insgesamt bewährt hat.

Dabei sind allerdings auch Probleme aufgetreten, für die wir bislang keine Lösung gefunden haben:

• Die Heterogenität der Teilnehmer stellt uns manchmal für die Programmgestaltung vor Schwierigkeiten.
• Die breite Streuung des Schweregrads der Erkrankung erfordert oft einen Balanceakt zwischen Über- und Unterforderung der Teilnehmer hinsichtlich der Differenziertheit der Vorträge.

- Der Freitagnachmittag hat sich manchmal als schwieriger Termin erwiesen, um Referenten zu gewinnen.
- Die Offenheit des Konzepts mit unterschiedlicher Regelmäßigkeit der Teilnahme stellt uns oft vor die schwierige Entscheidung, ob wir neue Themen anbieten oder wichtig erscheinende Themen im Interesse eher sporadisch erscheinender TeilnehmerInnen häufiger wiederholen sollen.

Bewährt haben sich die Elemente:
- die feste Struktur im Aufbau der Sitzungen
- die Konstanz von Ort und Zeit
- die Kontinuität von Personen (Clubleitung) und Themen
- Rolle der Teilnehmer als "Gäste" und nicht als "Symptomträger", damit das Prinzip "Normalität"
- gleichberechtigte Kommunikation
- Haltung von Respekt, Gelassenheit, Wertschätzung und Akzeptanz
- kognitive Elemente: die systematische, klare Darstellung von Wissens- und Lerninhalten
- affektive Elemente: die individuelle Erfahrungsebene die Betonung der subjektiven Wahrnehmung die Atmosphäre.

Es sind diese Elemente, die wir für die Gestaltung eines Gesundheitsunterrichts als niedrigschwelliges Angebot für wichtig und auch generalisierbar halten. Über die wesentlich kognitive Vermittlung von Strategien zur Krankheitsbewältigung hinaus glauben wir dadurch auch zu einem "interaktionellen Raum" im Sinne der Forderung von Scharfetter beizutragen:

Jede Krise des Menschen als interaktionelles Wesen ist im Sozialraum entstanden: Im interaktionellen Raum von Menschen untereinander entwickelt sich der schizophrene Mensch und manifestiert seine Krankheit. Auch die Abwesenheit eines Mitmenschen ist eine Sozialsituation. Die Abhängigkeit der Erlebnisse und Verhaltensweisen vom kommunikativen Raum bedeutet für die Behandlung: Es ist ein besonderer interaktioneller Raum zu schaffen, in dem die Störung nicht mehr erlebt werden muß. (Scharfetter, 1990)

Literatur

Bäuml, J.; Kissling, W.; Meurer, C.; Wais, A. & Lauter, H. (1991). Informationszentrierte Angehörigengruppen zur Complianceverbesserung bei schizophrenen Patienten. *Psychiatrische Praxis*, 18, 48-54

Berkman, L. & Syme, S.L. (1979). Social Networks, Host Resistancy and Mortality: A Nine-Year Follow-Up Study of Alameda County Residents. *Am. Journal of Epidemiology*, 109, 186-204

Bock, Th.; Deranders, J.E. & Esterer, I. (Hrsg.).(1992). Stimmenreich: Mitteilungen über den Wahnsinn. Bonn: Psychiatrie-Verlag

Brown, G.W. & Harris, T. (1978). Social Origins of Depression: A Study of Psychiatric Disorder in Women. London: Tavistock Publications

Buchkremer, G. & Fiedler, P.A. (1987). Kognitive versus handlungsorientierte Therapie. Ein Vergleich zweier psychotherapeutischer Methoden zur Rezidivprophylaxe bei schizophrenen Patienten. *Nervenarzt*, 58, 481-488

Ciompi, L. (1982). Modellvorstellungen zum Zusammenwirken biologischer und psychosozialer Faktoren in der Schizophrenie. *Fortschritte der Neurologie Psychiatrie*, 52, 200-206.

Deutscher Bundestag (1975). Bericht über die Lage der Psychiatrie in der Bundesrepublik Deutschland - Zur psychiatrischen und psychotherapeutischen/psychosomatischen Versorgung der Bevölkerung. Deutscher Bundestag 7. Wahlperiode, Drucksache 7/4200

Dörner, K.; Köchert, R.; von Laer, G. & Scherer, K. (1979). Gemeindepsychiatrie. Stuttgart: Kohlhammer

Falloon, I.R.H.; Boyd, J.L.; McGill, C.W.; Williamson, M.; Razani,J.; Moss,H.; Gilderman. A.M. & Simpson, G.M. (1985). Family Management in the Prevention of Morbidity of Schizophrenia. *Archives of General Psychiatry*, 42, 887-896

Finzen, A. (1993). Schizophrenie - die Krankheit verstehen. Bonn: Psychiatrie-Verlag

Goldstein, M.J. & Doane, J.A. (1982). Family Factors in the Onset, Course and Treatment of Schizophrenic Spectrum Disorders. *Journal of Nervous and Mental Disease*, 170, 692-700

Henderson, S.; Byrne, D.G. & Duncan-Jones, P. (1981). Neurosis, and the Social Environment. Sydne: Academic Press

Hogarty, G.E.; Anderson, C.M.; Reiss, D.J.; Kornblith, S.J.; Greenwald, D.; Javna, C.D. & Madonia, M.J. (1986). Family Psycheducation, Social Skill Training, and Maintenance Chemotherapy in the Aftercare Treatment of Schizophrenia. *Arch. Gen. Psychiatry*, 43, 633-642

Klein, R.; Orbke-Lütkemeier, E.; Leuthardt, E. & Gutknecht H. (1994). Informationskreis psychische Erkrankungen (1989-1993): eine Veranstaltungsreihe für Bewohner und Mitarbeiter im Langzeitbereich, (Bethel Beiträe 48). Bielefeld: Bethel-Verlag

Leff, J.P. & Vaughn, C. (1985). Expressed Emotion in Families. New York: Guilford Press

Liberman, R.P.; Jacobs, H.E.; Boone, S.E.; Foy, D.W.; Donahoe, C.P.; Falloon, I.R.H.; Blackwell, G. & Wallace, C.J. (1986). Fertigkeitentraining zur Anpassung Schizophrener an die Gemeinschaft. In: Böker, W. & Brenner, H.D. (Hrsg.). Bewältigung der Schizophrenie. Bern: Huber

Psychiatrie-Enquete - s. Deutscher Bundestag

Rabkin, J.G. & Struening, E. (1976). Life-Events, Stress and Illness. *Science*, 194, 1013-020

Rave-Schwank, M. & Nagel-Schmitt, U. (1993). Gesundheitsunterricht im Patientenclub. *Psychiat. Praxis*, 20, 114-115

Roder, V.; Brenner, H.D.; Kienzle, N. & Hodel, B. (1988). Integriertes psychologisches Therapieprogramm für schizophrene Patienten (IPT). München: Psychologie Verlags Union

Scharfetter, C. (1990). Schizophrene Menschen: Krankheitskonzepte, Geschichte, Diagnostik, Bewußtseinsbereiche und Psychopathologie, Ich-Psychopathologie des schizophrenen Syndroms. München: Psychologie Verlags Union

Thurm, I. & Häfner, H. (1991). Wahrgenommene Verletzbarkeit, Rückfallrisiko und Bewältigung von Krankheitsphänomenen in der Schizophrenie. In: Häfner, H. (Hrsg.). Psychiatrie: Ein Lesebuch für Fortgeschrittene. Stuttgart, Jena: Gustav Fischer, 161-177

Zubin, J. & Spring, B. (1977). Vulnerability - A New View of Schizophrenia. *Journal of Abnormal Psychol.*, 86, 103-126

Zubin, J.; Magaziner, J. & Steinhauer, S.R. (1983). The Metamorphosis of Schizophrenia. From Chronicity to Vulnerability. *Psychol.Med.*, 13, 551-571

Zubin, J. (1987). Possible Implications of the Vulnerability Hypotheses for the Psychosocial Management of Schizophrenia. In: Strauss, J.S.; Böker, W. &. Brenner H.D (Eds.): Psychosocial Treatment of Schizophrenia. Toronto: Huber

Möglichkeiten verhaltenstherapeutischer Arbeit mit schizophren Erkrankten im psychiatrischen Dauerwohnheim

Matthieu Conrads

Zur Förderung im psychiatrischen Dauerwohnheim

Im psychiatrischen Dauerwohnheim bzw. Wohnheim für psychisch Behinderte sind Menschen untergebracht, die aufgrund ihrer seelischen Behinderung nicht in der Lage sind, selbständig zu wohnen, aber auch keiner stationären Behandlung bedürfen. Als psychisch behindert gelten diejenigen, deren schizophrene Erkrankung langfristig chronifiziert ist.

Im Dauerwohnheim gibt es keine zeitliche Aufenthaltsbeschränkung. Grundsätzlich bietet es den Bewohnern eine lebenslange Wohnstatt.

Manche Langzeitheime sind reine Pflegeheime. Viele nehmen jedoch sowohl pflegebedürftige als auch rehabilitationsfähige Schizophreniekranke auf. Die Rehabilitationsfähigkeit zeigt sich oft erst später. Laut Spang-Fitzek (1994, S. 23) gibt es sogar Wohnheime, die vom Konzept her "Übergangsheime ohne Zeitgrenze" darstellen.

Die Förderung im Wohnheim für psychisch Behinderte hat in erster Linie zum Ziel, die Eingliederung in den Heimalltag zu ermöglichen. Weiterhin bestehen meist Angebote in der Arbeits- und Beschäftigungstherapie, wobei die Anstellung einer ausgebildeten Ergotherapeutin schon ein Glücksfall zu sein scheint. Falls vorhanden, werden einige Bewohner in nahegelegene WfBs (Werkstätten für psychisch und/oder geistig Behinderte) vermittelt.

Mehr oder weniger ausgeprägt sind Kontakte der Bewohner in die Gemeinde. Oft liegt die Einrichtung jedoch fernab davon, so daß die Möglichkeit, ins nächste Dorf bzw. in die nächste Stadt zu gelangen, sehr stark vom Behinderungsgrad der Bewohner und/oder vom Engagement der Mitarbeiter abhängt. Die räumliche Entfernung von der Gemeinde bedingt auch, daß nicht selten Termine mit Ärzten oder Friseuren im Wohnheim selbst stattfinden - eine Situation, die sicherlich nicht dem Normalisierungsprinzip entspricht.

Insgesamt dürfte sich in den Dauerwohnheimen seit einigen Jahren das Primat der Pädagogik gegenüber einer rein pflegerischen bzw. hauswirtschaftlichen Tätigkeit durchgesetzt haben. Dies drückt sich auch in der vermehrten Einstellung von (sozial)pädagogischen Fachkräften in den Wohnheimen aus.

Eine weitergehende Förderung durch Therapie oder gar Psychotherapie ist in den Langzeitwohnheimen noch wenig vorhanden. Ein therapeutischer Nihilismus scheint noch weitgehend vorherrschend. Konzeptionell ist Therapie, von Ausnahmen abgesehen, nicht vorgesehen.

Selbst in ansonsten fortschrittlichen, sozialpsychiatrischen Publikationen kann man lesen: "Weg mit der Therapie" (Decker & Hofstetter, 1991, S. 59).

Diese Therapieabneigung besteht auch vor dem Hintergrund, daß manche psychisch Behinderte nach jahrelangen therapeutischen Bemühungen in Kliniken zu Recht endlich mal Ruhe vor Therapieversuchen haben wollen und das Wohnheim als Rückzugsmöglichkeit betrachten.

Selbst wenn in Dauerwohnheimen therapeutische Angebote durch einen entsprechenden "Begleitenden Dienst" oder einen "Therapeutischen Trainingsbereich" existieren, werden diese gelegentlich als "Luxus" und damit als letztlich unnötig eingeschätzt. Hinzu kommt, daß angesichts permanenten Personalmangels im Gruppendienst die Mitarbeiter eines Therapiebereichs als dem Gruppendienst entzogen betrachtet werden. Dabei wird allerdings übersehen, daß ein Bewohner in der Zeit, in der er sich im Therapiebereich befindet, nicht in der Wohngruppe betreut werden muß.

Verhaltenstherapeutische Angebote im Dauerwohnheim

Nach meinen Erfahrungen in zwei verschiedenen Dauerwohnheimen eignen sich neben dem sonst üblichen Repertoire vor allem folgende verhaltenstherapeutische Interventionen für die Arbeit im Wohnheim:
• Aufbau von neuem oder verlerntem Verhalten, z.B. lebenspraktische Fähigkeiten, die die Selbstversorgung verbessern und damit der Verselbständigung dienen.
• Vermeidung von weiterer Hospitalisierung.
• Verbesserung des Sozialverhaltens (soziale Fertigkeiten, soziale Kompetenz).
• Verbesserung von kognitiven, sozialen oder verbalen Störungen (schizophrenietypische Basisstörungen).
• Erarbeitung eines individuellen, realistischen Krankheitskonzeptes. Viele Bewohner haben keinerlei oder einen falschen Begriff von ihrer Krankheit bzw. Behinderung. Information ist wesentlicher Bestandteil einer Psychoedukativen Therapie (Wienberg, 1994).
• Erarbeitung einer realistischen Lebensperspektive, da manche Bewohner völlig falsche und illusionäre Vorstellungen von ihren Möglichkeiten in der Zukunft haben.
• Erarbeitung von Bewältigungsfertigkeiten bei akuten psychischen Problemen (Erkennen von Frühwarnzeichen).

Alle diese Angebote werden sicherlich am ehesten in Klinik oder Übergangsheim angewendet. Grundsätzlich sind aber auch alle Bewohner eines psychiatrischen Wohnheims lernfähig. Je rehabilitationsfähiger die Bewohner sind, desto erfolgreicher können die angegebenen Interventionen im Langzeitwohnheim eingesetzt werden.

Voraussetzungen für verhaltenstherapeutische Arbeit im Dauerwohnheim

Günstige Voraussetzungen

Die Mitarbeiter mit verhaltenstherapeutischer Kompetenz sind im psychiatrischen Wohnheim am ehesten Sozialpädagogen, Sozialarbeiter, gelegentlich Diplom-Pädagogen, selten Psychologen. In der Regel umfaßt ihr Arbeitsgebiet mehr als die explizit therapeutische Tätigkeit, z.b. Freizeitaktivitäten oder die Lösung sozialarbeiterischer Probleme.

Eine solche Fachkraft kann oft mehr bewirken als jemand, der als Nur-Therapeut gelegentliche Termine vergibt und sich nicht beispielsweise in sozialrechtlichen Fragen auskennt.

Die Bewohner haben so die Möglichkeit, den Therapeuten bei vielfältigen Aktivitäten kennenzulernen. Dadurch kann eher eine enge und vertrauliche therapeutische Beziehung entstehen.

Außerdem begünstigt es die Forderung von Dörner (1991, S.41ff) nach der Schaffung "guter Gelegenheiten" für therapeutische Begegnungen.

Am Beckenrand des Hallenbades während der Schwimmgruppe läßt sich manchmal besser und angstfreier z.b. über Frühwarnsymptome sprechen als am Schreibtisch.

Hinzu kommt, daß der Therapeut im Wohnheimalltag öfters erreichbar ist als nur zu festgesetzten Terminen.

Ungünstige Voraussetzungen

Das schwierigste Problem bei verhaltenstherapeutischer Arbeit im psychiatrischen Wohnheim betrifft die intrinsische Motivation, an therapeutischen Maßnahmen teilzunehmen. Ein häufiger Grund sind die schlechten Erfahrungen mit "gescheiterten Therapien" in der Vergangenheit.

Außerdem werden therapeutische Angebote im Wohnheim eben nicht wie in der Klinik vom Arzt verschrieben, sondern eine Teilnahme kann nur absolut freiwillig sein.

Das Integrierte PsychologischeTherapieprogramm für schizophrene Patienten (IPT) von Roder et al. beispielsweise, so nützlich es doch ist, lockt kaum einen Bewohner hinter dem Ofen hervor, wenn es nicht Bestandteil einer Reihe von rehabilitativen Maßnahmen ist, an deren Ende die Aussicht und die Befähigung zum Verlassen des Wohnheims und zum Eintritt in eine selbständigere Wohnform, meist eine Wohngemeinschaft für psychisch Behinderte, steht.

Manche Dauerwohnheime haben einen sogenannten privat-gewerblichen Träger. Das finanzielle Motiv für den Betrieb eines solchen Wohnheims ist also gegenüber dem karitativen vorherrschend. Das bedeutet, daß die Pflegesätze meist geringer sind und damit die Personalsituation hier oft schlechter ist, zumal die Mitarbeiter häufig untertariflich bezahlt werden. Eine Fachkraft mit verhaltenstherapeutischer Ausbildung wird daher nicht allzu lange daran interessiert sein, dort zu bleiben.

Insgesamt gesehen werden die verhaltenstherapeutischen Kompetenzen in psychiatrischen Wohnheimen immer notwendiger, da durch die Verambulantisierung in der Sozialpsychiatrie, durch die Schaffung von immer mehr Angeboten, wie Kontaktstellen, Tagesstätten und vor allem WG's für psychisch Behinderte (Betreutes Wohnen), die Tendenz in den nächsten Jahren steigen wird, daß in den Dauerwohnheimen vornehmlich besonders schwierige Fälle aufgenommen werden.

Drei Beispiele für verhaltenstherapeutische Arbeit im Dauerwohnheim

Im folgenden werden drei Fälle aus meiner Arbeit in Wohnheimen für psychisch Behinderte dargestellt. Es handelt sich um Fälle, die im Rahmen des ersten Weiterbildungsstudiums "Psychotherapie mit Schwerpunkt Verhaltenstherapie" von der DGVT und der FernUni Hagen supervidiert worden waren (Münster I).

Die Namen der Klienten sind geändert bzw. anonymisiert, die biografischen bzw. anamnestischen Teile der Fallbeschreibungen sind aus Platzgründen weggelassen.

Beispiel 1: Gerd F.

a. Vorbemerkung

Der im folgenden beschriebene Fall spielt sich ab in einem psychiatrischen Wohnheim in der Eifel. Dies ist ein ehemaliges Alten- und Pflegeheim, das seit einigen Jahren nur noch psychisch Behinderte aufnimmt. Die Einrichtung ist privat-gewerblich, der Pflegesatz ist geringer als bei einem Träger, der einem der bekannten Wohlfahrtsverbände angehört. Die personelle Ausstattung ist entsprechend bescheidener.

Ich habe dort von 1987 bis 1992 den begleitenden Sozialen und Pädagogischen Dienst wahrgenommen. Im Wohnheim leben ca. 55 Patienten.

b. Problemanalyse

Problemverhalten

Gerd F. wurde 1988 mit der psychiatrischen Diagnose "Chronische Schizophrenie" im Wohnheim aufgenommen. Er ist zu diesem Zeitpunkt 37 Jahre alt. Er wirkt sehr zurückhaltend und versteht sich als Künstler.

Gerd F. leidet gelegentlich unter depressiven Phasen. Er fühlt sich dann sehr antriebsschwach und grübelt sehr viel. Oft liegt er dann stunden- oder tagelang im Bett. Sein Tag-/Nachtrhythmus ist dann häufig gestört. Er vernachlässigt in solchen Krisen die Körperhygiene und auch die Ernährung.

Gelegentlich kommt es zu Alkoholmißbrauch.

In Streßsituationen kommt es häufig zu Blickkrämpfen. Wenn er im Heim ist, läßt er sich die Bedarfsmedikation (Atosil) geben und/oder legt sich ins Bett.

Sein Sozialverhalten ist dadurch gekennzeichnet, daß seine sozialen Fertigkeiten nicht ausreichend entwickelt sind. Er stellt zu hohe Erwartungen und Anforderungen an sich selbst und an andere (auch Partner).

Rahmenbedingungen

Seine Lebensbedingungen sind vor allem durch den Aufenthalt im Wohnheim geprägt. Es befindet sich sozusagen weitab von der Zivilisation auf dem Land in einem kleinem Dorf. Eine Integration mit "normalen" Menschen ist kaum möglich, er hat fast nur Kranke und Behinderte um sich. Er beklagt immer wieder diese Ghettosituation.

Als Heimbewohner ist Gerd F. naturgemäß Sozialhilfeempfänger. Der vom Sozialhilfeträger gewährte Barbetrag reicht gerade, um den Zigaretten- und Kaffeekonsum, der wie bei den meisten Heimbewohnern als Gegenmittel zu den dämpfenden Neuroleptika dient, zu finanzieren.

Eine Zeit lang ging er in die hauseigene Arbeitstherapie (Werkstatt mit einfachen Produktionsaufgaben, ähnlich einer WfB). Diese fiel wegen Arbeitsmangel häufig aus. Dies belastet ihn ebenfalls. Sie wird nicht ergotherapeutisch begleitet. Später geht er überhaupt nicht mehr hin.

Seine Behinderung "Chronische Schizophrenie" geht einher mit der entsprechenden Vulnerabilität, mit Basisstörungen, wie mangelnde kognitive und soziale Fertigkeiten. Unter optischen oder akustischen Halluzinationen leidet er allerdings nicht.

Verhaltensanalyse

Als Auslöser für sein depressives Verhalten (Grübeln, kein Antrieb, Rückzug ins Bett, zeitweilig übermäßiger Alkoholkonsum) nennt Gerd F. Situationen, wenn er sieht, daß er den ganzen Tag nichts Vernünftiges zu tun haben wird, wenn die Arbeitstherapie ausfalle (weswegen er da auch schon nicht mehr hingehe), wenn er in seiner Malerei nicht weiterkomme, wenn er Stagnation erlebe. Dieser Zustand komme meistens alle paar Wochen vor. Ebenso können mißlungene Versuche, irgend etwas zu tun oder zu bewerkstelligen, dazu führen, daß er seine Person und seine Leistungsfähigkeit grundsätzlich und vollständig in Zweifel zieht. Er wisse dann nicht, wohin er sich wenden kann. Alles sei hoffnungslos.

Die Blickkrämpfe bekommt er manchmal in depressiven Situationen, vor allem aber in Belastungssituationen. Das können z.B. sein: Versammlungen der Amateurmaler in der Stadt, wo er gerne hingehen möchte und auch schon mal war, oder Auseinandersetzungen mit Bewohnern oder Pflegepersonal. Er legt sich dann ins Bett und schließt die Augen. Besonders nach der Vergabe von Atosil verbessern sich dann die Beschwerden.

Unbekannte Situationen sind oft streßhaft für ihn, die er nach Möglichkeit meidet.

Der Mangel an sozialen Fertigkeiten zeigt sich vor allem außer Haus, z.B. bei Kontakten mit Leuten, die ihm wichtig sind. Er weiß dann nicht, wie er die Kontakte knüpfen soll, was er sagen und fragen soll. Das fängt damit an, daß er nicht weiß, wie er zur Stadtverwaltung kommt und sich dort für die von der Stadt ausgerichtete Hobbymalerausstellung anmelden soll, wie er alle nötigen Informationen beschaffen soll.

Hier wird offenkundig, daß dieses Verhalten erstmal aufgebaut werden müßte.

Kognitionsanalyse

Während seiner depressiven Zustände hegt er oft negativen Gedanken, die meist automatisch ablaufen, da es immer wieder dieselben sind.

In der Regel handelt es sich um dysfunktionale Kognitionen, die seine unerwünschten Gefühle fördern und ein erwünschtes Verhalten erschweren.
Beispiele:
"Alles ist Scheiße."
"Ich bin sowieso ein Versager."
"Ich komme nicht weiter."
"Wie soll mein Leben nur weitergehen?"
"Mir gelingt nichts".
"Ich kann überhaupt nichts."
"Ich muß lebenslang hierbleiben."
Diese Kognitionen drücken vor allem Gefühle der Unfähigkeit, Resignation, Hilflosigkeit, Ohnmacht aus. Das letzte Beispiel kann als irrationale Kognition eingestuft werden.
Es fehlt ihm aber auch das Wissen darüber, welche Möglichkeiten er im Leben noch hat, und sei es innerhalb des psychiatrischen Systems.
Über Bewältigungskognitionen verfügt er überhaupt nicht.
Bei Blickkrämpfen ist es genauso. Meist kommen ihm Gedanken, aus der belastenden Situation zu flüchten oder sie am besten gleich zu meiden.

Motivationsanalyse
Gerd F. sagt häufig Sätze, die sich so zusammenfassen lassen:
"Man muß immer weiterkommen."
"Man kann nicht ewig stehenbleiben."
Hier drücken sich dysfunktionale Ziele aus, denen er selbst kaum nachkommen kann. Aber nicht nur an sich selbst, sondern auch an andere hat er hohe Erwartungen, vor allem an Freundschaft und Partnerschaft. Natürlich schafften die anderen es auch nicht und seien deshalb "sowieso bekloppt".
Ein Zielkonflikt zeigt sich darin, daß er unbedingt 'raus will aus dem Wohnheim, andererseits könne er dann ja, z.B. in einer WG, seine Bilder nicht unterbringen.

c. Therapieplanung

Therapieziele
Die Therapieziele sind zusammen mit dem Klienten erarbeitet worden. Sie sind:
• Er möchte möglichst weniger (noch besser keine) Depressionen haben oder sie wenigstens besser bewältigen können.
• Er möchte bezüglich der Blickkrämpfe beschwerdefrei sein oder sie besser bewältigen können.
• Er möchte besser mit anderen Leuten umgehen und auskommen können und seine Angelegenheiten, besonders bezüglich seiner Malerei, besser regeln und vertreten können (bessere soziale Fertigkeiten).
• Um seine Malerei besser ausüben zu können, wünscht er sich eine Verbesserung seiner materiellen Situation (Pinsel und andere Malutensilien kaufen können, allein in die Stadt fahren können etc.).

Planung
Die Therapieplanung erfolgt im folgenden für die einzelnen Bereiche nur grob. Einzelheiten sind unter "d. Durchführung" mit enthalten.

• *Problembereich Depression*

Für die Bearbeitung der depressiven Verstimmungszustände erschienen mir Methoden aus der Kognitiven Therapie am sinnvollsten (in Anlehnung an Hautzinger u.a., 1989).

Konkret sollte es um Selbstverbalisation gehen, hier um das Erarbeiten von günstigeren, konstruktiveren und rationaleren Kognitionen als Gegenpart zu den negativen und automatischen Gedanken.

Weiterhin sollte eine realistische Zukunftsplanung erfolgen. Der Wohnheimaufenthalt sollte als nicht unbedingt lebenslängliche Unterbringung begriffen werden, da er ja in vielen Dingen ein kompetenter Mensch sei, der sich noch weiterentwickeln könne. Der Aufenthalt in einem Übergangswohnheim war zwar gescheitert, aber wenn man die Gründe dafür bearbeite, kann vielleicht langfristig das Betreute Wohnen in einer Wohngemeinschaft anvisiert werden.

Der wichtigste erste Schritt bezüglich Depression sollte allerdings die Erhöhung des Aktivitätsniveaus sein.

• *Problembereich Blickkrämpfe*

Zu diesem Bereich sollten ebenfalls Bewältigungskognitionen erarbeitet werden.

Da ein wichtiger Faktor bei der Auslösung der Blickkrämpfe die mangelnden sozialen Fertigkeiten sind, müssen diese auch in die Therapie einbezogen werden.

• *Problembereich Sozialverhalten*

Die Verbesserung der sozialen Fertigkeiten erscheint als besonders wichtig, da sie auch in die anderen genannten Bereiche eingreifen.

Konkrete soziale Situationen, die immer wieder zu Problemen führen, sollen praktisch erprobt, und zwar genau besprochen und im Rollenspiel geübt werden. Anregungen dazu sollte das Gruppentraining von Pfingsten/Hinsch, 1991[2], geben.

• *Materielle Lage*

Die soziale bzw. materielle Lage sollte ebenfalls verbessert werden. Selbst beim Wohnheimaufenthalt gab es Ansatzpunkte dafür.

Ein bißchen könnte er sich dazuverdienen, wenn er wieder die Arbeitstherapie aufnimmt und dort die Arbeitsprämie bekommt.

Zu prüfen wäre, wie sein Erwerbsunfähigkeitsrentenantrag behandelt worden ist, um auf die Art eventuell an den Zusatzbarbetrag der Sozialhilfe zu kommen.

Außerdem könnte ein Antrag beim Versorgungsamt gestellt werden mit dem Ziel, einen Schwerbehindertenausweis mit dem Merkzeichen G zu erhalten, damit er so kostenlos mit öffentlichen Verkehrsmitteln, so selten sie auch verkehren mögen, z.B. zu Malkursen an die Volkshochschule oder zu Ausstellungen in die Stadt oder die Kreisstadt usw. fahren kann.

d. Durchführung

Bei der Durchführung der genannten Maßnahmen habe ich kein festes Zeitschema gehabt, sondern immer nach Bedarf bzw. entsprechend der gesteckten Ziele gehandelt. Hinzu kommt, daß ich durch die Institution immer für ihn und er immer für mich erreichbar war.

Hebung des Aktivitätsniveaus

Zunächst ging Gerd F. wieder in die Arbeitstherapie. Um vorzubeugen, daß er bei Arbeitsmangel wieder Depressionen bekommt, sind Alternativen erarbeitet worden. Er könnte sich z.B. in die Beschäftigungstherapie, vor allem Töpfern, in unser Teilheim im Nachbardorf fahren lassen. Dadurch war eine gewisse Tagesstruktur gesichert, und er hatte ein paar Mark mehr für Malutensilien.

Längerfristig sollte geprüft werden, ob ein Platz in der WfB für psychisch Behinderte in der Kreisstadt beantragt werden kann. Dazu sollte aber abgewartet werden, wie die Erfahrungen, vor allem bezüglich Ausdauer, in der Arbeitstherapie sind.

Gleichzeitig nahm Gerd F. an der von mir einmal wöchentlich angebotenen Schwimmgruppe teil, die ins Hallenbad in die Stadt fuhr. Er bekam auch Gelegenheit, die Stadtbibliothek (z.B. im Anschluß an die Schwimmgruppe oder auch zu sonstigen Terminen) aufzusuchen, um sich dort Bücher zum Thema Malerei auszuleihen. Wir hatten auch einen VHS-Kurs zur Malerei ausgesucht, den er besuchen wollte. Dies kam jedoch vorläufig nicht zustande mangels Fahrtmöglichkeit.

Damit er durch seine Malerei mehr positive Verstärkung erfährt, haben wir Bilderausstellungen geplant. Angefangen wurde im Haus selbst. Ein Flur und die Halle des Heimes wurden als Ausstellungsräume zur Verfügung gestellt. Gerd F. hat sehr viel Lob von Bewohnern und Personal, aber auch von Besuchern erhalten.

Verbesserung der materiellen Situation

Wir haben einen Antrag auf Feststellung der Behinderung beim Versorgungsamt Aachen gestellt. Er wurde zunächst abgelehnt, nach langem Kampf durch entsprechende Widersprüche aber genehmigt. Das hat allein zwei Jahre gedauert.

Der Rentenantrag wurde abgelehnt und nochmals abgelehnt, da die zeitlichen Voraussetzungen um nur einige Wochen verfehlt waren.

Verbesserung des Sozialverhaltens

1990 fand in der Stadt die erste Ausstellung einheimischer Künstler statt, welche sich daraufhin jedes Jahr wiederholte. Dies wurde als Aufhänger benutzt, um eine Reihe von sozialen Fertigkeiten zu üben. Beispiele:

- In der Stadtverwaltung: - Informationen auf dem Amt für die Anmeldung einholen,
  - sich nicht durch zu viele Informationen einschüchtern lassen,
  - um eine erneute, langsame Erklärung bitten.

- Auf der Ausstellung: - Hilfe erbitten (z.B. beim Aufbau der Stellwände),
  - nach Meinung fragen (zu den Bildern),
  - Kritik nicht als totale Abwertung auffassen,
  - Kontakt aufnehmen (mit Mitausstellern, Besuchern).

- Bestimmte Techniken, wurden ebenfalls geübt, wie:
  - Blickkontakt halten,
  - Anlächeln,
  - sich nicht entschuldigen,
  - laut und deutlich reden,
  - bei Wünschen in der Ich-Form sprechen.

Auch Selbstinstruktionen wurden *vor* der Situation eingeführt, wie:
"Ich werde es schaffen."
"Ich habe ein Recht, danach zu fragen."
Dies alles haben wir im Rollenspiel ausprobiert, was zunächst schwierig war, weil er sich genierte, aber dann klappte es immer besser.
    Am Anfang haben wir sogar z.b. die Situation der Informationsbeschaffung noch einmal vor der Tür des Amtszimmers in der Stadtverwaltung geprobt.

Bessere Bewältigung depressiver Zustände
Ein weiterer Bereich, der bearbeitet wurde, war die kognitive Umstrukturierung seiner automatischen und negativen Gedanken während oder vor depressiver Verstimmungen.
    Zunächst habe ich mit ihm das Modell der kognitiven Triade besprochen, damit er weiß, daß dies nicht allein ihn betrifft, sondern typisch ist bei depressiven Zuständen, nämlich in der Regel:
• ein negatives Selbstbild zu haben,
• Erfahrungen ständig negativ zu interpretieren und
• negative Zukunftserwartungen zu haben.
Auch die kognitiven Fehler, die für ihn maßgeblich sind, wurden besprochen, nämlich z.B.:
• Alles-oder-Nichts-Denken,
• Über- und Untertreibung sowie
• voreilige Schlußfolgerungen.
Danach haben wir alternative Gedanken zu den für ihn typischen negativen Gedanken erarbeitet (kognitives Neubenennen, Umstrukturieren). Dazu wurde der Realitätsgehalt der automatischen Gedanken überprüft. Durch entsprechende Fragestellungen ("Hat es Dinge gegeben, die Du gut gemacht hast, die Dir gut gelungen sind?" Oder: "Sollte man bei einem Mißerfolg von den anderen Leuten abgelehnt werden?") wurde ihm vor Augen geführt, daß er durchaus ein Mensch ist, der zwar manches nicht kann, der aber auch sehr viel zu leisten vermag, sei es in der Malerei, in der Arbeitstherapie, in der Töpferei oder auch nur bei den Hausdiensten.
    Vor allem das Mittel des "Rollentausches" ließ ihn schlaglichtartig alternative Sichtweisen finden:
    "Was würdest Du sagen, wenn ein Bekannter von Dir sagen würde, nachdem er die erste Figur auf seinem Bild nicht richtig hingekriegt hat, er wäre sowieso ein totaler Versager, er könnte sowieso nicht malen etc.?"
Konstruktivere alternative Kognitionen waren z.B.:
    "Es gibt viele Dinge, die ich gut mache."
    "Es gibt viele Sachen, die schön sind."
    "Wenn ich nicht weiterkomme, dann kann ich mir Hilfe holen. Dazu habe ich ein Recht."
    "Ich muß nicht immer hierbleiben. Ich kann noch was aus mir machen. Das habe ich bewiesen."
Bei depressiven Verstimmungen hat Gerd F. versucht, die Kognitionen anzuwenden. Erst nach Monaten ist es ihm gelungen, weil er sie immer wieder vergessen hat und in die Depression abgerutscht ist.

Bessere Bewältigung der Blickkrämpfe

Auch zu den Blickkrämpfen wurde eine alternative Kognition erarbeitet, um sie besser bewältigen zu können:

"Immer halblang. Ich kann mich jetzt durchaus mal zurückziehen und fange dann nochmal an."

e. Ergebnisse

Gerd F. bestätigte mir immer wieder, daß er besser zurechtkäme. Er hätte einen ausgefüllteren Tag, er wüßte, was zu tun ist. Es könnte besser mit seinen Depressionen umgehen und "draußen" könnte er auch besser mit den Leuten klarkommen. Ich selbst hatte auch den Eindruck, daß eine Transferleistung von den Fertigkeiten aus den konkret geübten Situationen auf andere nicht geübte Situationen zu verzeichnen war.

Bei einem späteren Besuch der Einrichtung, die ich 1992 verlassen hatte, erzählte er, er hätte mittlerweile den Schwerbehindertenausweis mit Freifahrt erhalten und könnte jetzt nach seinem Belieben kostenlos durch die Gegend fahren.

Beispiel 2: Paul L.

a. Zur Person

Paul L. wurde im Juli 1986 mit der psychiatrischen Diagnose "Psychose aus dem schizophrenen Formenkreis" im Wohnheim aufgenommen und war zu diesem Zeitpunkt 24 Jahre alt.

Laut Arztbericht hatte er während psychotischer Schübe paranoide Wahnideen, die um Vergiftung und Verfolgung kreisten. Er galt als affekt- und antriebsarm, neigte zur Verwahrlosung, war wenig belastbar und fiel durch Eßgier auf. Während seines Aufenthaltes im Wohnheim waren diese Verhaltensweisen jedoch kaum zu beobachten.

Er selbst meinte, daß er eigentlich wieder vollständig gesund wäre und seinem Leben nun endlich eine grundlegende Wende geben müßte. Er möchte eine eigene Wohnung und eine Arbeitsstelle, wollte heiraten und Kinder haben.

b. Problemanalyse

Problembeschreibung

Paul L. kommt zu mir als Pädagogen und Sozialarbeiter, weil er sich Hilfe und Unterstützung für eine grundlegende Änderung seines Lebens erhofft.

Er zeigt sich stark motiviert, dafür etwas zu tun. In mehrfachen Gesprächen schildert er sein Problem: Er würde den ganzen Tag nur 'rumhängen' und grübeln, was er langfristig machen könnte. Durch die Medikation fühlte er sich zu sehr gedämpft, besonders, wenn er gerade seine Depotspritze bekommen hätte. Er wolle nicht in die Arbeitstherapie, weil die Arbeit dort zu stupide und sowieso nur Ausbeutung wäre, wegen der geringen Bezahlung. Dadurch stoße er bei der Heimleitung auf Ablehnung. Um des lieben Friedens willen mache er gelegentlich Gartenarbeiten. Er möchte gerne selbständig oder wenigstens selbständiger wohnen, eigenes Geld verdienen, einen Beruf haben bzw. lernen. Er wisse jedoch nicht, wie er seine Lage ändern soll, was er machen kann, welche Möglichkeiten es für ihn gibt in allen Bereichen, wohin er sich wenden kann. Alles wäre für ihn so unübersichtlich, daß er ganz wirr davon würde und sich zu nichts entscheiden könne. Selbst in puncto Freizeitgestaltung gelänge es ihm nicht, sich zu etwas Sinnvollem durchzuringen, obwohl er doch Interessen hätte. Er fühle sich ziemlich gesund und möchte die Depotspritze absetzen.

Bezüglich seines Sozialverhaltens während der späteren Betreuung und Förderung fällt auf, daß er sich teilweise selbstunsicher oder provokativ anderen Personen gegenüber verhält. Darauf angesprochen, erklärt Paul L., daß er weniger "anecken" möchte. Aber er wisse nicht, wie man das macht.

Rahmenbedingungen
Zu den problemrelevanten Lebensumständen gehörte in der Vergangenheit, daß Paul L. wechselnd in zwei verschiedenen Ländern (Niederlande und Deutschland) und Sprachen aufgewachsen ist. Auch waren die Schulsysteme unterschiedlich.

So war er sich lange Zeit nicht über die Art seines niederländischen Schulabschlusses im Klaren.

Diese Situation hat sicherlich zur Verwirrung über seine Möglichkeiten im Leben beigetragen.

Durch seinen jetzigen Aufenthalt im Wohnheim ist er naturgemäß Sozialhilfeempfänger. Wenn er außerhalb es Wohnheimes arbeiten würde, müßte er sein Einkommen zunächst vollständig an den Kostenträger abführen. Er bekäme lediglich ein erhöhtes Taschengeld.

Als Heimbewohner lebt er in einem kleinen Dorf. Es ist schwierig, in die Stadt zu kommen. Eine Integration mit nichtbehinderten Menschen ist praktisch ausgeschlossen.

Problemrelevante Körperzustände: Seine früheren psychiatrischen Symptome sind schon seit Jahren nicht mehr aufgetreten. Daher fühlt er sich auch als eigentlich gesund. Als Heimbewohner gilt er jedoch nach wie vor als behindert.

Verhaltensanalyse
Seit der Eingewöhnung im Wohnheim drängt ihn immer mehr der Wunsch nach Veränderung: Das Leben im Wohnheim ist für ihn frustrierend. Er fühlt sich hier unwohl, nicht ausgefüllt. Er hat die Befürchtung, er komme hier nicht mehr 'raus, so wie die anderen, die schon seit ewig hier seien. Er kann sich kaum mit den anderen unterhalten. Anfangs ist er noch in die Arbeitstherapie gegangen. Sie ist ihm aber zu anspruchslos, zu stupide. Die Prämie ist ihm zu niedrig. Gleichzeitig hat er einen starken Veränderungswillen. Ihm fallen durchaus Stichworte zu seinen Wünschen ein, kann sie aber nicht ordnen, weiß oft die Bedeutung nicht (WG, Übergangswohnheim, Umschulung). Er kann sich nicht entscheiden, was er tun soll. Er möchte lesen, ein Instrument spielen (er hat Grundkenntnisse in Trompete und Gitarre.). Er hat zwar nicht direkt Depressionen, aber immer wieder das Gefühl der Sinnlosigkeit seines Tuns, seines Daseins.

All diese Gefühle, Überlegungen und Gedanken sind kaum an bestimmten Anlässen oder Auslösern festzumachen, sondern sind durch seine gesamte Lebenssituation geprägt.

Als Alternativverhalten wäre hier denkbar, daß er sich Hilfe sucht, daß er Informationen und Beratung, unter Umständen mit Unterstützung, beschafft, um zu einer Veränderung seines Lebens zu kommen.

Ansatzpunkte: Lernen, wie kann ich zu Problemlösungen kommen, wie kann ich mir Hilfe holen, Informationen beschaffen über meine Möglichkeiten.

Sozialverhalten: Wenn sich Paul L. unsicher fühlt, z.B. auf Ämtern, wird er provokativ (Beispiel: Er nimmt Drops vom Tisch des Beraters im Arbeitsamt und ißt sie.). In anderen Situationen, die ihn verwirren, reagiert er resigniert, verläßt die Situation oder macht abwertende, polemische Äußerungen.

Ansatzpunkt: Verbesserung des Sozialverhaltens, vor allem in öffentlichen Situationen.

Kognitionsanalyse
Er hat oft Gedanken, wie:
"Ich will was aus mir machen."
"Hoffentlich muß ich nicht immer hierbleiben."
"Wie komme ich nur zu einer vernünftigen Entscheidung."
Seine Grübeleien drehen sich um die Frage, was er machen kann, daß er aus dem Heim herauskommt und aus ihm noch mal was wird im Leben.

Bezüglich sozialer Situationen fällt auf, daß ihm Bewältigungskognitionen zur Überwindung von Unsicherheit fehlen. Ein Ansatzpunkt wäre hier die Bildung von entsprechenden Bewältigungskognitionen.

c. Therapieplanung

Therapieziele
Paul L. hat durchaus viele Ideen, was man allgemein machen könnte. Er weiß jedoch nicht, was für ihn persönlich sinnvoll und angemessen ist. Vor allem hat er große Schwierigkeiten, Entscheidungen herbeizuführen. Seine Ziele sind:
• Er möchte langfristig in einer anderen, geeigneteren Wohnform leben.
• Er möchte beruflich etwas aus sich machen.
• Er möchte seine Freizeit sinnvoller gestalten.
• Er möchte für bestimmte Situationen seine sozialen Fertigkeiten verbessern.
• Er möchte lernen, für alle genannten Ziele zu konkreten Lösungen und Entscheidungen zu kommen und sich Hilfe und Unterstützung zu holen.
Natürlich sind die Ziele relativ allgemein gehalten, aber sie spiegeln den momentanen Stand der Reflexion wider und lassen sich folgendermaßen zusammenfassen:
• In den Bereichen Wohnen, Arbeiten, Freizeit möchte er Lösungen finden und sich, bei Abwägung der jeweiligen Konsequenzen, für jeweils eine Lösung entscheiden können.
• Er möchte die erarbeiteten Maßnahmen gegebenenfalls unter sozialarbeiterischer Hilfestellung in die Praxis umsetzen.
• Er möchte sein Sozialverhalten verbessern.

Therapiemethoden
Sinnvoll erscheint mir ein Problemlösetraining bezüglich der Problembereiche Wohnen, Arbeiten und Freizeitgestaltung (siehe Fliegel et al., 1989).

Dieses Training soll die praktischen sozialarbeiterischen Maßnahmen vorbereiten.

Da Paul L. intellektuell und vom Gesundheitszustand her durchaus in der Lage ist, sein Leben selbst bestimmen zu wollen, sollte er auch in den Stand versetzt werden, zu eigenen Problemlösungen und Entscheidungen zu kommen.

Bezüglich des Sozialverhaltens scheint mir ein Selbstsicherheitstraining für ausgewählte, konkrete Situationen geeignet.

Schließlich müssen dann die erarbeiteten Schritte und Maßnahmen umgesetzt werden.

d. Durchführung

Therapeutische Beziehung
Es war wichtig, eine tragfähige therapeutische Beziehung mit Paul L. aufzubauen. Er hatte aufgrund der gemachten schlechten Erfahrungen wenig Vertrauen zu Leuten, die ihm Hilfe anboten.

Paul L. bekam Gelegenheit, an diversen Aktivitäten, die ich im Wohnheim angeboten hatte, teilzunehmen (Schwimmgruppe, Stadtbüchereigruppe).

Der entscheidende Vorteil war allerdings, daß ich zufällig Niederländisch spreche und so Konversationsstunden eingeführt werden konnten, die Paul L. nur allzugerne wahrgenommen hat.

Problemlösetraining

* *Problembereich Wohnen*
Er lernt, das Problem genau zu definieren und zu formulieren:
- Er möchte aus dem Wohnheim heraus. Er kann hier nicht allein wohnen. Er kann keinem Beruf nachgehen und keine Ausbildung machen. Er kann sich nicht sinnvoll beschäftigen. Die Arbeitstherapie ist für ihn stupide und Ausbeutung. Er möchte in eine Wohnform, in der er selbständiger leben kann.

Der nächste Schritt bestand darin, Lösungsmöglichkeiten zu sammeln. Er nannte in einem Brainstorming:
- sich beim Sozialarbeiter des Hauses erkundigen, was es innerhalb der Psychiatrie für Möglichkeiten gibt für ihn,
- zum Sozialamt gehen,
- zum Pfarrer gehen,
- ins LKH gehen,
- andere Heime oder WGs aufsuchen.

Danach wurde die Angemessenheit der verschiedenen Wege nach ihrer Nützlichkeit überprüft, im Sinne von: Was sind die jeweiligen Konsequenzen? Was liegt näher? Was ist der kürzere Weg?

Er fällt die Entscheidung: Er wägt ab, was am schnellsten Informationen liefert, nämlich der Sozialarbeiter im Wohnheim. Mit ihm zusammen kann er dann weitere Erkundigungen einziehen. Zu einem späteren Zeitpunkt kann er die Entscheidung überprüfen.

Für die anderen Bereiche (Arbeit, Freizeit) wurde in der gleichen Weise vorgegangen.

• *Problembereich Arbeit*
Definieren/Formulieren:
- Er möchte einen Beruf lernen und ausüben.
Lösungsmöglichkeiten sammeln:
- Mit dem Sozialarbeiter zum Arbeitsamt gehen und sich beraten lassen,
- zu einer Firma gehen,
- in der Zeitung nach Arbeitsangeboten suchen.
Konsequenzen abwägen/Entscheidung treffen:
- Es ist am einfachsten, mit seinem Sozialarbeiter zum Arbeitsamt zu gehen, welches den größten Überblick hat, besonders im Hinblick auf die Möglichkeiten für Behinderte (z.B. Förderung durch Reha- oder Umschulungsmaßnahmen).
Überprüfung:
- Die Entscheidung wird konkret durchgeführt. Dazu später mehr.

• *Problembereich Freizeit*
Definieren/Formulieren:
- Er möchte seine Freizeit sinnvoll gestalten.
- Er möchte ein Instrument spielen (hat Trompeten- und Gitarrenkenntnisse).
- Er möchte mit anderen "Normalen" zusammen sein.
- Er möchte Spaß haben.
- Er möchte Bücher in Deutsch und Niederländisch lesen.
Lösungsmöglichkeiten:
- Mit dem Sozialarbeiter Erkundigungen einziehen.
- VHS-Programm besorgen.
- In die Bücherei gehen.
- In der Zeitung wegen Veranstaltungskalender nachsehen.
- Verzeichnis der Vereine, Chöre besorgen.
Entscheidung treffen: Er lernt, daß viele Möglichkeiten in Frage kommen, je nach konkretem Ziel:
- Lesen: In die Bücherei gehen.
- Instrumente: Chor im Dorf aufsuchen.
- Aktivitäten: An Schwimmgruppe teilnehmen.
- Niederländisch: Konversation mit Sozialarbeiter.
Überprüfung:
- Die Entscheidung wird konkret durchgeführt. Dazu später mehr.
Das ganze Modell wird dann in einem weiteren Schritt angewendet, nämlich bei der Auswahl und Entscheidung über geeignete:
- Wohnformen,
- Arbeit,
- Freizeitgestaltung,
während dessen jeweils die Vor- und Nachteile, die Konsequenzen einer jeden Möglichkeit reflektiert werden.
    Dabei zeigt sich, daß Paul L. schnell in der Lage ist, die Schritte immer selbständiger anzuwenden.

Sozialverhalten

Anlaß für die Übungen waren die Erkundigungen beim Arbeitsamt. Es wurden Bewältigungskognitionen überlegt als Selbstinstruktion *vor* der Situation:
"Ich werde es schaffen!"
"Es ist mein gutes Recht, die Informationen zu kriegen."
Für die Situation selbst wurde geübt:
• laut und deutlich zu reden,
• Blickkontakt zu halten,
• zu lächeln,
• bei Wünschen in der Ich-Form zu reden.
Die Situationen wurden im Rollenspiel geübt. Zunächst war es schwierig, Paul L. davon abzuhalten zu theatralisieren, ernsthaft zu bleiben.
Die konkreten Fragestellungen, z.B. für das Arbeitsamt, wurden vorher erarbeitet:
"Kann ich eine Reha-Maßnahme machen?"
"Was für Maßnahmen gibt es sonst noch? Welche im Metallbereich?"
"Welche Voraussetzungen muß ich haben?"
Später:
"Kann ich eine Umschulung im Metallbereich machen?"
"Welche Voraussetzungen muß ich erfüllen?"

e. Praktische Umsetzung

Die während des Problemlösetrainings erarbeiteten Maßnahmen wurden dann in die Praxis umgesetzt.

Problembereich Wohnen

Das Problemlösetraining hatte ergeben, daß das selbständige Wohnen in einer Einzelwohnung wahrscheinlich zu früh ist. Es sollte ein Übergangswohnheim oder eine Wohngemeinschaft für psychisch Behinderte anvisiert werden. Erkundigungen von mir haben dann ergeben, daß im Wohnhaus K., einem Übergangswohnheim für psychisch Kranke, ein Platz frei würde. Paul L. konnte dort ein mehrtägiges Probewohnen absolvieren, welches erfolgreich verlief. Hier sollte er soziotherapeutische Begleitung erfahren, was besonders günstig war im Hinblick darauf, daß eine geplante Umschulungsmaßnahme in Angriff genommen wurde. Ein eingeholtes fachärztliches Gutachten sprach ebenfalls dafür.

Leider war der Platz in dem Übergangswohnheim dann wider Erwarten doch nicht frei geworden.

Später ergab sich dann die Situation, daß ein Platz in einer der von mir aufgebauten WGs für psychisch Behinderte frei wurde. Paul L. bewarb sich um den Platz und bekam ihn auch.

Problembereich Arbeit

Das Arbeitsamt wurde aufgesucht und eine Reha-Maßnahme beantragt. Paul L. wollte im Bereich Metall arbeiten. Realistisch erschien eine Berufsausbildung als Industriemechaniker (früher: Maschinenschlosser).

Vorher mußten wir die bisherigen Arbeitszeiten zusammentragen, die er in den Niederlanden absolviert hatte. Die niederländischen Arbeitsstellen, Arbeitsämter und Sozialversicherungsträger mußten angeschrieben werden, damit Paul L. die zeitlichen Voraussetzungen erfüllen konnte.

Beim Regierungspräsidenten in Köln mußte eine Bescheinigung über den Wert des niederländischen Schulzeugnisses, das vorher auch noch amtlich übersetzt werden mußte, eingeholt werden.

Schließlich wurde der Reha-Antrag jedoch abgelehnt und zwar mit der Begründung, daß er ja nicht mehr behindert sei! Dies war sehr paradox und eine große Enttäuschung für Paul L.

Später beantragten wir eine Umschulungsmaßnahme als Industriemechaniker. Die zeitlichen Voraussetzungen konnte er erfüllen.

Ein psychologisches Gutachten beim Arbeitsamt Brühl hatte ergeben, daß Paul L. von der Intelligenz, vom Konzentrations- und Ausdauervermögen her in der Lage war, eine Facharbeiterausbildung durchzustehen.

Vor der eigentlichen Umschulung sollte eine halbjährliche Vorbereitungsmaßnahme erfolgen (Praxistraining im Berufsbildungszentrum der Kreisstadt). Er hat sie auch durchgestanden und erfolgreich beendet. Er hat eine sehr gute Beurteilung durch die Maßnahmeleitung erhalten.

Einige Monate später konnte er mit der Umschulung beginnen.

Problembereich Freizeit

Wie bereits oben erwähnt, nahm Paul L. an Aktivitäten von mir teil:

* Schwimmgruppe,
* Büchereigruppe,
* Niederländische Konversation.

Außerdem erfuhren wir von einer Musiziergruppe im Dorf. Paul L. erhielt Gelegenheit, dort einmal wöchentlich Trompete zu spielen.

In der Bücherei konnte Paul L. Literatur ausleihen.

Anfangs brachte ich ihm niederländische Literatur mit. Später lieh er sie auch über Fernleihe der Bücherei aus.

Dies alles war allerdings nur möglich, solange er im Wohnheim lebte. Später während seines WG-Aufenthalts und seiner beruflichen Maßnahme mußte er seine Freizeitaktivitäten einschränken.

f. Ergebnisse und Rückschläge

Der erste Rückschlag war sicherlich die Nichtaufnahme ins Übergangswohnheim trotz Bestehens des Probewohnens. Hier wäre auch der entscheidende Vorteil gewesen, daß soziotherapeutisch gearbeitet worden wäre.

Die Ablehnung der Reha-Maßnahme empfand Paul L. ebenfalls als Rückschlag.

Zum Glück gelangen die anderen Ziele: WG-Platz und Umschulungsmaßnahme.

Negativ wirkte sich wahrscheinlich aus, daß er von der Heimleitung nicht unterstützt wurde. Es hieß häufig: "Du schaffst es sowieso nicht!" Um so mehr freute er sich über die gute Beurteilung nach der Vorbereitungsmaßnahme.

Ich hatte Paul L. fast zwei Jahre in der besonderen Betreuung. Es wurden regelmäßige Termine einmal pro Woche eine Stunde als Grundlage vereinbart. Die

Sitzungen konnten aber auch nach Bedarf länger dauern. Hinzu kamen die Zeiten der Teilnahme an allgemeinen Aktivitäten von mir (NL-Konversation, Gruppen) sowie die Amtsgänge, aber auch die Zeiten für das Abfassen von Anträgen und der Korrespondenz mit niederländischen Stellen.

Grundsätzlich habe ich auch diese Dinge nicht *für* ihn, sondern *mit* ihm erledigt.

Paul L. hat die ganze Zeit ziemlich motiviert mitgearbeitet, da er kontinuierlich erfahren hat, daß seine Anliegen, trotz der Rückschläge, vorwärtsgingen.

Nach seinem Einzug in die Wohngemeinschaft und der Arbeitsaufnahme in der Maßnahme im Berufsbildungszentrum konnte ich selbst ihn jedoch nur noch gelegentlich sprechen.

Mit seiner Betreuerin in der WG bekam er Schwierigkeiten. Nach einigen Monaten hatte er sie u.a. dermaßen beschimpft, bei gleichzeitiger verbaler sexueller Belästigung, so daß er aus der WG fristlos entlassen werden mußte, was ich leider nicht mehr verhindern konnte.

Er ist daraufhin zu seiner Mutter in die Niederlande gefahren und dort einige Zeit geblieben. Seine Umschulungsmaßnahme hatte er abgebrochen.

Dies alles war eine sehr bedauerliche Situation.

Paul L. hat mich später angerufen. Er ist schließlich in einer WG für psychisch Behinderte in einer entfernteren Großstadt untergekommen und machte wieder eine Umschulung in einem Metallberuf.

Er gab auch an, daß er sich bei der Entscheidungsfindung für praktische Schritte bei seiner Lebensplanung immer wieder der gelernten Schritte des Problemlösetrainings erinnert hat.

Wahrscheinlich hatte meine Förderung zu guter Letzt doch noch positive Ergebnisse gehabt.

Beispiel 3: Franz B.

a. Vorbemerkung

Bei der folgenden Fallbeschreibung handelt es sich um einen Bewohner eines psychiatrischen Wohnheimes im Bergischen Land.

In dem Wohnheim leben hauptsächlich ca. 85 psychisch Behinderte sowie noch einige geistig behinderte Menschen.

Das Heim ist unterteilt in einzelne Häuser mit jeweils ca. acht Patienten und einem Haus mit ca. 20.

Neben diesem Wohnbereich gibt es in der Einrichtung eine Arbeitstherapie (Werkstatt, Garten, Töpferei) und einen "Therapeutischen Trainingsbereich". Dieser pädagogisch-therapeutische Dienst kümmert sich um Bewohner, die besondere Schwierigkeiten haben.

Ich arbeite hier mit einer bestimmten Anzahl von Bewohnern aus verschiedenen Häusern der Einrichtung und führte einzel- und gruppentherapeutische sowie sonderpädagogische Angebote durch.

Wie zu Anfang bereits bemerkt, sind die biographischen bzw. anamnestischen Gegebenheiten in der folgenden Fallbeschreibung weggelassen.

b. Zur Person

Franz B. wurde 1992 mit der Diagnose "Paranoide Psychose aus dem schizophrenen Formenkreis" im Wohnheim aufgenommen. Er ist zu diesem Zeitpunkt 32 Jahre alt. Er ist ein sehr intelligenter, begabter und intellektuell beweglicher Mensch. Er beschäftigt sich gerne mit Kunst, er malt viel und stellt Collagen her.

Er hat einen großen Teil seines Lebens in psychiatrischen Kliniken zugebracht, davon meist auf der geschlossenen Abteilung wegen massiver Unruhe- und Angstzustände.

c. Problemanalyse

Problembeschreibung

Franz B. leidet aufgrund seiner Schizophrenie immer wieder unter Angst- und Unruhezuständen. Es kommt zu psychotischen Episoden, in denen er sich z.B. einbildet, Batman zu sein. Im allgemeinen läßt er sich jedoch durch ein Gespräch beruhigen.

Dies ist ein Fortschritt gegenüber der Klinik, wo er häufig bei psychotischen Dekompensationen in die geschlossene Station zur "Krisenintervention" aufgenommen werden mußte.

Franz B. klagt darüber hinaus über "Streß beim Denken". Er kann sich dann nicht richtig konzentrieren, läßt sich häufig ablenken. Er hat Schwierigkeiten, die richtigen Worte zu finden. Er kann manchmal soziale Situationen nicht richtig einschätzen.

Sein Sozialverhalten ist dadurch gekennzeichnet, daß es für viele Situationen des Alltags nicht ausreichend entwickelt ist. Dadurch kommt es dann häufig zu Konflikten mit den betreffenden Leuten.

Sehr gravierend ist sein Verhalten bezüglich des Zigarettenkonsums. Zigaretten, die er hat, raucht er sofort gierig alle hintereinander auf. Die Zigaretten müssen ihm daher eingeteilt werden. Aber in der Zwischenzeit terrorisiert er weiterhin Mitarbeiter und Bewohner, um sie dazu zu bewegen, ihm eine Zigarette zu geben.

Franz B. hat Vorstellungen von seiner Krankheit und seinen Fähigkeiten, die nicht mit der Realität übereinstimmen. Er glaubt, im Grunde sei er gesund und könne sicherlich bald als Kunsttherapeut im Wohnheim anfangen, da er ja große künstlerische Fähigkeiten habe. Dann will er in Kürze bei Ford in Köln als Designer arbeiten und Autos konstruieren. Dies alles äußert er nicht in psychotischen Zuständen, sondern sozusagen im Alltag.

Hier zeigt sich ein großer Mangel an Information über seine beruflichen Möglichkeiten.

Außerdem möchte er nicht jahrelang im Wohnheim leben, sondern eine eigene Wohnung und Arbeit haben. Dies geht soweit, daß er sein Zimmer nicht einrichtet, da er ja in Kürze 'rauskomme.

Offensichtlich fehlt ihm auch eine realistische Lebensperspektive.

Rahmenbedingungen

Die Lebensbedingungen sind vor allem durch den Aufenthalt im Wohnheim geprägt. Die Einrichtung befindet sich in einem kleinem Dorf weit ab von der nächsten Stadt. Eigenständig können die Bewohner in Ermangelung an öffentlichen Verkehrsmitteln kaum in die nächste Stadt gelangen. Auch Franz B. fühlt sich dadurch in seinem Freiheitsdrang eingeschränkt.

Grundlegend ist seine chronische schizophrene Erkrankung, die sicherlich nicht "geheilt" werden kann. Aber bestimmt ist es möglich, daß er lernt, mit den Problemen, die sich daraus ergeben, besser umgehen zu können.

Verhaltensanalyse

Ein grundlegendes und überdauerndes Problem scheinen bei Franz B. kognitive Störungen zu sein, die ja durchaus typisch für Schizophreniekranke sind (siehe Basisstörungskonzept von Süllwold, 1990). In Gesprächen kommt heraus, daß er vor allem beeinträchtigt wird, zusammengefaßt, von:

• Konzentrationsstörungen,
• leichter Ablenkbarkeit,
• Denkstörungen,
• Wortfindungsschwierigkeiten,
• Beeinträchtigungen der sozialen Wahrnehmung und
• unangemessenem Sozialverhalten.

Das Ergebnis des Frankfurter Beschwerdefragebogens (FBF) bestätigt diese Angaben.

Die genannten Störungen treten besonders dann auf, wenn Franz B. sich in Belastungssituationen befindet. Das kann der Küchendienst im Haus sein, aber auch neue Anforderungen und neue Situationen.

Ein weiteres überdauerndes Problem ist der Zigarettenkonsum von Franz B. Die Gier nach den Zigaretten ist permanent da und braucht keinen besonderen Auslöser. Bis zu meiner Übernahme der besonderen Betreuung bekam er die Zigaretten stündlich eingeteilt. Dieser Zeitraum erweist sich als zu lang. In der Zwischenzeit bedrängt er die Mitarbeiter in penetranter Weise, ihm früher eine Zigarette zu geben, oder er setzt solange Mitbewohner unter Druck, bis die Betreffenden sich nicht mehr wehren können. Dies bedeutet natürlich eine positive Verstärkung seines Verhaltens, da er ja sein Ziel immer wieder erreicht.

Auffällig ist weiterhin sein Sozialverhalten außerhalb der Einrichtung in der Öffentlichkeit, das zu peinlichen Situationen führen kann. Z.B. wartet er in der Stadtbücherei bei der Ausleihe oder Abgabe nicht, bis er an der Reihe ist, sondern redet drauflos und drängt sich vor. Da die Büchereimitarbeiter mit der Situation nicht umgehen können, aus Angst, einen Behinderten zu verprellen, sind sie nicht in der Lage, ihn zurückzuweisen, und verstärken dadurch sein Verhalten.

Hier ist sicherlich der Ansatzpunkt, daß neues adäquates Verhalten aufgebaut werden müßte.

Ein anderes grundlegendes Problem betrifft das individuelle Krankheitskonzept des Franz B. Er glaubt, daß er eigentlich gesund sei. Seine durchaus vorhandenen künstlerischen Fähigkeiten führen ihn zu der Meinung, daß er auch Kunsttherapeut im Wohnheim werden könnte. Er hat keine Kenntnisse über die Voraussetzungen zu diesem Beruf.

Da seine Selbstüberschätzung nicht zum entsprechenden Erfolg führt, kommt es immer wieder zu Enttäuschungen.

Andererseits haben einige Mitarbeiter Schwierigkeiten, aus falsch verstandener Rücksichtnahme, um ihm nicht weh tun zu müssen, klar und deutlich zu sagen, wie die Dinge liegen, sondern schicken ihn zum Betreuer im Therapiebereich und erzeugen dadurch bei ihm den Eindruck, vielleicht läßt sich ja etwas machen.

Das Problem setzt sich fort in einer unklaren Lebensperspektive. Sie äußern sich z.B. in seinem Wunsch, schon bald auszuziehen und eine eigene Wohnung zu haben.

Es zeigt sich deutlich, wie wichtig es ist, mit ihm ein klares Krankheitskonzept für ihn und eine überschaubare Lebensperspektive zu entwickeln.

d. Therapieplanung

Die folgenden Therapieziele sind zusammen mit dem Klienten erarbeitet worden. Zeitlich war dazu reichlich Gelegenheit, da Franz B. mehrere Stunden pro Tag an den von mir angebotenen Aktivitäten bzw. an den regelmäßig einmal wöchentlich stattfindenden Einzelsitzungen teilnimmt.

Therapieziele
Franz B. kann sich mit folgenden Therapiezielen identifizieren:
• Er möchte ohne Streß denken, wahrnehmen und sich konzentrieren können.
• Er möchte bestimmte Verhaltensweisen in sozialen Situationen durch angemessene ersetzen können, um dadurch weniger Konflikte zu haben.
• Er möchte sein Zigarettenproblem so verbessern, daß sowohl er selbst als auch Mitarbeiter und Mitbewohner damit leben können.
• Er möchte realistische Vorstellungen von seiner Erkrankung/Behinderung erhalten.
• Er möchte für sich eine realistische Lebensperspektive entwickeln.

Planung/Methoden

• *Problembereich Kognitive Störungen*
Für diesen Bereich bietet sich das Integrierte Psychologische Therapieprogramm (IPT) von Roder et al. (1988) an, das auf Patienten mit chronisch schizophrener Krankheit zugeschnitten ist.

Im Manual werden Übungen vorgestellt zur Verbesserung der
- Kognitiven Differenzierung,
- Sozialen Wahrnehmung,
- Verbalen Kommunikation,
- Sozialen Fertigkeiten und des
- Interpersonellen Problemlösens.

Die Übungen sind übergreifender Natur, d.h. sie berühren nicht nur, sondern bearbeiten auch die anderen Problembereiche. Es kann daher als Breitbandverfahren für Franz B. angesehen werden. Das Programm ist zwar für die Gruppentherapie gedacht, kann aber auch in der einzeltherapeutischen Arbeit verwendet werden.

Auch Franz B. interessiert sich sehr für das Programm und ist stark motiviert, alle Bereiche durchzuführen.

• *Problembereich Sozialverhalten*
Übungen zu Entwicklung und Aufbau von sozialen Fertigkeiten sind zwar im IPT enthalten. Hier soll es aber schon vor der Erarbeitung des betreffenden Unterprogramms um den Aufbau von Verhaltensweisen in ganz bestimmten, immer wiederkehrenden und konfliktreichen Situationen gehen. Es handelt sich also um die operante Konditionierung von Alternativverhalten.

• *Problembereich Zigaretten*
Auch hier soll es um den Aufbau von alternativem Verhalten gehen. Der Suchtcharakter des Rauchens erschwert sicherlich dieses Unterfangen. Hinzu kommt, daß sehr viele psychisch Behinderte Zigaretten und Kaffee als Mittel gegen die dämpfende Wirkung von Neuroleptika einsetzen.
    Das Minimalziel soll bei Franz B. zumindest eine Erleichterung der Problematik sein, da mittlerweile Gefahr im Verzug ist. Unter Mitarbeitern wird bereits diskutiert, ob Franz B. in der Einrichtung überhaupt noch tragbar ist.

• *Problembereich Individuelles Krankheitskonzept*
Hier geht es vor allem um die Information über Schizophrenie und Medikation. Orientierung und Anregungen zu diesem Thema soll die psychoedukative Familientherapie geben (vgl. Hahlweg, 1991; BMG, 1993).
    Weiterhin geht es um die Klärung der unrealistischen Berufswünsche.

• *Problembereich Lebensperspektive*
Mit dem zuletzt genannten im Zusammenhang steht die Erarbeitung einer realistischen Lebensperspektive, zumindest für die nächsten Jahre.

e. Durchführung

Problembereich Kognitive Störungen
Franz B. nimmt seit fast zwei Jahren an den von mir angebotenen Aktivitäten teil.
    In die Gruppe waren zunächst zwei Bewohner einbezogen.
    Das IPT ist langfristig angelegt. Mit zwei Jahren muß gerechnet werden.
    Bei der ersten Therapieeinheit geht es um Übungen zur Kognitiven Differenzierung. Durch zahlreiche unterschiedliche Übungen sollen die kognitiven Fertigkeiten verbessert werden.
    Bei der Stufe 1 wurden sogenannte *Kärtchenübungen* gemacht. Diese Kärtchen unterscheiden sich nach folgenden Merkmalen: Zahlen, Wochentage, Formen und Farben. Die beiden Teilnehmer wurden aufgefordert, die Kärtchen nach bestimmten Kriterien zu sortieren, z.B. alle roten Kärtchen mit einer zweistelligen Zahl.
    Die Stufe 2 behandelt *"Verbale Begriffssysteme"*:
• Begriffshierarchien: Es wurden Klassifikationen im Sinne von Über- und Unterbegriffen vorgenommen.
• Synonyme: Hier war wichtig, die Unterschiede und Gemeinsamkeiten der gefundenen Worte herauszuarbeiten.
• Antonyme: Hier galt das gleiche wie bei den Synonymen.
• Wortdefinitionen: Hier sollten Worte nach bestimmten Kriterien, wie z.B. Material, Standort, Funktion, erklärt werden.

• Begriffe mit unterschiedlicher Bedeutung, je nach Kontext: Hier wurden die unterschiedlichen Bedeutungen erarbeitet und erklärt, z.B. das Blatt: Pflanze, Buch, Zeitung.

Die Stufe 3 behandelt *"Suchstrategien"*. Hier sollten durch gezieltes Fragen Gegenstände im Raum ermittelt werden. Dabei war es notwendig, Fragestrategien zu erarbeiten, z.B. vom allgemeinen zum speziellen fragen.

In der zweiten Therapieeinheit ging es um Übungen zur Sozialen Wahrnehmung. Grundlage bildet eine Diaserie von sozialen Situationen. Jedes Dia wird nach drei Stufen bearbeitet:

- Stufe 1: *Informationssammlung*
Diese Stufe zielte auf eine Verbesserung der selektiven Aufmerksamkeit. Alle erkennbaren Details wurden von den beiden Gruppenteilnehmern so vollständig wie möglich beschrieben.

- Stufe 2: *Interpretation und Diskussion*
Hier wurden Interpretationen zu den einzelnen Diainhalten gesammelt und diskutiert.

- Stufe 3: *Titelfindung*
Zum Schluß sollte eine kurze prägnante Überschrift gefunden werden, in der die wichtigste Aussage des Bildes enthalten ist.

Weitere Therapieeinheiten des IPT werden noch folgen.

Alle bisherigen Übungen hat Franz B. sehr gerne mitgemacht. Noch Stunden oder Tage nach den jeweiligen Sitzungen hat er z.B. nach bestimmten Worten, Unterbegriffen etc. gesucht.

Die Unterteilung in sachlich oder affektiv betonte Begriffe beim Vorgehen spielte übrigens bei Franz B. kaum eine Rolle.

Problembereich Sozialverhalten
Hier ging es um soziale Verhaltensweisen, die bei Franz B. immer wieder zu Problemen geführt haben. Beispiele:

• Café: Wir wollen zahlen. Franz B winkt die Kellnerin mit dem Finger und zeigt stumm mit dem Finger auf den Betreuer, der für alle zahlt.
• Stadtbücherei: Er redet an der Theke sofort drauflos, wartet nicht, bis er an der Reihe ist.
• Geschäft, Bücherei etc.: Er fragt nur: "Toilette?", um zu erfahren, wo die Toilette ist.

Zu solchen Situationen werden alternative Verhaltensweisen erarbeitet und dann im Rollenspiel eingeübt. Beispiele:

• Café: "Können wir bitte zahlen?"
• Bücherei: Er übt abzuwarten, bis er dran ist.
• Geschäft: "Kann ich bei Ihnen die Toilette benutzen"? Oder: "Können Sie mir bitte sagen, wo die Toilette ist?"

Franz B. fiel es leicht, das neue Verhalten auszuprobieren und später in der Praxis anzuwenden.

Bekräftigt wurden die Anwendungen durch positive Verstärkung (verbales Lob), aber auch durch negative Verstärkung durch das Ausbleiben von Kritik, Konflikten etc. während der praktischen Durchführung.

Problembereich Zigaretten

Franz B. bekam von vornherein seine Zigaretten im Haus eingeteilt, und zwar zunächst für einen halben Tag, dann stündlich.

Dies war eine Überforderung, er konnte damit nicht umgehen. In der Zwischenzeit drangsalierte er die Leute.

Ich schlug vor, die Zigaretten halbstündlich auszugeben, also in kleineren Schritten vorzugehen und habe diese Aufgabe dann auch selbst übernommen, da Franz B. die meiste Zeit im Therapiegebäude verbringt. Bei Abwesenheit übernahm eine Kollegin, bei der er Kunsttherapie hatte, die Ausgabe.

Belohnt wurde die korrekte Einhaltung mit Extrazigaretten am Ende des Tages.

Dies dauert nun schon mehr als anderthalb Jahre. Zur Zeit wird probiert, die Zigaretten zwei Stück zu jeder Stunde auszugeben. Geplant ist als nächster Schritt drei Zigaretten alle anderthalb Stunden.

Dies alles ist ziemlich mühsam für alle Beteiligten und wird wahrscheinlich noch lange Zeit in Anspruch nehmen.

Schwierig wird auch das Ausschleichen des positiven Verstärkers. Vielleicht funktioniert es über einen Verstärkerwechsel.

Problembereich Individuelles Krankheitskonzept

Es erfolgte eine ausführliche Information über Entstehung, Verlauf und Heilungsaussichten der Schizophrenie.

Das Wissen über Entstehung und Verlauf wurde mit Hilfe des Vulnerabilitäts-Streß-Modells vermittelt.

Dann wurde die Bedeutung der Neuroleptika-Behandlung und das Auftreten von Nebenwirkungen besprochen.

Vor allem wurde aber auch geklärt, wie die spezifischen Symptome bei Franz B. aussehen. Daraus sollte abgeleitet werden, welche Symptome als Frühwarnzeichen betrachtet werden können, damit er rechtzeitig Krisen besser bewältigen kann, bis hin zum Rückzug auf sein Zimmer, in dem er sich sicher fühlt. Als Frühwarnzeichen wurden identifiziert für ihn:

- besondere Ruhelosigkeit über das für ihn normale Maß hinaus (Übererregung),
- Wichtiges nicht von Unwichtigem unterscheiden können,
- gesteigerte Denk- und Konzentrationsstörungen (auch unrealistische Gedanken, Zwangsgedanken),
- Angst und Mißtrauen.

Bei Auftreten kann er zur Not seine Bedarfsmedikation, vor allem aber Gespräche, die ihn beruhigen, bekommen.

Problembereich Lebensperspektive

Zunächst wurde auf die Berufswünsche eingegangen und geklärt, warum es für ihn unrealistisch ist, in der Einrichtung Therapeut oder bei Ford Designer zu werden.

Da Franz B. auch in der Büchereigruppe mitmacht, ist dort Literatur zum Thema besorgt worden.

Als Ergebnis kam für Franz B. insgesamt heraus:

- An eine Berufsausbildung ist in den nächsten Jahren nicht zu denken.

- Eventuell kann die WfB für psychisch Behinderte in Marienheide anvisiert werden.

- Er strebt an, in eine Wohngemeinschaft für psychisch Behinderte (WG) in ca. zwei Jahren zu wechseln. Vorher könnte er in der Außenwohngruppe der Einrichtung ein selbständigeres Leben einüben.
- Zur Vorbereitung auf Außenwohngruppe bzw. WG nimmt Franz B. an der von mir angebotenen Kochgruppe, die einmal wöchentlich stattfindet, teil.

Es war für Franz B. schwer, die Illusion auf schnelle Veränderung aufzugeben.

Nach mehreren Sitzungen zum Thema akzeptiert er die oben aufgeführte Perspektive.

f. Ergebnisse

Franz B. kann inzwischen besser mit seinen Symptomen umgehen. Er kann einige als Frühwarnzeichen erkennen und sich gegebenenfalls zurückziehen oder das Gespräch suchen.

Er kann sich in der Öffentlichkeit angemessener verhalten.

Er weiß, was er in den nächsten Jahren perspektivisch machen will. Die Zigarettenfrage ist nicht so problematisch wie anfangs.

Insgesamt ist jedoch für alle Beteiligten ein langer Atem erforderlich.

P.S.: Wie betriebsblind man als Therapeut sein kann und wie man auch problematisches Verhalten beim Klienten verlängern kann, zeigt folgendes: Ein nicht-therapeutischer Kollege schlug bezüglich des Zigarettenproblems vor, die Zigaretten überhaupt nicht mehr einzuteilen, sondern ihm jeden Tag ein ausreichendes Kontingent an Tabak auf einmal zur Verfügung zu stellen.

Durch dieses Mittel der Reizüberflutung ist tatsächlich eine wesentliche Verbesserung eingetreten. Der drang- und zwanghafte Charakter seines Zigarettenkonsums hat sich erheblich abgeschwächt.

Das Beispiel macht auch deutlich, wie wichtig es ist, einen Blick für die Alltagsrealität zu wahren und die Lebensräume der Bewohner im Einklang mit dem Normalisierungsprinzip nicht über Gebühr einzuengen.

Die dargestellten Fallbeispiele zeigen jedoch auch, wie sehr eine im pädagogischen Rahmen durchgeführte Verhaltenstherapie zur Rehabilitation, vor allem aber zur Verbesserung der Lebensqualität, beitragen kann.

Die neuerliche Diskussion um die "Radikalisierung der Psychiatriereform" sowie die Überlegungen über Sparmaßnahmen in der Sozialpsychiatrie ("Aus leeren Kassen Kapital schlagen") wird sicherlich auch vor den Dauerwohnheimen für psychisch Behinderte nicht Halt machen und verstärkt die Rückführung von Bewohnern in die Gemeinde ins Auge fassen müssen.

Dabei sollten die Möglichkeiten der Verhaltenstherapie bei Behandlung, Rehabilitation und psychiatrischer Pflege insgesamt häufiger genutzt werden.

Die Erfahrungen im pädagogischen Kontext, vor allem im Sinne einer Kompetenz-Orientierung, können als überaus ermutigend angesehen werden.

Literatur

BMG (Hrsg.).(1993). Modellprojekt "Schizophreniebehandlung in der Familie". Baden-Baden: Nomos

Decker, C. & Hofstetter, G. (1991). Die Kunst der kleinen Dinge des Alltags - oder: wie entsteht zwischen Mitarbeitern und Bewohnern Gleichheit? In: Dörner, K. (Hrsg.). Aufbruch der Heime. Gütersloh: Jakob van Hoddis

Dörner, K.(1991). Wie gehe ich mit Bewohnern um? In: Dörner, K. (Hrsg). Aufbruch der Heime. Gütersloh: Jakob van Hoddis

Fliegel, St. et al. (1989). Verhaltenstherapeutische Standartmethoden. München: Psychologie Verlags Union

Hahlweg, K. et al. (1991). Praxis der psychoedukativen Familienbetreuung. In: Retzer, A (Hrsg.). Die Behandlung psychotischen Verhaltens. Heidelberg: Auer, S.172-202

Hautzinger, M.; Stark, W. & Treiber, R. (1989). Kognitive Verhaltenstherapie bei Depressionen. München: Psychologie Verlags Union

Pfingsten, U. & Hinsch, R. (1991²). Gruppentraining sozialer Kompetenzen (GSK). München: Psychologie Verlags Union

Roder, V. et al. (1988). Integriertes Psychologisches Therapieprogramm für schizophrene Patienten (IPT). München: Psychologie Verlags Union

Spang-Fitzek, M. (1994). Das "Soziale Kompetenz-Inventar für psychiatrische Patienten (SKIPP). Franzfurt/Main: Peter Lang

Süllwold, L. & Herrlich, J. (1990): Psychologische Behandlung schizophren Erkrankter. Stuttgart/Berlin/Köln:Kohlhammer

Wienberg, G. (1994). Über Schizophrenie sprechen. Psychoedukative Gruppenarbeit mit Psychose-Erfahrenen. *Soziale Psychiatrie*, 67, S.4-8

IV.

Das Programm der
"Social and Independent Living Skills" (SISL)
- Erfahrungen mit den Libermann-Modulen -

Umseitiges Bild:

"K. Roy"
Wolf-Dieter Schuh

Symptom-Management zur Rezidivprophylaxe bei schizophrenen Störungen

Thomas Spille

Einführung

Das Symptom - Management - Modul (Liberman, 1988), in der deutschen Fassung "Therapieprogramm zum Umgang mit Symptomen" (Brenner, 1990a,1990b), ist ein Baustein des Programms "Social and independent Living Skills (SILS)" (Liberman, 1988), das federführend von Robert Liberman und Charles Wallace am "Clinical Research Center for Schizophrenia and Psychiatric Rehabilitation" in Los Angeles entwickelt wurde.

Neben dem hier beschriebenen Symptom-Management-Modul (SMM) existieren weitere Module wie beispielsweise:

• Umgang mit Medikamenten
• Selbständige Haushaltsführung
• Freizeit und Entspannung
• Kommunikative Fertigkeiten
• Umgang mit Geld
• Inanspruchnahme öffentlicher Amtsstellen

In einer an deutschsprachige Verhältnisse adaptierten Fassung liegen bis jetzt die Programmbausteine "Umgang mit Medikamenten" und "Umgang mit Symptomen" vor. Sie wurden von einer Arbeitsgruppe um H.D. Brenner an der Abt. für Theoretische und Evaluative Psychiatrie der Universitätsklinik Bern erstellt.

Das SMM kann neben dem "Therapieprogramm zum Umgang mit Medikamenten" einen wichtigen Beitrag zur Rezidivprohylaxe bei Schizophrenie leisten. Programme dieser Art lassen sich als Voraussetzung für intermittierende Neuroleptikamedikation (Herz et al., 1989) oder Niedrigdosierung (Hogarty et al., 1988) nutzen. Speziell die intermittierende Medikation setzt bei Patient, Arzt und Angehörigen die Kenntnis von Früh- und Warnsymptomen voraus.

In diesem Beitrag soll nach einer kurzen Darstellung des theoretischen Rahmens der SILS-Programme das "Therapieprogramm zum Umgang mit Symptomen" referiert werden.

Um einen möglichst konkreten Einblick in das Vorgehen zu geben, wird ein Fertigkeitsbereich aus dem Modul "Umgang mit Symptomen", das " Erkennen der Warnsignale eines Rückfalls", ausführlich dargestellt.

Die Relevanz von Früh- und Warnsymptomen

Durch das Vulnerabilitäts-Streß-Coping-Kompetenz Modell (Zubin & Spring,1977; Liberman 1986; Nuechterlein 1987) wird versucht, verschiedene biologische-, umwelt- und verhaltensbezogene Ansätze zu integrieren. Explizites Ziel ist es dabei, zu klären, warum nach remittierten Episoden erneut Rückfälle auftreten können.

Die Grundlage der Entwicklung des SILS- Programms war dies neuere, heuristische Modell zur Genese chronisch verlaufener psychischer Krankheiten.

Das Modell impliziert, daß nachfolgende Zyklen des Prozesses nach einer Ersterkrankung nicht unausweichlich erneut zu einer Episode führen müssen, sondern persönliche Anfälligkeitsfaktoren, persönliche Schutzfaktoren und umweltbedingte Schutzfaktoren und Potentiatoren Einfluß auf den Krankheitsverlauf nehmen können (vgl. Schaub in diesem Band).

Nach einer Untersuchung von Herz & Melville (1980) berichteten ca. 70% der Betroffenen und ca. 90% der Angehörigen über das Vorhandensein von Frühsymptomen.

Die Früh- und Warnsymptome unterschieden sich charakteristisch von Symptommen einer akuten Episode. Typische Früh -und Warnsymptome sind beispielsweise Schlafstörungen, sozialer Rückzug, Nervösität, Anspannung, quälende Gedanken, sowie Konzentrations- und Appetitstörungen.

Das Anliegen des Moduls "Umgang mit Symtomen" ist es, den Patienten diese Erkenntnisse zu vermitteln und mit ihnen die idiosynkratischen Früh- und Warnsignale systematisch zu erarbeiten.

Ziel ist es dabei, den Patienten eigene Bewältigungsmöglichkeiten zu erschliessen, um Rezidive zu vermeiden oder in ihrem Schweregrad zu mindern. Zusätzlich wird der Patient dabei angeleitet, sich bei Veränderungen der Symptome Unterstützung im persönlichen Umfeld oder professionelle Hilfe zu suchen.

Der Patient kann dadurch in die Lage versetzt werden, aktiv den potentiellen Krankheitsverlauf und die Behandlung mitzugestalten. Dies bedeutet auch eine wichtige Voraussetzung zur aktiven Teilnahme an der Medikation.

Grundriß des Therapieprogramms "Umgang mit Symptomen"

Ziel des Therapieprogramms "Umgang mit Symptomen" ist es, Patienten mit chronisch verlaufener psychischer Krankheit (Schizophrenien, affektiven Psychosen) zu mehr Selbstsicherheit zu verhelfen, indem sie lernen,
1. die Warnsignale ihrer Krankheit zu erkennen und täglich zu überwachen,
2. bei Fachleuten und anderen Bezugspersonen Hilfe zu suchen, wenn sich signifikante Veränderungen im physischen oder psychischen Bereich ergeben,

3. diejenigen Symptome zu erkennen, die trotz aller Behandlung und Vorbeugung bleiben (sog. "anhaltende Symptome"), diese zu überwachen und Methoden zum Umgang mit diesen Symptomen anzuwenden und

4. die Gefahren zu begreifen, die vom Konsum von Alkohol und Drogen ausgehen, und Fertigkeiten zu erwerben, wie man Alkohol und Drogen ablehnt.

Die Symptome variieren von Patient zu Patient. Daher muß der differenzierten Wahrnehmung von Auffälligkeiten oder Veränderungen des Befindens bei jedem Patienten eine große Bedeutung beigemessen werden, um Früh- und Warnsymptome von anderen Symptomen individuell bei jedem Patienten unterscheiden zu können.

Die Autoren schlagen vor, die Symptome in vier Grundkategorien einzuteilen, um den Patienten zu helfen, ihre Symptome besser zu verstehen und besser damit umgehen zu können. Zu unterscheiden ist zwischen

• Warnsignalen
• anhaltenden Symptomen
• Medikamentennebenwirkungen und
• "normalen" Stimmungsschwankungen und Streßreaktionen.

Die Patienten werden zunächst mit dem Konzept der Früh- und Warnsignale vertraut gemacht. Dabei werden unter Warnsignalen Veränderungen verstanden, die einem Rückfall vorausgehen.

Viele Patienten oder ihre unmittelbare Umgebung bemerken Veränderungen im Verhalten und Erleben, bemerken eine Veränderung des Gesundheitszustandes vor allem dann, wenn es schon zu mehreren Rückfällen gekommen ist.

In der Untersuchung von Herz & Melville (1980) berichteten übereinstimmend in 66% der Fälle sowohl die Patienten wie auch deren Angehörige von ähnlichen Warnsignalen. Die Patienten bemerkten zuerst eher Stimmungschwankungen, die Umgebung zuerst Veränderungen im Sozialverhalten.

Unter anhaltenden Symptomen werden Symptome verstanden, die mehr oder weniger auch in remittierten Phasen andauern. Diese Symptome haben zumeist eine beeinträchtigende Wirkung auf das alltägliche Leben. Anhaltende Symptome können zum Beispiel Halluzinationen, chronifizierte Wahngedanken, Depressionen oder Angst sein. Diese anhaltenden Symptome kündigen in der Regel keinen Rückfall an, umgekehrt können jedoch Veränderungen in der Intensität oder Häufigkeit dieser Symptome auf einen bevorstehenden Rückfall hindeuten.

Trotz der Ähnlichkeit mit Warnsignalen weisen die Medikamentennebenwirkungen nicht auf einen Rückfall hin. Wenn sie jedoch so schwerwiegend sind, daß sie für den Patienten eine starke Belastung ("Streß") darstellen, können sie zu einem Rückfall beitragen. So treten Gefühle der Ruhelosigkeit auf, die den Schlaf stören und die Symtome verstärken können (Akathisie). Zudem kommt es zu verringerter spontaner Aktivität und Gesprächsbereitschaft, was Ähnlichkeit mit einer Affektverflachung aufweist (Akinesie). Darüber hinaus leiden Patienten häufiger unter einem medikamentös bedingten Parkinsonsyndrom, das durch Muskelversteifung, Muskelzittern, reduzierte Beweglichkeit und Minenspiel gekennzeichnet ist.

Streßreaktionen und "normale" Stimmungsschwankungen meinen Veränderungen in der Stimmungslage, die zum alltäglichen Leben gehören und vor allem in belastenden Situationen auftreten können. Diese Veränderungen zeigen in der Regel keinen Rückfall an, jedoch kann das Erkennen dieser Schwankungen zu einer Streßverminderung beitragen.

Die differenzierte Wahrnehmung von Auffälligkeiten oder Veränderungen des Befindens ist explizites Ziel des "Therapieprogramms zum Umgang mit Symptomen". Dennoch wird aber nicht angestrebt, daß die Patienten die schwierige Unterscheidung zwischen den vier Kategorien selbst bewältigen können.

Die Patienten sollen vielmehr das Verständnis für ihre Erkrankung verbessern, damit sie in der Lage sind, sensibel auf Veränderungen ihrer Symptome zu reagieren und rechtzeitig die Hilfe von Vertrauenspersonen und Fachleuten in Anspruch zu nehmen.

Rahmenbedingungen

Die Trainingssitzungen können in einer Gruppe oder mit einzelnen Patienten durchgeführt werden. Die Autoren empfehlen eine Gruppe, da sie die Möglichkeit von Interaktion, Modellernen und Feedback ermöglicht.

Mit einem Co-Therapeuten wird eine Gruppengröße von drei bis acht Patienten empfohlen. Stehen zwei Co-Therapeuten zur Verfügung, können bis zu 12 Patienten teilnehmen.

Jede Trainingssitzung sollte ein bis zwei Stunden dauern und zwei bis dreimal wöchentlich stattfinden.

Voraussetzung für die Teilnahme von Patienten an dem Programm ist, daß die akute Krankheitssymptomatik abgeklungen ist, ein gewisses Maß an Konzentrationsfähigkeit und Durchhaltevermögen besteht, und daß die Bereitschaft und die Möglichkeit besteht, regelmäßig an den Sitzungen teilzunehmen.

Der zur Durchführung des Programms benötigte Gesamtzeitraum hängt von der Häufigkeit und der Dauer der durchgeführten Sitzungen ab, sowie von der Fähigkeit der Patienten, den durch das Programm gestellten Anforderungen zu entsprechen. Nach den Erfahrungen der Autoren benötigt man zur Durchführung des gesamten Moduls ca. ein halbes Jahr.

Um einen längerfristigen Erfolg bei der Rehabilitation von Patienten mit schweren psychischen Störungen zu erreichen, ist eine dauerhafte Begleitung bei der weiteren Anwendung der vermittelten Techniken relevant. Daher schlagen die Autoren des Therapieprogramms vor, daß die Patienten ihre nachbehandelnden Therapeuten, ambulant behandelnde Nervenärzte oder andere Fachleute und ein oder zwei Personen aus ihrem sozialen Beziehungsnetz in das Erkennen und Umgehen mit Symptomen einbeziehen - als Unterstützung auch nach Beendigung des Programms.

Die Mitarbeit von Vertrauenspersonen ist für den Patienten bei diesem Programm sinnvoll, um bei der Durchführung der In-vivo-Übungen und Hausaufgaben, für das Ausarbeiten und Durchführen eines langfristigen Planes zum Umgang mit Symptomen und zur Weiterführung der Rehabilitationsarbeit nach der Teilnahme an dem Programm Unterstützung zu bekommen. Dies hat den Vorteil einer frühzeitigen Interventionsmöglichkeit bei drohender Remission und kann zur sozialen Unterstützung des Patienten beitragen.

Eine Vertrauensperson kann ein Freund, ein Kollege oder auch ein Familienmitglied sein. Die Vertrauensperson sollte:
- mit Patient und Therapeut zusammenarbeiten können,
- mit dem Patienten häufigen Kontakt halten, ohne jedoch aufdringlich zu sein,
- dem Patienten gegenüber eine nicht-kritische, fürsorgliche, jedoch realistische Haltung einnehmen sowie
- den Plan zum Umgang mit Symptomen verstehen und durchführen helfen, ohne dem Patienten die Verantwortung abzunehmen.

Wie in allen verhaltenstherapeutischen Programmen ist die Beurteilung des Fortschritts der Patienten ein wichtiges Element. Im vorliegenden Programm ist daher für jeden Fertigkeitsbereich eine Fortschrittskontrolliste vorgesehen, die vom Therapeuten nach Beendigung jedes Bereichs für jeden einzelnen Patient ausgefüllt werden soll.
Eine weitere Überprüfung des Fortschritts kann auch mittels eines Vergleichs des Vor- und Nachtests geschehen.
Der Vortest wird von den Patienten in einer der ersten Sitzungen (Einführung in die Fertigkeitsbereiche) ausgefüllt, der Nachtest nach Abschluß des Programms.

Durchführung des Trainingsprogramms

Die Arbeitsmittel zur Realisierung des Programms bestehen aus:
- einem Therapeutenhandbuch mit Instruktionen für den Therapeuten
- einem Patientenarbeitsbuch mit Testbögen, Übungen, Arbeitsblättern
- einem Videoband als modellhafte Demonstration

In den ersten Sitzungen wird den Patienten eine Einführung in das Trainingsprogramm gegeben. Das Hauptziel dieser Sitzungen ist, den Patienten positive und realistische Erwartungen hinsichtlich des Trainings zu vermitteln.
Dem Programm vorgeschaltet ist eine Einführung in kommunikative Fertigkeiten, eine Einführung in das "Problemlösetraining", der Vortest und das Erklären, was unter Warnzeichen, anhaltenden Symptomen, Medikamentennebenwirkungen und Stimmungsschwankungen verstanden wird. Der Vortest wird durchgeführt, um die aktuellen Vorkenntnisse des Patienten über psychiatrische Symptome festzustellen.
Das "Problemlösetraining" ist eine allen Therapieprogrammen, also nicht nur dem "Therapieprogramm zum Umgang mit Symptomen", einheitlich vorgeschaltete Übung. Es beinhaltet sieben Schritte, bzw. die Beantwortung der folgenden Fragen:
- Innehalten und nachdenken: Wie löst man Probleme?
- Was ist das Problem?
- Auf welche verschiedenen Weisen kann das Problem gelöst werden?
- Bewertung der verschiedenen Lösungsmöglichkeiten: (Vor- und Nachteile)
- Auswahl und Planung der Ausführung einer oder mehrerer Lösungsmöglichkeiten
- Welche Hilfsmittel sind dazu nötig?
- Festsetzung von Datum und Zeit zur Ausführung der gewählten Lösung und Durchführung.

Das eigentliche "Therapieprogramm zum Umgang mit Symptomen" ist untergliedert in vier Fertigkeitsbereiche:
- Fertigkeitsbereich 1: Erkennen der Warnzeichen eines Rückfalls
- Fertigkeitsbereich 2: Umgehen mit Warnzeichen
- Fertigkeitsbereich 3: Umgehen mit anhaltenden Symptomen
- Fertigkeitsbereich 4: Ablehnen von Drogen und Alkohol

Jeder der vier Fertigkeitsbereiche ist in sieben Lerneinheiten unterteilt:
1. Einführung in den Fertigkeitsbereich
2. Videoband und Fragen/Antworten
3. Rollenspiel
4. Gebrauch von Hilfsmitteln
5. Anwendungsprobleme
6. In-vivo-Übung
7. Hausaufgabe

Der Aufbau des "Therapieprogramm zum Umgang mit Symptomen" läßt erkennen, daß es sich um ein hochstrukturiertes Programm handelt. Die Autoren gehen sogar soweit, daß sie vorschlagen, die Therapeuten könnten die Inhalte wörtlich aus dem Therapeutenhandbuch vorlesen bzw. bestimmte Passagen von den Patienten vorlesen lassen

Vor der Bearbeitung der vier Fertigkeitsbereiche ist eine Einführung vorgesehen. In dieser Einführung werden Informationen über die spezifischen Konstellationen vor einem Rückfall und die grundlegenden Unterschiede zwischen Warnsignalen, anhaltenden Symptomen, Medikamentennebenwirkungen und Stimmungsschwankungen vermittelt.

Relevant ist, hier den Patienten zu erklären, wie wichtig die Einbeziehung des sozialen Netzes und von Fachleuten im Umgang mit den Symptomen ist.

Es wird ausführlich erklärt, warum eine frühe Intervention während des Auftretens von Warnzeichen eines Rückfalls zur Verhütung oder Verringerung der Schwere einer psychotischen Episode wichtig ist.

In den jeweiligen Fertigkeitsbereichen werden von den Patienten verschiedene Arbeitsblätter ausgefüllt und jeder Patient entwirft mit Hilfe dieser Arbeitsblätter einen individuellen Plan zum Umgang mit Symptomen.

Folgende Arbeitsblätter sollen von dem Patienten am Ende des Programms ausgefüllt worden sein:
- Vereinbarung mit Arzt und Vertrauensperson
- Liste des Schweregrades der Warnzeichen
- Verlaufstabelle für Warnzeichen
- Notfallplan
- Schweregrad der anhaltenden Symptome und Methoden zum Umgang
- Verlaufstabelle für anhaltende Symptome
- Alternativen zu Alkohol und Drogen
- Versuchungen, Alkohol oder Drogen zu nehmen

Einen Einblick in das konkrete Vorgehen in den einzelnen Fertigkeitsbereichen soll die ausführliche Darstellung des ersten Fertigkeitsbereichs "Erkennen der Warnsignale eines Rückfalls" geben.

Exemplarische Darstellung des ersten Fertigkeitsbereichs: Erkennen der Warnsignale eines Rückfalls

Dieser erste Fertigkeitsbereich verfolgt drei Lernziele:
1. das Erkennen der allgemeinen Warnsignale eines Rückfalls
2. das Erkennen der persönlichen Warnsignale sowie
3. das Monitoring der persönlichen Warnsignale mit Hilfe von Vertrauenspersonen

Der erste Fertigkeitsbereich ist wie die drei anderen Fertigkeitsbereiche in die o.g. sieben Lerneinheiten unterteilt

1. Lerneinheit: Einführung in den Fertigkeitsbereich

In der ersten Lerneinheit wird zunächst eine Einführung in den Fertigkeitsbereich "Erkennen der Warnzeichen eines Rückfalls" gegeben. Es folgt das Feedback, in dem festgestellt wird, ob die Inhalte vermittelt werden konnten. Im nächsten Schritt wird erklärt, was Warnsignale sind. Dann folgt eine Diskussion mit den Patienten über ihre persönlichen Erfahrungen kurz vor Ausbrechen der Erkrankung. Im letzten Schritt wird die Wichtigkeit der Unterstützung durch andere Personen erklärt.

2. Lerneinheit: Videoband und Fragen/Antworten

Es wird ein Video gezeigt, in dem ein Patient mit einer Schizophrenie darüber spricht, wie er besser mit seiner Erkrankung umzugehen lernt. Man erfährt, welche Fertigkeiten er gebraucht, um seine persönlichen Warnsignale zu erkennen.

Im zweiten Schritt werden Fragen und Antworten zum Film diskutiert.

Im dritten Schritt wird die Liste der Warnzeichen ausgefüllt und in der Gruppe besprochen.

3. Lerneinheit: Rollenspiele

Ziel der zwei Rollenspiele (A, B) ist nicht nur das Erlernen von Fertigkeiten zum Umgang mit Symptomen, sondern auch das Üben kommunikativer Fertigkeiten.

Vor jedem Rollenspiel können Therapeut und Co-Therapeut den Inhalt modellhaft vorspielen.

Rollenspiel A wird in Form eines Rollentausches durchgeführt: Ein Patient übernimmt die Rolle des Therapeuten, ein Co-Therapeut die Rolle des Patienten.

Der Co-Therapeut fragt den Patienten, wie man einem Rückfall vorbeugen oder ihn vermindern kann. Der Patient wird zum Therapeuten und beantwortet die Fragen des Co-Therapeuten.

Der Patient wird aufgefordert, in seiner Rolle als Therapeut folgende 5 Dinge zu realisieren:
1. erklären, wie man einen Rückfall verhindern oder vermindern kann
2. erklären, was Warnsignale sind und helfen zu entscheiden, ob die vorgetragenen Symptome Warnsignale sind
3. sagen, daß sein Gegenüber zum Arzt gehen sollte, wenn die Symptome als Warnsignale identifiziert wurden
4. mit dem Gegenüber besprechen, daß er seine Warnsignale täglich überwachen muß
5. mit dem Gegenüber besprechen, daß er seine Vertrauenspersonen um Hilfe bei der Überwachung der Symptome bitten soll

Die Rollenspiele werden mit jedem Patienten durchgeführt, auf Video aufgezeichnet und gemeinsam mit der Gruppe ausgewertet.

Rollenspiel B ist nach dem gleichen Prinzip gestaltet. Inhaltlich geht es darum, daß der Patient übt, eine Vertrauensperson zu bitten, ihm beim Erkennen der Warnsignale zu helfen und dabei die Liste seiner persönlichen Warnsignale zu benutzen, um die Vertrauensperson über seine Warnsignale zu informieren.

4. Lerneinheit: Gebrauch von Hilfsmitteln

In diesem Abschnitt wird thematisiert, welche Hilfsmittel die Patienten benötigen, um mehr Informationen über ihre Warnsignale zu erhalten.

Beispielsituation: Der Patient will mit einer Person Kontakt aufnehmen, die möglicherweise über weitere Informationen über die Veränderungen in der Zeit vor der letzten Erkrankung verfügt

Mit den Patienten wird diskutiert, welche Hilfsmittel benötigt werden, wie sie zu beschaffen sind und bewertet, welche positiven und negativen Konsequenzen der jeweilige Weg zur Erlangung der Hilfsmittel beinhaltet.

Unter Hilfsmittel wird alles verstanden, was zur Erlangung des angestrebten Ziels benötigt wird (Telefon, Geld, Verkehrsmittel, Briefpapier, etc.).

Wie lange, intensiv und lückenlos diese Lerneinheit behandelt wird, muß nach der Einschätzung der vorhandenen Fertigkeiten jedes einzelnen Patienten beurteilt werden.

5. Lerneinheit: Anwendungsprobleme

Ziel dieser Lerneinheit ist, unvorhergesehene Probleme, die bei der Anwendung der geübten Fertigkeiten entstehen, u.a. mit Hilfe der sieben Schritte des am Anfang des Programms vermittelten Problemlösetrainings zu bearbeiten.

Der Therapeut kann selbst ein an die Gruppe angepaßtes Anwendungsproblem benutzen.

In der Lerneinheit "Anwendungsprobleme" werden aber auch mehrere Anwendungsprobleme als Beispiele vorgeschlagen.

Beispiel eines Anwendungsproblems:

"Nehmen wir an, Sie befinden sich in folgender Situation: Sie sprechen gerade mit derjenigen Person, die Sie dafür ausgewählt haben, Ihnen beim Erkennen ihrer Warnzeichen zu helfen. Während Sie sprechen, macht diese Person plötzlich ein besorgtes Gesicht und sagt, daß sie gerade ein paar Warnzeichen an Ihnen bemerkt hat. Sie glauben nicht, daß ihre Warnzeichen auftreten. Was tun Sie?" (Brenner, 1990a, S.83)

Mit den Patienten werden nun verschiedene Möglichkeiten erarbeitet, wie sie sich in einer solchen Situation verhalten könnten. Die erarbeiteten Möglichkeiten werden eingeschätzt:

1. nach ihrer Durchführbarkeit,
2. nach der Frage, ob sie das Problem lösen und
3. welche Vor - und Nachteile sich daraus ergeben.

Als mögliche Beispiele für zu diskutierende Möglichkeiten, mit dem o.g. Anwendungsproblem umzugehen, werden von den Autoren vorgeschlagen:

1. die Person nicht beachten
2. mit der Person diskutieren
3. die Person zu bitten, Sie zum Arzt zu begleiten, um ihn zu fragen, ob er Warnsignale feststellen kann

Die "Anwendungsprobleme" sollen mit den Patienten im Rollenspiel durchgespielt und bewertet werden.

6. Lerneinheit: In -vivo-Übungen

Die In-vivo-Übungen sollen dazu beitragen, die gelernten Fertigkeiten in den Alltag zu generalisieren. Die Rolle des Therapeuten besteht darin, den Patienten zwar zu begleiten, ihn jedoch anzuleiten, die Übungen möglichst selbständig durchzuführen.

Konkret sollen sie in dieser Lerneinheit im ersten Fertigkeitsbereich "Erkennen der Warnsignale eines Rückfalls" ihren ambulant behandelnden Nervenarzt und eine weitere Vertrauensperson aufsuchen und diese bitten, sie beim Erkennen der persönlichen Warnsignale zu unterstützen.

Die Aufgabe des Therapeuten besteht darin, im Vorfeld zu klären, ob die Vertrauenspersonen tatsächlich bereit sind, an dieser Übung teilzunehmen.

Die In-vivo-Übung besteht aus den Teilen A und B.

• Teil A: In einem gemeinsamen Gespräch zwischen dem Patienten, seiner Vertrauensperson und dem Therapeuten wird schließlich eine Liste der drei bis vier aussagekräftigsten Warnsignale erstellt, die in die folgende "Vereinbarung" eingetragen werden. Der Patient erklärt in der Vereinbarung: "Weil manche Warnzeichen eines Rückfalls von anderen Personen leichter erkannt werden können, bitte ich diejenigen Personen, die unten genannt werden, mir beim Erkennen meiner Warnzeichen zu helfen, mich auf diese Warnzeichen aufmerksam zu machen und, falls nötig, mit meinem Arzt Kontakt aufzunehmen" (Brenner, 1990a, S.92).

Die Vertrauensperson erklärt sich damit einverstanden, "...beim Erkennen ihrer/ seiner Warnzeichen zu helfen. Sobald ich ihre/seine Warnzeichen bemerke, werde ich diese mit ihr/ihm besprechen und empfehlen, sich an einen Arzt zu wenden. Falls sie/er dies nicht tut, warte ich zunächst eine gewisse Zeit. Wenn sie/er sich dann immer noch weigert, sich an den Arzt zu wenden, werde ich selbst mit diesem Kontakt aufnehmen." (Brenner, 1990a, S.92).

Der Therapeut schließlich erklärt sich bereit, zwischen den Beteiligten zu vermitteln und alle Differenzen zu schlichten, die sich aus dieser Vereinbarung ergeben.

Als nächstes sollen mit jedem Patienten auf der Liste "Schweregrad der Warnzeichen" die Ausprägungen schwer, mittel und leicht der einzelnen Warnzeichen definiert werden.

• Teil B: In der In-vivo-Übung Teil B geht der Patient mit dem Therapeuten zu dessen jeweiligen Arzt, um mit diesem die auf dem Blatt "Schweregrad der Warnzeichen" notierten Warnzeichen zu besprechen. Den Arzttermin sollte der Patient selbst vereinbaren. Danach nimmt der Therapeut Kontakt mit dem Arzt auf, um ihm den Sinn der Übung zu erklären und um die Erlaubnis zu bitten, den Patienten begleiten zu dürfen.

Mit dem Patienten wird in der Trainingssitzung besprochen, welche Fragen er dem Arzt stellen will. Diese Fragen können in Rollenspielen vertieft werden.

Als nächstes sollte der Therapeut den Patienten außerhalb der Trainingssitzungen zu seinem Arzt begleiten.

Der Therapeut wird sich vor allem als "Beobachter" verhalten, aber auch den Patienten unterstützen, wenn es nötig erscheint.

Lerneinheit 7: Hausaufgabe
In der letzten Lerneinheit geht es um die selbständige Ausführung von erlernten Fertigkeiten.

In der Hausaufgabe A werden die Patienten aufgefordert, eine Woche lang täglich ihre Warnsignale zu beobachten. Konnten die Patienten eine Vertrauensperson finden, die die "Vereinbarung" unterschrieben hat, sollte sie die Patienten bei der Hausaufgabe unterstützen.

Als Arbeitsmittel dient die "Verlaufstabelle für Warnzeichen", dessen Gebrauch den Patienten erklärt wird.

In die Zeilen eins bis vier werden die deutlichsten Warnzeichen eingetragen und täglich vermerkt, ob diese schwer, mittel oder leicht ausgeprägt sind - oder ob sie nicht vorhanden sind.

Die Autoren schlagen vor, die vier wichtigsten Warnsignale für die Dauer des gesamten Therapieprogramms von den Patienten überwachen zu lassen.

Vor jeder folgenden Sitzung sollte jeder Patient seine Erfahrungen berichten.

Hausaufgabe B besteht darin, diejenigen Patienten, die bislang keine Vertrauensperson gefunden haben, die ihnen bei der Überwachung der Warnsignale helfen und die "Vereinbarung" unterschreiben könnte, erneut zu motivieren, auf eine Person ihres Vertrauens zuzugehen.

Manche Patienten haben große Schwierigkeiten, eine Vertrauensperson benennen zu können. In einem solchen Fall ist es auch denkbar, einen Mitarbeiter einer Einrichtung einzusetzen, die der Patient aufsucht und zu dem ein entsprechendes Vertrauensverhältnis vorstellbar ist.

Die Vorgehensweise, wie sie exemplarisch im ersten Fertigkeitsbereich "Erkennen der Warnsignale" vorgestellt wurde, entspricht auch dem Vorgehen, das für die anderen Fertigkeitsbereiche festgelegt ist. Die Darstellung verdeutlicht, daß es sich um ein praxisnah nutzbares Instrument handelt.

Durch die Hochstrukturiertheit sind die einzelnen Schritte sowohl für den Therapeuten als auch den Patienten transparent, was zu einer hohen Akzeptanz des Vorgehens führen kann.

Diskussion

Durch die fortschreitende Reform und Entwicklung der psychosozialen und psychiatrischen Versorgung entwickelt sich die psychiatrische Klinik zunehmend mehr zum Akutkrankenhaus. Daher verändern sich die Aufgaben der beteiligten Institutionen im ambulanten und komplementären Bereich u.a. durch den kürzeren Klinikaufenthalt und durch den Abbau der Stationen für chronisch Kranke.

Die Chancen eines Therapieprogramms, wie es exemplarisch vorgestellt wurde, bestehen in der Anwendung in teilstationären, ambulanten und komplementären Einrichtungen. Eine Anwendung in diesen Institutionen bietet sich an, da hier ein längerer Kontakt zum Patienten möglich ist und so eine längerfristige Umsetzung der angestrebten Ziele erreicht werden kann.

Unerläßlich erscheint eine Anpassung des Programms an die institutionellen Rahmenbedingungen sowie auf die individuellen Voraussetzungen der jeweiligen Patienten (vgl. Behrendt in diesem Band).

Hochstrukturierte Programme wie das hier referierte verführen leicht dazu, aufgrund der Transparenz und der differenzierten Darstellung der einzelnen Schritte - zum Teil mit wörtlichen Vorgaben - die Ausführung über alle Berufsgruppen und Qualifikationen hinweg für denkbar zu halten.

Gerade aber bei Menschen mit Störungen aus dem schizophrenen Formenkreis sollten an die Kompetenzen des Therapeuten hohe Anforderungen gestellt werden. Um eine glaubwürdige "Behandlungspartnerschaft" (Katschnig & Konieczna 1989) entstehen zu lassen, sollte ein Therapeut, der dieses Programm durchführt, über eine hohe Selbstreflektion und interaktionelle Sensibilität verfügen, wie sie in therapeutischen Ausbildungen vermittelt werden.

Literatur

Böker, W. (1992). Rehabilitationsprogramme für chronisch schizophrene Patienten. In: Rifkin, A. & Osterheider, M. (Hrsg.). Schizophrenie-aktuelle Trends und Behandlungsstrategien. Berlin: Springer. 187-204

Brenner, H.D. (1990a). Therapieprogramm zum Umgang mit Symptomen. Therapeuten-Handbuch. Bern: Abteilung für Theoretische und Evaluative Psychiatrie. Psychiatrische Universitätsklinik Bern (Photodruck)

Brenner, H.D. (1990b). Therapieprogramm zum Umgang mit Symptomen. Patientenarbeits-buch. Bern: Abteilung für Theoretische und Evaluative Psychiatrie. Psychiatrische Universitätsklinik Bern (Photodruck)

Herz, M.I. & Melville, C. (1980). Relapse in schizophrenia. *American Journal of Psychiatry* 137, 7. 801-805

Herz, M.I.; Glazer, W.; Mirza, M.; Mostert, M.; Hafez, H.; Smith, P.; Trigoboff, E.; Miles, D.; Simon, J.; Finn, J. & Schohn, M. (1989). Die Behandlung prodromaler Episoden zur Prävention von Rückfällen in der Schizophrenie. In: Böker, W. & Brenner, H.D. (Hrsg.). Schizophrenie als systemische Störung. Bern: Huber

Hogarty, G.E. et al. (1988). Dose of Fluphenazine, Familial Expressed Emotion and outcome in schizophrenia. *Arch Gen Psychiatry*, 45, 779-805

Hornung, W.P. & Buchkremer, G. (1992). Psychoedukative Interventionen zur Rezidivprohy-laxe schizophrener Psychosen. In: Rifkin, A. & Osterheider, M. (Hrsg.). Schizophrenie-aktuelle Trends und Behandlungsstrategien. Berlin: Springer, 205-216

Katschnig, H. & Konieczna, T. (1989). Was ist in der Angehörigenarbeit wirksam? - Eine Hypothese. In: Böker, W. & Brenner H.D. (Hrsg.). Schizophrenie als systemische Störung. Bern: Huber

Liberman, R.P. (1986). Coping and competence as protective factors in the vulnerability-stress-model of schizophrenia. In: Goldstein, M.J.; Hand, I. & Halweg, K. (Ed.). Treatment of Schizophrenia. Family assessment and intervention. Berlin: Springer, 201-215

Liberman, R.P.; Jacobs, H.E.; Boone, S.E.; Foy, D.W.; Donahoe, C.P.; Falloon, I.R.H.; Blackwell, G. & Wallace, C.J. (1986). Skills training for the community adaptation of schizophrenics. In: Strauss, J.S.; Böker, W. & Brenner, H.D. (Ed.). Psychological Treatment of Schizophrenia. Toronto: Huber, 94-109

Liberman, R.P. (1988). Social and independent living skills. Symptom management module. Trainer's manual Los Angeles: Clinical Research Center for Schizophrenia and Psychiatric Rehabilitation

Liberman, R.P. & Eckman, T.A. (1989). Zur Vermittlung von Trainingsprogrammen für soziale Fertigkeiten an psychiatrische Einrichtungen: Möglichkeiten der praktischen Umsetzung eines neuen Rehabilitationsansatzes. In: Böker, W. & Brenner, H.D. (Ed.). Schizophrenie als systemische Störung. Bern: Huber, 256-269

Nuechterlein, K.H. (1987). Vulnerability models for Schizphrenia: State of the Art. In: Häfner, H.; Gattaz, W.F. & Janzarik, W. (Ed.). Search for the Causes of Schizophrenia. Berlin: Springer

Zubin, J. & Spring, B. (1977). Vulnerability - A new view of Schizophrenia. *Journal of Abnormal Psychology*, 86, 2. 103-126

Das Symptom-Management-Modul als Standardbehandlung in einem tagesklinischen Setting

Bernd Behrendt

Einleitung

Mit der deutschen Ausgabe des Symptom-Management-Moduls von Liberman (Liberman, 1988) haben Brenner und seine Mitarbeiter 1990 erstmals ein hochstrukturiertes Therapieprogramm speziell zur Rückfallprophylaxe bei endogenen Psychosen (vor allem Schizophrenien) vorgelegt (Brenner, 1990a; 1990b). Der Kern des verhaltenstherapeutisch orientierten Programms besteht darin, den Betroffenen und ihren Angehörigen mehr Sicherheit im Umgang mit der Erkrankung zu vermitteln, indem die persönlichen Warnzeichen, die auf einen Rückfall hindeuten, erarbeitet werden sowie Strategien, mit diesen Warnzeichen und anderen Krankheitssymptomen angemessen umgehen zu können, um Rückfälle zu vermeiden oder zumindest in ihrer Schwere zu mindern.

Diese Idee ist nicht neu, so veröffentlichte z.B. der Psychoanalytiker Werner Mendel 1976 in seiner Monographie "Schizophrenia - The Experience and its Treatment", eine präventive Strategie, nach der Schizophrene ambulant trainiert wurden, ihre Warnsignale zu erkennen; jeder Patient erhielt eine Liste mit seinen idiosynkratischen Warnsignalen und der Telefonnummer seines Therapeuten, den er anrufen sollte, sobald er Warnsignale feststellte.

Auch Falloon, Boyd & McGill (1984) verwendeten in ihrer Untersuchung über das Zusammenwirken von Familienunterstützung ("family care") und anderen Behandlungsmaßnahmen auf den Verlauf schizophrener Erkrankungen das Monitoring von Ziel-Symptomen ("target-symptoms"); sie wählten für jeden Patienten ihrer Studie *zwei Zielsymptome* aus, die vor dem letzten Rückfall aufgetreten waren, welche auf einer siebenstufigen Skala monatlich eingeschätzt wurden. Es zeigte sich, daß diese Ziel-Symptom-Skalen wesentlich sensibler waren für die Erfassung beginnender schizophrener Episoden als Standardmeßinstrumente wie z.B. die BPRS (Brief Psychiatric Rating Scale, Overall & Gorham, 1962).

Süllwold & Herrlich (1990) entwickelten ein psychologisches multimodales Konzept der Schizophreniebehandlung, welches ebenfalls die frühzeitige Intervention bei Auftreten der ersten prodromalen Symptome betont.

Seit kurzem werden im deutschsprachigen Raum über Erfahrungen mit mehr "eklektischen" edukativen Ansätzen berichtet (z.B. Brücher, 1992; Stark, 1992), die in ihrem Vorgehen und ihrer Zielsetzung dem Symptom-Management-Modul nach Liberman ähnlich sind. Entwickelt wurden einige differenziert ausgearbeitete Therapiemanuale (zum Teil mit Video-Demonstrationsbändern) von verhaltenstherapeutisch orientierten Programmen zur Rückfallprophylaxe bei schizophrener Erkrankung:

- von Kieserg & Hornung (1994) das "Psychoedukative Training für schizophrene Patienten (PTS)",
- von Kraus, Schmalzried & Wittpoth (1994a, 1994b) das "Frühsymptom-Management - Ein Trainingsprogramm zur Rückfallprophylaxe bei schizophren gefährdeten Menschen", sowie
- von Wienberg et al. (1995) das Trainingsprogramm "Schizophrenie zum Thema machen" (incl. Therapeuten- und Patientenmanual).

Zu nennen sind hier ebenfalls sogenannte "bewältigungsorientierte Ansätze" (vgl. Schaub, 1993; Schaub et al, 1995; Wiedl, 1993). Hierunter werden Therapieansätze subsumiert, welche die Betroffenen als "Co-Experten" ihrer Erkrankung betrachten und vor allem deren Bewältigungsbemühungen unterstützen.

Untersuchungen zu Prodromalsymptomen

Die Beschäftigung mit frühen, schizophrener Erkrankung vorausgehenden, sog. "prodromalen" Symptomen hat eine lange Tradition (z.B. Conrad, 1958; Chapman, 1966). Docherty et al. (1978) fanden 17 Untersuchungen, welche Prodromalsymptome im Rahmen des Dekompensationsprozesses der Schizophrenie beschrieben.

Die systematische, empirisch fundierte Erforschung der ersten Anzeichen einer sich anbahnenden Psychose begann mit der Untersuchung von Herz & Melville (1980); bis dahin wurden zwar etliche Studien publiziert, die aber nur sehr wenig "harte Daten" über den Dekompensationsprozeß lieferten, und von Herz et al. (1989) als "...detaillierte Fallgeschichten...von begabten Klinikern..." bezeichnet wurden. Herz & Melville (1980) fragten zwei Patientengruppen und eine Gruppe von Angehörigen nach den Symptomen, die vor der Hospitalisierung auftraten oder sich verschlechterten. Hierzu entwickelten sie den sogenannten "Early-Signs-Questionnaire" (ESQ). Ca. 70% der Betroffenen und über 90% der Angehörigen konnten Prodromalsymptome angeben; die Hälfte der Betroffenen und zwei Drittel der Angehörigen gaben an, daß sie erste Anzeichen länger als eine Woche vor dem Rückfall bemerkt hätten. Die 10 häufigsten Prodromalsymptome, die von der Patientengruppe aus Atlanta berichtet wurden (N=99), sind in Tab. 1 zusammengestellt.

Häfner und Mitarbeiter (1990) entwickelten im Rahmen ihres Projekts zur Erforschung von Geschlechtsdifferenzen bei Schizophrenien ein Instrument zur retrospektiven Einschätzung des Erkrankungsbeginns bei Schizophrenie (IRAOS). Die 10 häufigsten Prodromalsymptome sind ebenfalls in Tabelle 1 zusammengestellt.

In einer eigenen Untersuchung (Behrendt & Hempel, 1992, 1993) haben wir 71 stationär und teilstationär behandelte schizophrene Patienten mit zwei unterschiedlichen Instrumenten nach ihren Prodromalsymptomen befragt; wir benutzten die

Checkliste für Warnsignale nach Liberman (1988) in der deutschen Fassung von Brenner (1990a, 1990b) sowie die Frankfurter Befindlichkeitsskala (FBS) nach Süllwold & Herrlich (1987), bei der wir die Instruktion dahingehend modifizierten, daß wir nicht nach der aktuellen Befindlichkeit, sondern nach der Befindlichkeit vor der akuten Erkrankung fragten. Die jeweils zehn am häufigsten genannten wahrgenommenen Veränderungen sind ebenfalls in Tab. 1 dargestellt. Es zeigte sich in allen Untersuchungen eine relativ hohe Übereinstimmung der am häufigsten berichteten Symptome - unabhängig vom Untersuchungsinstrument, wobei die unterschiedlich hoch ausgefallenen Prozentangaben auf die verschiedenen Skalierungen zurückzuführen sein dürften. In unserer Untersuchung gaben jedoch - im Gegensatz zu den o.g. Untersuchungen - *alle* Befragten an, sie hätten vor der akuten Erkrankung bereits Prodromalsymptome bemerkt (Behrendt & Hempel, 1992, 1993).

Spannung, Nervosität, Unruhe und Gereiztheit sind die häufigsten Prodromalsymptome; das entspricht dem von Jolley & Hirsch (1989) beschriebenen "dysphorischen Syndrom" im Dekompensationsprozeß. Aber auch eine ausgeprägte Störung des Denkens wird angegeben: In der Checkliste wurden als die beiden häufigsten prodromalen Veränderungen Grübeln und quälende Gedanken genannt, gefolgt von Konzentrationsstörungen (Rang 4). In der Frankfurter Befindlichkeitsskala wurde als zweithäufigstes Item "einzelne Gedanken beherrschen mich ungewöhnlich" genannt, gefolgt von Gedankenjagen (Rang 4) und "unsinnige Gedanken tauchen auf" (Rang 8). Die von Außenstehenden nicht oder nur indirekt beobachtbaren Denkstörungen wurden von unseren untersuchten Patienten genau so häufig berichtet wie affektive Störungen, was darauf hinweist, daß bereits vor Manifestwerden von psychotischen Denkstörungen mit Zerfahrenheit, Wahnideen usw. Beeinträchtigungen auf der kognitiven Ebene das subjektive Befinden beeinflussen. Dabei werden sowohl formale als auch inhaltliche Störungen des Denkens berichtet.

Tabelle 1: Die häufigsten Prodromalsymptome

Herz & Melville 1980 [a] (Instrument: ESQ		Häfner et al. 1990 [b] (Instrument: IRAOS)	
Rang		**Rang**	
1 Spannung u. Nervosität	70,7%	1 Unruhe, Schmerzen, Sorgen	29%
2 Depression	63,6%	2 Depression	22%
3 Schlafstörungen	61,6%	3 Mißtrauen, Rückzug	21%
4 Unruhe	58,6%	4 Appetit, Schlaf, Libido	21%
5 Konzentrationsschwierigkeiten	56,6%	5 Denken, Konzentration	19%
5 Interessenverlust	56,6%	6 Angst	16%
7 Freunde weniger sehen	54,5%	7 Wahn	14%
8 Weniger Freude	52,5%	8 Soziale Behinderung	14%
9 Andere lachen oder reden über Patient	51,5%	9 Halluzinationen	8%
10 Weniger essen	49,5%	10 Wahnstimmung, Wahrnehmungsstörungen	5%

[a] Atlanta Patientengruppe   [b] nur 3 Nennungen möglich

Behrendt & Hempel, 1992 (Instrument: Checkliste v. Liberman)		Behrendt & Hempel, 1992 (Instrument: FBS modifiziert)	
Rang		**Rang**	
1 Grübeln	63%	1 Unruhe	84%
2 Quälende Gedanken	59%	2 Quälende Gedanken	80%
2 Schlafstörungen	59%	2 Anspannung	80%
4 Spannung, Nervosität	56%	4 Erschöpfung	73%
4 Konzentrationsschwierigkeiten	56%	4 Gedanken jagen	73%
6 Zukunftsängste	54%	6 Innerlich getrieben	72%
7 Kleinigkeiten regen mich auf	53%	7 Bedrückt	70%
8 Aufgeregt sein	49%	8 Übermäßig wach	69%
9 Gedanken sind durcheinander	48%	8 Unsinnige Gedanken	69%
10 Interessen lassen nach	46%	10 Beobachte mich genau	68%

Mit den genannten kognitiven und affektiven subjektiv wahrgenommenen Beeinträchtigungen gehen auch Veränderungen oder Störungen auf der Verhaltensebene einher, z.B. neigen Patienten dazu, sich genauer zu beobachten (68% im FBS) oder sie müssen ständig etwas tun (64%). Auf der Verhaltensebene ergeben sich auch Hinweise auf erste Bewältigungsversuche, z.B. Vermeidung von sozialen Kontakten (61% im FBS, 47% in der Checkliste).

Es ist davon auszugehen, daß es nicht *den* schizophrenen Rückfall gibt, daß es auch keine typische Symptomkonstellation gibt, die einem Rückfall vorausgeht, sondern daß offensichtlich jeder Betroffene sein eigenes, persönliches Rückfallmuster aufweist und persönliche - oder idiosynkratische - Warnsignale äußert (vgl. Birchwood & Tarrier, 1992; Birchwood, 1992). Die Erfassung der persönlichen Warnsignale und die Vermittlung geeigneter Bewältigungsstrategien muß derzeit - in Kombination mit medikamentöser Therapie - als eine der wesentlichen Voraussetzungen für eine erfolgreiche individuelle Rückfallprophylaxe angesehen werden (Birchwood et al., 1989; Huber, 1995).

Das Symptom-Management-Modul (SMM)

Seit 1991 führen wir in den teilstationären Bereichen unserer Klinik (Tagesklinik und Übergangsklinik) Gruppen mit dem Symptom-Management-Modul nach Liberman durch, haben es an unser Klientel und die institutionellen Gegebenheiten angepaßt und evaluiert; hierzu liegen erste Ergebnisse vor (Behrendt et al., 1993; Schaub et al., in Vorb.). Bevor die adaptierte Form des Symptom-Management-Moduls (SMM) dargestellt wird, sollen einige Informationen über die bisher durchgeführten Gruppen gegeben werden.

Bisher durchgeführte Gruppen

Insgesamt nahmen bisher 59 Patienten überwiegend mit Erkrankungen aus dem schizophrenen Formenkreis an 7 SMM-Gruppen teil; eine Gruppe dauert ca. 15 Wochen (30 Termine); die Gruppensitzungen finden zweimal wöchentlich statt und dauern jeweils 1½ Stunden. Neben dem Psychologen als Gruppenleiter haben als Co-Therapeuten Krankenschwestern, Beschäftigungstherapeuten und Sozialarbeiter teilgenommen. Angestrebt ist, daß alle Patienten der Tagesklinik an der SMM-Gruppe teilnehmen können; einziges Selektionskriterium - neben der Diagnose Schizophrenie, schizoaffektive Psychose oder affektive Psychose - ist, daß die Patienten in der Lage sind, die erforderliche Zeit in der Gruppe zu verbringen. Die folgende Tab. 2 gibt einen kurzen Überblick über die Gruppenteilnehmer.

Tabelle 2: Beschreibung der Gruppenteilnehmer

		N	
Geschlecht	Frauen	20	
	Männer	39	
Alter	unter 20 Jahre	1	
	20 - 29 Jahre	28	
	30 - 39 Jahre	25	
	40 - 49 Jahre	5	*Ø: 30,1 Jahre*
Anzahl	Erstmanifestation	20	
Manifestationen	2.-4. Manifestation	25	
	5 und mehr	14	*Ø: 3,1 Manifestationen*
Beruf	ungelernt/ohne	21	
	angelernt	2	
	Lehrberuf	21	
	-mit Zusatzqualifikation	2	
	Fachhochschule	7	
	allg. Hochschule	4	
Beschäftigung	in Beschäftigung	13	
	in Ausbildung	9	
	Hausfrau	3	
	ohne Beschäftigung	31	
	beschützt beschäftigt	3	
Diagnosen nach ICD 9			
paranoid-halluzinatorische Psychose (295.3)		24	
mit Residualsyndrom (295.6)		33	
Schizoaffektive Psychose (295.7)		2	

An den Gruppen nahmen fast doppelt so viele Männer als Frauen teil, was mit der Zuweisung in die Tagesklinik zusammenhängt; als für den Gruppenprozeß förderlich hat sich herausgestellt, die Gruppen so zusammenzustellen, daß sowohl Patienten, die zum erstenmal erkrankt sind, als auch Patienten, die bereits mehrmals erkrankt sind, daran teilnehmen. Bisher haben nur wenige Patienten mit schizoaffektiven oder affektiven Psychosen an den Gruppen teilgenommen; bei diesen Patienten versuchen wir, die idiosynkratischen Warnsignale für den manischen und depressiven Rückfall getrennt zu erfassen und entsprechende Bewältigungsmechanismen zu vermitteln. Für diesen Personenkreis liegen allerdings bisher nur wenige Erfahrungen vor.

Modifikationen und Ergänzungen des SMM

Das gesamte Programm in der deutschen Übersetzung von Brenner (1990a, 1990b)
umfaßt ein Handbuch für den Therapeuten, ein Arbeitsbuch für die Patienten sowie
ein Video-Band; im Rahmen der von uns bisher durchgeführten Gruppen wurde
ein eigenes Arbeitsbuch für die Patienten erstellt (Behrendt, 1993).

Das Symptom-Management-Modul ist in vier Fertigkeitsbereiche gegliedert:
1. Erkennen der Warnzeichen eines Rückfalls
2. Umgehen mit Warnzeichen
3. Umgehen mit anhaltenden Symptomen
4. Ablehnen von Alkohol und Drogen.
Für jeden Fertigkeitsbereich wurden entsprechende Lernziele formuliert.

Die 4 Fertigkeitsbereiche wiederum sind jeweils in sieben Lerneinheiten unterteilt:
1. Einführung in den Fertigkeitsbereich
2. Videoband und Fragen/Antworten
3. Rollenspiel
4. Gebrauch von Hilfsmitteln
5. Anwendungsproblem
6. In-vivo-Übung
7. Hausaufgabe.

Das Programm kann sowohl einzeln, als auch in der Gruppe durchgeführt werden;
es ist so detailliert vorstrukturiert, daß wesentliche Teile der Gruppensitzungen
vom Therapeuten vorgelesen werden können.

Die Fortschritte der Patienten können nach jedem Fertigkeitsbereich mit einer
"Fortschritt-Kontrolliste" überprüft werden: zusätzlich wird zu Beginn und am Ende des Trainings ein Wissenstest durchgeführt.

Tab. 3 zeigt die Struktur des Symptom-Management-Moduls mit den Veränderungen, die es im Verlauf seiner mehrjährigen Anwendung bei uns erfahren hat.

(Zur besseren Übersicht sind in der rechten Spalte nur die Modifikationen bzw.
Ergänzungen aufgeführt, die Inhalte der linken Spalte (Originalprogramm) sind auf
der rechten Seite entsprechend zu ergänzen.)

Tabelle 3: Modifikationen/Ergänzungen des SMM

Symptom-Management-Modul	Umgang mit Warnsignalen und Krankheitssymptomen ("Warnsignal-Gruppe")
(Liberman, 1988; dt: Brenner, 1990a,1990b)	*modifiziert/ergänzt:*
GRUNDLEGUNG - Organisatorisches - Kommunikations-Fertigkeiten - Allgemeines Problemlösen	 - Informationen über Psychosen - Krankheits-/Gesundheitsmodell - "Meine Persönlichen Wünsche"

FERTIGKEITSBEREICH 1
Erkennen der Warnzeichen (WZ) eines Rückfalls

- Warnzeichen und die drei Faktoren   - Warnsignale und vier Faktoren
- häufige Warnzeichen
- Persönliche Warnzeichen   - Persönliches Rückfalldiagramm
                                                 - Liste meiner persönlichen
                                                   Warnsignale
                                                 - Persönlicher Beobachtungsbogen
                                                 - Verlaufstabelle
- Monitoring durch Vertrauensperson

FERTIGKEITSBEREICH 2
Umgehen mit Warnzeichen

- Hilfe für die Unterscheidung der Warnzeichen
  von den 3 Faktoren
- Methoden zum Umgang mit Warnzeichen
- Erstellen eines Notfall-Plans
                                                 - idiosynkratische Bewältigung

FERTIGKEITSBEREICH 3
Umgehen mit anhaltenden Symptomen

- Erkennen der anhaltenden Symptome
- Hilfe für die Unterscheidung
- Umgang mit anhaltenden Symptomen
- Überwachung anhaltender Symptome

FERTIGKEITSBEREICH 4
Ablehnen von Alkohol und Drogen

- Nachteilige Wirkung von Alkohol und Drogen
- Ablehnen bei speziellen Anlässen
- Vermeiden von Alkohol und Drogen als
  "Kompensation"
- mit Betreuern über Alkohol und Drogen
  sprechen

FERTIGKEITSBEREICH 5

*Gemeinsame Gruppe für Be-
troffene und Angehörige/
Vertrauenspersonen*
Wesentliche Inhalte des Programms (6-8 Stunden)

a. Grundlegung

Den Fertigkeitsbereichen vorangestellt sind grundlegende Überlegungen sowie jeweils eine Einführung. Dem Modul liegt das Problemlöse-Modell zugrunde, das in den ersten Gruppensitzungen vermittelt wird; ebenfalls zu Beginn des Trainingsprogramms werden mit dem Patienten Kommunikationsfertigkeiten eingeübt.

"Wissensblock"

Ergänzend zu den grundlegenden Überlegungen des SMM werden zu Beginn des Trainings die Fragen der Patienten und ihrer Angehörigen über die Erkrankung gesammelt: Patienten und Angehörige können auf einem "Arbeitsblatt" sämtliche Fragen über die Ursachen, Behandlungsmöglichkeiten, Verlauf und Prognose notieren, die dann in der Gruppe beantwortet werden. "Hausaufgabe" der Patienten ist, den Angehörigen ihre Fragen zu beantworten; so werden die Angehörigen bereits frühzeitig miteinbezogen. Um den Patienten die Weitervermittlung ihres erworbenen Wissens an die Angehörigen zu erleichtern, erhalten sie die angesprochenen Themenbereiche in schriftlicher Form in ihrem Arbeitsbuch ausgehändigt. Dieser "Wissensblock" beinhaltet - je nach Zusammensetzung der Gruppe - z.B. auch die Vorstellungen über die Informationsverarbeitung im Gehirn, die Dopaminstoffwechsel-Störungshypothese, die Wirkung der Medikamente, die Rolle der Vererbung, etc. Solche Informationen können zum besseren Verständnis des Krankheits- und Gesundheitsmodells beitragen, welches den Patienten als nächstes vermittelt wird.

Krankheits- und Gesundheitsmodell

Zubin & Spring (1977) haben das Vulnerabilitäts-Modell auf die schizophrenen Psychosen übertragen und die Erwartung geäußert, daß es aufgrund seines metatheoretisch-integrativen Charakters in der Lage sei, Zusammenhänge zwischen methodisch sehr unterschiedlich gewonnenen Forschungsergebnissen aufzuzeigen; diese Erwartung hat sich bis heute erfüllt. Nuechterlein & Dawson (1984), Liberman (1986), Liberman et al. (1986) und Nuechterlein (1987) haben die differenzierteste Variante vorgelegt (vgl. Abb. S.38 in diesem Band).

Als Modell des Krankheitsverlaufs werden drei Stadien dargestellt: Eine *Remissionsphase* bei bereits als schizophren diagnostizierten Patienten, eine *Prodromalphase*, in der durch Interaktion verschiedener Anfälligkeitsfaktoren mit Potentiatoren und Streßfaktoren "Zwischenstadien" entstehen, die zu ersten Prodromalsymptomen führen sowie der eigentlichen schizophrenen *Episode* mit ihren verschiedenen Ausgängen. Es wurden vier unterschiedliche interagierende Faktoren isoliert:

* *persönliche Vulnerabilitätsfaktoren*
hierzu gehören u.a. eine Störung des dopaminergen Systems, eine verminderte Verarbeitungskapazität, eine autonome Hyperaktivität bei aversiver Stimulation sowie schizotype Persönlichkeitsmerkmale

* *persönliche Schutzfaktoren*
hierzu zählen u.a. Copingmechanismen sowie Überzeugungen der persönlichen Selbst-Wirksamkeit (Selbst-Effizienz)

* *umweltbedingte Schutzfaktoren*
hierzu zählen die Fähigkeit, in der Familie Probleme zu lösen sowie unterstützende psychosoziale Interventionen

• *potenzierende Umweltfaktoren und Stressoren*
hier sind ein kritisches emotional aufgeladenes Familienklima zu nennen, eine überstimulierende soziale Umwelt sowie belastende Lebensereignisse.

Dieses "Störungsmodell" wird den Teilnehmern unserer Gruppen in einer etwas weniger komplexen Form als "Krankheits- und Gesundheitsmodell" vermittelt, das folgendermaßen veranschaulicht wird:

Abbildung 1: Krankheits- und Gesundheitsmodel (Behrendt, 1993)

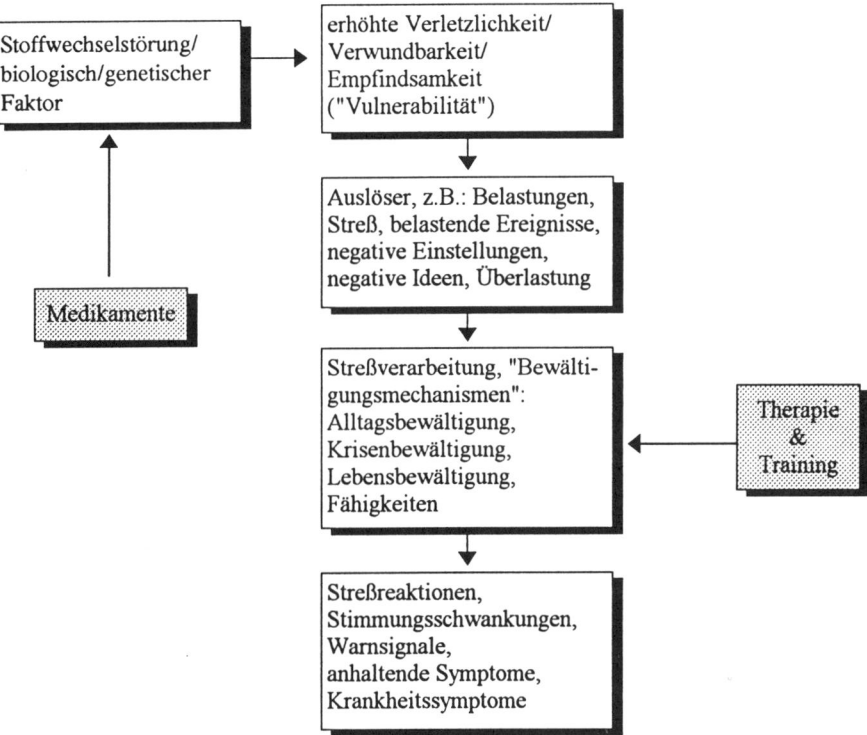

Zentral ist die Annahme, daß eine Stoffwechselstörung zu einer erhöhten *Verletzlichkeit* führt; Warnsignale oder Krankheitssymptome treten dann auf, wenn - unter Belastung - die *Bewältigungsmechanismen* nicht ausreichen. Die Patienten können selbst einen Beitrag zu ihrer Gesundung bzw. Stabilität leisten, indem sie ihre Medikamente regelmäßig einnehmen und - allgemein formuliert - Fähigkeiten erwerben, um ihr Leben entsprechend ihrer erhöhten Verletzlichkeit gestalten zu können.
    Süllwold & Herrlich (1992) weisen darauf hin, daß die Vermittlung eines Krankheitskonzeptes "... auch für schizophren Erkrankte die Voraussetzung für die längerfristige Übernahme von Bewältigungsstrategien in ein Selbst-Management" sei (S. 275). Es schafft die Voraussetzungen für ein besseres Verständnis der unterschiedlichsten therapeutischen Interventionen (z.B. medikamentöse Therapie, psychologische Therapie, Trainings etc.), da sie in einen nachvollziehbaren Zusam-

menhang mit den Eigenheiten ihrer Erkrankung gebracht werden können. Sie nennen als allgemeine Ziele der Vermittlung eines Krankheitskonzepts:

- Aufbau eines neuen Selbstbildes unter Einbeziehung der subjektiven Seite der Vulnerabilität
- Ein besseres Verständnis der Symptome und deren Intensitätsschwankungen
- Verstärkung der Eigenkontrolle, gestärkte Realitätskontrolle
- Erleben der Basis-Störungen als quantitative Variante des Normalbereichs
- Verständnis der Symptome als zeitweiliges, im Prinzip auch Gesunden geläufiges Erleben
- Selbstschutz kann als notwendige Lebensaufgabe erkannt und umgesetzt werden
- Mehr Individualität der Betroffenen durch die Unterscheidung zwischen Symptomen und Persönlichkeitsmerkmalen
- Steigerung der Compliance bei der Medikamenteneinnahme

Gruppendiskussion: Meine Persönlichen Wünsche

In den bisher durchgeführten Gruppen hat sich gezeigt, daß die Gesundheit/Stabilität zwar bei den Therapeuten als *wichtigstes Ziel* vorhanden ist, bei den Patienten aber nicht: Ca. 1/3 der Gruppenteilnehmer gibt andere Ziele als wichtigste an, z.B.:

- wieder arbeiten können
- wieder Autofahren können
- eine Familie gründen
- ohne Medikamente auszukommen etc.

Wir fragen daher die Teilnehmer nach deren persönlichen Wünschen und Zielen und diskutieren die Ergebnisse in der Gruppe; die Diskussion läuft meistens darauf hinaus, was denn wichtiger sei: Arbeit oder Gesundheit? - In der Regel ergibt sich aber ein Gruppenkonsens dahingehend, daß Arbeit ohne Gesundheit nicht leistbar sei, und daß Stabilität/Gesundheit doch das oberste Ziel sein müsse, dem die anderen unterzuordnen seien. - Auf die Problematik, im Zusammenhang mit der Erkrankung Schizophrenie von 'Gesundheit' zu reden, wird in der Gruppe eingegangen.

b. Fertigkeitsbereich1: Erkennen der Warnsignale eines Rückfalls

Im ersten Fertigkeitsbereich lernen die Patienten, Warnsignale von anhaltenden Symptomen, Medikamenten-Nebenwirkungen und Stimmungsschwankungen zu unterscheiden. Es wird darauf hingewiesen, daß Warnsignale von Person zu Person unterschiedlich sein können.

Idiosynkratische Bewältigungsversuche

Wir haben diese Unterscheidung um einen weiteren Faktor ergänzt, nämlich die sogenannten "Streß- oder Belastungsreaktionen"; bei etlichen Patienten hat sich herausgestellt, daß die Registrierung von *idiosynkratischen Bewältigungsversuchen* häufig deutliche Hinweise auf zugrundeliegende beginnende Krankheitsprozesse liefert.

Beispiel: Ein 35jähriger Mann, der an einer schizophrenen Psychose erkrankt ist, nannte als Warnsignal ca. 8 - 10 Wochen vor dem akuten Krankheitsausbruch verstärkte innere Unruhe; diese versuchte er mit häufigeren längeren Waldläufen zu kompensieren. Für seine Vertrauenspersonen sind häufigere Waldläufe leichter zu beobachten als eine Veränderung, die sich nur im "Inneren" des Betroffenen abspielt. - Somit wäre der Waldlauf an sich noch kein Warnsignal, aber das häufigere oder extensivere Auftreten eines idiosynkratischen Bewältigungsversuches kann auf eine bevorstehende Wiedererkrankung hindeuten.

Auch verstärkter Alkohol-, Drogen-, Koffein- oder Nikotingebrauch kann idiosynkratisches Coping sein.

Individuelle Rekonstruktion des Rückfalls: Das Rückfalldiagramm
Die Erfassung der persönlichen Warnsignale geschieht im SMM mittels der beiliegenden Checkliste. Diese Checkliste besteht aus 40 Items, die danach eingeschätzt werden, ob sie kurz vor der Erkrankung, selten oder nie auftreten. Anschließend werden drei bis vier Warnzeichen aus der "Checkliste" ausgewählt, die in drei unterschiedlichen Schweregraden operationalisiert werden, welche dann langfristig beobachtet werden sollen. Wir haben festgestellt, daß mit dieser Methode meistens diejenigen Symptome benannt werden, die für die Betroffenen und ihre Angehörigen am ehesten zu beobachten sind, wie z.B. Schlaflosigkeit oder aber deutliche psychotische Symptome, und die in der Regel zeitlich sehr nah am akuten Erkrankungsbeginn sind.

Wir setzen in unseren Gruppen die Checkliste nicht mehr ein und verzichten auch darauf, die Patienten 3-4 Warnsignale beobachten zu lassen. Stattdessen versuchen wir für jeden Patienten eine *individuelle Rekonstruktion seines Rückfalls bzw. seiner Ersterkrankung*. Es wird versucht, die "innere Logik" der Entwicklung bestimmter Symptome, die Bedingungen, unter denen sie sich entwickelt haben und die angewandten Bewältigungsstrategien zu erfassen, sowie- allerdings sehr behutsam - Zusammenhänge zur Biographie des Patienten herzustellen. Die schematische Darstellung des Rückfalls bezeichnen wir als "Rückfalldiagramm". Abbildung 2 zeigt exemplarisch das Rückfalldiagramm eines Patienten, der an einer Gruppe teilgenommen hat.

Auf der Zeitachse (X-Achse) werden die von dem Betroffenen genannten Zeiträume eingetragen mit den jeweils dazugehörigen Warnsignalen; gegebenenfalls können auch Zeiträume zusammengefaßt werden. Die "Symptomstärke" wird von den Betroffenen auf der Y-Achse eingetragen. Ergänzt werden kann das Diagramm durch einen weiteren "Kurvenverlauf", welcher den *Grad der Belastung* zu den entsprechenden Zeitpunkten angibt (in dieser Abbildung nicht dargestellt). Damit läßt sich dann der Zusammenhang zwischen der Belastung und den auftretenden Warnsignalen verdeutlichen. Die Kurvenverläufe stellen keine mathematisch exakten Kurven dar, sie sind eher als schematische Verlaufsdarstellungen zu verstehen, die das Ansteigen der Symptomatik bei zunehmender Nähe zum akuten Krankheitsgeschehen illustrieren - entsprechend der schematischen Darstellung verschiedener typischer Krankheitsverläufe schizophrener Erkrankungen (vgl. Ciompi, 1980; Harding, 1988).

Abbildung 2: Rückfalldiagramm

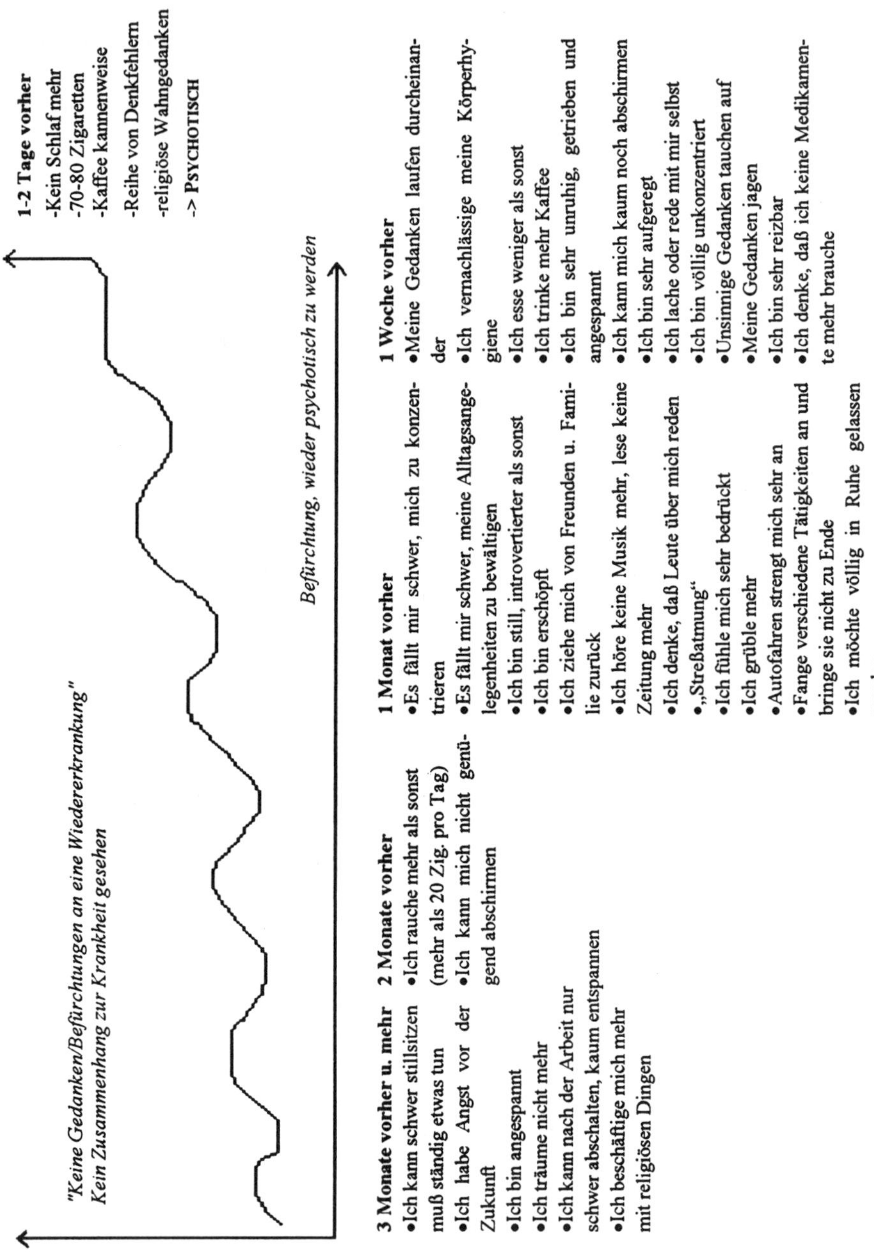

1-2 Tage vorher
-Kein Schlaf mehr
-70-80 Zigaretten
-Kaffee kannenweise
-Reihe von Denkfehlern
-religiöse Wahngedanken
-> PSYCHOTISCH

Befürchtung, wieder psychotisch zu werden

"Keine Gedanken/Befürchtungen an eine Wiedererkrankung"
Kein Zusammenhang zur Krankheit gesehen

3 Monate vorher u. mehr
•Ich kann schwer stillsitzen muß ständig etwas tun
•Ich habe Angst vor der Zukunft
•Ich bin angespannt
•Ich träume nicht mehr
•Ich kann nach der Arbeit nur schwer abschalten, kaum entspannen
•Ich beschäftige mich mehr mit religiösen Dingen

2 Monate vorher
•Ich rauche mehr als sonst (mehr als 20 Zig. pro Tag)
•Ich kann mich nicht genügend abschirmen

1 Monat vorher
•Es fällt mir schwer, mich zu konzentrieren
•Es fällt mir schwer, meine Alltagsangelegenheiten zu bewältigen
•Ich bin still, introvertierter als sonst
•Ich bin erschöpft
•Ich ziehe mich von Freunden u. Familie zurück
•Ich höre keine Musik mehr, lese keine Zeitung mehr
•Ich denke, daß Leute über mich reden
•„Streßatmung"
•Ich fühle mich sehr bedrückt
•Ich grüble mehr
•Autofahren strengt mich sehr an
•Fange verschiedene Tätigkeiten an und bringe sie nicht zu Ende
•Ich möchte völlig in Ruhe gelassen werden

1 Woche vorher
•Meine Gedanken laufen durcheinander
•Ich vernachlässige meine Körperhygiene
•Ich esse weniger als sonst
•Ich trinke mehr Kaffee
•Ich bin sehr unruhig, getrieben und angespannt
•Ich kann mich kaum noch abschirmen
•Ich bin sehr aufgeregt
•Ich lache oder rede mit mir selbst
•Ich bin völlig unkonzentriert
•Unsinnige Gedanken tauchen auf
•Meine Gedanken jagen
•Ich bin sehr reizbar
•Ich denke, daß ich keine Medikamente mehr brauche

Das Warnsignal-Inventar

Als hilfreich bei der Analyse und Rekonstruktion des Rückfalls hat sich das von uns entwickelte "Warnsignal-Inventar" (Behrendt, in Vorb.) herausgestellt, welches über 150 Veränderungen enthält, die im Vorfeld einer Psychose auftreten können. Das Warnsignal-Inventar ist in 5 Bereiche untergliedert:

1. Veränderungen im Verhalten
2. körperliche/vegetative Veränderungen
3. Veränderungen im Denken/der Gedanken
4. Veränderungen des Fühlens und Empfindens
5. Veränderungen im Arbeitsbereich

Die Patienten - und gegebenenfalls ihre Angehörigen oder Personen, die den Erkrankungsbeginn miterlebt haben (z.B. Arbeitskollegen) - sollen angeben, *welche Veränderungen* sie vor der akuten Erkrankung festgestellt haben. In Rollenspielen können die Patienten üben, wie sie bei der späteren Hausaufgabe von ihren Angehörigen weitere Informationen über ihren Erkrankungsbeginn erhalten können.

Die Patienten schätzen ein, in welchem *Zeitraum* vor der akuten Erkrankung die jeweiligen Veränderungen aufgetreten sind; z.B.:
• Ich beschäftige mich mehr mit religiösen Dingen...........ca. ½ Jahr vorher
• Ich laufe mehr als sonst im Betrieb herum....................ca. 6-8 Wochen vorher
• Ich schlafe nicht mehr.......................................2 Tage vorher

"Vor der Erkrankung" kann sowohl "Vor der Aufnahme in die Klinik", als auch "vor dem endgültigen Realitätsverlust" bedeuten. Es können Zeitpunkte - soweit erinnerbar - oder Zeiträume angegeben werden. Die zeitliche Differenzierung der Warnsignale ist wichtig, weil der zeitliche Abstand zur akuten Erkrankung einen wesentlichen Einfluß auf die zu wählende Bewältigungsstrategie haben kann: Ein und dasselbe Warnsignal kann bei dem einen Patienten 3 Monate vor der akuten Erkrankung auftreten, bei einem anderen aber erst eine Woche vorher; entsprechend unterschiedlich, zum Teil sogar diametral entgegengesetzt, können dann die hilfreichen Bewältigungsstrategien sein.

Liste meiner persönlichen Warnsignale

Mit Hilfe des Warnsignal-Inventars kann dann mit jedem Patienten eine "Liste meiner persönlichen Warnsignale" erstellt werden, in der nur diejenigen Veränderungen aufgeführt sind, die vor der akuten Erkrankung festgestellt wurden; die einzelnen Items werden auf die jeweilige Person bezogen formuliert.

Beispiele für idiosynkratische Warnsignale auf der *Verhaltensebene:*
• Ich treibe keinen Sport mehr   • Ich halte mich viel in Spielotheken auf
• Ich lese verstärkt in der Bibel   • Ich schaue kein Fernsehen mehr
• Ich trinke keinen Alkohol mehr   • Ich gehe nicht mehr in den Schachclub
• Ich rauche mehr als sonst   • Ich gerate öfter in Auseinandersetzungen
  (gewöhnlich: 1 Päckchen am Tag

Exemplarisch seien folgende von Gruppenteilnehmern berichtete idiosynkratische Warnsignale *im Arbeitsbereich* genannt:
• Ich mache mehr Fehler bei der Arbeit als sonst
• Ich fehle vermehrt an einzelnen Tagen
• Ich kann nach der Arbeit nicht mehr abschalten
• Ich verbringe die Pausen lieber alleine
• Ich gehe meinen Arbeitskollegen aus dem Weg
• Ich kann nicht mehr so schnell arbeiten
• Ich nehme mir Arbeit mit nach Hause

- Ich kümmere mich um Dinge, die mich nichts angehen
- Ich laufe viel im Betrieb umher
- Ich fange verschiedene Dinge an, mache nichts fertig

In der Regel werden von den Patienten zwischen 40 und 70 Veränderungen angegeben, die sie oder ihre Angehörigen vor der akuten Erkrankung wahrnehmen. Ein Beispiel einer "Liste meiner persönlichen Warnsignale" befindet sich im Anhang.

Persönlicher Beobachtungsbogen

Bis zu 25 persönliche Warnsignale werden aus der "Liste meiner persönlichen Warnsignale" ausgesucht und in einen "Persönlichen Beobachtungsbogen" eingetragen, mit dessen Hilfe das Befinden eingeschätzt werden kann.

Abbildung 3: Persönlicher Beobachtungsbogen

BEOBACHTUNGSBOGEN   **Datum:**_____

Mein Befinden zur Zeit	nicht vorhanden	gering	mäßig	stark
1. Man sagt mir, daß ich anders bin als sonst	0	1	2	3
2. Ich beobachte mich genau	0	1	2	3
3. Ich habe Angst, wieder krank zu werden	0	1	2	3
4. Ich kann schwer stillsitzen oder muß ständig etwas tun	0	1	2	3
5. Ich kann nach der Arbeit nur schwer abschalten	0	1	2	3
6. Ich beschäftige mich mehr mit religiösen Dingen	0	1	2	3
7. Ich träume nicht mehr	0	1	2	3
8. Ich rauche mehr als sonst	0	1	2	3
9. Ich bin angespannt oder erschöpft	0	1	2	3
10. Ich kann mich nicht genügend abschirmen	0	1	2	3
11. Ich möchte völlig in Ruhe gelassen werden	0	1	2	3
12. Ich bin still, introvertierter als sonst	0	1	2	3
13. Ich höre keine Musik mehr, lese keine Zeitschriften	0	1	2	3
14. Es fällt mir schwer, mich zu konzentrieren	0	1	2	3
15. Ich denke verstärkt, daß andere Leute über mich reden	0	1	2	3
16. Ich habe "Streßatmung"	0	1	2	3
17. Autofahren strengt mich sehr an	0	1	2	3
18. Ich grüble mehr	0	1	2	3
19. Ich fange verschiedene Tätigkeiten an, bringe sie nicht zu Ende	0	1	2	3
20. Ich fühle mich sehr bedrückt	0	1	2	3
21. Ich lache oder rede mit mir selbst	0	1	2	3
22. Ich vernachlässige meine Körperhygiene	0	1	2	3
23. Ich esse weniger als sonst oder trinke viel Kaffee	0	1	2	3
24. Ich bin sehr reizbar	0	1	2	3
25. Unsinnige Gedanken tauchen auf	0	1	2	3
26. Die Gedanken jagen, ich kann keinen klaren fassen	0	1	2	3
27. Ich denke, daß ich keine Medikamente mehr brauche	0	1	2	3
	+	+	+	
=				

Drei Items werden in allen persönlichen Beobachtungsbögen vorgegeben:

- "Man sagt mir, daß ich anders bin als sonst", da die Patienten nach dem Training entsprechende Rückmeldungen von den Vertrauenspersonen, die sich am Symptom-Monitoring beteiligen, erhalten werden;
- "Ich habe Angst, wieder krank zu werden" als affektives Statement, das fast alle Patienten nennen und
- "Ich beobachte mich genau" als Veränderung auf der Verhaltensebene, welche jedem Rückfall vorausgehen sollte.

Die 25 Items werden zusammen mit dem Patienten ausgewählt. Die Auswahl orientiert sich an folgenden Kriterien:

1. Wie leicht läßt sich ein Warnsignal beobachten?
Veränderungen auf der Verhaltensebene lassen sich z.B. von den Vertrauenspersonen besser beobachten als "innere Vorgänge", wie z.B. Veränderungen des Denkens oder Fühlens.

2. Welche zeitliche Distanz besteht zum akuten Krankheitsausbruch?
Warnsignale, die mehrere Wochen oder Monate vor dem akuten Krankheitsgeschehen auftreten, eröffnen wesentlich mehr und differenziertere Interventionsmöglichkeiten als solche, die einem Rückfall unmittelbar vorausgehen.

3. Wie häufig tritt es auf?
Veränderungen, welche vor dem Rückfall häufiger auftreten, sollten eher im Beobachtungsbogen enthalten sein als Veränderungen, die sehr selten vorgekommen sind.

4. Wie allgemein bzw. umfassend ist das Warnsignal formuliert?
Allgemein bzw. umfassend formulierte Warnsignale (wie z.B. "Ich kann meine Alltagsangelegenheiten nicht mehr bewältigen") sind für den Beobachtungsbogen eher geeignet als solche, die lediglich einen Teilaspekt der wahrgenommenen Veränderung abbilden.

Die Warnsignale können auf einer vierstufigen Skala nach dem Schweregrad ihrer Ausprägung eingeschätzt werden ("nicht vorhanden", "gering", "mäßig", "stark"). Als "Hausaufgabe" füllen die Patienten anfangs täglich, später wöchentlich, einen persönlichen Beobachtungsbogen aus. Das jeweilige Ergebnis kann in eine "Verlaufstabelle" eingetragen werden, an der sich Veränderungen des Zustandes in Form einer Verlaufskurve ablesen lassen. Zu Beginn jeder Sitzung berichten die Patienten über eventuell wahrgenommene Veränderungen und ihre Erfahrungen, wie sie damit umgegangen sind. Die nicht selten auftretenden Schwankungen können in Zusammenhang mit den erlebten Belastungen und den Bewältigungsversuchen gestellt werden.

Weiterhin lernen die Patienten, wie sie ihre persönlichen Warnsignale mit Hilfe anderer Personen ("Vertrauenspersonen") überwachen können. In einem Rollenspiel üben die Patienten, wie sie jemanden ansprechen, der ihnen helfen soll, die Warnsignale zu erkennen; in weiteren Rollenspielen, wie sie mit dabei eventuell auftretenden Problemen umgehen können.

Vereinbarung mit der Vertrauensperson

Die Patienten schließen mit jeder Vertrauensperson eine Vereinbarung: Die Vertrauenspersonen erklären, daß sie bereit sind, auf die Warnsignale des Betroffenen zu achten, ihn darauf aufmerksam zu machen und unter bestimmten Bedingungen auch dessen Arzt zu informieren. Die Patienten erklären wiederum ihre Bereitschaft, die Vertrauensperson(en) zu bitten, auf eventuell auftretende Warnsignale zu achten; sie wünschen, daß sie von den Vertrauenspersonen darauf aufmerksam gemacht werden und daß diese gegebenenfalls den Arzt unterrichten sollten.

Besuch beim Nervenarzt

Im Rahmen einer "In-vivo-Übung" suchen die Patienten den Nervenarzt auf, der nach der Entlassung aus der Tagesklinik die ambulante Weiterbehandlung übernehmen wird. Sie informieren ihn über ihre Teilnahme an der Gruppe, händigen ihm eine Liste der persönlichen Warnsignale, einen Beobachtungsbogen und ein Rückfalldiagramm aus und sprechen mit ihm über ihre persönlichen Warnsignale. Die Terminvereinbarung, das Gespräch beim Nervenarzt etc. werden in Rollenspielen vorbereitet.

c. Fertigkeitsbereich 2: Umgehen mit Warnsignalen

Im zweiten Fertigkeitsbereich werden drei Ziele verfolgt: die Patienten sollen lernen, von ihren Betreuern Hilfen zu erlangen, um Warnsignale von anhaltenden Symptomen, Medikamentennebenwirkungen, Stimmungsschwankungen und Streß- und Belastungsreaktionen unterscheiden zu können, spezielle Methoden zum Umgang mit Warnsignalen anwenden zu können sowie einen "Notfall-Plan" zu erstellen.

In einem Rollenspiel spricht ein Patient mit seinem Therapeuten über Veränderungen seines Befindens, die in einer Streßsituation auftreten; diese Veränderungen könnten möglicherweise Warnsignale sein. In einem weiteren Rollenspiel sucht ein Patient seinen Arzt auf, weil er Warnsignale festgestellt hat. Die Patienten "schlüpfen" in die Rolle des Arztes, explorieren den Betroffenen und versuchen, geeignete Gegenmaßnahmen zu besprechen und einzuleiten.

Beispielhaft soll folgendes Anwendungsproblem geschildert werden: Die Patienten sollen sich vorstellen, es seien Warnsignale aufgetreten und sie hätten einen Termin bei ihrem Arzt vereinbart. Den Termin können sie aber nicht wahrnehmen, da sie sich zu müde, niedergeschlagen und schlapp fühlen. - "Was tun Sie?"

Als nächstes wird mit den Patienten ein "Notfall-Plan" erstellt, welcher Namen, Anschriften und Telefonnummern der Vertrauenspersonen, eventueller Betreuer, Haus- und Fachärzte, Notdienste und Kliniken enthält, an die sie sich im Notfall wenden können.

Als "Hausaufgabe" besuchen die Patienten ihren Arzt, lassen ihn den Notfall-Plan unterschreiben und bitten ihn, die aktuelle Medikation auf der Rückseite des Plans einzutragen.

Die von Liberman und Mitarbeitern vorgeschlagenen Methoden zum Umgang mit Warnsignalen - im wesentlichen Vertrauensperson, Therapeut oder Arzt um Hilfe bitten - können insofern als suboptimal bezeichnet werden, als außer acht gelassen wird, zu welchem Zeitpunkt des Dekompensationsprozesses die Warnsignale auftreten. Ein Warnsignal, das bei einem Patienten ca. ½ Jahr vor der Erkrankung auftritt, kann andere Bewältigungsmechanismen erfordern als ein Warnsignal, welches in den letzten drei Tagen vor dem Rückfall auftritt. Je früher Warnsignale auftreten und als solche erkannt werden, desto breiter ist das Spektrum an Interventionsmöglichkeiten, und desto mehr Selbstmanagement ist möglich. - Umgekehrt gilt: Je später die Warnsignale auftreten und beachtet werden, desto weniger Möglichkeiten gibt es, diese zu beeinflussen, und desto massiver muß von außen eingegriffen werden. In der Gruppe wird daher anhand der Rückfalldiagramme diskutiert, was den Patienten zu den unterschiedlichen Zeitpunkten geholfen hätte, um die Situation zu entspannen, zu verändern oder zu bewältigen.

Wir haben den Fertigkeitsbereich 2 also dahingehend erweitert, daß nicht nur der Umgang mit Warnsignalen thematisiert wird und entsprechende Strategien vermittelt werden (welche auf den bereits vorhandenen Copingstrategien aufbauen), sondern auch allgemeinere Verfahren der Streßvermeidung und Streßbewältigung. Hierzu gehören auch die individuellen Möglichkeiten der Entspannung und Erholung, der Freizeitgestaltung etc.

d. Fertigkeitsbereich 3: Umgehen mit anhaltenden Symptomen

Ca. ¼ aller chronisch schizophrenen Patienten berichtet über anhaltende (chronifizierte) Symptome wie z.B. optische oder akustische Halluzinationen, Wahngedanken, Depressionen oder Ängste, die offensichtlich trotz optimaler medikamentöser Behandlung und angepaßter Lebensführung nicht zu verändern sind. Im Fertigkeitsbereich 3 sollen die Patienten ihre persönlichen anhaltenden Symptome erkennen und lernen, sich die erforderlichen Hilfen beim Unterscheiden der anhaltenden Symptome von Warnsignalen, Medikamentennebenwirkungen, Stimmungsschwankungen und Streß- und Belastungsreaktionen zu organisieren. Sie sollen geeignete Methoden zum Umgang mit anhaltenden Symptomen einüben und die anhaltenden Symptome - ähnlich wie die Warnsignale - täglich überwachen.

Mit den Patienten werden 3 Schweregrade ihrer anhaltenden Symptome definiert und jeweils geeignete Methoden zum Umgang mit den Symptomen eingeübt. In Rollenspielen üben die Patienten hilfreiche Verhaltensstrategien bei möglichen Problemen mit anhaltenden Symptomen. Beispiel: "Sie befinden sich in einem Supermarkt mit einer langen Einkaufsliste. Sie sind mit ihrem Einkauf erst halb fertig, als eines ihrer anhaltenden Symptome beginnt, Sie stark zu beeinträchtigen.- Was tun Sie?"

Wir haben den Fertigkeitsbereich 3 im wesentlichen übernommen. Die Patienten führen eine Liste ihrer anhaltenden Symptome bis zum Ende der Gruppe und notieren jeweils, wann die anhaltenden Symptome aufgetreten sind - und wie erfolgreich die jeweilige Strategie war, um die anhaltenden Symptome zu bewältigen. Es wird darauf hingewiesen, daß diese Strategien nur im Vorfeld der akuten Erkrankung erfolgreich sein können, solange *kein Rückfall* eingetreten ist.

e. Fertigkeitsbereich 4: Ablehnen von Alkohol und Drogen

Dieser Bereich ist kein Ersatz für eine Therapie von Alkohol- oder Drogenabhängigkeit; es wird eher ein präventiver Ansatz verfolgt, indem die Patienten für die

Risiken des Alkohol- oder Drogenkonsums sensibilisiert werden sollen - vor allem im Zusammenhang mit der Einnahme von Neuroleptika.

In diesem Fertigkeitsbereich werden vier Ziele verfolgt: Die Patienten sollen die nachteilige Wirkung von Alkohol und Drogen sowie die Vorteile, sie zu meiden, kennenlernen; sie sollen weiterhin lernen, wie sie Alkohol und Drogen bei sozialen Anlässen ablehnen können und lernen, wie sie dem Gebrauch von Alkohol und Drogen zur Kompensierung von Angst, Minderwertigkeitsgefühl etc. widerstehen können. Schließlich sollen sie lernen, wie sie -mit möglichst wenig Hemmungen- mit ihren Betreuern über Alkohol- und Drogenkonsum sprechen können.

Nachdem in einer Gruppendiskussion die persönlichen Erfahrungen mit Alkohol und Drogen berichtet werden, werden in Rollenspielen die "Fünf Schritte des Neinsagens" eingeübt und nach individuellen Ersatzaktivitäten ("Positive Aktivitäten") für den Alkohol- oder Drogenkonsum gesucht. In verschiedenen "Anwendungsproblemen" werden die Patienten im Rollenspiel mit später möglicherweise auftretenden Problemsituationen konfrontiert und angemessene Lösungen erarbeitet. Jeder Patient überlegt sich, welche Situationen oder Stimmungen ihn dazu bringen könnten, wieder Alkohol oder Drogen zu sich zu nehmen - und was er statt dessen tun könnte. Im Rahmen einer "Hausaufgabe" achten die Patienten eine Woche lang darauf, in welchen Situationen sie in Versuchung waren, Alkohol oder Drogen zu konsumieren - und wie sie mit dieser Situation umgegangen sind.

Fertigkeitsbereich 4 führen wir wie im Originalprogramm durch, kann aber - entsprechend der Zusammensetzung der Gruppe- gekürzt werden, vor allem dann, wenn die Patienten bislang keinerlei Drogenerfahrungen gemacht haben.

f. Fertigkeitsbereich 5: Gemeinsame Gruppe für die Betroffenen und ihre Angehörigen/Vertrauenspersonen

Ergänzt haben wir das Symptom-Management-Modul um einen weiteren Fertigkeitsbereich, der am ehesten zu vergleichen ist mit einem familienedukativen Ansatz: Hier finden Gruppengespräche mit den Angehörigen bzw. Vertrauenspersonen und den Betroffenen statt. Zu Beginn werden die Angehörigen über die wesentlichen Inhalte der SMM-Gruppe informiert, was überwiegend von den Gruppenteilnehmern selbst übernommen werden kann. Angesprochen werden u.a. die Rolle der "Expressed Emotions" für die Rückfallprophylaxe, die Aufgaben der Vertrauenspersonen (Symptom-Monitoring, Ansprechpartner sein, Hilfe organisieren), sowie Informationen darüber, an wen die Angehörigen sich wenden können, wenn sich *doch* ein Rückfall ankündigt bzw. eingetreten ist. Hingewiesen wird auch auf die Hilfen, welche die Angehörigen bzw. die Vertrauenspersonen für sich selbst in Anspruch nehmen können (z.B. Angehörigen-Selbsthilfegruppen etc.). Nicht selten kommen in diesen Gruppengesprächen Angehörige und Betroffene zum erstenmal über die Erkrankung zusammen ins Gespräch. Wir führen - je nach Bedarf - 3-4 Gruppensitzungen à 2 Stunden durch.

Einsatzmöglichkeiten und Schlußfolgerungen

1. Nach unseren bisherigen Erfahrungen stellt die adaptierte Form des Symptom-Management-Moduls eine sehr sinnvolle Erweiterung des therapeutischen Programms unserer Tagesklinik dar. Das SMM ist nicht als Alternative zu anderen psychologischen Trainingsprogrammen wie z.B. dem IPT ("Integriertes Psychologisches Therapieprogramm für schizophrene Patienten"; Roder et al., 1992[2]) zu sehen, sondern -zumindest in weiten Teilen- als Ergänzung; eine inhaltliche Abstimmung beider Programme ist allerdings erforderlich. Drei verschiedene Gruppen von Patienten befinden sich jeweils in der Tagesklinik: eine Gruppe, die das Training bereits absolviert hat, eine weitere Gruppe, welche gerade am SMM teilnimmt - und eine dritte Gruppe, die noch auf die Teilnahme wartet. Das gesteckte Ziel, alle Patienten mit den entsprechenden Diagnosen an dem Programm teilnehmen zu lassen, ließ sich aber bislang nicht in vollem Umfang realisieren, da sich das Programm über knapp 4 Monate erstreckt und somit gelegentlich Patienten wegen ihrer bevorstehenden Entlassung nicht mehr in eine neue Gruppe aufgenommen werden.

2. Als längerdauerndes Gruppenangebot läßt sich das SMM gerade in der *ambulanten Versorgung*, z.B. von niedergelassenen Psychologen oder Nervenärzten durchführen, aber auch in Polikliniken oder Institutsambulanzen; der Vorteil einer Anwendung des SMM in der ambulanten Versorgung liegt darin, daß die Gruppen ohne die zeitliche Begrenzung, wie sie im teilstationären Bereich gegeben ist, durchgeführt werden können.

3. Eine unserer Gruppen haben wir zusammen mit Betreuern aus dem Arbeitsbereich durchgeführt, wobei ein Schwerpunkt in der Herausarbeitung der persönlichen Warnsignale im Arbeitsbereich bestand, verbunden mit der Vermittlung von arbeitsplatzspezifischen Bewältigungsmechanismen. Die Betreuung im (nicht-institutionalisierten) Arbeitsbereich erfolgt durch eine Diplom-Psychologin und eine Sozialarbeiterin, die in dem ambulanten Dienst beschäftigt sind (siehe Wollny & Behrendt 1991). Nach unseren Erfahrungen läßt sich das SMM aber auch auf institutionalisierte berufsrehabilitative Maßnahmen übertragen.

4. Eine weitere Einsatzmöglichkeit besteht im Wohnbereich, sei es in betreuten Wohngruppen oder im Heimbereich. Bisher waren einige WG-Betreuer insofern involviert, als daß sie von Gruppenteilnehmern als Vertrauenspersonen angegeben worden waren und an den Gruppensitzungen teilgenommen haben.

5. Die Expertenkommission der Bundesregierung zur Reform der Versorgung im psychiatrischen und psychotherapeutisch/psychosomatischen Bereich nennt eine Reihe von "institutionellen Bausteinen" - wozu auch die Tageskliniken gehören-, die für die gemeindepsychiatrische Versorgung als notwendig erachtet werden und empfiehlt den Aufbau eines "Gemeindepsychiatrischen Verbundes" als Fundament der ambulanten Versorgung (Bundesminister für Jugend, Familie, Frauen und Gesundheit 1988). Wir haben in unserem Versorgungsgebiet das Programm zur Rezidivprophylaxe schizophrener Erkrankungen zuerst im *teilstationären* Bereich implementiert; kooperiert wurde u.a. mit niedergelassenen Nervenärzten, dem ambu-

lanten Dienst zur Betreuung im Arbeitsleben, mit Betreuern aus dem Wohnbereich etc. - Diese Kooperation und dieses Angebot reichen aber bei weitem nicht aus, um dem bestehenden Bedarf gerecht zu werden.

Gezielte Rezidivprophylaxe wird in der Regel lediglich von den niedergelassenen Nervenärzten geleistet in Form von neuroleptischer Dauermedikation. Aus zahlreichen Untersuchungen ist aber bekannt, daß eine effektive Rückfallprophylaxe bei Schizophrenen erst durch die *Kombination medikamentöser und psychologischer/ psychosozialer Behandlung* gegeben ist (zusammenfassend siehe Brenner & Gasser, 1993). Diesen Erkenntnissen wird aber - gerade in der ambulanten Versorgung - noch viel zu wenig Rechnung getragen. Für den außerklinischen Bereich haben Möhlenkamp & Horn (1993) kürzlich vorgeschlagen, das psychiatrische Verbundsystem um Psychologische Fachdienste zu ergänzen, denen u.a. die oben beschriebenen Aufgaben der gezielten Rezidivprophylaxe zukämen. Insgesamt sollte die Rezidivprophylaxe, gerade bei häufig chronisch verlaufenden Erkrankungen wie der Schizophrenie, einen angemesseneren Stellenwert erhalten und als gemeinsame Aufgabe des gesamten Versorgungssystems gesehen werden.

Anhang

Liste meiner persönlichen Warnsignale: Thomas M

Stand: 26.07.94

Kurz bevor ich krank werde, kann ich bereits an einigen Warnsignalen feststellen, daß sich mein Gesundheitszustand möglicherweise wieder verschlechtert und sich vielleicht eine Wiedererkrankung andeutet

Mein persönlichen Warnsignale sind:

A. Veränderungen im Verhalten

1 Ich kann schwer stillsitzen	3	Monate vorher
2 Ich muß ständig etwas tun	3	Monate vorher
3 Ich möchte völlig in Ruhe gelassen werden	2-3	Wochen vorher
4 Ich lache oder rede mit mir selbst	1	Woche vorher
5 Es fällt mir schwer, meine Alltagsangelegenheiten zu bewältigen	2-3	Wochen vorher
6 Ich bin still,introvertierter als sonst	2-3	Wochen vorher
7 Ich lese mehr als sonst in der Bibel, bete mehr, gehe mehr in die Kirche	ca. 8	Monate vorher
8 Ich vernachlässige meine Körperhygiene	1	Woche vorher
9 Ich höre keine Musik mehr	2-3	Wochen vorher
10 Ich lese keine Zeitung mehr	2-3	Wochen vorher
11 Es interessiert mich nicht, wie ich aussehe oder mich kleide	2-3	Wochen vorher
12 Ich fühle mich von meinen Freunden und meiner Familie entfernt	2-3	Wochen vorher
13 Ich ziehe mich von meinen Freunden zurück	2-3	Wochen vorher
14 Ich esse weniger als sonst	1	Woche vorher
15 Ich trinke mehr Kaffee	1	Woche vorher
16 Ich rauche mehr als sonst (normalerweise rauche ich ca. 20 Zigaretten täglich)	6-8	Wochen vorher
17 Ich konsumiere extrem viel Kaffee und Zigaretten	2-3	Tage vorher

B. Körperliche/vegetative Veränderungen

1 Ich bin erschöpft	2 Wochen vorher
2 Ich bin sehr unruhig	1 Woche vorher
3 Ich bin innerlich getrieben	1 Woche vorher
4 Ich bin sehr angespannt	1 Woche vorher
5 Ich bin übermäßig wach	2-3 Tage vorher
6 Ich bin zu sehr von außen beeinflußbar	1 Woche vorher
7 Ich kann mich nicht genügend abschirmen	3-4 Wochen vorher
8 Ich bin müde	2 Wochen vorher
9 Ich kann schlecht einschlafen oder wache jede Nacht auf	2-3 Wochen vorher
10 Ich träume nicht mehr	3 Monate vorher
11 Ich habe Probleme mit dem Atem - „Streßatmung"	2-3 Wochen vorher

C. Veränderung der Gedanken/des Denkens

1 Die Gedanken laufen durcheinander	1 Woche vorher
2 Ich bin durcheinander	1 Woche vorher
3 Ich bin unkonzentriert	1 Woche vorher
4 Unsinnige Gedanken tauchen auf	1 Woche vorher
5 Die Gedanken jagen	1 Woche vorher
6 Ich kann keinen klaren Gedanken fassen	2-3 Tage vorher
7 Einzelne Gedanken beherrschen mich ungewöhnlich („Wettermachen")	2-3 Tage vorher
8 Ich grüble viel über bestimmte Dinge (über die Vergangenheit, wie es weiter geht)	2-3 Wochen vorher
9 Ich denke, daß meine Gedanken kontrolliert werden	2-3 Tage vorher
10 Ich denke, daß andere Leute über mich reden (anhaltendes Symptom); vertsärkt:	2-3 Wochen vorher
11 Ich denke, daß ich beobachtet werde (die Polizei kontrolliert mich)	in der Psychose
12 Ich bin verwirrt	in der Psychose
13 Ich denke, ich bin jemand anderes (Sonnengott, Bruder von Jesus)	in der Psychose
14 Ich denke, ich brauche keine Medikamente mehr	1 Woche vorher
15 Ich denke verstärkt an Sexualität	in der Psychose
16 Ich habe kein Interesse mehr an Musik hören oder Lesen	2-3 Wochen vorher
17 Ich habe Schwierigkeiten, mich zu konzentieren oder klar zu denken	4 Wochen vorher
18 Religion ist für mich total wichtig geworden	in der Psychose
19 Es belästigen mich Gedanken, die ich nicht los werde	in der Psychose
20 Ich denke vorallem an Sexualität	in der Psychose
21 Ich denke andere wollen mich verletzen oder krank machen	in der Psychose

D. Veränderungen der Gefühle und Empfindungen

1 Ich bin sehr ängstlich (Ich habe Angst vor dem Teufel)	in der Psychose
2 Ich fühle mich sehr bedrückt	2-3 Wochen vorher
3 Ich verspüre Trennungsschmerz	in der Psychose
4 Ich bin mit mir selbst unzufrieden (Jahrelanges Grübeln wegen Studium wird stärker)	2-3 Wochen vorher
5 Ich fühle mich depressiv oder bedrückt	2-3 Wochen vorher
6 Ich bin sehr aufgeregt	2-3 Tage vorher
7 Ich bin angespannt	2-3 Monate vorher
8 Ich bin vermehrt reizbar	2-3 Tage vorher
9 Ich habe Angst vor der Zukunft	3 Monate vorher

E. Veränderungen im Beruf

1 Autofahren strengt mich sehr an	2 Wochen vorher
2 Ich fange verschiedene Dinge an und mache sie nicht fertig	2 Wochen vorher
3 Ich kann mich nach der Arbeit schwer entspannen oder abschalten	3 Monate vorher

Literatur

Behrendt, B. Das Warnsignal-Inventar. (In Vorbereitung)

Behrendt, B. (1993). Meine Persönlichen Warnsignale. Begleitmaterial zur Therapiegruppe "Umgang mit Warnsignalen und Krankheitssymptomen". Universitätsnervenklinik Homburg/Saar: Photodruck

Behrendt, B. & Hempel, H.D. (1992). Aspekte der Befindlichkeit im Vorfeld schizophrener Erkrankungen. Vortrag auf dem 15. Donausymposion für Psychiatrie Regensburg

Behrendt, B. & Hempel, H.D. (1993). Möglichkeiten zur Erfassung von Warnsignalen bei schizophrenen Menschen. Vortrag auf dem 2. Deutschen Psychologentag Bonn

Behrendt, B.; Brenner, H.D.; Donzel, G.; Günther, R.; Schaub, A.; Stöckli, M. & Waldvogel, D. (1993). The Symptom Management Module: Evaluation of the German Version in a Multi-Center Collaborative Study. Vortrag 4. Congress of the World Association for Psychosocial Rehabilitation (WAPR) Dublin 26.-29.9.1993

Birchwood, M. (1992). Early Intervention in Schizophrenia: Theoretical Background and Clinical Strategies. *British Journal of Clinical Psychology*, 31, 257-278

Birchwood, M. & Tarrier, N. (Hrsg.).(1992). Innovations in the Psychological Management of Schizophrenia. Chichester: Wiley

Birchwood, M.; Smith, J.; MacMillan, F.; Hogg, B.; Prasad, R.; Harvey, C. & Bering, S. (1989). Predicting Relapse in Schizophrenia: the Development and Implementation of an Early Signs Monitoring System Using Patients and Families as Observers, a Preliminary Investigation. *Psychological Medicine*, 19, 649-656

Brenner, H.D. (1990a). Therapieprogramm zum Umgang mit Symptomen. Therapeuten-Handbuch. Bern: Abteilung für Theoretische und Evaluative Psychiatrie an der Psychiatrischen Universitätsklinik Bern. (Photodruck)

Brenner, H.D. (1990b). Therapieprogramm zum Umgang mit Symptomen. Patienten-Arbeitsbuch. Bern: Abteilung für Theoretische und Evaluative Psychiatrie an der Psychiatrischen Universitätsklinik Bern. (Photodruck)

Brenner, H.D. & Gasser, C. (1993). Zur Interaktion zwischen Psychotherapie und Pharmakotherapie in der Behandlung schizophrener Patienten. In: Nissen, G. (Hrsg.). Psychotherapie und Psychopharmaka als ein Behandlungskonzept. Bern: Huber

Brücher, K. (1992). Ein individualisierendes psychoedukatives Therapiekonzept in der stationären Behandlung Schizophrener -Modelle und eigene Erfahrungen. *Psych. Praxis*, 19, 59-65

Bundesminister für Jugend, Familie, Frauen und Gesundheit (Hrsg.).(1988). Empfehlungen der Expertenkommission der Bundesregierung zur Reform der Versorgung im psychiatrischen und psychotherapeutisch/psychosomatischen Bereich auf der Grundlage des Modellprogramms Psychiatrie der Bundesregierung. Bonn: Bundesministerium für Jugend, Familie, Frauen und Gesundheit

Chapman, J. (1966). The Early Symptoms of Schizophrenia. *B J of Psychiatry*, 112, 225-251

Conrad, K. (1958). Die beginnende Schizophrenie. Versuch einer Gestaltanalyse des Wahns. Stuttgart: Thieme

Ciompi, L. (1980). Catamnestic Long-Term Study on the Course of Life and Aging of Schizophrenics. *Schizophrenia Bulletin*, 5, 606-618

Docherty, J.P.; van Kammen, D.P.; Siris, S.G. & Marder, S.R. (1978). Stages of Onset of Schizophrenic Psychosis. *American Journal of Psychiatry*, 135, 420-426

Falloon, I.; Boyd, J. & McGill, C. (1984). Familiy Care of Schizophrenia: A Problem-Solving Approach to the Treatment of Mental Illness. New York: Guilford Press

Häfner, H.; Riecher, A.; Maurer, K.; Meissner, S.; Schmidtke, A.; Fätkenheuer, B.; Löffler, W. & an der Heiden, W. (1990). Ein Instrument zur retrospektiven Einschätzung des Erkrankungsbeginns bei Schizophrenie (Instrument for the Retrospective Assessment of the Onset of Schizophrenia - "IRAOS") - Entwicklung und erste Ergebnisse. *Zeitschrift für Klinische Psychologie*, 19, 3. 230-255

Harding, C.M. (1988). Course Types in Schizophrenia: An Analysis of European and American Studies. *Schizophrenia Bulletin*, 14, 4. 633-643

Herz, M.I. & Melville, C. (1980). Relapse in Schizophrenia. *American Journal of Psychiatry*, 137, 7. 801 - 805

Herz, M.I.; Glazer, W.; Mirza, M.; Mostert, M.; Hafez, H.; Smith, P.; Trigoboff, E.; Miles, D.; Simon, J.; Finn, J. & Schohn, M. (1989). Die Behandlung prodromaler Episoden zur Prävention von Rückfällen in der Schizophrenie. In: Böker, W., & Brenner, H.D. (Hrsg.) Schizophrenie als systemische Störung. Bern: Huber

Huber, G. (1995). Prodrome der Schizophrenie. *Forts d Neurologie u. Psychiatrie*, 63, 131-138

Jolley, A.G. & Hirsch, S.R. (1989). The Dysphoric Syndrome in Schizophrenia and its Implications for Relapse. *British Journal of Psychiatry*, Suppl 5., 46-50

Kieserg, A. & Hornung, W.P. (1994). Psychoedukatives Training für schizophrene Patienten (PTS). Ein verhaltenstherapeutisches Behandlungsprogramm zur Rezidivprophylaxe. Tübingen: dgvt-Verlag

Kraus, H.; Schmalzried, M. & Wittpoth, J. (1994a). Frühsymptom-Management. Rezidivprophylaxe bei schizophren gefährdeten Menschen. Therapeuten-Handbuch. Dortmund: Video-Cooperative Ruhr

Kraus, H.; Schmalzried, M. & Wittpoth, J. (1994b). Frühsymptom-Management. Ein Trainingsprogramm für psychosekranke Menschen zur Vorbeugung von Rückfällen. Patienten-Handbuch. Dortmund: Video-Cooperative Ruhr

Liberman, R.P. (1986). Coping and Competence as Protective Factors in the Vulnerability-Stress-Modell of Schizophrenia. In: Goldstein, M.J.; Hand, I. & Halweg, K. (Ed.) Treatment of Schizophrenia. Family Assessment and Intervention. Berlin: Springer. 201-215

Liberman, R.P. (1988). Social and Independent Living Skills. Symptom Management Module. Trainer's Manual. Los Angeles: Clinical Research Center for Schizophrenia and Psychiatric Rehabilitation

Liberman, R.P.; Jacobs, H.E.; Boone, S.E.; Foy, D.W.; Donahoe, C.P.; Falloon, I.R.H.; Blackwell, G. & Wallace, C.J. (1986). Fertigkeitstraining zur Anpassung Schizophrener an die Gemeinschaft. In: Böker, W. & Brenner, H.D. (Hrsg.). Bewältigung der Schizophrenie. Bern: Huber. 96-111

Mendel, W. (1976). Schizophrenia: The Experience and its Treatment. San Francisco: Jossey-Bass

Möhlenkamp, G. & Horn, C. (1993). Psychologen im außerklinischen Versorgungsbereich: Standortbestimmung und Perspektiven. *Report Psychologie*, 8, 12-17

Nuechterlein, K.H. (1987). Vulnerability Models for Schizophrenia: State of the Art. In: Häfner, H., Gattaz, W.F. & Janzarik, W. (Ed.). Search for the Causes of Schizophrenia. Berlin: Springer. 297-316

Nuechterlein, K.H. & Dawson, M.E. (1984). A Heuristic Vulnerability/Stress Model of Schizophrenic Episodes. *Schizophrenia Bulletin*, 10, 2. 300-312

Overall, J. & Gorham, D. (1962). The Brief Psychiatric Rating Scale. *Psychological Reports*, 10, 799 - 812

Roder, V.; Brenner, H.D.; Kienzle, N. & Hodel, B. (1992[2]). Integriertes psychologisches Therapieprogramm für schizophrene Patienten (IPT). Weinheim: Psychologie Verlags Union

Schaub, A. (1993). Formen der Bewältigung schizophrener Erkrankung. Frankfurt: Lang

Schaub, A.; Andres, K.; Brenner, H.D. & Donzel, G. (1995). Entwicklung einer bewältigungsorientierten Gruppentherapie für schizophrene Patienten. In: Böker, W. & Brenner, H.D. (Hrsg.) Auf dem Wege zu einer integrativen Therapie der Schizophrenie. Bern: Huber

Schaub, A.; Behrendt, B.; Brenner, H.D.; Mueser, K. & Liberman, R.P. Training Schizophrenic Patients to Manage their Symptoms: Predictors of Treatment Response to the German Version of the Symptom Management Module. (In Vorbereitung)

Stark, F.-M. (1992). Strukturierte Information über Vulnerabilität und Belastungsmanagement für schizophrene Patienten. *Verhaltenstherapie*, 2, 40-47

Subotnik, K.L. & Nuechterlein, K.H. (1988). Prodromal Signs and Symptoms of Schizophrenic Relapse. *Journal of Abnormal Psychology*, 97, 4. 405-412

Süllwold, L., & Herrlich, J. (1987). Frankfurter Befindlichkeits-Skala (FBS). Berlin: Springer

Süllwold, L., & Herrlich, J. (1990). Psychologische Behandlung schizophren Erkrankter. Stuttgart: Kohlhammer

Süllwold, L., & Herrlich, J. (1992). Vermittlung eines Krankheitskonzeptes als Therapiebestandteil bei schizophren Erkrankten. In: Brenner, H.D. & Böker, W. (Hrsg.) Verlaufsprozesse schizophrener Erkrankungen. Bern: Huber. 274-279

Wiedl, K.H. (1993). Ansatzpunkte therapeutischer Interventionen bei schizophren Erkrankten auf der Grundlage des Bewältigungsparadigmas. *Schizophrenie*, 8, 1. 9-19

Wienberg, G. (Hrsg.).(1995). Schizophrenie zum Thema machen. Psychoedukative Gruppenarbeit mit schizophren und schizoaffektiv erkrankten Menschen. Grundlagen und Praxis. Bonn: Psychiatrie-Verlag

Wienberg, G.; Schünemann-Wurmthaler, S. & Sibum, B. (1995). Schizophrenie zum Thema machen. Psychoedukative Gruppenarbeit mit schizophren und schizoaffektiv erkrankten Menschen /PEGASUS. Manual und Materialien. Bonn: Psychiatrie-Verlag

Wollny, H.J. & Behrendt, B. (1991). Integration psychisch Behinderter in nicht-institutionalisierte Arbeitsplätze.(=Schriftenreihe des Bundesministers für Gesundheit, Bd. 6). Baden-Baden: Nomos

Zubin, J. & Spring, B. (1977). Vulnerability - A New View of Schizophrenia. *Journal of Abnormal Psychology*, 86, 2. 103-126

Die Bedeutung von Frühsymptomen in der Schizophreniebehandlung

Hans- Dietrich Hempel

Neben dem traditionell großen Interesse am akuten psychotischen Dekompensationsgeschehen bei Schizophrenen gilt in jüngster Zeit zunehmend prodromalen Befindlichkeitsveränderungen verstärkte Aufmerksamkeit. Mit der Erfassung von Frühsymptomen verbindet sich dabei die Hoffnung, daß durch das frühestmögliche Erkennen einer drohenden psychotischen Dekompensation unmittelbar therapeutisch interveniert werden kann. Außer einer Verbesserung der Behandlungsstrategie durch sofort eingeleitete Therapiemaßnahmen knüpft sich daran auch die Hoffnung zur Vorhersagemöglichkeit von Rezidiven. Dadurch würden sich zwangsläufig die Chancen für präventive Therapiemaßnahmen verbessern.

Die Vorteile einer diagnostischen Erfassung von Frühsymptomen in der Schizophreniebehandlung ergeben sich aus

- der Möglichkeit, sofort bei Auftreten erster "Warnzeichen" sowohl medikamentös als auch sozialtherapeutisch mit dem Ziel aktiv zu werden, den Prozeß der psychotischen Dekompensation noch im Frühstadium zu stoppen,
- der Chance, die mit jedem psychotischen Rezidiv einhergehenden sozialen Beeinträchtigungen zu reduzieren,
- der Beeinflußung der Verlaufstypik mit Reduzierung der Anzahl bzw. Verhinderung von Rezidiven; erfahrungsgemäß birgt jedes Rezidiv ein weiteres in sich mit der Gefahr der Ausbildung von Residualsymptomen,
- einer verbesserten Compliance sowohl mit dem Patienten als auch dessen Angehörigen, Betreuern und Bekannten, in dem dieser Personenkreis durch gezielte Informationen und Erkenntniserwerb in die Lage versetzt wird, bei Auftreten erster Warnsymptome nicht abwartend oder ängstlich- abwehrend, sondern gemeinsam mit dem Therapeuten zu reagieren.

Die berechtigte Hoffnung, daß durch die frühestmögliche Erfassung eines sich anbahnenden psychotischen Geschehens mit sofort eingeleiteten Therapiemaßnahmen die akute psychotische Exazerbation und damit evtl. auch der weitere Krankheitsverlauf günstig zu beeinflussen sind, wird durch zahlreiche, insbesondere methodisch bedingte Faktoren, eingeschränkt.

Die bekannten Langzeitstudien zur Schizophrenie (Bleuler, 1972; Ciompi & Müller, 1976; Huber et al., 1979) haben keine sicheren Prädiktoren für das Auftreten von Rezidiven aufzeigen können, so daß Bleuler (1976) betont, daß gegenwärtig noch keine Primärprävention möglich sei, macht aber andererseits darauf aufmerksam, daß vielleicht ein Fortschreiten mit Umschlagen der Basisstadien in die eigentliche Psychose und spätere Strukturverformung verhindert werden könne, wenn Diagnostik und Therapie bereits im präpsychotischen Bereich erfolgten.

Die Frühdiagnostik der Schizophrenie stellt sich heutzutage immer noch problematisch dar, insbesondere wenn es sich um Erstmanifestationen handelt. Aber auch die rechtzeitige Erkennung eines psychotischen Rezidivs bereitet selbst dem damit vertrauten Psychiater oft genug erhebliche Schwierigkeiten. Oft weisen erst manifeste produktiv psychotische Symptome auf ein Rezidiv hin, abgesehen von einer im Vordergrund stehenden depressiven Symptomatik, die mitunter zum Teil eine andere Therapiestrategie verlangt. Neben differentialdiagnostischen- und differentialtypologischen Aspekten gilt es, die Aufmerksamkeit auf chronifizierte bzw. auf Minussymptome zu richten, die per se keine Warnsignalfunktion besitzen, es sei denn, Intensität und/ oder Frequenz nehmen zu.

Erschwert wird die Frühdiagnostik von schizophrenen Psychosen dadurch, daß es bislang trotz zahlreicher Untersuchungen dazu nicht gelungen ist, ein praxisrelevantes prodromales Syndromprofil zu finden. Andererseits haben Langzeituntersuchungen belegen können, daß die Mehrzahl schizophrener Krankheitsverläufe (50-70%) durch alternierende Verläufe mit Phasen der akuten Erkrankung und Phasen der Remission charakterisiert ist. Gerade dieser episodische Krankheitsverlauf hat immer wieder dazu geführt, nach Möglichkeiten einer Früherkennung im symptomfreien bzw. symptomarmen Intervall zu suchen. Auf die Bedeutung der Symptomfluktuation und Symptomintensivierung gehen in diesem Zusammenhang Subotnik und Nuechterlein (1988) ein, die mit Hilfe der BPRS und SCL 90 fanden, daß minimale Symptomschwankungen ohne weitere Konsequenzen für einen Rückfall sind und erst die Zunahme der psychopathologischen Symptomatik das Rezidiv bestimmt. Auf einen möglicherweise verfälschenden Effekt durch eine neuroleptische Dauermedikation weisen in diesem Zusammenhang Marder et al. (1984) hin.

Systematische Untersuchungen zur Prodromalsymptomatik schizophrener Psychosen (u.a. Huber, 1966; Donlon & Blacker, 1973; Docherty et al., 1978) haben zeigen können, daß die psychotische Dekompensation selten plötzlich auftritt und sich eher in einer prodromalen Phase mit unterschiedlicher Dauer darstellt. Nach Herz und Melville (1980) konnten in einer retrospektiven Studie bei den von ihnen untersuchten Patienten 70% - gegenüber sogar 93% der befragten Familienangehörigen - Frühsymptome vor Ausbruch der Psychose angeben.

Erschwerend ist bei der Wahrnehmung erster psychosenaher Warnsignale die Variabilität und das uncharakteristische Symptommuster, was Gross bereits 1969 zu der Annahme veranlaßte, daß nicht differentialdiagnostisch gegenüber blanden pseudoneurasthenischen Residualsyndromen auf der Basis charakteristischer Hirnaffektionen und manchen psychopathisch-neurotischen Zustandsbildern unterschieden werden kann.

Daß die subtilen Befindlichkeitsveränderungen des schizophrenen Vorfeldes und des Rezidivs insbesondere durch den subjektiven Wahrnehmungscharakter gekennzeichnet sind, ohne daß es bereits zu der vieldiskutierten morbusnahen energetischen Defizienz gekommen ist, haben Untersuchung von Docherty et al. (1978) sowie Donlon und Blacker (1973) aufzuzeigen versucht. Sie teilten die Frühsymptome nach ihrem zeitlichen Auftreten in fünf voneinander getrennte Stadien ein, wonach die ersten beiden als nicht psychotisch, die späteren als psychotisch beschrieben wurden. Die Hälfte der Patienten und Zweidrittel der Familienangehörigen gaben an, daß die beobachteten Veränderungen mehr als eine Woche vor Ausbruch der Psychose aufgetreten seien. An unspezifischen nicht psychotischen Vorboten wurden Dysphorie, Gespanntheit, Nervosität, Appetitmangel, Konzentrationsstörungen, Schlafstörungen, depressive Stimmung und sozialer Rückzug genannt, ähnlich dem Verhalten, wie es auch bei nicht psychotischen Personen unter Streßbedingungen zu beobachten ist.

Daß trotz hoher interindividueller Variabilität und fehlen der Spezifität eine hohe intraindividuelle Konsistenz in bezug auf die beobachteten Frühsymptome vorliegt, konnten in diesem Zusammenhang Herz et al. (1989) finden.

Aus dem bisher Gesagten läßt sich schlußfolgern, daß es zweifellos eine Anzahl an prodromalen Veränderungen gibt, die den Rückfall ankündigen. Andererseits kann jedoch nicht von einer prädiktiven Signifikanz von Frühwarnsymptomen ausgegangen werden. Die Ergebnisse zeigen vielmehr, daß es wichtig ist, in Zukunft schizophrene Patienten auf ihr eigenes Symptomverhalten und nicht nur gegenüber anderen Patienten zu untersuchen. Es sollte nach einem für den betreffenden Patienten charakteristischen Rückfallmuster gesucht werden, wobei jedes weitere Rezidiv uns zusätzliche Informationen bezüglich des Frühwarnsymptommusters gibt.

Das Erfassen subjektiver Befindlichkeitsveränderungen als auch psychopathologischer Phänomene im Vorfeld schizophrener Psychosen wirft Fragen zu den Fähigkeiten und Möglichkeiten einschließlich der Bereitschaft zur Selbstwahrnehmung durch den Patienten auf. Die Patienten sind in der Regel frühzeitig in der Lage, Beeinträchtigungen im Kontext mit ihrer Umwelt wahrzunehmen, versuchen jedoch, diese zumeist subjektiven Befindlichkeitsstörungen mit dem ihnen geeigneten Repertoire von Abwehr- und Bewältigungsmechanismen zu überwinden, was die diagnostische Erfassung und Bewertung erschwert. (Häfner et al., 1990).

Bei der Untersuchung von Selbsthilfemechanismen bei Schizophrenen verweisen Böker und Brenner (1983) auf die Schwierigkeit der Abgrenzung von krankheitsbedingten Entäußerungen und Bewältigungsreaktionen hin.

Die bei Schizophrenen oft schon im Vorfeld zu beobachtenden veränderten Verhaltensweisen, z.B. verlangsamte Arbeitsabläufe, werden von Süllwold (1983) als Selbstordnungsversuche beschrieben, die eine bewußte therapeutische Implikation indizieren. Da Vermeidungsreaktionen offenbar seltener als das affektive Auseinandersetzen mit der Krankheit bei schizophrenen Patienten anzutreffen sind (Böker, 1986), lassen sich subjektiv wahrgenommene Beeinträchtigungen als Warnsignale im Vorfeld psychotischer Dekompensation auffassen (Brenner et al., 1983; Dittmann & Schüttler, 1990) und für eine therapeutische Frühintervention nutzbar machen.

Mit der Erfahrung eines oder mehrerer erlebter Rezidive und einem oftmals daraus resultierenden gestörten Selbstbild ist der Patient unter Umständen eher in der Lage, einen drohenden erneuten psychotischen Rückfall im Sinne eines vulnerablen Markers als beeinträchtigenden Faktor wahrzunehmen.

Von Bedeutung ist dabei nach unserer Ansicht, daß gerade der Nachweis vorauseilender subjektiver Befindlichkeitsstörungen vor Einbruch der psychotischen

Dekompensation mit ihren meist quälenden und ängstigenden psychotischen Symptomen einen therapeutischen Zugang ermöglichen, wenn noch keine wahnhaften Verkennungen und Umdeutungen bis hin zu kommunikativen Beeinträchtigungen das therapeutische Vorgehen erheblich erschweren.

Nicht zuletzt dank der Psychopharmakotherapie, die durch ihre raschen Behandlungserfolge mit verkürzten Krankenhausaufenthalten psychotherapeutische Maßnahmen zunächst in den Hintergrund zu stellen drohte, wächst heute das Interesse an psychotherapeutischen Therapieangeboten, da mit der pharmakotherapeutisch bedingten Reduzierung akuter Krankheitsstadien die Mehrzahl schizophrener Patienten nicht mehr oder nur für eine begrenzte Zeit hospitalisiert werden muß, um dann im gewohnten sozialen Umfeld zu leben und zu arbeiten.

Die erfolgreiche neuroleptische Therapie der Schizophrenie verlangt aber auch, daß der niedergelassene Psychiater - und evtl. auch Haussarzt - trotz erfolgreicher Symptombehandlung bis zur Symptomfreiheit auch weiter, wenn nicht gar lebensbegleitend, den Patienten betreut.

Der schizophrene Patient ist heute weniger oft psychotisch (Müller, 1991), der weiterhin vulnerable Patient ist aber unverändert zahlreichen psychischen und sozialen Belastungen ausgesetzt, d.h. neben der allgemein anerkannten und bewährten neuroleptischen Langzeitmedikation mit dem Ziel der Rezidivprophylaxe bedarf es in gleichem Maße psychotherapeutischer Betreuungsmaßnahmen.

Im unmittelbaren Zusammenhang damit bietet sich die Früherfassung von Warnsignalen, insbesondere wie von Behrendt in diesem Buch vorgestellt, als effizienter Bestandteil eines prophylaktischen Behandlungsangebotes in der nervenärztlichen Praxis neben der Pharmakotherapie an.

Unsere eigenen Untersuchungen zur Erfassung von Prodromalsymptomen (Behrendt & Hempel, 1992) mit Hilfe der Checkliste für Warnsignale nach Liberman (1988) und der Frankfurter Befindlichkeitsskala (FBS) nach Süllwold und Herrlich (1987) werden im Beitrag von Behrendt in diesem Band abgehandelt.

Ebenda wird auch über Erfahrungen in der Anwendung mit dem Symptom-Management-Modul nach Liberman im teilstationären Bereich unter Einbeziehung von Patientengruppen berichtet.

Wie dort ausgeführt, werden die Patienten nach Entlassung aus der teilstationären Behandlung ambulant vom niedergelassenen Nervenarzt weiterbehandelt. Dieser erhält als jetzt wieder erster Ansprechpartner eine Liste der persönlichen Warnsignale des Patienten, mit der er ohne großen Zeitaufwand den Patienten im Rahmen der regelmäßigen Sprechstundentermine gezielt befragen kann.

Der vom Patienten selbst geführte Beobachtungsbogen erlaubt dabei auch eine Beurteilung der Befindlichkeit des Patienten außerhalb der Sprechstunde.

Nach unserer ersten Erfahrung stellt diese Betreuungsform keine zusätzliche Belastung des Nervenarztes in der Praxis dar, da die Anwendung des Warnsignal-Inventars (Behrendt,1993) bereits im teilstationären bzw. stationären Bereich erfolgt und der Patient für den Fall des Auftretens von Frühsymptomen gesondert instruiert wurde.

Wenn die bisherige Vorhersagemöglichkeit von Rezidiven nur teilweise befriedigen konnte, z.B. nur in 53 % korrekte Vorhersagen bei 26 % falsch- positiven Angaben (Marder et al.,1984; Subotnik & Nuechterlein, 1988), so ist das nach unserer Ansicht mit darauf zurückzuführen, daß anstelle von Gruppenvergleichen der Erfassung individueller, charakteristischer - sog. idiosynkratischer - Prodromal-symptome, wie von Birchwood (1992) - mittels Symptom - Monitoring nachgewiesen, zu wenig Beachtung geschenkt wurde.

Mit der Erfassung der persönlichen Warnsignale und daraus ableitbaren patienten-spezifischen Bewältigungsmechanismen ergeben sich unter Einbeziehung von Angehörigen und Betreuern auch für den ambulanten nervenärztlichen Bereich neue hoffnungsvolle Ansätze in der Behandlung schizophrener Patienten.

Gerade der niedergelassene, psychotherapeutisch ausgebildete Nervenarzt sollte neben den ihm geläufigen neuroleptischen rezidivprophylaktischen Maßnahmen psychologisch- psychotherapeutische Aspekte aufgrund vielfältiger interaktionaler Ansätze (Brenner & Gasser, 1993) in eine effiziente Schizophreniebehandlung integrieren.

Literatur

Behrendt, B. (1993) Meine persönlichen Warnsignale. Begleitmaterial zur Therapiegruppe "Umgang mit Warnsignalen und Krankheitssymptomen". Univ.-Nervenklinik Homburg, (Photodruck)

Behrendt, B. & Hempel, H.-D. (1992). Aspekte der Befindlichkeit im Vorfeld schizophrener Erkrankungen. Vortrag: 15. Donausymposium für Psychiatrie, Regensburg

Birchwood, M. (1992). Early Intervention in Schizophrenia: Theoretical Backround and Clinical Strategies. *Brit. Journal of Clinical Psychology*, 31, 257-278

Bleuler, M. (1972). Die schizophrenen Geistesstörungen im Lichte langjähriger Kranken- und Familiengeschichten. Stuttgart: Thieme

Bleuler, M. (1976). Prävention der Schizophrenie - winzige Körnchen Wissen in einem Meer von Nichtwissen. In: Huber, G. (Hrsg.). Therapie, Rehabilitation und Prävention schizophrener Erkrankungen. Stuttgart: Schattauer

Böker, W. & Brenner, H. D. (1983). Selbsthilfeversuche Schizophrener. Psychopathologische Befunde und Folgerungen für Forschung und Therapie. *Nervenarzt*, 54, 578-589

Böker, W. (1986). Zur Selbsthilfe Schizophrener. Problemanalyse und eigene empirische Untersuchungen: In: Böker, W. & Brenner, H.D. (Hrsg.). Bewältigung der Schizophrenie. Bern: Huber

Brenner, H.-D.; Rey, E.R. & Stramke, W.G. (1983). Empirische Schizophrenieforschung. Bern, Stuttgart: Huber

Brenner, H.-D. & Gasser, C. (1993). Zur Interaktion zwischen Psychotherapie und Pharma-kotherapie in der Behandlung schizophrener Patienten. In: Nissen, G. (Hrsg.). Psychothera-pie und Psychopharmaka als ein Behandlungskonzept. Huber: Bern

Ciompi, L. & Müller, C. (1976). Lebensweg und Alter der Schizophrenen. Eine katamnestische Langzeitstudie bis ins Senium. Berlin, Heidelberg: Springer

Dittmann, J. & Schüttler, R. (1990). Autoprotektive Mechanismen bei Patienten mit schizophrenen Psychosen - Kompensation und Bewältigung. *Fortschr. Neurol. Psychiat.*, 58, 473-483

Docherty, J.P.; van Kammen, D.P.; Siris, S.G. & Marder, S.R. (1978). Stages of Onset of Schizophrenic Psychosis. *American Journal of Psychiatry*, 135, 420-426

Donlon, P.T. & Blacker, K.H. (1973). Stages of Schizophrenic Decompensation and Reintegration. *The Journal of Nervous and Mental Disease*, 157, 200-209

Gross, G. (1969). Prodrome und Vorpostensyndrome schizophrener Erkrankungen. In: Huber, G. (Hrsg.). Schizophrenie und Zyklothymie. Stuttgart: Thieme

Häfner, H.; Riecher, A.; Maurer, K.; Meissner, S.; Schmidke, A.; Fätkenheuer, B.; Löffler, W. & An der Heiden, W. (1990). Ein Instrument zur retrospektiven Einschätzung des Erkrankungsbeginns bei Schizophrenie (Instrument for the Retrosprective Assessment of the Onset of Schizophrenia IRAOS) - Entwicklung und erste Ergebnisse. *Z. klin. Psychol.* 19, 3. 230-255

Herz, M. J. & Melville, C. (1980). Relapse in Schizophrenia. *American Journal of Psychiatry*, 137, 801- 805

Herz, M. J.; Glazer, W.; Mirza, M.; Mostert, M.; Hafez, H.; Smith, P.; Trigoboff, E.; Miles. P.; Simon, J.; Finn, J. & Schohn, M. (1989). Die Behandlung prodromaler Episoden zur Prävention von Rückfällen in der Schizophrenie. In: Böker, W. & Brenner, H.-D. (Hrsg.). Schizophrenie als systemische Störung. Bern: Huber

Huber, G. (1966). Reine Defektsyndrome und Basisstörungen endogener Psychosen. *Fortschr. Neurol. Psychiatr. 34*, 409-426

Huber, G.; Gross, G.; Schüttler, R. (1979). Schizophrenie. Eine verlaufs- und sozialpsychiatrische Langzeitstudie. Berlin, Heidelberg, New York: Springer

Huber, G. (1988). Langzeituntersuchungen bei Schizophrenen. In: Kaschka, W.P.; Joraschky, P. & Lungershausen, E. (Hrsg.). Die Schizophrenien. Berlin, Heidelberg: Springer

Liberman, R.P. (1988). Social and Independent Living Skills. Symptom Management Module. Trainer's Manual. Clinical Research Center for Schizophrenia and Psychiatric Rehabilitation, Los Angeles

Marder, S.R.; van Putten, T.; Mintz, J.; Mc Kenzie, J.; Lebell, M.; Faltico, G. & Max, R.P. (1984). Costs and Benefits of Two Doses of Fluphenazine. *Archives of General Psychiatry*, 41, 1025-1029

Müller, P. (1991). Psychotherapie bei schizophrenen Psychosen - historische Entwicklung, Effizienz und gegenwärtig Anerkanntes. *Fortschr. Neurol. Psychiatr.*, 59, 277-285

Subotnik, K.L. & Nuechterlein, K.H. (1988). Prodromal Signs and Symptoms of Schizophrenic Relapse. *Journal of Abnormal Psychology*, 97, 405-412

Süllwold, L. (1983). Schizophrenie. Stuttgart: Kohlhammer

Süllwold, L. & Herrlich, J. (1987). Frankfurter-Befindlichkeitsskala (FBS) für schizophren Erkrankte. Berlin, Heidelberg: Springer

V.

Psychoedukative Programme als Perspektive für die Verbesserung der ambulanten Regelversorgung

Umseitiges Bild:

Mädchen mit Vogel
Helgard Schulz

Die Wirksamkeit psychoedukativer Verfahren in der Schizophreniebehandlung

Peter Buttner

Zusammenfassung

Über den Effekt psychoedukativer Interventionen auf den Krankheitsverlauf schizophrener Menschen gibt es unterschiedliche Ansichten, was zum Teil daran liegt, daß der Begriff Psychoedukation unterschiedlich gebraucht wird. Dieser Artikel gibt zunächst eine kurze Übersicht über die Entwicklung und Konzepte psychoedukativer Interventionen und schlägt eine Definition der Psychoedukation in der Psychiatrie vor. Es werden kontrollierte Studien besprochen, die psychoedukative Behandlungsansätze für schizophrene Patienten und deren Angehörige untersuchten. Die Analyse dieser Studien zeigt, daß Psychoedukation eine positive Wirkung auf den Verlauf der Schizophrenie hat, bzw. haben kann. Voraussetzungen für die Wirksamkeit auf den klinischen Verlauf sind u.a. ein Mindestmaß an Zeit und der Einschluß behavioraler Elemente - eine "reine Informationsvermittlung" reicht nicht aus.

Entwicklung und Konzepte

Pädagogische Elemente hat es in der Psychiatrie wiederholt gegeben, und populärwissenschaftliche Darstellungen haben sich immer wieder darum bemüht, dem Informationsbedürfnis von Nicht-Fachleuten zu entsprechen.[1] Psychoedukative Behandlungsansätze gelangten aber erst in den letzten zwei Jahrzehnten zu Bedeutung. Mehrere Faktoren spielten für die Entwicklung psychoedukativer Konzepte eine Rolle: Die Deinstitutionalisierung und der Trend zur gemeindenahen Krankenversorgung, die beklagenswert hohen Rückfallraten trotz neuroleptischer Behandlung, der zunehmende Einfluß der Angehörigen und Patienten auf die Behandlungsgewohnheiten sowie der Wirksamkeitsnachweis verhaltenstherapeutischer Interventionen, speziell in der familienorientierten Verhaltenstherapie. Darüber hinaus ist der ökonomische Druck zunehmend auch in der Medizin zu spüren; entscheidend ist jedoch die Tatsache, daß der psychiatrische Patient ernster genommen, in seiner aktiven Rolle bestärkt und nicht länger als ohnmächtiges Opfer seiner Krankheit gesehen wird. Das Vulnerabilitäts-Streß-Modell trug zur Entwick-

---

[1] frühe Beispiele dafür sind: Schottky (1933) und Birnbaum (1935)

lung psychoedukativer Konzepte bei, weil es einen tragfähigen theoretischen Rahmen lieferte, der zum einen die biologische mit der psychosozial orientierten Psychiatrie verband und sich zweitens gut zur pädagogischen Darstellung eignete. Es gibt mittlerweile ein breites Spektrum von Behandlungsansätzen, die als psychoedukativ bezeichnet werden. Allen Konzepten gemeinsam ist das pädagogische Element: Patienten oder Angehörige sollen wichtige Tatsachen, Modelle und Handlungsmuster erlernen. Die Unterschiede liegen in den Zielen, den Inhalten, der Vermittlungsweise und dem Umfang sowie den Adressaten der Interventionen.

Hornung & Buchkremer (1992) sehen zwei wesentliche Ziele psychoedukativer Ansätze: Die Rückfallprophylaxe und der Umgang mit Krisensituationen sollen verbessert werden. Lam (1991) sieht als drittes Ziel die Verbesserung des allgemeinen "Funktionsniveaus" der Patienten (soziales Wohlergehen, Besserung der Negativsymptomatik). An weiteren Therapiezielen finden sich in der Literatur u.a.: Wissenszuwachs,[2] die Verbesserung des familiären Interaktionsstiles,[3] die Verbesserung medikamentöser Compliance,[4] die Verbesserung der Negativsymptomatik,[5] soziale Rehabilitation[6] und schließlich die Kostenminderung.[7]

Die meisten psychoedukativen Ansätze gehen über eine reine Informationsvermittlung hinaus. Einsicht und Auseinandersetzung können leichter erzielt werden, wenn die Krankheitskonzepte der Patienten und Angehörigen sowie deren Fragen und aktuelle Probleme einbezogen werden. Dementsprechend empfehlen viele Autoren ein interaktives Vorgehen in den Gruppen- oder Familiensitzungen.[8] Die Mehrzahl der neueren psychoedukativen Ansätze sehen ihr Ziel auch in der Vermittlung von *Verhaltens*modellen, da die Ausarbeitung eines Handlungsmusters - beispielsweise ein "Krisenplan" - pädagogisch wirksamer ist, als eine Wissensvermittlung, die sich auf theoretische Fakten beschränkt.

Art, Umfang, Vermittlungsweise und Inhalte psychoedukativer Programme variieren mit den Problemen der Patienten und den Einstellungen der Untersucher: in der ambulanten Versorgung haben die Fragen der Rezidivprophylaxe oder Langzeittherapie und die soziale Wiedereingliederung mehr Gewicht. Hier werden auch Informationen zu gemeindenahen Ressourcen wichtig. Im Rahmen einer stationären Therapie rücken auch die Fragen der Akutbehandlung in den Vordergrund. Bei chronisch Erkrankten ist Psychoedukation häufig mit einem Training sozialer Fertigkeiten verbunden und von diesem nicht scharf zu trennen. Die Adressaten psychoedukativer Behandlungsansätze sind die Patienten oder die Angehörigen, in einigen Modellen werden beide einbezogen (bifokale Psychoedukation). Die meisten psychoedukativen Ansätze werden ganz oder teilweise in Gruppen durchgeführt, einige Modelle arbeiten mit den einzelnen Familien.

---

[2]   Goldmann & Quinn (1988); Leff et al. (1982); Berkowitz et al (1984); Cozolino et al. (1988)
[3]   Falloon et al. (1985); Leff et al. (1982); Snyder & Liberman (1981); Smith & Birchwood (1987); Ehlert (1989); Cozolino et al. (1988)
[4]   Tarrier et al. (1988); Stark (1992); Bäuml et al. (1991); Hornung et al. (1989); Eckman (1990); Seltzer et al. (1980); Boczkowski et al. (1985)
[5]   Goldman & Quinn (1988)
[6]   Anderson et al. (1980); Abramovitz & Coursey (1989); Spiegel & Wissler (1987)
[7]   Posner et al. (1992), Kissling & Bäuml (1993)
[8]   Vgl. Bryan (1976); Lam (1991)

Um psychoedukative Ansätze vergleichen zu können, muß ein einheitlicher Begriff zugrundegelegt werden. Bisherige Definitionen und Charakterisierungen beschränken sich entweder auf die Zielgruppe der Familie,[9] auf die der Patienten[10] oder sind allzu allgemein gehalten,[11] so daß eine Abgrenzung zu anderen Interventionsformen wie z.B. dem Training sozialer Fertigkeiten nicht möglich ist. Eine praktikable Definition der Psychoedukation sollte einerseits dem bisherigen Verständnis entsprechen, zugleich aber spezifisch und umfassend sein. In diesem Sinne schlage ich folgende Definition der Psychoedukation in der Psychiatrie vor:

Definition:

Psychoedukation ist eine pädagogische Behandlungsform der sekundären Prävention in der Medizin (Psychiatrie), die im Rahmen einer umfassenderen Behandlung oder Rehabilitation stattfindet. Sie ersetzt die jeweilige Standardbehandlung nicht, sondern baut auf ihr auf und zielt darauf, das Verhalten von Patienten oder Angehörigen in einem gesundheitsfördernden Sinn zu beeinflussen. Zentrale Momente sind die strukturierte Vermittlung präventiv relevanter Information durch Experten und der Einsatz behavioraler Elemente (Verhaltensmodelle) zur Umsetzung der vermittelten Inhalte in praktische Fertigkeiten. Psychoedukation bezieht die Erfahrungen der "Edukationsnehmer" in den Lernprozeß ein. Sie zielt auf pragmatische Problembewältigung und grenzt sich damit gegen beziehungsorientierte Ansätze psychotherapeutischer Verfahren ab. Vom Training sozialer Fertigkeiten unterscheidet es sich durch die Betonung des Informationsaspekts. Einzelne Elemente aus Verfahren der Psychotherapie und des Trainings sozialer Fertigkeiten werden jedoch häufig einbezogen. Im Unterschied zu Selbsthilfegruppen spielen Experten eine zentrale Rolle.

Die Wirksamkeit psychoedukativer Interventionen bei Schizophrenie

Können psychoedukative Behandlungsansätze die Ergebnisse der Routinebehandlung für den Verlauf schizophrener Erkrankungen verbessern? Für die Beantwortung dieser Frage kommt nur ein geringer Teil der Studien, in denen psychoedukative Interventionen beschrieben werden, in Betracht. Aus den 70er und 80er Jahren liegen eine Reihe von Erfahrungsberichten und Untersuchungen vor, die jedoch nicht den Ansprüchen genügen, die heute an die Prüfung klinischer Verfahren gestellt werden. Zur Beantwortung der Frage nach der Wirksamkeit eignen sich nur prospektive kontrollierte Untersuchungen, die eine psychoedukative Intervention gegen eine Routinebehandlung testen und zudem eine ausreichende Katamnesedauer aufweisen (mindestens 6 Monate). Studien dagegen, die verschiedene psychosoziale Interventionen miteinander vergleichen, ohne eine Kontrollgruppe mit Routinebehandlung einzuschließen, eignen sich nicht zur Beantwortung der Frage, ob psychoedukative Interventionen die Behandlungsergebnisse unter Routinebedin-

---

9   McGill & Lee (1986); Hahlweg et al. (1991), Cozolino & Goldstein (1986)

10   Goldman & Quinn (1988)

11   Barter (1984), Goldman & Quinn (1988)

gungen verbessern können und Untersuchungen mit zu kurzer Katamnesedauer
können nichts über den postakuten Verlauf aussagen.

Die vorliegende Analyse beschränkt sich aus methodischen Gründen auf zwei
Parameter des klinischen Verlaufs: Rezidivraten und Rehospitalisierungsraten.
Zum einen lassen sie sich vergleichsweise einfach und valide erheben, zum zwei-
ten eignen sie sich gut für einen statistischen Vergleich zwischen verschiedenen
Untersuchungen. Die Fokussierung auf diese zwei "harten" Parameter soll jedoch
keineswegs suggerieren, daß es nur auf sie ankäme. Aussagen über die soziale Ent-
wicklung der Erkrankten und ihre Lebensqualität wären mindestens so wichtig.
Leider liegen hierzu aber kaum Ergebnisse vor.

Mehrfach wurde auf die gute Wirksamkeit psychoedukativer Familieninterventi-
onsprogramme hingewiesen. Bei diesen Untersuchungen - z.B. Falloon et al. (1982),
Hogarty et al. (1986, 1987), Leff et al. (1982, 1985, 1989) und, Tarrier et al. (1988) -
spielen psychoedukative Interventionselemente eine unterschiedlich große Rolle.
Tarrier & Barrowclough (1990) stellen in ihrem Überblicksartikel zwar fest, daß alle
erfolgreichen Familieninterventions-Untersuchungen auf Psychoedukation Wert leg-
ten - die Wirksamkeit der Programme bringen sie jedoch in erster Linie mit der
Abnahme des EE-Status der Familienmitglieder und der Dauer der Interventionen in
Zusammenhang. Die Rolle der Psychoedukation sehen sie vor allem darin, daß sie die
Familien für die Beteiligung an der Behandlung motivieren kann.

Bei diesen Familieninterventionsprogrammen handelt es sich um komplexe Interventionen, die unterschiedlich weit über den Rahmen der Psychoedukation hinausgehen. Daher bleibt offen, welchen Anteil die edukativen Komponenten am Erfolg
der Gesamtinterventionen haben. Lam (1991) bezweifelt, daß die edukative Komponente alleine genügend wirksam ist. Tatsächlich zeigte die Studie von Tarrier et al.
(1988, 1989), daß eine auf Information beschränkte Kurz-Psychoedukation (eine
Sitzung) nicht hilft, Rückfälle zu verhüten. Dies kann den Eindruck erwecken, daß
Psychoedukation nur als Komponente umfassenderer Interventionsprogramme wirksam ist. Würde sich Psychoedukation auf "pure Informationsvermittlung" beschränken, wäre dieser Eindruck wohl gerechtfertigt. Es liegen aber mehrere Studien vor,
die psychoedukative Interventionen untersuchten, ohne mit einzelnen Familien zu
arbeiten und sich dennoch nicht auf das Informieren beschränken. Die Frage nach der
Wirksamkeit der Psychoedukation läßt sich daher auch so formulieren: Sind psychoedukative Programme auch ohne Einzelarbeit mit Familien wirksam?

Die folgende Analyse geht der Frage der Wirksamkeit psychoedukativer Interventionsprogramme nach. In der Literatur liegen 15 kontrollierte Studien vor, die
psychoedukative Interventionen gegen eine Routinebehandlung bei schizophren
Erkrankten untersuchten. Im folgenden werden die Ergebnisse derjenigen 8 Studi-
en diskutiert, die die Rezidiv- und Rehospitalisierungshäufigkeit untersuchten. Sie
wurden zu 3 Gruppen psychoedukativer Ansätze zusammengefaßt (EE-Familienin-
terventionen, bifokale Interventionen, monofokale Interventionen mit Angehörigen).[12] Bei der Darstellung der Ergebnisse wurde darauf geachtet, daß nur ver-

---

[12] Die vorliegenden kontrollierten Untersuchungen mit monofokal patienten-gerichteter Intervention (Seltzer et al. [1980], Goldman & Quinn [1988] Boczkowski et al. [1985]) erhoben keine Daten zu Rückfall- und
Rehospitalisierungsraten.

gleichbare Daten gegenübergestellt wurden. Einige Studien untersuchten neben psychoedukativen Verfahren andere Interventionsformen, wie z.B. das Training sozialer Fertigkeiten. Die Ergebnisse für diese Patientengruppen sind hier nicht dargestellt. Die Signifikanz[13] und das relative Risiko wurde für alle Studien neu berechnet, um eine einheitliche Grundlage der Diskussion zu gewährleisten.

Psychoedukative Familieninterventionsstudien der EE-Forschung

Die Arbeitsgruppen um Leff[14] in London, Hogarty[15] in Pittsburgh und Tarrier[16] in Salford untersuchten umfassende Interventionen, die sich an die Familien schizophren Erkrankter richteten und neben der Psychoedukation therapeutische Einzelsitzungen mit den Familien beinhalteten. Gemeinsam ist diesen Untersuchungen das Forschungsparadigma der Expressed Emotions (EE) und der theoretische Rückgriff auf das Vulnerabilitäts-Streß-Modell.

Die Interventionen begannen vor der Entlassung oder mit Beginn der rezidivprophylaktischen Medikation, letztere wurde als Basis der Behandlung angesehen. Die psychoedukativen Interventionen (in Einzelsitzungen mit den Familien durchgeführt) richteten sich an die Angehörigen der Patienten, gelegentlich waren auch die Patienten einbezogen. In diese Studien wurden nur Patienten aufgenommen, deren Angehörige als "hoch EE" eingestuft worden waren. Die Therapeuten pflegten eine unterstützende Grundhaltung gegenüber den Angehörigen. Ziele der Studien waren u.a., die Rezidivrate der Patienten zu senken und das emotionale Klima in den Familien zu verbessern.

Tabelle 1: Psychoedukative Familieninterventionsstudien der EE-Forschung

Studie	Psychoedukative Interventionen PE	Outcome-Messungen
Leff et al., 1985	PE in Familiensitzungen zuhause Information und Verhaltensanleitung, zusätzlich Angehörigengruppen und Familienbehandlung	Rückfälle, Suicide, EE-Maße, Wissen, Compliance
Hogarty et al., 1991	PE in Familiensitzungen zuhause Information und Verhaltensanleitung	Rückfälle, Symptomatik, Compliance, Wissen, soziale Anpassung, EE-Maße
Tarrier et al. 1989	PE in Familiensitzungen, z.T. auch Angehörge mehrerer Familien zusammen. Darbietung in zwei Formen (mit und ohne Handlungsanleitungen) sowie als Kurz-Information	Rückfälle, Rehospitalisierungen, Compliance, Wissen, EE-Maße

---

[13] Chi-Quadrat-Methode; als signifikant wurden alle Ergebnisse mit einer Irrtumswahrscheinlichkeit kleiner als 5% (p<0.05) gewertet. Als Trend gelten p-Werte kleiner 0.1 (p<0.1)

[14] Leff et al. (1982); Leff et al. (1985); Berkowitz et al. (1984)

[15] Hogarty et al. (1986); Hogarty et al. (1991)

[16] Tarrier et al. (1988); Tarrier et al. (1989)

Die Studien unterscheiden sich im relativen Anteil der psychoedukativen Intervention an der Gesamtintervention. Jedoch gilt für alle drei Studien, daß die Psychoedukation nicht klar von der weiteren Intervention abgegrenzt werden kann, da die
edukative Komponente Grundlage und Ausgangspunkt für die weiteren Interventionen war und immer auch wieder auf sie Bezug genommen wurde. Die Studien
sind unterschiedlich aufgebaut und die von Tarrier et al. ist komplexer als die
anderen zwei, da bei ihr verschiedene psychoedukative Vermittlungsformen gegen-
einander sowie gegen eine Routinebehandlungsgruppe getestet wurden. Unter anderem wurde hier eine sehr kurze psychoedukative Intervention (1 Sitzung) mitun-
tersucht, die sich als uneffektiv erwies.

Bifokale Studien: Psychoedukation für Angehörige und Patienten

Bei diesen Untersuchungen richtete sich die Psychoedukation an Patienten und
Angehörige, meist in getrennten Gruppen. Bis auf die Untersuchung von Kelly &
Scott fanden keine Sitzungen mit einzelnen Familien statt, Patienten und Angehö-
rige wurden in Gruppen unterrichtet. Der EE-Status der Angehörigen bildete kein
Einschlußkriterium für die Aufnahme in die Studien. Die Auswahl der Patienten in
diesen Untersuchungen entspricht eher den Alltagsbedingungen der psychiatri-
schen Behandlung (keine Selektion auf HEE-Familien, Rückfallrisiko, Dauer der
Erkrankung etc.).

Tabelle 2: Bifokale Psychoedukationsstudien

Studie	Psychoedukative Interventionen PE	Outcome-Messungen
Buchkremer & Fiedler, 1987	Grundprogramm (Information, Medika-mentenmitbestimmung, therapeutische Angehörigengruppen) plus "Kognitive Therapie" (=PE)	Rückfälle, Rehospitalisierungen, Wissen
Kelly & Scott, 1990	kurze PE (4-6 h) durch Einzelsitzungen bei den Familien (mit und ohne Training sozialer Fertigkeiten)	Rückfälle, Compliance
Kissling et al. 1995 (In Vorb.)	PE stationär und ambulant, je 8 Sitzun-gen für Patienten und Angehörige. Pat.= Experte der Krankheit, ausführliche In-formation und Verhaltensanleitung	Rückfälle, Rehospitalisierungen, Wissen, Angehörige, Wissen, Pa-tienten

Die Interventionen sind in ihrem Umfang begrenzter als die Familieninterventio-
nen der "EE-Studien" und damit eher im psychiatrischen Alltag anwendbar. Für
die vorliegende Analyse wurden nur die psychoedukativ behandelten Patienten und
die der Kontrollgruppen einbezogen, Patienten die mit anderen Interventionen behandelt wurden, sind aus der Betrachtung ausgeschlossen.

Monofokale Studien: Psychoedukation für Angehörige

Bei diesen Studien erhielten die Angehörigen schizophrener Patienten psychoedukative Interventionen. Bei Posner et al. (1992) wurde ein 8wöchiger psychoedukativer Workshop angeboten, bei Vaughan et al. (1992) waren es 10 wöchentliche Beratungs-Sitzungen für Angehörige, wobei die psychoedukativen Sitzungen einen Teil der Gesamtintervention darstellten. Die Arbeitsgruppe um Vaughan strebte in erster Linie ein Bündnis mit den Angehörigen an, um zu Stabilität und Vorhersagbarkeit des Familienlebens beizutragen.

Tabelle 3: Monofokal angehörigengerichtete Psychoedukationsstudien

Studie	Psychoedukative Interventionen PE	Outcome-Messungen
Posner et al., 1992	PE -Workshop über 8 Wochen	Rehospitalisierungen
Vaughan et al.,1992	PE und Beratung für Angehörige, 10 Sitzungen (10 Wochen)	Rehospitalisierungen, Rezidive u.a.

Rückfälle

Die Rezidivhäufigkeit wurde in den drei Familieninterventionsstudien von Leff, Hogarty und Tarrier, den bifokalen Studien von Kissling und Buchkremer & Fiedler und der monofokal angehörigengerichteten Studie von Vaughan untersucht.[17] In allen diesen Studien hatten die psychoedukativ behandelten Patienten weniger Rückfälle als die unter Routinebedingungen behandelten und zwar zu allen untersuchten Zeitpunkten (9 Monate, 1 und 2 Jahre). Es scheint jedoch, daß der rückfallschützende Effekt[18] der Interventionen mit zunehmender Zeit abnimmt. Er ist am höchsten, je näher der Katamnesezeitpunkt bei der Entlassung liegt. Diese Ausdünnung des Effektes über die Zeit zeigt sich deutlich bei den Studien von Leff, Tarrier und etwas weniger deutlich bei Buchkremer. Bei Hogarty ist der Effekt der Intervention im 2-Jahreszeitraum sogar etwas größer als im 1-Jahreszeitraum. Die Verläßlichkeit der Ergebnisse (Signifikanz, $p<0,05$)[19] ist in der Tabelle 1 angegeben.

Die vergleichsweise aufwendigen familiengerichteten Interventionen der EE-Studien (Leff et al. [1985], Hogarty et al. [1991] und Tarrier et al. [1989]) waren

---

[17] Nur *psychotische* Rückfälle wurden gewertet, sowohl Typ-I (Neuauftreten schizophrener Symptomatik) als auch Typ-II (gravierende Befundverschlechterung). Die Rückfallraten werden unabhängig von der medikamentösen Compliance der Patienten angegeben. Bei der Studie von Leff et al. sind die 2-Jahres-Rückfallraten in der Studie nur für die complianten Patienten angegeben. Sie wurden anhand der Angabe n der Studie in Rückfallraten *einschließlich* noncomplianter Patienten umgerechnet, um die Angaben vergleichbar zu den anderen Studien zu machen.

[18] Ausgedrückt als das relative Risiko (risk ratio), also der Verhältniszahl zwischen den Prozentzahlen der Rückfälle in der Verumgruppe vs. in der Kontrollgruppe.

[19] Chi-Quadrat-Methode

die erfolgreichsten: Bei ihnen ist der rückfallschützende Effekt deutlich ausgeprägt und die Ergebnisse sind in der Mehrzahl verläßlich, bzw. signifikant.

Die weniger aufwendigen Interventionen der zwei bifokal angelegten Studien führten zu unterschiedlich großen Rückfallschutzeffekten. Bei Buchkremer et al. hatten die psychoedukativ behandelten Patienten sowohl nach 1 Jahr als auch nach 2 Jahren weniger als halb so viele Rückfälle als die Patienten der Kontrollgruppe, das 1-Jahresergebnis war signifikant. Bei Kissling et al. war der Effekt nicht so deutlich.

Zum rückfallschützenden Effekt monofokaler Interventionen läßt sich nicht viel sagen. Es liegt nur eine Studie vor, die die Rezidivraten nach einer monofokal angehörigengerichteten Intervention prüfte. Auch hier hatten zwar die Patienten der psychoedukativen Behandlungsbedingung deutlich weniger Rückfälle als die Kontrollpatienten, aber die Fallzahl reicht nicht aus, um das Ergebnis signifikant werden zu lassen (p<0.2)

Tabelle 4: Rezidive bei psychoedukativen Interventionsstudien

	9 Monate		1 Jahr		2 Jahre	
	PE[20]	Kontrolle	PE	Kontrolle	PE	Kontrolle
Leff et al., 1985	8% (1 von 12) p<0.05	50% (6 von 12)	/	/	33% (4 von 12) p< 0.05	75% (9 von 12)
Hogarty et al., 1991[21]	/	/	19% (4 von 21[1]) p<0.2	38% (11 von 29)	29% (6von 21[1]) p< 0.05	62% (18 von 29)
Tarrier et al. 1989	12% (3 von 25) p< 0.01	48% (14 von 29)	/	/	33% (8 von 24) p<0.1	59% (17 von 29)
Buchkremer & Fiedler, 1987	/	/	22% (4 von 18) p< 0.05	54% (13 von 24)	33% (6 von 18) p< 0.2	54% (13 von 24)
Kissling et al., 1995	/	/	51% (40 von 79) p< 0.2	63% (50 von 80)	/	/
Vaughan et al., 1992	41% (7 von 17) p<0.2	65% (11 von 47)	/	/	/	/

Die Studien mit signifikantem Effekt auf die Rezidivrate haben gemeinsam, daß die Interventionen bifokal oder familiengerichtet sind, behaviorale Elemente beinhalten, im interaktiven Vermittlungsstil gehalten sind und länger als nur wenige Stunden dauern bzw. sich über einen Zeitraum von mehreren Monaten erstrecken.

---

[20] "PE" in dieser und der folgenden Tabelle= Psychoedukation (hier: als Experimental- bzw. Verumgruppe)

[21] Bei *Hogarty* wurde als Experimentalgruppe (PE) hier nur die psychoedukative Familienbehandlungsgruppe eingesetzt. Die Patienten des Trainings sozialer Fertigkeiten und der Kombinationstherapie kommen nicht zur Darstellung

Rehospitalisierungen

Die Rate stationärer Wiederaufnahmen ist nicht identisch mit der der Rezidive, weil auch andere Gründe als das Wiederauftreten psychotischer Symptomatik zu einer Wiederaufnahme im psychiatrischen Krankenhaus führen können, z.B. depressive Syndrome. Auch bei den stationären Wiederaufnahmen schneiden die psychoedukativ behandelten Patienten besser ab als die routinemäßig behandelten. In fünf von sechs Studien mußten die psychoedukativ behandelten Patienten deutlich seltener rehospitalisiert werden als die Kontrollpatienten, nur in einer Studie (Vaughan et al.) waren die Rehospitalisierungsraten für Verum- und Kontrollgruppe gleich. Dieselbe Studie ergab auch keine sicheren positiven Ergebnisse für die Rückfallraten.

Nur eine der drei Familieninterventionsstudien (Tarrier et al.,1989) enthält Angaben zur Rehospitalisierung (2 Jahre). Bei dieser ist der Unterschied zwischen Interventionsgruppe und Kontrollgruppe deutlich, wobei allerdings die Rehospitalisierungsraten beider Therapiearme hoch sind. Das Ergebnis ist signifikant ($p < 0.05$). Signifikante Effekte zeigten sich auch für einige Meßzeitpunkte bei den bifokalen Studien (Vgl. Tabelle 5). Nur zwei der monofokalen Studien enthalten Rehospitalisierungsdaten, bei beiden Studien waren die Interventionsadressaten Angehörige. Die Ergebnisse sind nicht überzeugend.

Die Interventionen mit signifikant positivem Effekt auf die Rehospitalisierungsrate zeigen dieselben Gemeinsamkeiten wie die für die Rückfälle erfolgreichen: Sie sind bifokal oder familiengerichtet, behavioral und interaktiv und umfassen mehrere Sitzungen in mehreren Monaten.

Tabelle 5: Rehospitalisierungen bei psychoedukativen Interventionen

	6-9 Monate		1a		2a	
	PE	**Kontrolle**	**FB/PE**	**Kontrolle**	**FB/PE**	**Kontrolle**
Tarrier et al., 1989	/	/	/	/	**71%** 17 von 24 p<0.05	**93%** 27 von 29
Buchkremer & Fiedler, 1987	/	/	**6%** 1 von 18 p<0.01	**42%** 10 von 24	**17%** 3 von 18 p<0.1	**42%** 10 von 24
Kelly & Scott, 1990	**33%** nur %-Angaben	**45%**	/	/	/	/
Kissling et al., in Vorb., 1995	/	/	**22%** 17 von 79 p<0.05	**39%** 31 von 80	/	/
Posner et al., 1992	**18%** 5 von 28 n.s.	**30%** 8 von 27	/	/	/	/
Vaughan et al., 1992	**50%** 9 von 18 kein Effekt	**50%** 9 von 18	/	/	/	/

Diskussion

Psychoedukation ist ein junges Interventionsverfahren in der Psychiatrie. Ihr wohl kaum bestreitbarerer Wert liegt darin, daß sie dem Bedürfnis von Patienten und Angehörigen nach Einsicht und Mitwirkung in der Therapie entgegenkommt. Der Einsatz psychoedukativer Verfahren kann als Zeichen dafür gesehen werden, daß Patienten und Angehörige ernster genommen werden, es stellt sich aber auch die Frage nach der Wirksamkeit dieser Verfahren unabhängig von ihrem ethischen Wert.

Der positive Effekt psychoedukativer Interventionen auf die Rückfall- und Rehospitalisierungsrate ist deutlich und statistisch bereits einigermaßen gut abgesichert. Das Gesamtbild der Untersuchungen zeigt, daß alle untersuchten Verfahren einen gleichsinnigen Effekt zeigten und die Stärke des Effektes in der selben Größenordnung liegt: Psychoedukativ behandelte Patienten haben im 1-2-Jahreszeitraum ein um die Hälfte bis ein Viertel geringeres Risiko psychotisch wiederzuerkranken, bzw. wieder stationär aufgenommen zu werden. Bei keiner kontrollierten Untersuchung wurde bisher ein negativer Effekt auf die Häufigkeit von Rezidiven oder Rehospitalisierungen bei schizophrenen Patienten festgestellt, dies gilt übrigens auch für andere Variablen.

Der positive Effekt auf Rezidiv- und Rehospitalisierungsrate ist allerdings nicht für alle psychoedukativen Ansätze gleich gut belegt. Für die Wirksamkeit scheinen einige Voraussetzungen nötig zu sein.

(1) *Dauer:* Psychoedukative Interventionen von nur sehr kurzer Dauer schützen nicht vor Rückfällen oder stationären Wiederaufnahmen. Interventionen, die sich als wirksam erwiesen, waren alle von längerer Dauer (mindestens 2,5 Monate) und beinhalteten mehrere Sitzungen. Kurze (weniger als 3 - 4 Stunden dauernde) Interventionen haben keinen nachweisbaren Effekt auf den klinischen Verlauf.

(2) *Adressaten:* Die Wirksamkeit auf Rezidiv- und Rehospitalisierungsrate ist nur für psychoedukative Ansätze belegt, die Patienten *und* Angehörige einbeziehen (bifokale Verfahren) oder sich an die ganze Familie richten, (Familieninterventionsstudien der EE-Forschung). Psychoedukation, die sich nur an die Angehörigen richtet eignet sich wahrscheinlich weniger gut, um Rückfälle und stationäre Wiederaufnahmen zu vermeiden, zumindest liegen hier noch viel zu wenige Untersuchungen vor. Für psychoedukative Verfahren, die sich nur an die Patienten richten, lassen sich diesbezüglich keine Aussagen treffen.

(3) *Behaviorale Komponente:* Alle wirksamen psychoedukativen Verfahren hatten eine mehr oder weniger deutliche behaviorale Komponente, d.h. sie beschränkten sich nicht auf die Bereitstellung von theoretischen Fakten. Solche behavioralen Elemente waren beispielsweise das Durchsprechen von "Krisenplänen" oder die Besprechung aktueller Probleme in den Sitzungen.

Die Frage, durch was psychoedukative Verfahren wirken, läßt sich nicht sicher beantworten. Einerseits liegen klare Hinweise dafür vor, daß bei einigen der untersuchten psychoedukativen Verfahren die medikamentöse Compliance eine wichtige Rolle spielt. Dieser compliancefördernde Effekt wurde bei einigen Studien beschrieben, bei denen die Förderung der Compliance erklärtes Interventionsziel war.[23] Bei den Familieninterventionsstudien der EE-Forschung ließ sich dagegen kein compliancefördernder Effekt nachweisen. Bei diesen kann die Wirksamkeit also nicht auf einer besseren Compliance beruhen. Das mag damit zusammenhängen, daß in diesen Studien nur Patienten aus Familien mit erhöhter *Expressed Emotion* aufgenommen wurden. Für Patienten aus solchen Familien ist ein erhöhtes Rückfallrisiko belegt. Die Annahme, daß eine Reduktion des EE-Status Rückfälle mindert, ist zulässig für Patienten aus HEE-Familien und wird im übrigen auch durch die hier besprochenen Studien gestützt. In jedem Fall konnten die Familieninterventionsstudien zeigen, daß ihre Verfahren unabhängig von der Compliance wirkten.

Aus methodischen Gründen läßt sich kein Zusammenhang zwischen den Inhalten psychoedukativer Programme und deren Wirksamkeit erheben. Es liegt jedoch nahe, daß den Inhalten eine wesentliche Bedeutung zukommt. Die Interventionen, die sich als wirksam herausstellten haben gemeinsam, daß sie eingehend über die medizinischen Behandlungsmöglichkeiten informierten, der Familie keine Schuld an der Erkrankung zuwiesen und sich in der Mehrzahl am Vulnerabilitäts-Streß-Modell orientierten, was die Darstellung ätiologischer und auslösender Faktoren betrifft. Darüber hinaus wurden auch Informationen zu anderen Aspekten der Erkrankung und Behandlung gegeben, z.B. zu soziotherapeutischen Behandlungsangeboten.

Alle hier dargestellten Studien haben gemein, daß sie pychoedukative Interventionen gegen psychiatrische Routinebehandlungen bei schizophren erkrankten Menschen testeten. Obwohl sie sich in einigen Punkten, wie der Auswahl der Patienten, der Dauer der Interventionen und sicher auch im Inhalt der Interventionen unterscheiden, weisen ihre Ergebnisse doch in die selbe Richtung: Die psychoedukativ behandelten Patienten bekamen weniger Rückfälle und mußten weniger oft rehospitalisiert werden. Dies ist ein wichtiger Hinweis auf die positive Wirksamkeit dieser Verfahren. Dennoch sollten Rückfallhäufigkeit und Rehospitalisierungsrate nicht als einziges Maß zur Beurteilung eines Verfahrens herangezogen werden. Für den einzelnen Patienten kann eine "unvernünftige Zeit" ohne Therapie in Einzelfällen mehr zur Lebensqualität beitragen, als durch den dadurch erkauften Rückfall verloren gehen mag. Aus diesem Grunde wäre es wünschenswert, daß sich Untersuchungen zu psychoedukativen Verfahren in Zukunft intensiver mit der Frage der Lebensqualität, der sozialen Entwicklung und anderen Fragen befassen. Einzelne Ansätze dazu sind bereits gemacht, wenngleich sie häufig auf die Zufriedenheit der Angehörigen abheben und die der Patienten weniger beachten. Erhebungen zu diesen Fragen lassen sich zwar weniger leicht vergleichen, würden aber dennoch einen wesentlichen Beitrag zur Beurteilung psychoedukativer Verfahren leisten.

---

[23] Kissling et al., in Vorb.; Kelly & Scott, 1990; Seltzer et al., 1980

Literatur

Abramowitz, I. & Coursey, R. (1989). Impact of an Educational Support Group on Family Participants Who Take Care of their Schizophrenic Relatives. *J Consult Clin Psychol*, 57, 232-6; 14, 81-7

Anderson, C.M.; Hogarty, G.E. & Reiss, D.J. (1980). Family Treatment of Adult Schizophrenic Patients: a Psychoeducational Approach. *Schizophrenia Bull*, 6, 490-505

Barrowclough, C. & Tarrier, N. (1984). Psychosocial Interventions with Families and their Effects on the Course of Schizophrenia, a Review. *Psychol Med*, 14, 629-42

Barter, J.T. (1984). Psychoeducation. In: Talbott, J.A. (ed.): The Chronic Mental Patient: Five Years Later. New York: Grune & Stratton

Barter, J.T.; Queirolo, J.F. & Ekstrom, S.P. (1984). A Psychoeducational Approach to Educating Chronic Mental Patients for Community Living. *Hosp Commun Psychiatry*, 35, 793-7

Bäuml, J. (1994). Psychosen aus dem endogenen Formenkreis. Berlin u.a.: Springer

Bäuml, J.; Kissling, W.; Meurer, C.; Wais, A. & Lauter, H. (1991). Informationszentrierte Angehörigengruppen zur Complianceverbesserung bei schizophrenen Patienten. *Psychiat Prax*, 18, 48-54

Bäuml, J.; Kissling, W.; Buttner, P.; Peuker, I.; Pitschl-Walz, G. & Schlag, K. (1993). Informationszentrierte Patienten- und Angehörigengruppen zur Complianceverbesserung bei schizophrenen Psychosen. In: Mundt, Ch.; Kick, H. & Fiedler, P. (Hrsg.): Angehörigenarbeit und psychosoziale Intervention in der Psychiatrie. Regensburg: Roderer

Berkowitz, R.; Eberlein-Fries, R.; Kuipers & L. & Leff, J. (1984). Educating Relatives About Schizophrenia. *Schizophrenia Bull*, 10, 418-29

Birnbaum, K. (1935). Die Welt des Geisteskranken, Verständliche Wissenschaft Bd. 24, Julius Springer

Boczkowski, J.A.; Zeichner, A. & DeSanto, N. (1985). Neuroleptic Compliance Among Chronic Schizophrenic Outpatients: an Intervention Outcome Report. *J Consult Clin Psychol*, 53, 666-71

Bryan, C.K. (1976). Patient Information vs. Patient Education. *Drug Intell Clin Pharm*, 10, 34

Buchkremer, G. & Fiedler, P.A. (1987). Kognitive versus handlungsorientierteTherapie. Ein Vergleich zweier psychotherapeutischer Methoden zur Rezidivprophylaxe bei schizophrenen Patienten. *Nervenarzt*, 58, 481-8

Cozolino, L. & Goldstein, M.J. (1986). Family Education as a Component of Extended Family-Oriented Treatment Programs for Schizophrenia. In: Goldstein, M.; Hand, I. & Hahlweg, K. (Eds.): Treatment of Schizophrenia - Family Assessment and Intervention. Berlin: Springer

Cozolino, L.J.; Goldstein, M.J.; Nuechterlein, K.H.; West, K.L. & Snyder, K. S. (1988). The Impact of Education about Schizophrenia on Relatives Varying in Expressed Emotion. *Schizophrenia Bull*. 14, 675-87

Eckman, T.A.; Liberman, R.P.; Phipps, C.C. & Blair, K.E. (1990). Teaching Medication Management Skills to Schizophrenic Patients. *J Clin Psychopharmacol*, 10, 33-8

Ehlert, U. (1989). Psychologische Intervention bei den Angehörigen schizophrener Patienten. Frankfurt/Main: Peter Lang Verlag

Falloon, I.R.H.; Boyd, J.L.; McGill, C.W.; Williamson, W.; Razoni, J.; Moss, H.B.; Gilderman, A.M. & Simpson, G.M. (1985). Familiy Management in the Prevention of Morbidity of Schizophrenia. *Arch Gen Psychiatry*, 42, 887-96

Falloon, I.R.H.; Boyd, J.L.; McGill, C.W.; Razani, J.; Moss, H. & Gilderman, A. (1982). Family Mangement in the Prevention of Exacerbations of Schizophrenia: a Controlled Study. *New Engl J Med*, 306(24), 1437-40

Falloon, I.R.H.; Hahlweg, K. & Tarrier, N. (1990). Family Interventions in the Community Management of Schizophrenia: Methods and Results. In: Straube, & Hahlweg, K. (Eds.): Schizophrenia. Berlin u.a.: Springer

Goldman, C.R. & Quinn, F.L. (1988). Effects of a Patient Education Program in the Treatment of Schizophrenia. *Hosp Commun Psychiatry*, 39, 282-6

Hahlweg, K.; Müller, U.; Feinstein, E.; Dose, M.; Wiedemann, G. & Hank, G. (1991). Praxis der psychoedukativen Familienbehandlung. In: Retzer, A.: Die Behandlung psychotischen Verhaltens. Heidelberg: Auer

Hatfield, A.B. (1990). Family Education in Mental Illness. New York: Guilford

Hell, D. & Fischer Gestefeld, M. (1993). Schizophrenien, Verständnisgrundlagen und Orientierungshilfen, (2. neubearb. Aufl. von Hell/Gestefeld, 1988). Berlin: Springer

Hogarty, G.E.; Anderson, C.E.; Reiss, D.J.; Kornblith, S.J.; Greenwald, D.P.; Ulrich, R.F. & Carter, M. (1986). Family Psychoeducation, Social Skills Training, and Maintenance Chemotherapy in the Aftercare of Schizophrenia. I: One Year Effects of a Controlled Study on Relapse and Expressed Emotion. *Arch Gen Psychiatry*, 43, 633-42

Hogarty, G.E.; Anderson, C.E.; Reiss, D.J.; Hogarty, S.J.; Anderson, C.M. (1987). Family Psychoeducation, Social Skills Training and Medication in Schizophrenia: the Long and the Short of it. *Psychopharmacol Bull*, 23, 12-3

Hogarty, G.E.; Anderson, C.M.; Reiss, D.J.; Kornblith, S.J.; Greenwald, D.P.; Ulrich, R.F. & Carter, M. (1991). Family-Psychoeducation, Social Skills Training and Maintenance Chemotherapy in the Aftercare of Treatment of Schizophrenia. II. Two-year Effects of a Controlled Study on Relapse and Adjustement. *Arch Gen Psychiatry*, 48, 340-7

Hornung, W.P. & Buchkremer, G. (1992). Psychoedukative Interventionen zur Rezidivprophylaxe schizophrener Psychosen. In: Rifkin A. & Osterheider, M. (Hrsg.): Schizophrenie - aktuelle Trends und Behandlungsstrategien. Berlin u.a.: Springer

Kelly, G. R. & Scott, J.E. (1990). Medication Compliance and Health Education among Outpatients with Chronic Mental Disorders. *Medical Care*, 28(12), 1181-97

Kissling, W. et al. (1995). Die Auswirkung psychoedukativer Gruppenarbeit auf die Compliance und Wiederaufnahmerate bei schizophrenen Patienten. In Vorb.

Kissling, W. & Bäuml, J. (1993). Die Vernachlässigung psychosozialer Projekte in der Routineversorgung und bei der Forschungsförderung muß beendet werden! In: Mundt, Ch.; Kick, H. & Fiedler, P. (Hrsg.).(1993). Angehörigenarbeit und psychosoziale Intervention in der Psychiatrie. Regensburg: Roderer

Lam, D.H. (1991). Psychosocial Family Intervention in Schizophrenia: a Review of Empirical Studies. *Psychol Med*, 21, 423-41

Leff, J.; Kuipers L.; Berkowitz, R. & Sturgeon, D.A. (1985). A Controlled Trial of Social Intervention in the Families of Schizophrenic Patients: Two Year Follow-Up., *Brit J Psychiatry*, 146, 594-600

Leff, J; Kuipers, L.; Berkowitz, R.; Eberlein-Fries, R. & Sturgeon, D.A. (1982). A Controlled trial of Social Intervention in the Families of Schizophrenic Patients. *Brit J Psychiatry*, 141, 121-34

McGill, C.W. & Lee, E. (1986). Family Psychoeducational Intervention in the Treatment of Schizophrenia. *Bull Menninger Clinic*, 50(3), 269-86

Posner, C.M.; Wilson, K.G.; Kral, M.J.; Lander, S. & McIlwraith, R.D. (1992). Familiy Epsychoducational Support Groups in Schizophrenia. *Am J Orthopsychiatry*, 62(2):206-18

Schottky, J. (1933). Der Umgang mit seelisch Kranken in der Familie. Wien: Maudrich

Seltzer, A.; Roncari, I. & Garfinkel, P. (1980). Effect of Patient Education on Medication Compliance. *Can J Psychiatry*, 25, 638-45

Snyder, K.S. & Liberman, R.P. (1981). Family Asssessment and Intervention with Schizophrenics at Risk for Relapse. In: Goldstein, M.J. (Ed.): New Developments in Interventions with Families of Schizophrenics

Smith, J.V. & Birchwood, M.J. (1987). Specific and Non-Specific Effects of Educational Interventions with Families of Schizophrenic Patients. *Brit J Psychiatry*, 150, 645-52

Spiegel, D. & Wissler, T. (1987). Using Family Consultation as Psychiatric Aftercare for Schizophrenic Patients. *Hosp Commun Psychiatry*, 38, 1096-99

Stark, F. M. (1992). Strukturierte Information über Vulnerabilität und Belastungsmanagement für schizophrene Patienten. *Verhaltenstherapie*, 2, 40-7

Tarrier, N. & Barrowclough, C. (1990). Family Interventions for Schizophrenia. *Behavior Modifikation*, Vol.14(4), 408-40

Tarrier, N.; Barrowclough, C.; Vaughn, C.; Bamrah, J.S.; Porceddu, K.; Watts, S. & Freeman, H. (1988). The Community Management of Schizophrenia, A Controlled Trial of a Behavioural Intervention with Families to Reduce Relapse. *Brit J Psychiatry*, 153, 532-42

Tarrier, N.; Barrowclough, C.; Vaughn, C.; Bamrah, J.S.; Porceddu, K.; Watts, S. & Freeman, H. (1989). Community Management of Schizophrenia, A Two-Year Follow-Up of a Behavioural Intervention with Families. *Brit J Psychiatry*, 154, 625-28

Vaughan, K.; Doyle, M.; McConaghy, N.; Blazczynski, A.; Fox, A. & Tarrier, N. (1992). The Sydney Intervention Trial: a Controlled Trial of Relatives' Counselling to Reduce Schizophrenic Relapse. *Soc Psychiatry Psychiatr Epidemiol*, 27, 16-21

Psychoedukative Gruppen in psychiatrischen Kliniken: Ergebnisse einer Befragung zur Häufigkeit und Art der Anwendung

Peter Buttner & Werner Kissling

Zusammenfassung

In diesem Artikel werden Ergebnisse einer Befragung zur Anwendung psychoedukativer Gruppen zusammengefaßt, die alle psychiatrischen Kliniken Süddeutschlands umfaßte. Es zeigte sich, daß Psychoedukation in Gruppenform häufig angeboten wird - in etwa der Hälfte der süddeutschen Kliniken. Die Gruppen sind vorwiegend bifokal (für Angehörige und Patienten) und auf die ambulante Behandlung gerichtet. Sie sind nicht nur informationszentriert, sondern legen auch Wert auf behaviorale Elemente. Obwohl die Darstellung der neuroleptischen Therapie einen hohen Stellenwert hat, sind die Gruppen nicht vorwiegend "biologisch" orientiert.

Gruppenarbeit mit Patienten und Angehörigen gehört heute in der Psychiatrie vielerorts zur Routine, aber bis jetzt ist nicht bekannt, wie häufig und in welcher Form *psychoedukative* Gruppenarbeit an deutschen psychiatrischen Kliniken durchgeführt wird. Psychoedukative Interventionen können einen deutlichen positiven Einfluß auf den Verlauf schizophrener Erkrankungen haben, sie kommen einem steigenden Informationsbedürfnis von Angehörigen und Patienten entgegen und stellen eine wesentliche Bewältigungshilfe für die Patienten und ihre Angehörigen dar. Zugleich erweist sich die Anwendung psychoedukativer Behandlungsansätze als hilfreich für die Bemühungen um eine Qualitätssicherung in der sekundären Prävention der Schizophrenie.

Anhand einer postalischen Befragung wurde der Stand psychoedukativer Gruppenarbeit an süddeutschen psychiatrischen Kliniken erhoben. Dazu wurde ein Fragebogen an alle 123 psychiatrischen Kliniken und psychiatrischen Abteilungen der Allgemeinkrankenhäuser Süddeutschlands versandt, zusammen mit einem persönlichem Anschreiben an die jeweiligen ärztlichen Leiter. Die Anschriften wurden dem Verzeichnis der psychiatrischen Krankenhäuser/Abteilungen der Bundesrepublik Deutschland[1] entnommen.

---

[1] Herausgegeben von der Bundesarbeitsgemeinschaft der Träger Psychiatrischer Krankenhäuser

Da bisher keine Daten vorliegen, auf denen die Befragung aufbauen konnte, handelt es sich um eine explorative Erhebung. Dementsprechend waren die Fragen so gehalten, daß ein Überblick über die Aktivitäten an den Kliniken entstand. Es kam dabei darauf an, einen guten Rücklauf zu erhalten, um dem Anspruch einer repräsentativen Erhebung gerecht zu werden. Die Befragung richtete sich an alle stationär-psychiatrischen Institutionen der Länder Bayern, Baden-Württemberg, Rheinland-Pfalz, Hessen und Saarland.

In der Einführung zum Fragebogen wurde die Frage gestellt, ob psychoedukative Gruppen für schizophrene Patienten und/oder deren Angehörige in den vergangenen 5 Jahren durchgeführt wurden (Hauptfragestellung). Falls dies zutraf, waren 10 weitere Fragen zu beantworten. Diese zielten u.a. auf die Erhebung folgender Variablen:

*   Adressaten der Gruppen (Patienten /Angehörige)
*   Zeit der Durchführung (stationär / ambulant)
*   Dauer und Frequenz der Gruppen
*   Zielsetzung der Gruppenarbeit
*   vermittelte Inhalte
*   Berufsgruppen der Leiter

Soweit es möglich war, wurden die Fragen so formuliert, daß sie sich auf eindeutige und nachvollziehbare Sachverhalte bezogen.

Ergebnisse

Der Rücklauf der Fragebögen war gut (70,7%). In genau zwei Drittel der Kliniken, die geantwortet haben (66,6%), wurden in den letzten 5 Jahren psychoedukative Gruppen für schizophrene Patienten durchgeführt. Die Anwendungshäufigkeit, bezogen auf die einzelnen Bundesländer, schwankt zwischen 33,3% (Saarland, eine von drei Kliniken) und 88,9% (Rheinland-Pfalz). Bei der Auswertung wurde die Möglichkeit falschpositiver Antworten erwogen. Kriterium dafür war die inhaltliche Darstellung der Gruppen (z.B. Wissensvermittlung als unwichtig und therapeutische Interventionen als wichtig angegeben), eine solche Konstellation trat jedoch in keiner der Antworten auf.

Nur 5 Kliniken (8,6%) haben ihren Angaben zufolge die Gruppen ausschließlich zu Studienzwecken durchgeführt, der Rest bot die Gruppen im Rahmen der regulären Krankenversorgung an. Einzelne Anmerkungen auf den Fragebögen lassen vermuten, daß die betreffenden Gruppenangebote nur einen Teil der in Frage kommenden Patienten erreichten, weil es sich z.B. um eine Initiative einer einzigen Station in einem größeren Krankenhaus handelte oder das beschriebene Angebot ein "erster Versuch" war. Dennoch scheint die Gruppen-Psychoedukation bei der Mehrzahl der Kliniken einen festen Platz in der Routineversorgung gefunden zu haben. Dies zeigen die Antworten auf die Frage nach Frequenz und Dauer der Gruppen. Knapp die Hälfte der Kliniken mit psychoedukativen Gruppen (44,8%) führten diese sogar als *fortlaufende* Gruppenangebote durch.

Die Antworten zur Frage nach der *Beteiligung* der *verschiedenen Berufsgruppen* an der Leitung der psychoedukativen Gruppen zeigten, daß nur in Ausnahmefällen eine Berufsgruppe alleine die Gruppen leitete. Es waren also meist mehrere Personen - aus verschiedenen Professionen - die zugleich an der Gruppenleitung beteiligt waren. Ärzte waren (mit 86%) am häufigsten beteiligt, Psychologen waren in 2/3 und Pflegepersonal sowie Sozialpädagogen in nahezu der Hälfte der Fälle Leiter bzw. Co-Leiter. Psychoedukative Gruppen dürfen demnach als ein Feld multiprofessioneller Zusammenarbeit in psychiatrischen Kliniken angesehen werden.

Bemerkenswert erscheint die hohe Beteiligung von Sozialpädagogen (Sozialarbeitern) an der Leitung der Gruppen. Das traditionelle Arbeitsgebiet von Sozialpädagogen in psychiatrischen Kliniken liegt im *organisatorischen* Bereich (z.B: Organisation sozialer Hilfen für die Zeit nach der Entlassung). Die hohe Beteiligung der Sozialpädagogen kann als Hinweis dafür gesehen werden, daß diese Berufsgruppe in den Kliniken mehr Gewicht in der Betreuung der Kranken bekommt. Mutatis mutandis kann dies auch für das Pflegepersonal angenommen werden. Beim Pflegepersonal an psychiatrischen Kliniken macht sich ein Trend zur Professionalisierung bemerkbar, der sich u.a. durch die Ausbildung zur psychiatrischen Fachpflege und die Bemühungen zur Qualitätssicherung zeigt.

Die Frage nach der *"Fokalität"* (Gruppen nur für Angehörige, nur für Patienten oder für beide) hat wegen der unterschiedlichen Wirksamkeit Bedeutung: Während für bifokale Psychoedukation ein guter Wirksamkeitsnachweis vorliegt, ist er für monofokale Psychoedukation nicht oder weitaus weniger gut belegt. (Siehe dazu den Beitrag über die Wirksamkeit der Psychoedukation in diesem Band). Nahezu zwei Drittel (65,5%) der Kliniken mit psychoedukativen Gruppen führten diese bifokal durch, in der Regel getrennt für Patienten und Angehörige. Ein knappes Fünftel der Gruppen (18,9%) richtete sich nur an Patienten und lediglich 15,5% der Gruppen nur an die Angehörigen. Die niedrige Rate monofokal angehörigengerichteter Gruppen ist bemerkenswert, da aufgrund der Popularität von Angehörigengruppen vermutet werden könnte, daß auch viele angehörigengerichtete Psychoedukationsgruppen angeboten werden. Allerdings sind viele Angehörigengruppen im Rahmen der Selbsthilfebewegung entstanden und erfüllen nicht die Kriterien der Psychoedukation.

Fokalität der Gruppenangebote (n = 58)

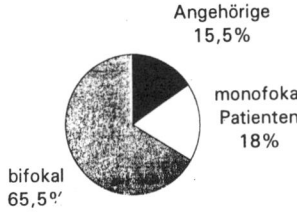

monofokal
Angehörige
15,5%

monofokal
Patienten
18%

bifokal
65,5%

Dauer und Frequenz der Gruppen: Etwas mehr als die Hälfte der Kliniken gaben an, daß die Gruppen in Zeit und Dauer geschlossen waren. Die durchschnittliche Gesamtstundenzahl dieser geschlossenen Gruppen ist 10,6h (Für diese Angabe wurden zwei Ausreißer aus der Mittelung herausgenommen, die durch eine extrem hohe Anzahl von Sitzungen (50 bzw. 30) den Durchschnitt der Gesamtstundenzahl auf 12,9h gehoben hätten; Die 10,6h gelten also nur für die "große Masse" der Gruppenangebote). Ein wesentlicher Unterschied zwischen Patienten- und Angehö-

rigengruppen war die Dauer der einzelnen Gruppensitzungen: Die Sitzungen der
Patientengruppen waren in der Regel deutlich kürzer (meist 45-60 min) als die
Sitzungen der Angehörigengruppen (meist 90-120 min). Diese Differenz dürfte mit
der verminderten Konzentrationsfähigkeit und Belastbarkeit der Patienten zusammenhängen.

Zeitraum der Durchführung: Ein Drittel der Gruppen (33%) fand ausschließlich
während der stationären Behandlung statt, ca. 10% wurden nur ambulant durchgeführt und ca. 57% überlappend, d.h. stationär *und* ambulant. Diese Zahlen belegen,
daß sich psychiatrische Kliniken heute durchaus auch in der poststationären Therapie engagieren - eine Leistung, die den Kliniken nicht vergütet wird. Sie weisen
darauf hin, daß auch auf diejenige Behandlungsphase Wert gelegt wird, bei der
eine besonders hohe Rückfallgefahr besteht, nämlich die Zeit nach der Entlassung.

Die *Zielsetzungen* der Gruppen wurden anhand folgender vorgegebener Ant-
wortmöglichkeiten erfragt: *Wissensvermittlung, Vermittlung von Fertigkeiten
(Selbstmanagement), Psychische Entlastung, Therapeutische Interventionen, Einflußnahme auf Familienklima, Complianceverbesserung* und Andere. Jedes dieser
Items sollte nach seiner Wichtigkeit eingestuft werden. Dafür standen 5 Antwort-
möglichkeiten von "Hauptziel" (=sehr wichtig) bis zu "unwichtig" zur Verfügung.
Es konnten mehrere Ziele als Hauptziel genannt werden.

Faßt man die Antworten "Hauptziel" und "auch sehr wichtig" als eine Kategorie zusammen, so steht das Ziel *Complianceverbesserung* an erster Stelle der
Wichtigkeit mit 83% der Nennungen.

Tabelle 1: Zielsetzungen der psychoedukativen Gruppen

	Hauptziel[2]	auch sehr wichtig	zusammen
Complianceverbesserung	51%	32%	**83%**
Wissensvermittlung	55%	31%	**81%**
Psychische Entlastung	42%	35%	**77%**
Vermittlung von Fertigkeiten (Selbstmanagement)	30%	40%	**70%**
Einflußnahme auf Familienklima	19%	28%	**48%**
Therapeutische Interventionen	18%	11%	**29%**

Dieses Ergebnis ist besonders interessant, weil ein Zusammenhang zwischen Zielsetzung und Therapieeffekt gerade für dieses Item vermutet werden darf. Für das
Item Complianceverbesserung wurde ausgewertet, wie die Frage nach der Fokalität
der Gruppen beantwortet wurde. Es zeigte sich, daß die große Mehrheit derer, die
die Complianceförderung hoch bewerteten, die Psychoedukation patientengerichtet
oder bifokal anboten: Von den 47 Befragten, für die die Complianceverbesserung
Hauptziel oder auch sehr wichtiges Ziel war, hatten nur 3 monofokal angehörigengerichtete Gruppenangebote, 17 waren jedoch monofokal patientengerichtet. Bei
den drei angehörigengerichteten Angeboten ist zu bezweifeln, ob die Methode dieser Angebote die Compliance gut fördern konnte.

---

2   Mehrfachnennungen waren möglich

Abbildung 1: Ziele: Complianceverbesserung (n=57)

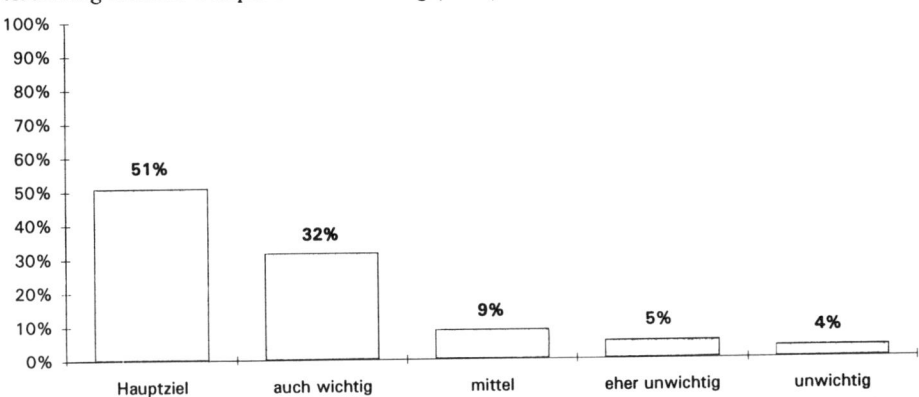

Das Item *Wissensvermittlung* wurde mit 81% der Antworten fast ebenso häufig als "Hauptziel" oder "auch sehr wichtig" genannt wie die Complianceverbesserung und nur von 2% als unwichtig erachtet.

Die untersuchten Gruppen sind jedoch keineswegs einseitig wissens- und complianceorientiert. Auch *Psychische Entlastung* war ein wichtiges Ziel der Gruppen: knapp 42% der Befragten nannten die psychische Entlastung als "Hauptziel" und nur rund 7% als unwichtig oder eher unwichtig. *Einflußnahme auf Familienklima* wurde allerdings nur von der knappen Hälfte als "Hauptziel" oder "auch sehr wichtig" genannt. Das unwichtigste Ziel der Gruppen waren *therapeutische Interventionen*.

Durch das Item *Vermittlung von Fertigkeiten* wurde eine behaviorale Therapiekomponente erfragt. Dieses Therapieziel wurde im Durchschnitt mit einer mittleren bis hohen Wichtigkeit bewertet. Dies zeigt, daß sich die Praxis der Psychoedukation, zumindest in ihrer Zielsetzung, nicht auf reine Wissensvermittlung beschränkt.

Auch die Antworten zu den vermittelten *Inhalten* der psychoedukativen Interventionen zeigen, daß im Gesamtdurchschnitt und innerhalb der einzelnen Institutionen eine eher ausgewogene Informationsvermittlung betrieben wurde: Die Darstellung *endogener* und *psychosozialer* ätiologischer Faktoren wurde im Durchschnitt als ähnlich wichtig bewertet, wobei den psychosozialen etwas mehr Gewicht zufiel (siehe Tabelle). Das *Vulnerabilitäts-Streß-Modell*, mit dem sich biologische und psychosoziale Einflußfaktoren bei der Schizophrenie integrieren lassen, war mit 56,1% der Nennungen das am häufigsten genannte "Hauptziel".

Tabelle 2: Wertung der Inhalte der psychoedukativen Gruppen

	Hauptziel[3]	auch sehr wichtig	zusammen
Endogene Fakt. bei der Entstehung der Krankheit	25%	43%	**63%**
Psychosoz. Fakt. bei der Entstehung der Krankheit	21%	59%	**80%**
Vulnerabilitäts-Streß-Modell	56%	26%	**82%**

---

3   Mehrfachnennungen waren auch bei den Hauptzielen möglich

Das insgesamt mit höchster Priorität bewertete Thema für die Informationsvermittlung war die *Rolle der Neuroleptika in der Behandlung:* 96,5% der Befragten bewerteten die Darstellung der Neuroleptika als Hauptziel oder als auch sehr wichtig. Jeweils nur eine von 56 vorliegenden Antworten stufte dieses Item als unwichtig oder eher unwichtig ein und keine als mittelgradig wichtig. Dieses Ergebnis paßt zur hohen Bewertung der Compliance als Therapieziel. Es zeigt auch, daß die Betonung der Darstellung psychosozialer Faktoren bei der Entstehung der Krankheit nicht mit einer Reserve gegen die neuroleptische Behandlung verknüpft ist. Im Gegensatz zu den Neuroleptika finden andere Medikamente eine weitaus geringe Beachtung.

Abbildung 2: Inhalte: Rolle der Neuroleptika bei der Behandlung (n= 56)

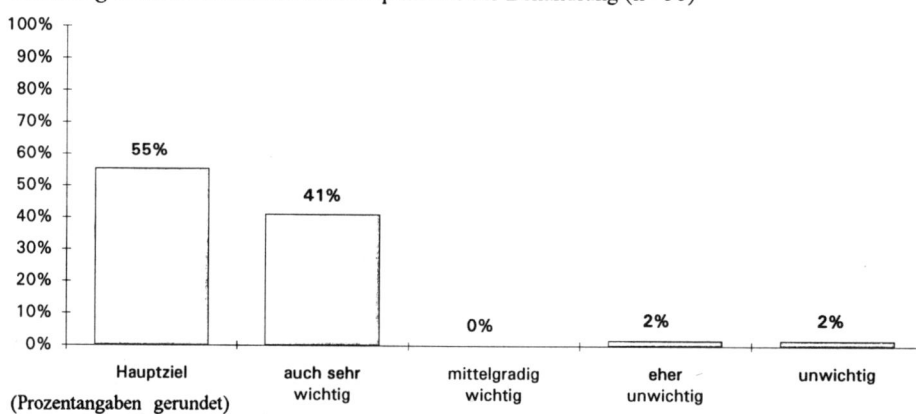

(Prozentangaben gerundet)

Hoch bewertet wurden auch die nichtpharmakologischen Behandlungsmethoden Psycho- und Soziotherapie, wobei die *Rolle der Soziotherapie in der Behandlung* ein größeres Gewicht in der Bewertung bekam als die *Rolle der Psychotherapie:* 86,0% der Befragten stuften die Rolle der Soziotherapie als Hauptziel oder auch sehr wichtigen Informationsinhalt ein, dagegen nur 62,5% die Rolle der Psychotherapie. Das Item *Soziotherapie* steht damit an zweiter Stelle hinter den *Neuroleptika* in der Rangfolge der Themen.

Tabelle 3: Inhalte der psychoedukativen Gruppen

	Hauptziel[4]	auch sehr wichtig	zusammen
Rolle der Neuroleptika bei der Behandlung	55%	41%	**96%**
Rolle soziotherap. Maßnahmen bei der Behandlung	23%	63%	**86%**
Rolle der Psychotherapie bei der Behandlung	14%	48%	**62%**
Rolle anderer Medikamente bei der Behandlung	22%	25%	**47%**

---

4   Mehrfachnennungen waren möglich

Abbildung 3: Inhalte: Rolle der Psychotherapie bei der Behandlung (n= 56)

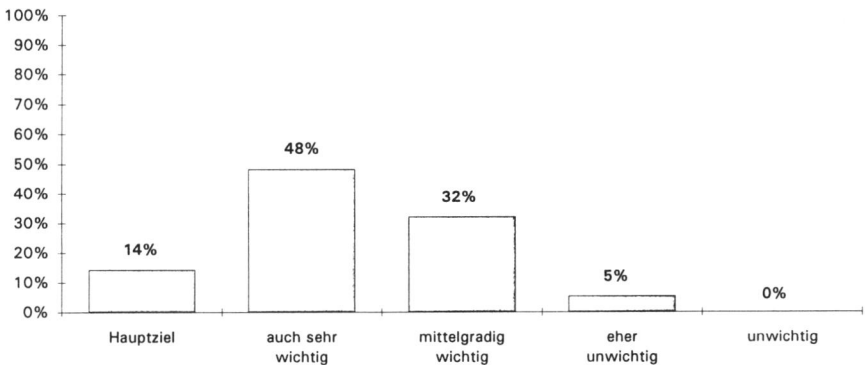

(Prozentangaben gerundet)

Abbildung 4: Inhalte: Rolle der Soziotherapie bei der Behandlung

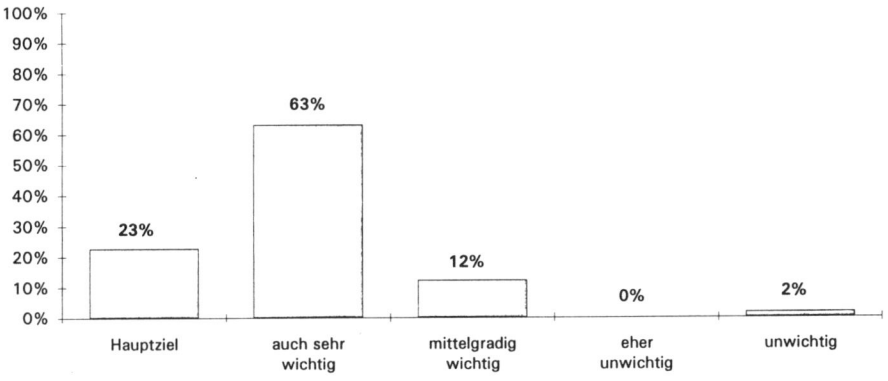

(Prozentangaben gerundet)

Drei Items bezogen sich auf die Rolle der Patienten selbst. Dies waren: Krankheitserleben, Coping und Selbstmanagement. Von diesen wurde das *Krankheitserleben* am höchsten bewertet. 82,1% der Befragten gaben bei diesem Item "Hauptziel" oder "auch sehr wichtig" an. Nur eine Antwort von 56 vorliegenden (1,8%)

stufte den Informationsinhalt *Krankheitserleben* als "eher unwichtig" ein und keine Antwort als "unwichtig". Damit ist das Thema des Krankheitserlebens als einer der besonders wichtigen Inhalte in psychoedukativen Gruppen ausgewiesen. Den Interventionsinhalten *Coping* und *Selbstmanagement* wurde in der Bewertung durchschnittlich etwas weniger Gewicht beigemessen.

Der mit Abstand am niedrigsten bewertete Informationsinhalt war *Rechtliche Bedingungen*: Nur 3,6% der Befragten stuften dieses Item als Hauptinformationsziel ein und fast die Hälfte der Befragten (46,4%) bewerteten die rechtlichen Bedingungen als "unwichtig" oder "eher unwichtig".

Diskussion

Obwohl Psychoedukation in der Psychiatrie eine "junge" Interventionsform ist, zeigte sich, daß eine erstaunlich große Zahl von psychiatrischen Kliniken solche Interventionen in Gruppenform anboten. Die Befragung ergab, daß 2/3 der Kliniken, von denen Antworten vorliegen, in den letzten 5 Jahren psychoedukative Gruppen für schizophren erkrankte Patienten und/oder deren Angehörige durchführten. Das sind knapp die Hälfte (47,2%) aller psychiatrischen Kliniken Süddeutschlands. Der reale Anteil psychoedukativer Gruppen liegt vielleicht etwas höher, wenn man die Kliniken einbezöge, die keine Fragebögen zurückgesandt haben. Andererseits stellen diese Zahlen kumulative Werte dar, da jede Klinik zählt, die in den vergangenen 5 Jahren eine solche Gruppe angeboten hat. Eine Erhebung der Punktprävalenz psychoedukativer Gruppen würde sicherlich zu einer geringeren Verbreitungsrate führen. Aufgrund der zunehmenden Popularität psychoedukativer Programme ist jedoch wahrscheinlich, daß die Anwendungshäufigkeit weiter zunimmt und sich Psychoedukation als ein Behandlungsstandard etablieren wird. Psychoedukative Interventionen sind nicht dazu gedacht, das persönliche Gespräch zwischen Behandler und Patient zu ersetzen, was sie auch gar nicht können. Das routinemäßige Angebot psychoedukativer Gruppen kann jedoch helfen, dem Informationsbedürfnis von Patienten und Angehörigen entgegenzukommen, nicht zuletzt dadurch, daß es auch die Behandler dazu animiert, Stellung zu beziehen. Sind psychoedukative Gruppen erst einmal institutionalisiert, kann die Aufklärung der Betroffenen in der Alltagsroutine nicht mehr so leicht vergessen werden.

Über den Begriff Psychoedukation scheint bei den Befragten weitgehend Übereinstimmung zu herrschen. Aus der Befragung ging hervor, daß Wissensvermittlung das zentrale Anliegen war, behaviorale Elemente aber ebenfalls als wichtig erachtet wurden. Auch in den Zielen und Inhalten zeigte sich keine grobe Divergenz. Dieses übereinstimmende Begriffsverständnis und die Tatsache, daß bei der Mehrzahl der Psychoedukationsgruppen Informationsmaterial (Broschüren, etc.) eingesetzt wurde, ist ein Indikator für die Stimmigkeit der Antworten auf die Hauptfragestellung (psychoedukative Gruppen ja/nein?).

Die hohe Bewertung der Complianceverbesserung und die herausragende Rolle der Neuroleptika in der Darstellung lassen vermuten, daß die psychoedukativen Angebote in erster Linie den Anschauungen der biologischen Psychiatrie verhaftet sind. Dies trifft so jedoch nicht zu. Soweit aus der Befragung ersichtlich, sind die psychoedukativen Gruppen nicht einseitig biologisch oder psychosozial ausgerichtet, weder im Gesamtdurchschnitt noch innerhalb der einzelnen Gruppenangebote. Im Vordergrund der Vermittlung des Wissens über Krankheitsursachen steht ein integratives ätiologisches Modell der Schizophrenie (Vulnerabilitäts-Streß-Modell). Der Rolle psychosozialer Faktoren bei der Krankheitsentstehung wird im Durchschnitt etwas mehr Gewicht zugemessen als der Rolle biologischer Faktoren. Zudem wurde die psychische Entlastung der Betroffenen als annähernd ebenso wichtiges Ziel angesehen wie die Complianceförderung. Anders als bei den Interventionsstudien der Expressed Emotions-Forschung steht die Einflußnahme auf das Familienklima allerdings nicht im Vordergrund.

Gute Gründe sprechen dafür, psychoedukative Angebote *bifokal* auszurichten, d.h. Patienten *und* Angehörige einzubeziehen (Vgl. den Beitrag über die Wirksamkeit in diesem Band). So gesehen darf es als erfreulich angesehen werden, daß bei den Befragten bifokale Angebote in der Überzahl sind: 2/3 der Gruppen wurden für Angehörige *und* Patienten angeboten. Monofokale Gruppen für Patienten machen nur ein knappes Fünftel, monofokal angehörigengerichtete Angebote nur ein knappes Sechstel der Gruppenangebote aus.

Es zeigte sich, daß in den psychoedukativen Gruppen die *ambulante* Therapie mehr Gewicht hat als die stationäre. Zum einen fanden 2/3 der Gruppen ganz oder teilweise ambulant statt, zum anderen hatte auch in der inhaltlichen Gewichtung das Thema der ambulanten Therapie Vorrang vor der stationären. Diese Betonung des ambulanten Bereichs zeigt sich auch in der hohen Bewertung der Rolle der *Soziotherapie* in den Gruppen, denn diese Behandlungsrichtung gewinnt ihre Bedeutung vorrangig *nach* der Entlassung aus der stationären Therapie. Schließlich läßt sich auch die Betonung der Complianceförderung als Spezifikum der ambulanten Versorgung sehen, denn die wesentlichen Complianceprobleme ergeben sich ja erst in der poststationären Zeit.

Die Frage, welche Rolle Psychoedukation unabhängig von stationären Behandlungen spielt, läßt sich aus der vorliegenden Untersuchung nicht beantworten. Es stellt sich aber die Frage, wo die Psychoedukation ihren "Stammplatz" haben sollte. Einige Argumente sprechen dafür, Psychoedukative Interventionen insbesondere für ambulante Patienten anzubieten, denn erst im ambulanten Setting werden viele Probleme für die Patienten sichtbar. Dies trifft keineswegs nur auf die langfristige medikamentöse Behandlung zu, sondern gerade auch auf die sozialen Probleme, die Frage des familiären Klimas, die Nutzung ambulanter Hilfsangebote und die Frage der Erkennung von Prodromalsymptomen. Bisher können gruppenpsychoedukative Interventionen von niedergelassenen Psychiatern nicht abgerechnet werden, zumindest nicht unter dieser Bezeichnung. Daher sind Anstrengungen in diese Richtung der Initiative einzelner Ärzte überlassen und es ist zu vermuten, daß nur sehr wenige Psychiater oder Nervenärzte eine solche Leistung gratis anbieten - einmal abgesehen von den individuellen Anstrengungen im Einzelgespräch, mit den Patienten über ihre Erkrankung zu sprechen. Psychoedukation muß eine abrechenbare Leistung werden, wenn sie auch im ambulanten Behandlungsfeld zur Routine werden sollte.

Literatur

Bundesarbeitsgemeinschaft der Träger Psychiatrischer Krankenhäuser: Verzeichnis der psychiatrischen Krankenhäuser/Abteilungen in der Bundesrepublik Deutschland, Stand, Juli 1993.

Psychoedukative Gruppen bei schizophrenen Psychosen für Patienten und Angehörige

Methodik und praktische Durchführung in Anlehnung an die Münchner PIP-Studie[1] - Ergebnisse der Einjahreskatamnese mit Diskussion von möglichen Konsequenzen für die ambulante Langzeitbetreuung

Josef Bäuml, Gabriele Pitschel-Walz & Werner Kissling

Zusammenfassung

Psychoedukative Gruppen werden in der Schizophreniebehandlung aufgrund ihrer nachgewiesenen Wirksamkeit bei der Verhütung neuerlicher Rezidive als wichtiger Bestandteil der Routineversorgung betrachtet und werden laut einer Untersuchung von Buttner (in diesem Band) mittlerweile bereits in der Hälfte aller psychiatrischen Kliniken durchgeführt.

In dieser Arbeit wird der psychoedukative Behandlungsansatz beschrieben, der im Rahmen der Münchner PIP-Studie (Psychosen-Informations-Projekt) in enger Zusammenarbeit mit Patienten und Angehörigen möglichst praxisnah entwickelt und auf seine Akzeptanz sowie Effizienz hin mit Auswirkung auf den Einjahresverlauf der Patienten untersucht wurde. Neben organisatorischen Aspekten wird v.a. die praktische Durchführung der Informationsvermittlung in ihrer Vernetzung mit der gleichzeitig erfolgenden emotionalen Entlastung der Teilnehmer beschrieben. Die wichtigsten Ergebnisse dieser an drei Münchner Kliniken durchgeführten Studie werden referiert und mögliche Konsequenzen für die Langzeittherapie im Rahmen eines multiprofessionellen Behandlungskonzeptes zur Diskussion gestellt.

---

[1] Psychosen-Informations-Projekt: Vom BMFT (Bundesministerium für Forschung und Technologie) geförderte Studie

Einleitung

In zahlreichen Untersuchungen konnte mittlerweile die positive Auswirkung von psychoedukativen Gruppen auf den Langzeitverlauf schizophrener Patienten nachgewiesen werden (Leff et al., 1982; Falloon et al., 1984; Hogarty et al., 1991; Tarrier et al., 1988). In diesen Studien wurden Rezidivraten im Einjahreszeitraum bei psychosozial betreuten Patienten von 0-19, im Zweijahreszeitraum von 20-50% ermittelt. Bei ausschließlicher Standardbehandlung betrugen die Einjahresrezidive dagegen 41-53%, die Zweijahresrezidive 66-83%.

Alle Studien gehen dabei davon aus, daß der krankheitsimmanenten Vulnerabilität schizophrener Patienten gegenüber Streßfaktoren und emotionaler Überstimulierung durch eine neuroleptische Basisbehandlung Rechnung getragen wird (Anderson et al., 1986; Hahlweg et al., 1989; Tarrier et al., 1989).

In diesem Zusammenhang muß jedoch kritisch angemerkt werden, daß unter Routinebedingungen die Non-Compliancerate der Patienten etwa 30-50% betragen dürfte (Kelly et al., 1990; Eckman et al., 1990; Mayer et al., 1992). Die Verhinderung von Rezidiven durch psychosoziale Interventionsmaßnahmen dürfte nicht unwesentlich damit zusammenhängen, daß dadurch die Compliance zumindest indirekt günstig beeinflußt wird (Goldstein, 1985; Falloon, 1991; Lewandowski et al., 1988; Bäuml et al., 1994, Hornung et al., 1993). Dahinter verbirgt sich die bekannte Problematik, daß komplexe medizinische Behandlungsverfahren nur dann ihre volle Wirksamkeit entfalten können, wenn die davon Betroffenen als gut informierte Behandlungspartner in der Lage sind, die Hintergründe des therapeutischen Tuns zu verstehen und dann auch bereit sind, die erforderlichen therapeutischen Konsequenzen mitzutragen (Böker, 1992). Wenn von den Patienten erwartet wird, daß sie z.B. die neuroleptische Rezidivprophylaxe bejahend mittragen (Tölle, 1994), bedarf es hierzu einer umfassenden Unterrichtung, wie dies durch psychoedukative Therapieangebote auch im deutschsprachigen Raum bereits von zahlreichen Autoren beschrieben worden ist (Buchkremer, 1988; Eckman, 1990; Hahlweg, 1991; Hornung, 1993; Wiedemann, 1994; Bäuml, 1994; Wienberg, 1995). In diesen Ansätzen herrscht ein breiter Konsens, daß die Kombination von somatischen mit psycho- und soziotherapeutischen Maßnahmen als unverzichtbar gilt, um die Rückfallrate entscheidend beeinflussen zu können (Möller, 1990).

Im Rahmen der Münchner PIP-Studie wurde deshalb in Form von praxisnahen psychoedukativen Gruppen versucht, einen ganzheitlichen Therapieansatz zu vermitteln mit einem festen Stellenwert der neuroleptischen Medikation und konkreten Prophylaxe-Empfehlungen gemäß der Konsensus-Konferenz in Brügge 1989 (Kissling, 1991). Dabei wurde den Patienten klarzumachen versucht, daß sich erst unter einer stabilisierenden Langzeitmedikation die additiven Effekte von psychosozialen Bemühungen entsprechend entfalten können (Hogarty, 1991).

PIP-Studie: Methodik und Konzept

Das "Psychosen-Informations-Projekt" ist eine vom BMFT geförderte multizentrische Studie, die an drei Münchner Kliniken (TUM, LMU, BKH Haar bei München) von 1990 bis 1993 durchgeführt wurde. Es handelt sich hierbei um eine prospektive, randomisierte, psychoedukativ ausgerichtete Interventionsstudie mit dem Ziel, die untere Aufwandsgrenze zu ermitteln, bei der eine derartige Maßnahme noch eine nachweisbare Effizienz erzielen kann. Unter dem Blickpunkt einer späteren Generalisierbarkeit wurde ein möglichst einfaches Design mit geringem personellen, organisatorischen und zeitlichen Aufwand gewählt.

Alle während des Studienzeitraumes in den drei Kliniken aufgenommenen Patienten mit einer psychotischen Symptomatik wurden in den Screening-Prozeß eingeschlossen; die Altersspanne reichte von 18-65 Jahren. Die wesentlichen Ausschlußkriterien waren unsichere Diagnose, schwerwiegende organische Begleiterkrankungen und ein ausgeprägtes Suchtleiden. Desweiteren mußte zu einem Angehörigen wenigstens einmal pro Woche ein kurzer Kontakt bestehen. Die Indikation für eine mindestens einjährige, neuroleptische Rezidivprophylaxe mußte ebenfalls gegeben sein. Das Einverständnis der Patienten zu einer ambulanten Langzeitbetreuung wurde schriftlich eingeholt. Nach Blockrandomisierung nahmen die Patienten und ihre Angehörigen an jeweils getrennten Informationsgruppen teil (Verumgruppen) oder, sofern es sich um eine Kontrollgruppe handelte, erhielten die Patienten ausschließlich die ambulante Routinebehandlung. Die Durchführung der Patienten- und Angehörigengruppen wird später ausführlich beschrieben.

Es erfolgte eine lückenlose Dokumentation des Ein- und Zweijahresverlaufes mit Erhebung aller wesentlichen Parameter. Dabei wurden zahlreiche Fremd- und Selbstratingbögen eingesetzt, das besondere Augenmerk galt dabei der Compliance, psychotischen Rezidiven, der stationären Wiederaufnahme, der Qualität der Angehörigenkontakte, der sozialen Adaption und der allgemeinen Lebenszufriedenheit (s. Ergebnisse der Münchner PIP-Studie).

Aus dem Screening-Prozeß in den drei Kliniken gingen 236 Patienten hervor, 125 wurden in die Verum- und 111 Patienten in die Kontrollgruppe randomisiert. Das Geschlechterverhältnis war in beiden Gruppen weitgehend ausgewogen, das Durchschnittsalter lag bei 33 Jahren, zwei Drittel der Patienten waren ledig. Die durchschnittliche Krankheitsdauer betrug 7,5 Jahre in der Verum- und 6,6 Jahre bei den Kontrollpatienten. Erstere hatten bisher 3,3, letztere 4,0 stationäre Aufenthalte hinter sich. Während des Einjahreszeitraumes blieben 70 % der Ausgangsstichprobe (81 Verum- und 82 Kontrollpatienten) in regelmäßiger Behandlung in den Studienambulanzen. Die unter "Ergebnisse der Münchner PIP-Studie" (s.S.254) beschriebenen Resultate beziehen sich auf diese 163 Patienten.

Praktische Durchführung der Patientengruppen

Die Beschreibung der praktischen Durchführung der Patientengruppen stützt sich im wesentlichen auf die Erfahrungen aus der Münchner PIP-Studie (s. Methodik und Konzept). Hierbei gibt es weitgehende Überschneidungen mit den psychoedukativen Konzepten anderer Autoren, was als Bestätigung für die praktische Bewährung dieser Interventionsform betrachtet werden kann. Darüber hinausgehend sollen aber auch spezifische Besonderheiten des Münchner Ansatzes als Beispiel für den konkreten Ablauf einer derartigen Gruppe dargestellt werden.

Diese Ausführungen treffen in weiten Bereichen auch für die unter "Praktische Durchführung der Angehörigengruppen" (s.S.230) beschriebenen Gruppen zu; die korrespondierenden Punkte werden deshalb dort nur knapp erwähnt, die jeweils typischen Unterschiede dagegen genauer ausgeführt.

Einladung der Patienten zu den Gruppen

Patienten, die sich in stationärer Behandlung befinden, sollten so früh als möglich in psychoedukative Gruppen integriert werden. Die Ergebnisse der Münchner PIP-Studie zeigen, daß die Bereitschaft zur Teilnahme an derartigen Gruppen besonders während der stationären Behandlung am größten ist und mit zunehmendem Abstand zur Entlassung deutlich abfällt (Bäuml, 1995). Eine fortbestehende produktiv-psychotische Symptomatik stellt keine generelle Kontraindikation für die Teilnahme an diesen Gruppen dar; allerdings sollte eine minimale Krankheitseinsicht vorhanden sein, damit Patienten das Gespräch über die spezifischen Besonderheiten ihrer Erkrankung nicht als Affront erleben. Bei massiven Konzentrationsschwächen und erheblichen formalen Denkstörungen ist die Gruppenteilnahme nicht sinnvoll; auch Nebenwirkungen sollten insoweit kompensiert sein, daß die Patienten zumindest eine halbe Stunde ruhig sitzenbleiben können.

Sofern die Gruppen unter ambulanten Konditionen, z.B. im Rahmen einer nervenärztlichen Praxis oder bei einem Sozialpsychiatrischen Dienst usw. stattfinden sollen, wird in der Regel weniger die Plus- und vielmehr die Minussymptomatik im Vordergrund stehen. Auch hier gelten die o.g. Kriterien; sofern ein Patient an einer akuten depressiv-suizidalen Symptomatik leidet, muß abgewogen werden, inwiefern die Exponierung von Krankheits- und Behandlungsdaten während der Gruppe nicht zu einer weiteren Verschlechterung des Befindens führen könnte; im Zweifelsfalle sollte die Frage mit dem Patienten vor dem Gruppenbeginn geklärt werden. Auch die Beiziehung von Angehörigen, die den Patienten nach der Gruppe nach Hause begleiten etc., stellt eine sehr wichtige Begleitmaßnahme dar.

Generell müssen die Patienten vor der Eingliederung in die Gruppen während eines Einzelgespräches über die Art ihrer Erkrankung informiert worden sein. Auch die Besprechung von individuellen Behandlungs- und Krankheitsdetails muß dem vertraulichen Einzelgespräch vorbehalten bleiben.

Innerhalb einer Klinik bietet sich die individuelle Einladung der Patienten durch den behandelnden Arzt oder anderweitige Therapeuten an; hierzu sollte ein kurzgefaßtes Informationsblatt bereitgehalten werden, auf dem die wichtigsten Fakten zur konkreten Durchführung und zur Zielsetzung der Gruppe beschrieben werden. Ein beiliegendes Formblatt mit Adresse, Telefonnummer und der schriftlich dokumentierten Absichtserklärung, an den geplanten acht Gruppensitzungen regelmäßig teilzunehmen, erhöht den Verbindlichkeitscharakter und die tatsächliche Teilnahmebereitschaft. Parallel hierzu kann auch den Angehörigen ein ähnliches Informationsblatt überreicht werden; sofern ohnehin Angehörigengruppen geplant sind, kann die genauere Beschreibung dieser Gruppen in ähnlicher Weise wie bei den Patienten vorgenommen werden (siehe "Organisatorische Aspekte").

Organisatorischer Rahmen

Bevor derartige Gruppen durchgeführt werden, muß die Akzeptanz dieses Vorhabens vorab mit den Vorgesetzten und Kollegen besprochen werden. Um Skepsis und Ablehnung vorzubeugen, empfiehlt sich die Abfassung eines Informationsblattes mit den wichtigsten Eckdaten, das allen interessierten Mitarbeitern ausgehändigt werden kann; dieses Vorgehen schützt vor unnötigen Irritationen, Mißverständnissen und mangelnder Kooperationsbereitschaft der Kollegen.

Zeitpunkt

Die Patientengruppen müssen kompatibel in den übrigen Stationsablauf eingebettet werden, Kollisionen mit anderen Therapiegruppen sind auf alle Fälle zu vermeiden. Im Rahmen einer Stationskonferenz sollte deshalb ein Zeitpunkt gefunden werden, der für alle beteiligten Berufsgruppen akzeptabel scheint. Die Gruppe sollte immer am gleichen Wochentag, z.B. mittwochs, stattfinden; bewährt hat sich die Zeit von 11-12 Uhr, wenn die üblichen Ergotherapiesitzungen, etc., bereits abgeschlossen sind. Auch bei dicht gedrängten Wochenplänen sollte die Plazierung am Ende des Tages unbedingt vermieden werden, da die Patienten dann bereits erschöpft und wenig aufnahmefähig sind.

Unter stationären Bedingungen sollte in der Regel eine Sitzung pro Woche stattfinden, Dauer etwa 60 Minuten. Bei ambulanten Gruppen können auch längere Intervalle von zwei bis vier Wochen vorgenommen werden, wenn bereits eine gewisse Gruppenkohäsion vorhanden ist. Bereits zu Beginn der Gruppe sollte den Patienten die geplante Anzahl an Sitzungen genannt werden, damit sie individuelle Ausgangspläne etc. darauf abstimmen können. Bei vielen berufstätigen Patienten sind Abendtermine erforderlich.

Gruppenraum

Ein konstanter Gruppenraum ist für das Gelingen der Gruppen sehr wichtig; bei Patientengruppen bietet sich ein Stuhlkreis an, die Zahl der Patienten sollte zwischen fünf bis zehn liegen. Die benötigten Medien wie Flipchart, Kreidetafel oder auch Overhead-Projektor sollten in diesem Gruppenraum fest installiert sein, um aufwendige Auf- und Abbauarbeiten zu vermeiden. Bei akut erkrankten Patienten müssen die custodialen Aspekte besonders berücksichtigt werden; bei unruhigen, weglaufgefährdeten oder auch suizidalen Patienten muß stets ein Co-Therapeut in der Gruppe mitanwesend sein, der die Patienten im Bedarfsfall hinausbegleiten und weiterbetreuen kann. Aus diesen Gründen empfiehlt es sich, den Gruppenraum innerhalb einer geschlossenen Abteilung anzusiedeln, damit auch bei schwerer erkrankten Patienten die Teilnahme nicht wegen mangelnder Betreuungskapazität scheitern muß.

Leitung der Gruppe

Die Durchführung psychoedukativer Gruppen erfordert in erster Linie praktische Erfahrung in der Behandlung von schizophrenen Patienten. Eine abgeschlossene psychotherapeutische Ausbildung ist nicht prinzipiell erforderlich, allerdings müssen psychotherapeutische Basiskenntnisse hinsichtlich Gesprächsführung, Motivationsarbeit, Beratungsgesprächstechniken und Konfliktlösungsmöglichkeiten vorausgesetzt werden. Im stationären Bereich werden die Gruppen häufig von Ärzten in Zusammenarbeit mit Psychologen, Sozialpädagogen und Pflegepersonal geleitet. Generell ist die Teilnahme von Mitgliedern sämtlicher erwähnter Berufsgruppen wünschenswert.

Der Interventionsstil basiert auf gesprächspsychotherapeutischen und kognitiv-verhaltenstherapeutischen Elementen, aber selbstverständlich können -je nach individueller Qualifikation- auch andere psychotherapeutische Ausrichtungen, wie z.B. tiefenpsychologische Ansätze, Logotherapie und Psychodrama, um nur einige zu nennen, integriert werden. Grundsätzlich sollte sich immer ein Co-Leiter mit in der Gruppe befinden; sofern die Leitung der Gruppe aufgeteilt wird, muß dies offen und für alle transparent geschehen, damit keine unnötigen Irritationen aufkommen. Aufgabe des Co-Leiters sollte es sein, Störungen und Überforderungssituationen bei Teilnehmern wahrzunehmen, die dem Leiter selbst entgehen. In diesem Falle empfiehlt sich eine offene und klare Intervention, um den überforderten oder sich ausblendenden Patienten die entsprechende Aufmerksamkeit und Beachtung zukommen zu lassen. Sofern es sich um eine ausgeprägtere Verstimmung oder eine wahnhafte Verkennung der Gruppensituation handeln sollte, kann der Co-Leiter den Patienten hinausbegleiten und mit ihm unter vier Augen sprechen. Grundsätzlich muß den Patienten signalisiert werden, daß Störungen erlaubt sind und daß sie jederzeit die Möglichkeit haben, bei einer Überforderung den Gruppenraum zu verlassen.

Besonders wünschenswert ist die Teilnahme von Pflegepersonal, das mit seiner vorwiegend praktischen Alltagserfahrung eine wesentliche Bereicherung darstellt. Dies führt nicht nur zu einer Verbesserung der Akzeptanz der Gruppen innerhalb der Stationen, auch die regelmäßige Teilnahme der Patienten an den Gruppen wird dadurch optimal gewährleistet. Nach Möglichkeit sollten auch Hospitanten teilnehmen können, um psychoedukative Behandlungsansätze auf eine möglichst breite Basis zu stellen. Der Multiplikator-Effekt sollte in dieser Hinsicht gezielt genutzt werden! Es sollten jedoch nicht mehr als drei verschiedene Gruppenleiter während eines Gruppenzyklus eingesetzt werden.

Gruppenform

Geschlossene Gruppen mit einem konstanten Teilnehmerfeld sind zu bevorzugen! Zum einen begünstigt dies die Gruppenkohäsion, die Patienten können sich mit ihrer Gruppe besser identifizieren und legen dann auch großen Wert darauf, regelmäßig teilzunehmen. Es kann sich ein Klima des Vertrauens und der Offenheit entwickeln, in dem sich die einzelnen Mitglieder getragen und geborgen fühlen können. Dadurch wird es möglich, auch über die reine Information hinausgehende Themen gewinnbringend zu bearbeiten. Die Zahl der Gruppenbesucher sollte, wie bereits erwähnt, zwischen fünf und zehn Personen liegen. In Patientengruppen ist ein größeres Teilnehmerfeld nicht möglich, da dann die psychopathologischen Besonderheiten der einzelnen Mitglieder nicht mehr entsprechend berücksichtigt werden können und Spannungen, Irritationen sowie Unzufriedenheit mit dem Gruppenverlauf leicht die Folge sind.

Allerdings haben geschlossene Gruppen den Nachteil, daß akut aufgenommene Patienten, die eine große Motivation für die Gruppenteilnahme hätten und deren Symptomatik dies auch erlauben würde, warten müssen, bis eine neue Gruppe beginnt.

Als Kompromiß können sogenannte "Drop-in/Drop-out-Gruppen" versucht werden, wo z.B. in jeder zweiten oder dritten Stunde neue Teilnehmer aufgenommen werden. Dies erfordert aber große Erfahrung bei den Gruppenleitern, um die damit verbundene Unruhe und die sich nur mangelhaft ausbildende Gruppenkohäsion ausreichend bewältigen zu können.

Begleitevaluierung

Um die Erwartungen der Teilnehmer an die Gruppe gezielter abschätzen zu können, hat sich das Vorlegen eines Erwartungsfragebogens bewährt, auf dem angekreuzt werden kann, welche Themen besonders gewünscht werden (Informationen über Symptomatik, Ursachen, Medikamente, Nebenwirkungen, Psychotherapie etc. sowie Aussprache- und Entlastungsmöglichkeiten usw.). Zum einen gibt dies den Patienten das Gefühl, daß auf ihre individuellen Wünsche Rücksicht genommen wird; zum zweiten erlaubt die Auswertung dieser Bögen den Gruppenleitern bereits im Vorfeld einen Überblick, mit welchen Wünschen und Erwartungen die Patienten in die Gruppe kommen. Die Objektivierung des Wissens und von Einstellungen im prä-/post-Vergleich erlaubt darüber hinaus eine gewisse Erfolgskontrolle, ob die vermittelten Inhalte verstanden wurden und ob sie zu einer Funktionalisierung der Krankheitskonzepte beigetragen haben. Hierzu eignet sich z.B. der Krankheitskonzeptbogen von Linden (1989). Mittlerweile gibt es eine Vielzahl von Wissensfragebögen, der im Rahmen der Münchner PIP-Studie eingesetzte Bogen kann bei Bedarf vom Autor angefordert werden. Am Schluß der Gruppe sollte ein Feedback-Bogen mit einigen Kernitems zur Zufriedenheit, zu den subjektiv erlebten Auswirkungen der Gruppe (Wissen, Krankheitsverständnis, Compliance, etc.) ausgeteilt werden. Viele Patienten sind auch gerne bereit, frei formulierte Bewertungen des Gruppenverlaufs abzugeben, was den Gruppenleitern eine Abrundung des Gesamteindruckes aus den spontan erlebten Gesprächsbeiträgen und den schriftlichen Selbstzeugnissen ermöglicht.

Es empfiehlt sich auch die Dokumentation von soziodemographischen Basisdaten wie Alter, Geschlecht, Bildung und Familienstand sowie die Erfassung von einigen krankheitsbezogenen Daten wie Ersterkrankungsalter, Zahl der bisherigen Hospitalisationen und Subtypisierung der Diagnosen, um später beurteilen zu können, welche Patienten in erster Linie von der Teilnahme an diesen psychoedukativen Maßnahmen profitieren oder nicht. Entsprechende Modifizierungen des Leitungsstils sind dann leichter möglich.

Sonstiges

Mit Einverständnis der Teilnehmer können Adressenlisten samt Telefonnummern ausgeteilt werden, damit die Besucher der Gruppe später untereinander Kontakt aufnehmen können. Auf die krankheitsbezogene Neutralität derartiger Listen -

ohne Klinikkopf, etc. - muß besonderer Wert gelegt werden, damit im Falle einer Weitergabe dieser Listen keine spezifischen Rückschlüsse auf die Adressaten möglich sind.

Psychoedukative Behandlungselemente

Psychoedukation ist ein bisher noch nicht scharf umrissener Begriff für eine Vielzahl von Behandlungstechniken, die in der psychiatrischen sowie in der psychologisch-psychotherapeutischen Behandlungssituation einen ganz selbstverständlichen Platz innehaben. Laut Kissling (1995) versteht man darunter in Anlehnung an Greenberg et al. (1988) eine systematische, zielgerichtete psychosoziale Intervention mit dem gemeinsamen Bemühen von Therapeuten, Patienten und deren Angehörigen, voneinander zu lernen. Die Wissensvermittlung nimmt dabei eine zentrale Stellung ein, um zu einem besseren Verständnis der Erkrankung und der Behandlungsmöglichkeiten beizutragen und somit wirksame Bewältigungsstrategien aufbauen zu können. Unter Berücksichtigung des jeweils individuellen Aufnahmevermögens wird dabei versucht, das Recht der Betroffenen auf Aufklärung und Information zu verwirklichen. Als langfristiges Ziel wird die Schaffung einer therapeutischen Allianz zwischen Patienten, Angehörigen und Therapeuten betrachtet.

Diese weitgefaßte Definition macht deutlich, daß hierbei sehr viele unterschiedliche Behandlungstechniken subsummiert werden können, sofern sie dazu beitragen, den Erkrankten und ihren Angehörigen ein Grundverständnis ihrer Erkrankung und der dazu erforderlichen Bewältigungsmöglichkeiten zu vermitteln.

Im Mittelpunkt der eigenen Bemühungen steht dabei die kompromißbereite Suche nach dem kleinsten gemeinsamen Nenner zwischen Betroffenen und Therapeuten. Durch die Entwicklung eines für alle akzeptablen Krankheitsmodells soll die basale Schutzfunktion einer sinnvollen medikamentösen Langzeittherapie innerhalb eines begleitenden psychosozialen Maßnahmenbündels verstehbar gemacht werden.

Bei aller Interventionsvielfalt haben sich zwei zentrale Behandlungselemente herauskristallisiert: Die Informationsvermittlung und die emotionale Entlastung der Teilnehmer.

Informationsvermittlung

Aus didaktischen Gründen werden die beiden zentralen psychoedukativen Behandlungselemente, Informationsvermittlung und emotionale Entlastung, getrennt dargestellt; in der Praxis hingegen kommt es darauf an, beide Strategien situationsorientiert und flexibel zu verzahnen.

Das geflügelte Wort, daß "Wissen Macht ist", gilt auch ganz besonders für Patienten mit endogenen Psychosen. Zwar gibt es mittlerweile eine große Auswahl an Fachliteratur, die auch Laien zugänglich ist, um sich über die jeweilige Erkrankung zu informieren; zum einen besitzen die Betroffenen aber eine hohe Hemmschwelle, sich aktiv um entsprechende Literatur zu bemühen. Und zum zweiten deckt sich das schriftliche Angebot nicht immer mit den spezifischen Erwartungen der Erkrankten.

Im Vorfeld der Münchner PIP-Studie wurde deshalb in langjähriger intensiver Zusammenarbeit mit Patienten und Angehörigen ein schriftliches Informationsmanual entwickelt, das versucht, möglichst genau, sehr konkret und anschaulich auf die Bedürfnisse von Patienten und Angehörigen einzugehen.

Es war den Autoren ein besonderes Anliegen, die sogenannten "missing links" herauszuarbeiten, um die herkömmlichen Verstehenslücken zu schließen, die häufig für Mißverständnisse, Mißtrauen gegenüber den Professionellen, Behandlungsablehnung und Non-Compliance verantwortlich sind. Dieses Manual wurde weiter überarbeitet und mittlerweile unter dem Titel "Psychosen aus dem schizophrenen Formenkreis. Ein Ratgeber für Patienten und Angehörige" (Bäuml, 1994) publiziert. Die inhaltliche Gliederung in vier Themenschwerpunkte (siehe Tab. 1) dieses Buches dient als Leitfaden für die Informationsvermittlung in den psychoedukativen Gruppen.

Tabelle 1: Informationsvermittlung

• Krankheitsbegriff, Symptomatik, Diagnostik

• Ursachen

• Akutbehandlung

• Rückfallschutzbehandlung

Gliederung in vier Themenschwerpunkte in Anlehnung an das Ratgeberbuch: Bäuml, (1994): Psychosen aus dem schizophrenen Formenkreis.

Die Zusammenfassung der Themenvielfalt in die vier Schwerpunkte "Krankheitsbegriff, Symptomatik und Diagnostik", "Ursachen", "Akutbehandlung" und "Rückfallschutzbehandlung" hat sich bewährt, um den logischen Aufbau eines gut nachvollziehbaren Krankheitsmodells mit den sich daraus ableitenden Behandlungserfordernissen zu ermöglichen. Im praktischen Vorgehen wird es selbstredend immer wieder erforderlich, die jeweiligen Themen den aktuellen Erwartungen und Bedürfnissen der Teilnehmer anzupassen. Dennoch empfiehlt sich die Beibehaltung einer gewissen Struktur, um nicht im Laufe von acht Gruppensitzungen den Überblick über bereits abgehandelte und noch ausstehende Themen zu verlieren, was der Entwicklung eines umfassenden Krankheitsverständnisses abträglich sein würde.

Dieses psychoedukative Vorgehen deckt sich weitgehend mit der Krankheitskonzept-Erarbeitung während der Einzelgespräche. Und manchen Kollegen mag es irritieren, daß neben der eigenen engagierten psychoedukativen Arbeit mit den Patienten derartige Gruppen als erforderlich angesehen werden. Dabei sollte nicht übersehen werden, daß viele dieser Inhalte generalisierbar sind und auf die meisten Patienten in ähnlicher Weise zutreffen; d.h., die Abhandlung dieser Themen in einem Gruppensetting bedeutet Zeitersparnis und läßt für die Einzelgespräche mehr Zeit, um auf individuelle Besonderheiten der Patienten einzugehen. Zum zweiten gibt es eine Reihe von gruppendynamischen Faktoren, die es den Patienten erleichtern, die von den Professionellen vorgestellten Fakten eher zu akzeptieren, wenn dies im gemeinsamen Diskurs mit anderen Mitpatienten passiert und nicht im Einzelgespräch, in dem sich der Patient der Übermacht des Therapeuten ausgeliefert fühlt und vielleicht nicht wagt, seine Zweifel, seine Skepsis und seine Bedenken zu äußern. Aus diesem Grunde hat es sich in der Praxis sehr bewährt, dieses Basiswissen innerhalb einer Gruppe zu erarbeiten.

Im Mittelpunkt der Informationsdarbietung steht dabei das Vulnerabilitäts-Streß-Modell (Zubin, 1977), das eine sehr anschauliche und plastische Darstellung der krankheitsimmanenten Vulnerabilität auf der einen Seite und den sich daraus ergebenden Behandlungsmaßnahmen auf der anderen Seite erlaubt. Dabei spielt die perfektionistische Vermittlung von Einzeldetails nur eine untergeordnete Rolle; wesentliches Ziel der psychoedukativen Bemühungen besteht darin, den Teilnehmern ein Grundverständnis ihrer Erkrankung zu geben und die Ratio des therapeutischen Tuns begreiflich zu machen und die sich aus diesem Behandlungsansatz ableitende optimistische Grundhaltung zu vermitteln, um Hoffnung und Mut zu induzieren, den weiteren Behandlungsverlauf von einer selbstkompetenten Warte aus aktiv gestaltend mitzutragen.

Konkrete Darstellung der vermittelten Inhalte

Aus sehr unterschiedlichen Gründen gibt es teilweise erhebliche Diskrepanzen zwischen dem, was man dem Patienten sagen sollte und was tatsächlich vermittelt wird. Um eine gewisse Hilfestellung zu geben, werden einige zentrale Punkte ausführlich dargestellt, wie sie im Rahmen der Münchner PIP-Studie mit den Patienten und Angehörigen erarbeitet wurden. Die Kernaussagen werden dabei jeweils in Form eines Schaubildes visualisiert; dieses soll mit den persönlichen Erfahrungen der Teilnehmer erweitert werden und somit beitragen, daß sich möglichst alle Gruppenmitglieder mit dem gemeinsam erarbeiteten Schaubild identifizieren können.

Symptomatik

Die Besprechung der Symptomatik sollte gleich zu Beginn der Gruppentreffen besprochen werden, um den Teilnehmern die Unsicherheit zu nehmen, sie könnten in der falschen Gruppe sein. Denn viele von ihnen zweifeln zunächst, ob sie wirklich zu Recht in eine Gruppe von schizophrenen Patienten eingeladen worden sind!

Nach der Begrüßung der Teilnehmer, der entsprechenden Verstärkung für ihr Kommen und dem Vertrautmachen mit den unter "Organisatorischer Rahmen" (s.S. 227-230) beschriebenen Spielregeln für die Gruppe bietet es sich an, daß der Gruppenleiter in Form eines sokratischen Dialogs die ihm bekannte Skepsis der Patienten aufgreift, ob sie wirklich richtig in dieser Gruppe seien. Deshalb ist es von großer Wichtigkeit, durch eine geschickte Strukturierung der von den Patienten oftmals sehr unterschiedlich erlebten Verhaltensänderungen eine gewisse Ordnung in das scheinbare Chaos der Symptomvielfalt zu bringen. Deshalb werden die Patienten gebeten, ihre Hauptbeschwerden zu nennen, die zur Aufnahme in die Klinik oder zur Einleitung der ambulanten Therapie geführt haben. Der Gruppenleiter notiert an der Flipchart die einzelnen Äußerungen; vorher wird die Tafel durch einen Querstrich in zwei Hälften unterteilt, wobei der obere Bereich mit einem "+", der untere mit einem "-" versehen wird. Die Patienten beginnen in der Regel ganz spontan mit eher unspezifischen Begriffen, wie "ich war sehr unruhig, konnte nicht mehr schlafen, meine Mutter hat das sehr nervös gemacht..." Diese Aussage kann mit dem Attribut "Unruhe, Schlaflosigkeit" in der Plus-Hälfte abgebildet werden. Andere Patienten berichten dann von "gut drauf sein", daß sie sich "nicht mehr alles gefallen hätten lassen, daß sie keinen Schlaf brauchten, daß sie sich ganz toll gefühlt hätten". Derartige Schilderungen können mit dem Begriff "verstärkter Antrieb, Gereiztheit, Antriebsüberschuß..." ebenfalls in der Plus-Hälfte abgebildet werden. Andere Patienten berichten vielleicht, daß sie "verängstigt und zurückhaltend" gewesen seien, daß sie "Angst vor Verfolgern gehabt hätten, daß sie sich verbarrikadiert hätten oder sogar in panischer Angst aus der Wohnung geflohen seien". Der entsprechende Begriff kann dann mit "Angst vor Verfolgung", "Angst vor anderen" ebenfalls in der Plus-Hälfte abgebildet werden. Viele Patienten bringen dann andere Erfahrungen ein, daß sie sehr deprimiert, lustlos und antriebslos gewesen seien, keinen Schwung mehr verspürt hätten, etc. Diese Schilderungen können zusammenfassend unter Begriffen wie "Antriebslosigkeit, Energielosigkeit, Niedergeschlagenheit, etc." in der Minushälfte aufgeführt werden. Bei behutsamer Ermunterung und gelegentlichem Rückgriff auf bereits bekannte Aussagen von Patienten, daß sie auch Stimmen gehört hätten, daß ihnen Gedanken entzogen worden wären oder sich von magischen Kräften gelenkt oder gesteuert gefühlt hätten, kann sowohl die Plus- wie die Minusseite weiter ergänzt werden. Die Begriffe werden dabei je nach Schweregrad mehr den Extrempolen oder mehr der mittleren Befindenslage zugeordnet. So entsteht zuletzt ein fließendes Symptomprofil von extremer Plus- bis zu extremer Minussymptomatik, die allen Teilnehmern das Gefühl gibt, mit ihrer individuellen Problematik zumindest teilweise abgebildet zu sein. Leichtere Abweichungen von der durchschnittlichen Befindenslage können dabei entpathologisiert werden; mit den Worten "es wäre ja schlimm, wenn alle ganz starr in der Mittellage wären, das wäre ja furchtbar langweilig..." kann demonstriert werden, daß leichtere Veränderungen der Grundstimmung durchaus normal sein können.

Bei der Auflistung dieser Symptome kann dann deren regelhafter zeitlicher Ablauf erläutert werden, daß zu Beginn einer psychotischen Erkrankung erst leichtere Frühwarnzeichen auftreten, die sich dann allmählich zur akuten Plussymptomatik zuspitzen; im weiteren Verlauf der Behandlung komme es dann zu einem Rückgang der Plussymptome, die Befindenskurve pendle sich aber leider nicht sofort in der Mittellage ein, sondern in der Regel komme es zunächst zu einer Minussymptomatik, die erst im Verlauf von einigen Wochen oder Monaten allmählich abklinge und sich der Normalkurve wieder annähere. Die graphische Darstellung dieses zeitlichen Ablaufes demonstriert den Teilnehmern anschaulich, daß Veränderung möglich ist, daß es sich lohnt, die weitere Behandlung durchzustehen und daß auch bei scheinbar ausweglosen Krankheitsbildern Platz für Hoffnung und Zuversicht ist (Abb. 1).

Abbildung 1: Verlauf von Plus- und Minus-Symptomatik. Die durchgezogene Linie veranschaulicht den zeitlichen Ablauf einer akuten Psychose. Obwohl die Plus-Symptome zu Beginn und vor allem während der akuten Psychose meist deutlich im Vordergrund stehen, sind während der Zeit auch schon Minus-Symptome vorhanden (gestrichelte Linie), die nach dem Abklingen der akuten Psychosen häufig noch Wochen und Monate anhalten. Umgekehrt können auch während der postpsychotischen Depression noch Plus-Symptome vereinzelt fortbestehen (gestrichelte Linie). Die Höhe der Plus- und die Tiefe der Minus-Symptome kann von Patient zu Patient recht unterschiedlich verlaufen und bisweilen sehr rasch wechseln.

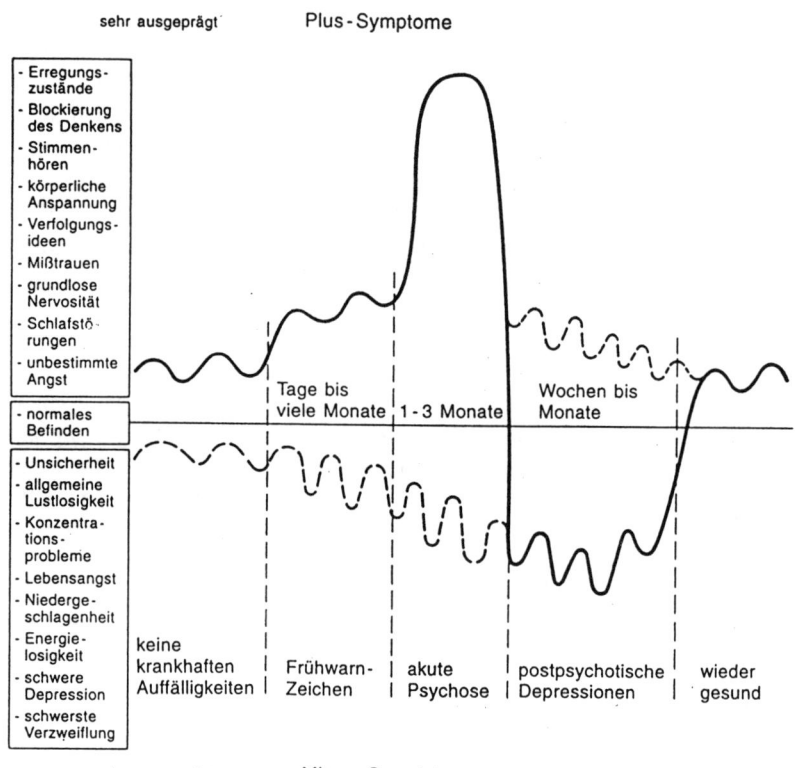

Somatische Brücke

Den meisten Patienten fällt es sehr schwer, die beiden Phänomene "psychische Erkrankung" und "Chemie" in einen sinnvollen Zusammenhang zu bringen; Compliance-Probleme sind häufig auf diese Verständnishürde zurückzuführen. Deshalb ist es von entscheidender Bedeutung, den Betroffenen ein anschauliches Modell zu geben, in dem sowohl "Chemie" wie auch die von den meisten Laien überproportional in ihrer Kausalität bewerteten psychosozialen Faktoren Platz haben.

In der Gruppe wird Verständnis für dieses Problem gezeigt und die Leiter stellen die Erarbeitung eines einfachen Modells in Aussicht. Den Teilnehmern wird erklärt, daß die Verarbeitung von verschiedenen Reizen - akustisch, optisch, taktil, etc.- durch einen Synergismus aus elektrischen Strömen sowie biochemischen Prozessen stattfindet. Hierzu wird an die Tafel ein sehr vereinfachtes Synapsenmodell gezeichnet; die prä- und postsynaptische Seite werden entsprechend gekennzeichnet. Der Therapeut demonstriert an einem Gruppenteilnehmer durch Berührung der Hand, daß der durch Mechanorezeptoren ausgelöste elektrische Strom via Nervenleitung über Rückenmarksfasern das limbische System passiert, wo eine letzte synaptische Umschaltung von Strom auf Chemie und wieder Strom stattfindet, ehe der tatsächliche Reiz die Hirnrinde erreicht.

Häufig fragen dann Patienten, warum dieser Strom nicht direkt zur Hirnrinde geleitet werde, ohne Umschaltung. Es liegt auf der Hand, hierbei auf die Gesetzmäßigkeiten der menschlichen Anatomie zu verweisen, daß diese Verschaltungen eben den Vorteil bieten würden, Reizempfindungen durch bewußte und unbewußte Kräfte zu beeinflussen und zu modifizieren.

Es empfiehlt sich, einen Teilnehmer an der Tafel die sehr vereinfacht dargestellte Reizleitungssituation - Strom und Dopamin - eintragen zu lassen.

Hierbei sollte Bezug genommen werden auf die augenblickliche Gruppensituation, daß diese Phänomene bei jedem Menschen in jeder Sekunde ablaufen, daß die aktuelle Kommunikation nur dadurch möglich sei, daß diese Vorgänge ganz automatisch und selbstverständlich funktionieren, ohne daß wir uns darüber Gedanken machen müßten.

Dann Frage an die Gruppe, was bei psychotischen Erkrankungen in dieser Reizleitungskette verändert sei. Hierzu besteht häufig ein gewisses Teilwissen, es wird von "Reizüberflutung" berichtet, daß alles "zuviel werde", manchmal fällt auch bereits das Stichwort "Dopaminüberschuß". Durch entsprechende Verstärkung kann dann einer der Teilnehmer motiviert werden, diesen Dopaminüberschuß farbig einzutragen.

Die Frage, welche Konsequenzen dies für die postsynaptische Reizweiterleitung habe, wird dann dem Großteil der Teilnehmer spontan evident. Es ist dann besonders wirkungsvoll, diesen "verstärkten Strom" ebenfalls von einem Gruppenmitglied mit dicker Farbe eintragen zu lassen (siehe Abb. 2).

Abbildung 2: Synapsenmodell: Reizübertragung von einer Nervenzelle auf eine andere (Darstellung der Wirkungsweise von Neuroleptika bei unterschiedlichem Dopamingehalt). Der am Nervenende eintreffende Strom setzt, in Abhängigkeit vom Funktionszustand der Synapse (normale Situation/krankhaft verändert), jeweils eine gewisse Menge von Dopamin frei. Dadurch werden unterschiedlich starke Stromimpulse erzeugt, mit entsprechender veränderter Weiterleitung des ursprünglichen Reizes.

Keine Psychose: Reizleitung funktioniert normal (s. Abb. 7)

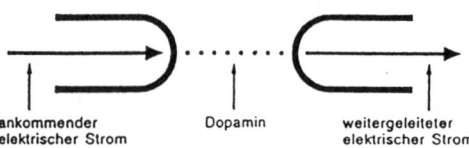

ankommender   Dopamin   weitergeleiteter
elektrischer Strom   elektrischer Strom

Akute Psychose, unbehandelt: Dopaminüberschuß, zigfach verstärkte Weiterleitung des Reizes

Akute Psychose, Neuroleptika in idealer Dosierung: der Dopaminüberschuß wird weggefiltert, durch den schützenden Effekt der Neuroleptika wird die Reizleitung wieder normalisiert.

Neuroleptika

Akute Psychose, Neuroleptika in zu geringer Dosierung: Dopaminüberschuß, Schutzfunktion der Neuroleptika zu gering, überschießende Weiterleitung des Reizes

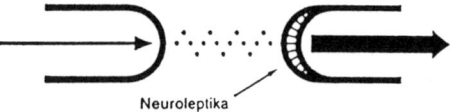

Neuroleptika

Nebenwirkungen: normale Dopaminmenge, durch die Filterfunktion der Neuroleptika kommt es zu einer deutlichen Abschwächung des Reizes: Verlangsamung, Steifigkeit, (s. 3.20)

Neuroleptika

Diese ausführliche Beschreibung wird deshalb vorgenommen, da dem Verständnis dieser Phänomene nach Erfahrung der Autoren eine ganz zentrale Bedeutung für die weitere Krankheitskonzeptbildung und Compliance-Stabilisierung zukommt.

Die Frage, durch welche Interventionen die postsynaptische Reizleitung wieder normalisiert werden könnte, kann ein sehr heterogenes Antwortspektrum auslösen: "...den Überschuß an Dopamin aus dem Spalt absaugen...", "die überschießende Produktion von Dopamin unterbinden...", "den weiterfließenden Strom sperren..." Möglicherweise wird auch der Vorschlag gemacht, die Wirkung des Dopamins im synaptischen Spalt "abzuschwächen". Durch behutsame Lenkung kann dann der Begriff des "postsynaptischen Schutzpolsters" durch Neuroleptika eingeführt werden. Wie in Abb. 2 dargestellt, kann dabei die Schwierigkeit der idealen Dosisfindung und das Auftreten von Nebenwirkungen bei Überdosierung sehr anschaulich hergeleitet werden. Die langsame und übersichtliche Entwicklung dieses Modells führt nahezu regelhaft zu einem deutlichen "Aha-Effekt", vielen Patienten erscheint es dadurch erstmals wirklich sinnvoll, Medikamente einzusetzen. Darauf aufbauend kann der Stellenwert von psychosozialen Maßnahmen veranschaulicht werden; es sei von großer Wichtigkeit, bei zu überschießender Produktion von Dopamin neigenden Synapsen dafür zu sorgen, unnötige Außenreize zu vermeiden, die dieses ohnehin aufgeheizte System weiter belasten würden.

Hierzu können Vorschläge der Patienten handschriftlich in das Modell eingetragen werden, wie z.B.: "...in einen Raum zurückziehen, wo es keine unnötigen Geräusche gibt... Situationen meiden, in denen Hektik und Streß aufkommt... Abschalten... Die Nähe von Freunden suchen, die beruhigend einwirken...".

Dieses Modell sollte zumindest drei- bis viermal in der Gruppe besprochen und von den Gruppenteilnehmern selbständig an der Tafel entwickelt werden. Verständnislücken oder Fehlinterpretationen können dadurch von den Therapeuten erkannt und richtiggestellt werden.

Vulnerabilitäts-Streß-Modell

Sofern die beiden vorausgegangenen Aspekte - Symptomatik und Synapsenmodell - verstanden worden sind, taucht unweigerlich die Frage auf, warum diese Dopaminentgleisung nur bei einem Prozent der Menschen stattfinde und bei anderen nicht. Zur Erklärung leistet das Vulnerabilitäts-Streß-Modell nach Zubin sehr gute Dienste! Das im einzelnen noch nicht genau verstehbare ungünstige Zusammenspiel aus genetischen, somatischen und psychosozialen Faktoren bedinge bei einem Teil der Menschen eine erhöhte Vulnerabilität, die mit dieser Neigung zur überschießenden Dopamin-Ausschüttung in engem Zusammenhang stehe.

Selbstverständlich wäre es unredlich, diese Faktoren mit absoluter Sicherheit vorzutragen, als ob hier bereits der letzte Beweis erbracht wäre. Dieses Modell sollte als Hypothese dargestellt werden, das dem aktuellen Wissensstand am nächsten komme, und dessen praktische Umsetzung sich in der Behandlung bisher am ehesten bewährt habe. Hierbei sollte nicht der Fehler gemacht werden, sämtliche vorgetragenen Fakten als rein spekulativ und fragwürdig abzuschwächen. Ein derartiges Vorgehen würde die Teilnehmer unnötig verunsichern und die Akzeptanz dieses Modells erschweren. Daß wir noch nicht alles wissen, muß nicht heißen, nicht diejenigen Fakten sinnvoll beizuziehen, die wir bereits kennen!

Abbildung 3: Vulnerabilitäts-Streß-Modell und therapeutische Hilfen

Medikation: "Nervenkostüm" geschwächt und sehr verletzlich durch Veranlagung oder körperliche Vorerkrankungen, Neuroleptika schützen und machen widerstandsfähiger.

Psychotherapie: behutsames Durchsprechen der Lebens- und Lerngeschichte, eigene Stärken und auch Schwächen besser verstehen und annehmen können, gezieltes "Üben und Trainieren", um mit Alltagsproblemen besser zurechtzukommen, dadurch kann unnötiger Streß vermieden und unvermeidlicher Streß besser bewältigt werden.

Soziotherapie: Angehörigengruppen: mehr Verständnis für die Situation der Patienten, dadurch weniger Streß in der Familie, geeignete Arbeitsplätze, die dem aktuellen Leistungsvermögen angepaßt sind, lebenspraktische Unterstützung in Notlagen und bei Überforderung, viele weitere Maßnahmen (Wohnung, Finanzen, Freizeit, usw.), Unterstützung von außen als Ausgleich für die krankheitsbedingte "Benachteiligung".

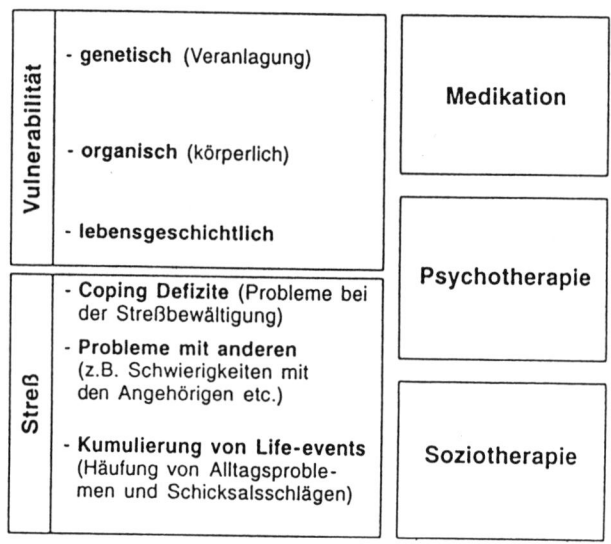

Wie in Abb. 3 dargestellt, kann der Einfluß von Streß als wichtiger Co-Faktor bei der Entstehung der Erkrankung bildhaft dargestellt werden. Im Sinne eines Schwellenmodells kann an der Tafel demonstriert werden, daß es einen "kritischen Grenzwert" an Belastbarkeit gebe, der sich aus der Summe von individueller Vulnerabilität und Umgebungsstreß definieren läßt (Abb. 4). Bei ausgeprägter Vulnerabilität werde dieser Grenzwert beim gleichen Ausmaß an Streß sehr viel eher überschritten als bei einem Menschen, der nur eine sehr geringe Vulnerabilität habe.

Abbildung 4: Vulnerabilität und Streß

A Mäßiggradige Vulnerabilität; der hier angegebene Streßpegel führt gerade noch nicht zum Ausbruch einer Psychose ("mittlerer Tiefgang") zum Überschreiten des kritischen Grenzwertes

B Ausgeprägte Vulnerabilität; das hier skizzierte Ausmaß an Streß führt zum Überschreiten des kritischen Grenzwertes, es kommt zum Ausbruch einer Psychose

C Keine Vulnerabilität; die Streßbelastung stellt keine Gefahr für eine Psychoseerkrankung dar ("flacher Kiel")

(Die Streßpegel in A, B und C sind jeweils gleich hoch)

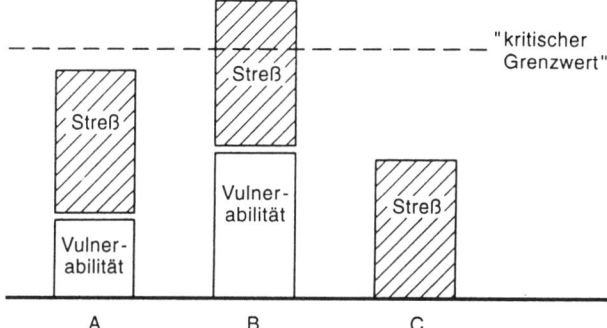

Das Vulnerabilitäts-Streß-Modell kann dann mit den jeweiligen therapeutischen Interventionsformen gepaart werden: Medikation für die genetisch und/oder organisch verursachte Vulnerabilität. Tiefenpsychologisch orientierte Verfahren für die Aufarbeitung von eventuell lebensgeschichtlich bedingten Vulnerabilitätsfaktoren. Mehr verhaltenstherapeutisch orientierte Behandlungsverfahren zur Verbesserung des aktuellen Copings und des Interaktionsstils mit anderen, um unnötigen Streß zu vermeiden und soziotherapeutische Verfahren zur lebenspraktischen Unterstützung bei der Bewältigung von unabwendbaren Herausforderungen hinsichtlich Beruf und anderen Alltagsproblemen.

Positive Sichtweise der Vulnerabilität

So einleuchtend der Synergismus aus Vulnerabilität und Umgebungsstreß im Modell von Zubin auch dargestellt ist, die betroffenen Patienten empfinden dies in der Regel als reines "Defizit-Modell", das offenkundig werden lasse, daß sie Menschen mit geringerer Belastbarkeit, geringerem Durchhaltevermögen und erhöhter Anfälligkeit seien. Die Sensibilisierung der Betroffenen für ihr dünneres Nervenkostüm ist zwar unerläßlich, gleichzeitig darf aber nicht übersehen werden, daß viele Patienten eine besondere Originalität und Begabung besitzen, so daß sich ein rein defizitärer Erklärungsansatz selbstredend verbietet.

Die dichothome Darstellung der zwei Seiten dieser Vulnerabilität kann durch ein "Schiffsmodell" anschaulich vermittelt werden (siehe Abb. 5).

Abbildung 5: Bildhafte Darstellung des Vulnerabilitäts-Streß-Modells

A Große Gefährdung: ausgeprägte Vulnerabilität (große Kieltiefe), sehr viel Streß (schwere Ladung an Bord), zahlreiche Schicksalsschläge (felsenreicher Untergrund), hohe neuroleptische Dosis erforderlich (Schutz der Außenhaut), engmaschige therapeutische Kontakte (behutsame Kurswahl)

B Mittlere Gefährdung: mäßiggradige Vulnerabilität (mittlere Kieltiefe), wenig Streß (kaum Last an Bord), nur vereinzelt Schicksalsschläge (einzelne Felsen auf dem Grund), niedere neuroleptische Dosis ausreichend, therapeutische Kontakte in größerem Abstand reichen aus

C Geringe bzw. keine Gefährdung: keine Vulnerabilität (flacher Kiel), geringer chronischer Streß (kaum Ladung an Bord), aber streßreicher Alltag (felsiger Grund, geringe Wassertiefe), dennoch keine Grundberührung zu befürchten

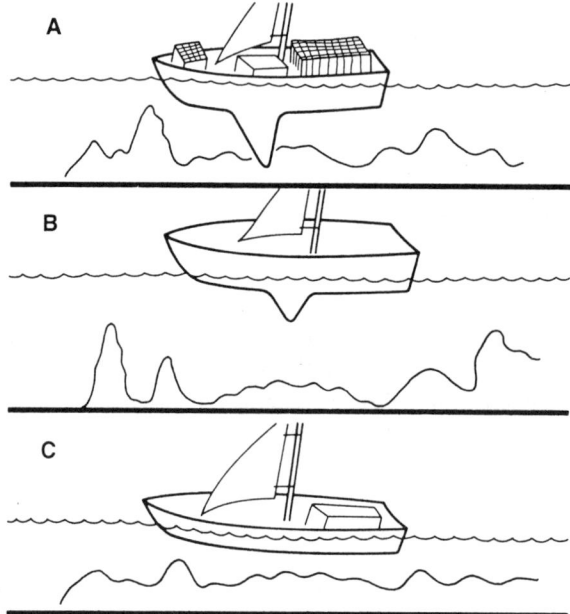

Jeder Mensch sei mit einem Schiff vergleichbar, das seine Kreise auf dem Ozean des Lebens ziehe. Je nach Bauart gibt es unterschiedlich ausgeprägte Kielformen; elegante und geschmeidig segelnde Schiffe haben sehr lange und weit in die Tiefe reichende Kiele, einfache Lastkähne haben überhaupt keinen Kiel und liegen ganz flach im Wasser. Die Kieltiefe symbolisiert dabei das Ausmaß der Vulnerabilität. Langkielige Schiffe können zwar hervorragend bei guten Windverhältnissen durch die Wellen gleiten, bei Untiefen geraten sie aber in Gefahr, sich zu verletzen. Flachkielige Lastkähne hingegen werden nur gemächlich durch die Fluten stapfen, Untiefen werden sie aber nicht irritieren. Per Analogschluß läßt sich unschwer ableiten, daß der Preis für diese speziellen Begabungen eine erhöhte Krankheitsanfälligkeit sein kann, die sich v.a. bei schweren Krisen mit Streßspitzen manifestieren kann.

Der Vorteil dieses Modells besteht darin, daß die gängigen therapeutischen Interventionen - Medikation, Psycho- und Soziotherapie - recht praxisnah integriert werden können.

Bei der Frage, wodurch man besonders anfällige Schiffe mit einer großen Kieltiefe schützen könnte, kommt häufig die Antwort: "Den Kiel kürzer machen... Nur in ganz tiefem Wasser segeln...Ständig vor Anker liegenbleiben, sich gar nicht bewegen..., ganz, ganz langsam und vorsichtig fahren..." Im gemeinsamen Gespräch wird dann ersichtlich, daß die meisten Patienten weder ihre Individualität verlieren möchten ("den Kiel wegoperieren..."), noch daß sie irgendwo weit draußen und fernab vom Leben in sicherem Gewässer verbleiben wollen. Als Kompromiß kann dann eine Verstärkung der Außenhaut der Schiffe vorgeschlagen werden; mit einem grünen Stift kann ein sog. Schutzfilm um den verletzbaren Kiel herumgezogen werden, um ihn widerstandsfähiger bei unvermeidlichen Grundberührungen werden zu lassen. Ohne größere Verbiegungen kann klargemacht werden, daß Neuroleptika diese Schutzfunktion ausüben. Die Problematik der unterschiedlichen Dosierungen kann hierbei sehr plastisch demonstriert werden; die Dicke des Schutzfilms müsse flexibel gehandhabt werden, um sie den unterschiedlichen Belastungen anzupassen. Ein sehr dicker Schutzfilm macht zwar unempfindlich, aber auch schwerfällig und das Schiff manövrierunfähig, ein zu dünner oder gar fehlender Film hat eine erhöhte Verletzbarkeit zur Folge.

Desweiteren kann folgerichtig abgeleitet werden, daß die Geschicklichkeit des Kapitäns ebenfalls von großer Bedeutung ist, das Schiff vor Gefahren zu bewahren. Die Schulung des Kapitäns kann dabei als Aufgabe der Psychotherapie beschrieben werden. Desweiteren hängt die Kieltiefe auch von der Last an Bord ab; diese rechtzeitig zu reduzieren und auf Begleitschiffe zu verteilen, kann recht lebendig in Zusammenhang mit der Rolle der Angehörigen und den soziotherapeutischen Verfahren gebracht werden.

Dieses Schiffsmodell erlaubt eine gut verständliche Veranschaulichung des dynamischen Wechselspiels aus Vulnerabilität, Streßfaktoren und Interventionsmöglichkeiten und gibt vielen Patienten erstmals das Gefühl, nicht nur eine nutzlose und unbrauchbare Minderbelastbarkeit zu besitzen, sondern von höchster Individualität zu sein, die es durch geeignete Maßnahmen zu schützen und zu bewahren gilt.

Medikation und Nebenwirkungen

Bevor die positiven Seiten der Medikation besprochen werden, sollte zunächst auf die bekannten Nebenwirkungen Bezug genommen werden. Die Patienten werden gebeten, ihre persönlich erlebten Nebenwirkungen zu schildern. "Zittern..., Wie ein Roboter gehen..., trockener Mund..., ständig hin- und hergehen müssen..., Müdigkeit..., Gewichtszunahme..., nicht mehr aus dem Bett kommen..., etc.". Diese Aussagen werden an der Tafel aufgeschrieben und - je nach ihrer Zugehörigkeit entweder zu den EPMS- oder den mehr anticholinerg bedingten Nebenwirkungen - zwei verschiedenen Spalten zugeordnet (siehe Abb. 6).

Die offene und nicht zur Beschönigung neigende Darstellung der Nebenwirkungen erhöht die Glaubwürdigkeit der Therapeuten und signalisiert, daß die Nöte und Beschwerden der Patienten bekannt sind und ernstgenommen werden.

Abbildung 6: Typische und häufige Nebenwirkungen der Neuroleptika während der Akutbehandlung. Die links aufgeführte Störung des extrapyramidalmotorischen Systems (EPMS) sind typisch für die hochpotenten Neuroleptika. Die auf der rechten Seite aufgelisteten und überwiegend anticholinerg bedingten Nebenwirkungen sind dagegen charakteristisch für die mittel- und niedrigpotenten Neuroleptika. Die Nebenwirkungsbereiche der hoch- bzw. der mittel- und niedrigpotenten Neuroleptika überlappen sich, was durch die Verzahnung des rechten und linken Nebenwirkungsblockes veranschaulicht werden soll.

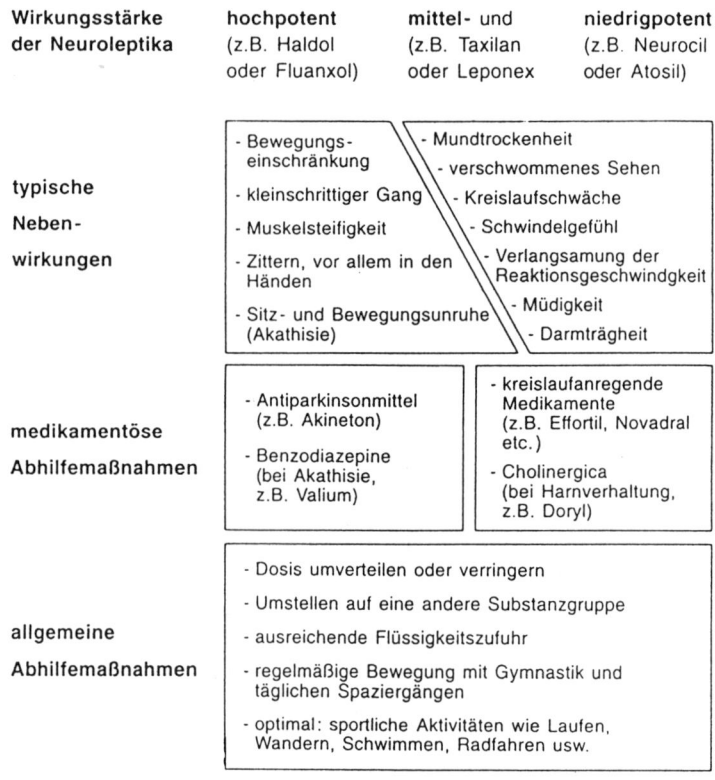

Viele Patienten können dann von sich aus einräumen, daß diese "notwendigen Übel" vorübergehend in Kauf genommen werden müßten, um in der Bewältigung der Krankheit eine Chance zu haben. Durch die Voranstellung der Nebenwirkungen kann der bekannte "Ja, aber-Effekt" vermieden werden, der nahezu gesetzmäßig auftritt, wenn die positiven Effekte der Neuroleptika zu einseitig dargestellt werden und die Patienten dann aus gut verständlichen Gründen mit den Nebenwirkungen kontern.

Durch einen empathischen Dialog kann allen Beteiligten klar gemacht werden, daß "Chemie und Seele" kein Widerspruch sein müssen; daß Medikation zwar kein Allheilmittel darstellt, daß aber ohne vernünftigen neuroleptischen Schutz die additiven Wirkungen vieler psychosozialer Maßnahmen nicht ihre volle Wirksamkeit entfalten können.

Die Patienten werden gebeten, die Namen der ihnen vertrauten Medikamente zu nennen. Entsprechend der neuroleptischen Potenz werden sie in 3 unterschiedlichen Säulen - hoch-, mittel- und niederpotent - aufgelistet. Fragen zur Dosierung, Verabreichungsform, Dauer der Anwendung, etc. ergeben sich dann ganz von selbst. Die eingehende Besprechung des Risikos von Spätdyskinesien, v.a. bei der Langzeitbehandlung, erfordert breiten Raum. Hierbei ist die Angabe von konkreten Zahlen unabdingbar (generelle Inzidenz etwa 20-30%, irreversible Fälle 1-3%). Auf der Grundlage des bisher erarbeiteten Vulnerabilitäts-Streß-Modells und den bekannten Interventionsmöglichkeiten kann mit den Teilnehmern ganz offen diskutiert werden, daß es zum heutigen Zeitpunkt noch keine besseren Therapieverfahren gibt und daß auf der Grundlage einer möglichst intensiven Zusammenarbeit versucht werden sollte, den für den Patienten am besten geeigneten Weg zu finden. Selbstredend ergibt sich hierbei, daß es für die meisten Patienten zumindest in den ersten Jahren nach der Akuterkrankung kaum eine Alternative zu einer sinnvollen Langzeitmedikation gibt.

Psychosoziale Behandlungsmaßnahmen

Wie im Schiffsmodell unter "Positive Sichtweise der Vulnerabilität" (s.S.239) bereits erklärt, werden die psychosozialen Behandlungsverfahren als selbstverständlicher und unverzichtbarer Bestandteil einer umfassenden Behandlung erklärt. Hierbei müssen sowohl überzogene Erwartungen als auch die Bevorzugung einseitig affektaktualisierender Therapieverfahren auf ein realistisches Maß zurückgeführt werden.

Die außerordentlich wichtigen soziotherapeutischen Ansätze können oftmals aus Zeitgründen nicht in der ihnen gebührenden Ausführlichkeit abgehandelt werden. Durch die Darstellung des integrativen Gesamtmodells wird aber deren Wichtigkeit allen evident; die konkrete Umsetzung im Einzelfall muß dann den Sozialpädagogen vorbehalten bleiben, die Gruppe kann hierbei einen wichtigen Motivationsbeitrag leisten.

Rezidivprophylaxe, Frühwarnzeichen und Krisenplan

Die anschauliche Präsentation der unterschiedlichen Rückfallquoten mit und ohne neuroleptische Rezidivprophylaxe muß genauso im Zentrum der Bemühungen stehen wie das Vertrautmachen mit den Ergebnissen vieler Studien, daß eine gewisse Mindestdosis nicht unterschritten werden darf (Kissling, 1991). Darauf aufbauend ergibt sich dann in den letzten beiden Gruppentreffen die Erarbeitung eines persönlich orientierten Krisenplanes. Das Spektrum möglicher Frühwarnzeichen kann bereits im Zusammenhang mit der Symptomatik besprochen und die Identifizierung individueller Frühwarnzeichen sollte in den Gruppensitzungen versucht werden; deren Auflistung als Hausaufgabe stellt eine sehr wesentliche Voraussetzung für die Effizienz der Rezidivbewältigung dar (s. auch Hornung, Kieserg & Feldmann in diesem Buch).

Patienten wie Angehörige werden ausführlich instruiert, welche Dosis sie beim Auftreten von Frühwarnzeichen selbständig einnehmen dürfen. Diese sog. "eiserne Ration" sollten sie immer bei sich tragen, um im Falle akuter Anzeichen sofort reagieren zu können.

Zum einen gibt dies den Patienten die Sicherheit, in jedem Krisenfalle über eine wirksame Gegenmaßnahme zu verfügen und zum zweiten wird damit signalisiert, daß ihnen ein selbständiges Handeln in Sachen Medikation und Krisenverhütung zugetraut wird ("eigener Nervenfacharzt werden..."). (siehe Tab. 2.)

Tabelle 2: Krisenplan

- Frühwarnzeichen ernst nehmen!
- "Eiserne Ration" einnehmen (muß mit dem Arzt schon vorher abgesprochen werden)
- Vertraute Angehörige informieren
- Abschalten, Streß verringern, sich Ruhe gönnen, sich krank schreiben lassen
- Vorstellung beim Nervenarzt oder in einer psychiatrischen Klinik
- Notfalls stationäre Aufnahme in einer psychiatrischen Klinik

---

Emotionale Entlastung

Die zeitliche Limitierung der psychoedukativen Gruppen und das heterogene Teilnehmerfeld erschweren die Realisierung von spezifischen psychotherapeutischen Interventionen. Die gezielte Behandlung von schwerwiegenden Verhaltensauffälligkeiten muß deshalb Einzelkontakten oder entsprechend ausgerichteten Therapiegruppen vorbehalten bleiben.

Umgekehrt wäre aber ein ausschließlich mechanistisch durchgeführter Frontalunterricht der sicherste Weg, um die Patienten von der weiteren Teilnahme an den Gruppen fernzuhalten. Die Vermittlung der krankheitsspezifischen Details bedeutet für die meisten eine enorme emotionale Belastung, vielen Patienten wird hierbei zum ersten Mal richtig bewußt, daß es sich nicht nur um eine vorübergehende Krise, sondern um eine langwierige ernsthafte Erkrankung handelt. Das Vertrautmachen mit diesen oftmals sehr belastenden Details erfordert ein sehr behutsames Vorgehen, Fingerspitzengefühl und intensive empathische Begleitung und Stützung der Teilnehmer.

Darüber hinaus kommen bei diesem Ansatz eine Reihe spezifischer gruppendynamischer Wirkfaktoren zur Geltung (Yalom, 1989). Im folgenden werden einige zentrale Interventionsansätze beschrieben, die sich in den Gruppen bewährt haben und ganz wesentlich zur emotionalen Entlastung der Teilnehmer beitragen.

Positive Grundstimmung induzieren

Die wertschätzende, von fundiertem therapeutischem Optimismus getragene Grundstimmung innerhalb der Gruppe stellt eine sehr wichtige Erfahrung für die Teilnehmer dar, deren Alltag unmittelbar nach einer erneuten psychotischen Episode häufig von zahlreichen Enttäuschungen, Frustrationen und Insuffizienzerlebnissen geprägt ist. Deshalb ist es sehr wichtig, allen Teilnehmern eine prinzipielle Akzeptanz zu signalisieren, ohne Leistungsdruck, ohne Sanktionen. Vor allem zu Beginn muß auch bei dysfunktionalen Aussagen jegliche Zurechtweisung vermieden werden; jeder Gesprächsbeitrag soll als Versuch bewertet werden, das unfaßbare Krankheitsgeschehen irgendwie begreiflich zu machen. Bei ausgeprägten inhaltlichen Diskrepanzen ("das ist keine Krankheit, die anderen sind mir nur neidisch wegen meiner Fähigkeiten...", "die Gesellschaft rächt sich an uns, weil wir uns nicht so verhalten wie die anderen...", "das ist ausschließlich auf das schlechte Klima in meiner Familie zurückzuführen...") werden die Teilnehmer um anhaltende Gesprächsbereitschaft gebeten, um sich gegenseitig die Chance zu geben, den Gründen für die unterschiedlichen Standpunkte allmählich auf die Spur zu kommen.

Die prompte Verstärkung selbst kleinster Gesprächsbeiträge und für das Bemühen, an den Gruppen regelmäßig teilzunehmen, eröffnet vielen Patienten erstmals wieder ein kleines Erfolgserlebnis und kann zur Teilnahmetreue beitragen.

Selbstwertgefühl verbessern

Die Tatsache, in eine spezielle Gruppe für Patienten mit Psychosen eingeladen zu werden, empfinden viele Patienten als enorme Aufwertung. Daß man mit ihnen krankheitsspezifische Details bespricht, auf ihre Meinung Rücksicht nimmt und auch Widersprüche gelten läßt, induziert das Gefühl, ein ernstzunehmender Diskutant für die Therapeuten zu sein. Das Gefühl, als kompetenter Gesprächspartner in Sachen Krankheit und Behandlung betrachtet zu werden, trägt zur Festigung des Selbstwertgefühls und der Selbstsicherheit bei.

Hoffnung einflößen

Viele Betroffene sind von den hinlänglich bekannten Vorurteilen bezüglich psychotischer Erkrankungen erheblich verunsichert. Häufig besteht nur ein fragmentarisches Teilwissen, Einzelaspekte werden oft übergeneralisiert ("einmal krank, immer krank...", "Gehirnerkrankung, die zum geistigen Abbau führt...", "nie wieder arbeitsfähig...", "keine Aussicht auf Heilung..."), die für viele Betroffene so gravierend sind, daß sie die Beschäftigung mit ihrer Erkrankung durch konsequente Verdrängung vermeiden. Durch den schrittweisen Informationsaufbau und die strukturierte Wissensvermittlung kann eine gewisse Ordnung in das scheinbare Chaos der Erkrankung gebracht werden. Das Begreifen der Gesetzmäßigkeiten des Ablaufes und die sich daraus ergebende Berechenbarkeit der Erkrankung nährt allmählich die Hoffnung, daß auch eine gezielte Beeinflussung möglich sein kann.

Relativierung der vermeintlichen Einmaligkeit des eigenen Schicksals

Selbst Patienten mit mehrmaligen Klinikaufenthalten wagen es oft nicht, mit anderen über ihre psychotischen Erlebnisse zu sprechen aus Angst, von niemandem verstanden zu werden. Viele Patienten glauben selbst nach jahrelanger Erkrankung. daß kein anderer Mensch derartig außergewöhnliche Phänomene erleben könnte wie sie selbst. Die Erfahrung, daß Mitpatienten sehr ähnliche Wahninhalte und halluzinatorische Erlebnisse durchgemacht haben, erleichtert die Bejahung der Krankheitswertigkeit dieser Erlebnisse. Im gemeinsamen Erfahrungsaustausch wird auch deutlich, daß es nicht zu einer Zementierung der Symptomatik kommen muß, daß Veränderung möglich ist und daß auch eine weitgehende Vollremission durchaus im Bereich des Möglichen liegt. Dieses Eingebettetsein in eine Schicksalsgemeinschaft kann selbstverständlich auch bedrücken und drastisch vor Augen führen, daß es sich tatsächlich um eine ernstzunehmende Erkrankung handelt. Gleichzeitig aber kann dadurch das beruhigende Gefühl entstehen, nicht allein zu sein. "Wenn andere durchhalten und nicht das Handtuch werfen, dann muß ich auch nicht verzweifeln...".

Hader mit dem Schicksal erlauben

Nachdem sich eine gewisse Gruppenkohäsion entwickelt hat, wird auch die Enttäuschung über die Tatsache der Erkrankung zur Sprache kommen. Viele Patienten stellen mit Bitterkeit fest, daß sie sich künftig einer gewissen freiwilligen Selbstbeschränkung unterziehen müssen und auf ursprüngliche Karrierepläne etc. verzichten müssen, um sich nicht in eine rückfallgefährdende Daueranspannung hineinzumanövrieren. Viele Patienten leiden auch darunter, die Erwartungen ihrer Eltern oder Partner enttäuschen zu müssen. In Einzelfällen kann auch eine sich anbahnende Chronifizierung zur Sprache gebracht werden; hierbei ist eine sehr behutsame Wortwahl erforderlich, um keine mehr als unvermeidbare Belastung und Verängstigung zu induzieren. Patienten, die sich dabei besonders betroffen zeigen, sollten grundsätzlich in einem anschließenden Einzelgespräch gestützt und begleitet werden.

Prinzipiell kann die Erfahrung, daß auch andere mit ihrem Schicksal hadern und sich mit ihrer Erkrankung noch nicht abgefunden haben, eine deutliche Entlastung und Entkrampfung bewirken. Ein sehr vorsichtiges und auf die Zwischentöne achtendes Leiterverhalten versteht sich hierbei von selbst.

Selbstakzeptanz fördern

Die Darstellung eines sehr differenzierten und nicht einsichtig defizitär orientierten Krankheitsmodells erleichtert vielen Patienten die Annahme des eigenen Soseins. Hierbei ist es sehr wichtig, die Patienten für die mannigfaltigen Begabungen und Stärken, die gerade Menschen mit einer erhöhten Vulnerabilität besitzen, zu sensibilisieren. Hierbei soll keiner oberflächlichen Euphemie das Wort geredet werden, aber unter keinen Umständen darf das Bedürfnis der Betroffenen nach Selbstachtung und Bemühung um ein besseres Selbstwertgefühl unterschätzt werden. Der Austausch mit anderen Betroffenen und der Bericht über positive Bewältigungen erhält Modellcharakter! Derartige Gesprächssequenzen können oft sehr viel besser als langwierige Einzelgespräche dazu beitragen, das eigene Schicksal in Form einer erhöhten Verletzlichkeit anzunehmen. Vielen Teilnehmern wird es durch die Gruppengespräche deutlich, daß die Bewältigung der Erkrankung eine individuelle Herausforderung bedeutet, die unter Beiziehung der verfügbaren Hilfen von einer möglichst selbstkompetenten Warte aus zu bestehen ist. Das Jasagen zur eigenen Krankheit und die Willensbekundung, den Kampf gegen die Krankheit aufzunehmen, kann zu einem sinnstiftenden Vorgang werden, der vielen Patienten wieder eine lebenswerte Perspektive eröffnet ("Das muß mir erst einmal einer nachmachen, so schwer krank gewesen zu sein und nicht resigniert zu haben...").

Didaktische Aspekte

Die wichtigsten Grundprinzipien des psychopädagogischen Vorgehens werden als bekannt vorausgesetzt. In Tab. 3 sind einige didaktische Aspekte aufgelistet, die bei der Durchführung von psychoedukativen Gruppen für schizophrene Patienten und deren Angehörige besonders beachtet werden sollten.

Tabelle 3: Didaktische Aspekte

* Strukturieren

* Keine Informationsüberflutung

* Visualisieren mit Schaubildern

* Regelmäßig wiederholen

* Schaubilder reproduzieren lassen

* Zweiseitige Informationsvermittlung ("Vor- und Nachteile" erwähnen)

* Schriftliche Medien austeilen

* Checklisten für Gruppenleiter

* *Eröffnungsrunde:* Viele Patienten und v.a. Angehörige besitzen noch kaum Gruppenerfahrung; zur besseren Bewältigung der anfänglichen Unsicherheit bewährt sich ein strukturierter Vorstellungsmodus. Auf einem gut lesbaren Handzettel werden einige Items vorgegeben, auf die jeder Teilnehmer kurz Bezug nehmen soll (Name, Familienstand, seit wann erkrankt, aktuelles Befinden, Erwartungen an die Gruppe, usw.). Diese Anleitung gibt auch gehemmten Teilnehmern einen gewissen Halt und stellt sicher, daß alle zu Wort kommen.

* *Strukturierung:* Informationsvermittlung und emotionale Entlastung können zwar nicht immer streng getrennt als voneinander unabhängige Blöcke abgehandelt werden, je nach den aktuellen Bedürfnissen der Teilnehmer muß das praktische Vorgehen flexibel angepaßt werden. Dennoch ist eine gewisse Systematik bei der Informationsvermittlung erforderlich, um einen in sich logischen Leitfaden entwickeln zu können, der den Betroffenen das Verstehen und Begreifen der Erkrankung ermöglicht. Die unter "Konkrete Darstellung der vermittelten Inhalte" (s.S.232) beschriebene Reihenfolge der Themen sollte deshalb nicht ohne Not umgeworfen werden. Bei aufschiebbaren Fragen nach ganz anderen Themen ist der Verweis auf eine spätere Sitzung durchaus erlaubt. Auf individuelle Empfindlichkeiten der Teilnehmer muß hierbei selbstverständlich Rücksicht genommen werden.

* *Keine Informationsüberflutung:* Bei aller Stoffülle darf es zu keiner Überlastung mit Details kommen, die Konzentration auf einige wenige Kerndaten hat sich dabei bewährt. Bei weiterführendem Interesse an differenzierterer Information Verweis auf schriftliche Medien.

* *Visualieren und Schaubilder:* Regelmäßige Tafelanschriften mit Entwicklung der bereits erwähnten Schaubilder (Abb. 1-6) erleichtern auch Patienten mit Kon-

zentrationsschwächen das Verstehen der vorgetragenen Inhalte. Auch hier ist eine möglichst einfache Darstellung der Daten zu bevorzugen.

• *Wichtige Inhalte reproduzieren lassen und regelmäßig wiederholen:* Der initiale "Aha-Effekt" darf nicht darüber hinwegtäuschen, daß komplexe Details erst nach vier- bis sechsmaliger Darbietung wirklich verstanden werden. Die interaktive Erarbeitung von bereits bekannten Schaubildern an der Tafel durch die Gruppenteilnehmer selbst ist dabei besonders zu empfehlen. Eventuelle Verständnishürden oder Mißverständnisse können dabei erkannt und klargestellt werden.

• *Zweiseitige Informationsvermittlung:* Bei der Abhandlung von sensiblen Details wie Nebenwirkungen, Spätfolgen einer neuroleptischen Behandlung u.s.w. ist sehr darauf zu achten, im Sinne einer zweiseitigen Informationsvermittlung die üblichen Gegenargumente gleich anzusprechen. Bevor die protektiven Wirkungen der Medikation ausführlich dargestellt werden, müssen Nebenwirkungen bereits vorher zur Sprache gekommen sein. Dadurch kann der "Ja, aber-Effekt" vermieden werden. Außerdem trägt dies zur größeren Glaubwürdigkeit der Gruppenleiter bei. Die ausgewogene Darstellung des Für und Wider soll die Patienten befähigen, von einer informierten Warte aus eine fundierte Entscheidung zu treffen, zu welcher Behandlung sie sich entscheiden wollen.

• *Schriftliche Medien austeilen:* Damit die Teilnehmer das in den Gruppen vermittelte Wissen zu Hause vertiefen können, sollten die wichtigsten Fakten schriftlich mitgegeben werden. Entweder werden die Tabellen und Abbildungen als Kopien ausgehändigt oder man verweist auf bereits existierende Literatur für Laien (Bäuml, 1994; Finzen, 1993; Hahlweg, 1995; Hell & Fischer-Gestefeld 1993; Kieserg & Hornung, 1994; Luderer, 1990; Wienberg 1995, etc.).

• *Checklisten:* Um den Überblick zu behalten, welche wichtigen Themen wie oft bereits abgehandelt wurden, sollte nach jeder Gruppensitzung eine entsprechend vorstrukturierte Checkliste abgehakt werden. Dadurch wird gewährleistet, daß keine wesentlichen Fakten vergessen werden und zum zweiten erleichtert diese fortlaufende Dokumentation das gezielte Wiederholen von bisher vernachlässigten Themen gegen Ende des Gruppenzyklus. Ein Muster dieser Liste kann bei Bedarf vom Autor angefordert werden.

• *Richtigstellung von dysfunktionalen Ansichten:* Bei eindeutigen kontraproduktiven Äußerungen der Teilnehmer muß von Leiterseite dezidiert Stellung bezogen werden. Durch Paraphrasieren und die humorvolle Feststellung, daß es eben in vielen Bereichen unterschiedliche Meinungen gebe, kann dann erläutert werden, wie die schulmedizinische Ansicht zum strittigen Thema laute. Mit der Einladung zum weiteren gemeinsamen Dialog soll dann versucht werden, die Hintergründe dieser deutlich voneinander abweichenden Einschätzungen aufzuzeigen. "Wenn ich Sie also richtig verstanden habe, dann können Sie sich überhaupt nicht vorstellen, daß Medikamente eine sinnvolle Hilfe bedeuten können... Im Augenblick scheint hier keine Annäherung möglich... Es wäre schön, wenn wir aber über dieses Thema im Gespräch bleiben würden... Auch wenn Sie es derzeit nicht glauben können, so gibt es doch für die Wirksamkeit dieser Behandlung zahlreiche Belege..."

Abwertungen und Zurechtweisungen der Teilnehmer müssen hierbei unbedingt vermieden werden; anderseits dürfen aber Extremansichten einzelner nicht kommentarlos hingenommen werden, um nicht die übrigen Gruppenmitglieder zu verunsichern.

• *Redezeitlenkung:* Bei ausufernden Schilderungen einzelner Teilnehmer bedarf es einer behutsamen Intervention, um deren Dominanz zu Lasten zurückhaltender Gruppenmitglieder in Grenzen zu halten. Durch empathisches Eingehen auf dieses große Mitteilungsbedürfnis kann die dahinter zu vermutende psychische Anspannung und Einengung thematisiert werden. Durch verbindliche, aber nicht kränkende Formulierungen sollte mit diesen Teilnehmern ein späterer Termin für ein Einzelgespräch vereinbart werden ("man merkt, wie sehr sich das alles bei Ihnen angestaut hat..., ich fürchte, die Besprechung dieser zahlreichen Probleme können wir in der Gruppe hier gar nicht schaffen... ich schlage deshalb vor, daß wir hinterher einen Termin für ein Einzelgespräch vereinbaren...").

Bei extremer emotionaler Anspannung einzelner Teilnehmer, wie dies v.a. in den ersten Sitzungen von Angehörigengruppen immer wieder vorkommt, ist es durchaus sinnvoll, einzelne Teilnehmer zusammenhängend und länger erzählen zu lassen, wenn dies zur Bewältigung des angestauten seelischen Kummers beiträgt und modellhaften Charakter auch für die restlichen Gruppenteilnehmer besitzt.

• *Spontaneität und Lebendigkeit fördern:* In Patientengruppen sollten affektaktualisierende Interventionen nur sehr behutsam angewandt werden. Direkte Beiträge der Teilnehmer sind jedoch stets geplanten Leiterinterventionen vorzuziehen! Emotion hat dabei Vorrang vor Information! Durch einen humorigen und von Gelassenheit geprägten Interventionsstil soll eine lockere und entspannte Atmosphäre entstehen können. Provozierende Verhaltensweisen einzelner Teilnehmer sollten als mutiges Engagement interpretiert und für den Gruppenprozeß funktionalisiert werden ("es ist beeindruckend, wie couragiert und mutig Sie Ihre Zweifel an der bestehenden Behandlung äußern..., wir werden versuchen, Ihnen unseren Standpunkt noch genauer zu erklären..., wer soviel Kraft und Energie besitzt wie Sie, der wird auch die Bewältigung dieser Krankheit gut schaffen..."). Durch die Selbstregulationskräfte der übrigen Teilnehmer, insbesondere bei einer bereits länger bestehenden Gruppe, lösen sich viele Spannungssituationen ohne spezifische Intervention der Therapeuten. Im Bedarfsfall muß jedoch direktiv interveniert werden, um un-therapeutische Spannungen mit Überforderung der weniger belastbaren Patienten zu vermeiden.

Praktische Durchführung der Angehörigengruppen

Zwischen Patienten- und Angehörigengruppen gibt es sehr viele Parallelen und Überschneidungen, so daß ein Großteil der unter "Praktische Durchführung der Patientengruppen" (s.S.225) dargestellten Anleitungen auch für die Durchführung der Gruppen von Angehörigen gilt. Dies erklärt sich v.a. dadurch, daß der Grundgedanke der psychoedukativen Intervention darin besteht, den Betroffenen ein funktionales Krankheitsbild zu vermitteln, auf dessen Grundlage die erforderlichen Behandlungs- und Interventionsschritte sich dann ganz automatisch von selbst ergeben.

Deshalb werden die weiteren Ausführungen recht knapp gehalten und im wesentlichen beschränkt sich der Text auf die Beschreibung der typischen Besonderheiten von Angehörigengruppen.

Organisatorische Aspekte

Das hier dargestellte psychoedukative Behandlungsprogramm versteht sich als patientenzentrierte Intervention, so daß die Einladung der Angehörigen über die Patienten selbst erfolgt. Um dem Autarkiebedürfnis vieler Patienten Rechnung zu tragen, werden die Patienten um ihre schriftliche Zustimmung gebeten, daß sie mit der Teilnahme ihrer Angehörigen an den Gruppen einverstanden sind. Dies dient v.a. auch dazu, das potentielle Mißtrauen der Patienten zu beruhigen, daß sich die Angehörigen hinter ihrem Rücken mit den Therapeuten verbünden könnten. Bei entsprechender Aufklärung stimmen die Patienten dieser Bitte auch problemlos zu, nur 1% der befragten Patienten haben im Rahmen der Münchner PIP-Studie diese Unterschrift nicht gegeben.

Auch die Angehörigen sollten um ihre schriftliche Zustimmung gebeten werden, daß sie regelmäßig an den geplanten 8 Gruppentreffen teilnehmen. Dies erhöht den Verbindlichkeitscharakter ihrer Zusage und die spätere Teilnahmetreue.

Die Angehörigen sollten relativ rasch nach Aufnahme der Patienten in die Klinik eingeladen werden, da zu diesem Zeitpunkt der höchste Gesprächsbedarf besteht und die Teilnahmemotivation am ausgeprägtesten ist.

Es werden acht Gruppenabende angeboten, 14tägig, Beginn zwischen 17.00 und 18.30 Uhr, ca. 90 Minuten Dauer. Ein konstanter Gruppenraum mit übersichtlicher Ausschilderung und freundlicher Atmosphäre sollten selbstverständlich sein. Informationsblätter zum zeitlichen Rahmen, zur Terminabfolge und zur Zielsetzung der Gruppe insgesamt erhöhen die Akzeptanz der Gruppen.

Bei externen Besuchern sollte eine Parkplatzregelung mit dem Pförtner der Klinik besprochen werden, desweiteren sollten Teilnahmebestätigungen für die Krankenkassen ausgestellt werden, damit die Fahrtkosten ersetzt werden können. Das weitere Gruppenprocedere läuft weitgehend analog wie in den Patientengruppen ab.

Informationsvermittlung

Auch in den Angehörigengruppen stellen Informationsvermittlung und emotionale Entlastung die zentralen Behandlungselemente dar. Die ausgewogene Vernetzung beider Interventionsformen muß den Bedürfnissen der Teilnehmer angepaßt werden. Noch stärker als bei den Patienten steht bei den Angehörigen zunächst das Bedürfnis nach gründlicher Information über die Erkrankung und die erforderlichen Behandlungsmaßnahmen im Vordergrund. Deshalb kommt das unter "Praktische Durchführung der Patientengruppen" (s.S.225) beschriebene Vorgehen hinsichtlich Wissensvermittlung den Erwartungen der Angehörigen sehr entgegen, eine weitere Beschreibung erübrigt sich an dieser Stelle.

Emotionale Entlastung

Die unter "Emotionale Entlastung" (s.S.244) beschriebenen Interventionsansätze in den Patientengruppen gelten nahezu uneingeschränkt auch für die Durchführung von Angehörigengruppen. Darüber hinaus weisen Angehörigengruppen einige spezifische Besonderheiten auf, die im folgenden näher beschrieben werden sollen.

Entlastung von Schuldgefühlen

Das belastende Schlagwort von der "schizophrenogenen Mutter" ist noch bei nahezu allen Angehörigen äußerst präsent! Viele Angehörige, insbesondere die Mütter, stellen sich und ihr Erziehungsverhalten nahezu regelhaft in Frage und befürchten, die Erkrankung des Kindes durch ein früheres Fehlverhalten bei der Erziehung verursacht zu haben. Und in der Tat gibt es kaum eine Familie, wo es nicht irgendwann einmal problematische Konflikte oder Beziehungskonstellationen gegeben hätte, die eine potentiell negative Auswirkung auf den seelischen Reifungsprozeß der Patienten gehabt haben könnten. Häufig werden aber derartige Spekulationen als nicht weiter zu diskutierende Gewißheit empfunden, es kommt zur Überbewertung und Generalisierung von Einzelereignissen, denen hinsichtlich des Erkrankungsausbruchs eine nicht vertretbare Bedeutung beigemessen wird. Die Formulierung derartiger Ängste bedeutet für viele Teilnehmer eine deutliche Entlastung, viele wagen es überhaupt zum ersten Mal, diese bisher geheimgehaltenen Sorgen und Ängste offen anzusprechen.

Die Problematisierung der eigenen Rolle im Erkrankungsgeschehen eines engen Angehörigen muß als natürliches Bedürfnis gesehen werden und sollte nicht durch eine generalabsolutorische Zurückweisung aller Selbstzweifel unterlaufen werden. Doch durch die Darstellung der nüchternen Zahlen, daß sich zum einen die früheren Befunde hinsichtlich psychogener Krankheitsverursachung nicht haben bestätigen lassen und daß der Erkrankung eben eine gewisse biologisch determinierte Gesetzmäßigkeit zugrundeliegt, kommt es dann von selbst zu einer Relativierung dieser Selbstvorwürfe mit beruhigender Rückwirkung auf die Teilnehmer. Die Gruppenleiter können in dieser Hinsicht durch verständnisvolles Eingehen auf die Angehörigen einen wesentlichen Beitrag zur Entlastung von diesen Schuldgefühlen leisten; "nur wer sich nicht engagiert und nichts tut, kann keine Fehler machen... und genau diese Zurückhaltung und Neutralität von Angehörigen wäre der allergrößte Fehler bei dieser Erkrankung..."

Bearbeitung von Enttäuschung, Resignation und Überforderung

Viele Angehörige zeigen sich nach außen hin stark und frei von Selbstzweifeln; dahinter steckt oft das Bemühen, die Auswirkungen der Erkrankung möglichst zu kaschieren, um sich vor anderen keine Blöße zu geben, da man nun die Quittung erhalte für das zurückliegende schädigende Verhalten den Kindern gegenüber usw. Durch den mangelnden Austausch über derartige Befürchtungen kommt es oft zu einer selbstquälerischen Einengung mit erheblicher Beeinträchtigung des eigenen Wohlbefindens.

Viele Eltern sind häufig sehr enttäuscht, daß die ursprünglichen Zukunftspläne, die sie mit ihren Kindern hatten, nicht realisierbar sein werden. Nach wiederholten

Krankheitsmanifestationen stellt sich bei vielen ein Gefühl von Ausweglosigkeit und Verbitterung ein, da der Verlauf der Erkrankung nicht beeinflußbar scheint.

Für den psychokathartischen Effekt der Gruppe ist es von entscheidender Bedeutung, daß die Angehörigen vermittelt bekommen, daß das Äußern derartiger Gefühle erlaubt und akzeptiert wird. Selbst die Mitteilung von auf den ersten Blick ausgesprochen unsolidarisch wirkenden Gedanken wie "am liebsten wäre mir, wenn ich mit ihm nichts mehr zu tun haben würde..." muß verstehend aufgegriffen und entpathologisiert werden. Wenn die Angehörigen spüren, daß Verständnis für ihre Nöte und Enttäuschungen gezeigt wird, daß es anderen ähnlich ergeht und daß ihnen dennoch nicht unterstellt wird, daß sie ihre Erkrankten im Stich lassen wollten, stellt sich ein Gefühl von Normalisierung und Entkrampfung ein und gibt den Betroffenen die Gewißheit, keine "Unmutter" oder kein "Ungehöriger" zu sein. Durch das beherzte Eingeständnis der Leiter, daß auch viele Therapeuten oft an den Rand der Resignation angesichts frustrierender Krankheitsverläufe geraten, kann die Angemessenheit von intermittierender Enttäuschung und Mutlosigkeit glaubhaft vermittelt werden, was zu einer weiteren Entspannung und Beruhigung beiträgt.

Erfahrungsaustausch anregen

Angehörige besitzen oft noch stärker als Patienten das Gefühl, daß es sonst niemanden gebe, der ein ähnlich schweres Schicksal zu ertragen habe. Durch den Erfahrungsaustausch mit den übrigen Teilnehmern kommt es zu einer ganz natürlichen Relativierung dieser vermeintlichen Einmaligkeit, es werden unerwartete Parallelen zwischen verschiedenen Krankheitsverläufen entdeckt, so daß die Existenz von gewissen Gesetzmäßigkeiten innerhalb des Krankheitsablaufs evident wird.

Insbesondere der Austausch über ganz unterschiedliche Erziehungsstile ("wir waren immer so streng, haben ihn zum Durchhalten ermuntert..." oder "...und wir waren immer so nachgiebig, haben ihm alles durchgehen lassen, haben ihn sehr wenig gefordert...") macht deutlich, daß es keinen typischen "schizophrenogenen Erziehungsstil" gibt und daß der Ausbruch der Erkrankung nicht in erster Linie auf ein Fehlverhalten der Eltern zurückzuführen ist.

Der Austausch über eigene Bewältigungsversuche und die Sichtung von bewährten und weniger erfolgreichen Interventionen stellt eine sehr wesentliche Bereicherung des künftigen Verhaltensrepertoires dar. Angehörige mit etwas längerer Gruppenerfahrung sind dann auch in der Lage, bei auffälligem Kommunikationsstil einzelner Teilnehmer - ungeduldiges Verhalten, nicht Zuhörenkönnen, zu überstürzten Schlüssen neigend, sich rasch zurückziehen, etc. - freundschaftlich geprägte Rückmeldung zu geben, die eher angenommen werden kann als wenn sie von professioneller Seite käme.

Während des Gruppenverlaufs ergeben sich ganz zwanglos Kontakte auf persönlicher Ebene, die gezielt gefördert werden können durch das Austeilen von Adressenlisten mit Telefonnummern - Einverständnis der Beteiligten vorher erfragen -, so daß die Weichen für längerfristige Beziehungen der Familien untereinander gestellt werden können, was eine Linderung der oftmals vorbestehenden Isolierung bewirkt.

Umgangshilfen geben, Erklärung des EE-Konzepts

Der von Brown und Mitarbeitern (1966) beschriebene Zusammenhang von Familienatmosphäre und dem Rückfallrisiko jüngst nach Hause entlassener schizophrener Patienten, gekennzeichnet durch die drei Faktoren Kritikfreudigkeit, feindselige Ablehnung und Bevormundung der Patienten, hat zur erheblichen Irritation der Angehörigen beigetragen. Damit würde die Schuldzuweisung wieder in Richtung Familien erfolgen, sozusagen ein Wiederaufleben der "schizophrenogenen Mutter" über ein wissenschaftliches Hintertürchen.

Dieser Konflikt muß von den Therapeuten offen thematisiert werden, insbesondere muß die bis heute nicht eindeutig geklärte Wechselwirkung aus der Schwere des psychopathologischen Befundes der Patienten und dem sich daraus ergebenden Angehörigenverhalten problematisiert werden. Man müsse geradezu ein Übermensch sein, um angesichts einer chronischen Minussymptomatik mit weitgehender Vernachlässigung von Selbstverständlichkeiten wie Körperhygiene etc. nicht gelegentlich die Geduld zu verlieren und Kritik zu üben... Und umgekehrt sei es bei weniger schwer erkrankten Patienten mit einem unproblematischen Gesundungsverlauf keine große Kunst, ruhig, freundlich und gelassen zu bleiben.

Da vielen Angehörigen die zweifelsfreie Zuordnung der vielfältigen Verhaltensauffälligkeiten oftmals schwerfällt, ist die ausführliche Instruktion über Minussymptomatik und die damit verbundenen Antriebsschwierigkeiten äußerst wichtig. Die Klärung dieses "mad/bad"-Konfliktes ist von enormer Bedeutung für eine Entspannung der Familienatmosphäre. Angehörige können entsprechende Antriebseinbußen sehr viel eher tolerieren, wenn sie dies nicht als indirekte und gegen sie selbst gerichtete Schikane empfinden.

Didaktische Besonderheiten

Auch bei den Angehörigengruppen haben die unter "Praktische Durchführung der Patientengruppen" (s. S 225) bereits beschriebenen didaktischen Überlegungen die gleiche Gültigkeit. Ganz besonders muß, v.a. in den ersten Gruppentreffen, darauf geachtet werden, die Teilnehmer keinesfalls zu konfrontieren oder zurechtzuweisen. Erfahrungsgemäß kommen viele von ihnen mit einer hohen Ablehnungsangst in die Gruppe, wittern bereits hinter relativ harmlosen Kommentaren eine verschlüsselte Aversion mit includierten Schuldzuweisungen, was zum raschen Fernbleiben von den Gruppen führt.

Dies gilt insbesondere für leicht kränkbare und überengagierte Angehörige. Gerade aber solche Teilnehmer können von den Gruppen am meisten profitieren und es muß im Interesse aller Gruppenleiter sein, diese in der Gruppe zu halten.

Gegen Ende des Gruppenzyklus sollten sich die Gruppenleiter mehr und mehr zurückziehen und die Gesprächslenkung den Teilnehmern selbst überlassen. Damit einhergehend sollten die Weichen für eine Fortführung der Gruppen auf Selbsthilfebasis gestellt werden. Entsprechende Modelle sollten zur Diskussion gebracht werden, die Einladung von Kontaktpersonen, die bereits eigene Selbsthilfegruppen leiten, fördert das Ingangkommen derartiger Bemühungen. Zumindest sollten Ad-

ressen und Ansprechpartner von lokalen Angehörigengruppen bereitgehalten werden, damit sich die Teilnehmer evtl. später dorthin wenden können.

Analog wie in den Patientengruppen werden auch den Angehörigen parallel zu
den Gruppensitzungen entsprechende schriftliche Medien ausgeteilt oder weiterführende Bücher empfohlen (s. unter "Didaktische Aspekte").

Ergebnisse der Münchner PIP-Studie

Die Praxistauglichkeit und Effizienz des hier beschriebenen psychoedukativen In-
terventionsansatzes wurde im Rahmen der Münchner PIP-Studie (s. PIP-Studie:
Methodik und Konzept, S. 211 u. 212) evaluiert. Dabei wurde besonderes Augenmerk darauf gelegt, inwiefern sich diese psychoedukativen Gruppen in den Stationsalltag während des Routinebetriebs der drei beteiligten Kliniken integrieren
ließen. Zusammenfassend kann festgestellt werden, daß bei entsprechender Infra-
struktur - motivierte Gruppenleiter, passende Räumlichkeiten, Unterstützung und
·Förderung der Gruppenaktivitäten durch die Kollegen - eine reibungslose Durchführung dieser Gruppen möglich ist. Besonders vorteilhaft hat sich die Einbindung
von Mitgliedern des Pflegepersonals als Co-Therapeuten erwiesen; durch deren
täglichen Kontakt mit den Patienten war es gewährleistet, daß diese auch pünktlich
und regelmäßig zu den vereinbarten Gruppensitzungen erschienen. Die Gruppen
trugen ganz allgemein zur Verbesserung des Stationsklimas bei, die Angehörigen
wurden als auffallend kooperativer und engagierter erlebt und diese positiven Erfahrungen induzierten bei allen Beteiligten den Wunsch, diese Gruppen in das
Routine-Behandlungsprogramm aufzunehmen.

Die nachfolgend beschriebenen Ergebnisse sollen einen kurzen Überblick über
die Akzeptanz und Effizienz der Gruppensitzungen selbst und auf die Auswirkungen im Einjahresverlauf geben.

Akzeptanz und Effizienz der Gruppen

75% der Verumpatienten nahmen regelmäßig, d.h. an mindestens vier der acht Sitzungen teil; bei den Angehörigen betrug diese Quote 52%. Bei der Feedback-Be-
fragung schilderten 93% der Patienten die Gruppen als hilfreich, bei den Angehörigen waren es 99%. Bemerkenswert in diesem Zusammenhang die Aussage von
91% der Patienten, daß sie die Teilnahme ihrer Angehörigen an eigenen Gruppen
als sehr hilfreich empfunden hätten (siehe Tab. 4).

Durch Multiple-Choice-Fragebögen wurde der Wissensstand der Teilnehmer im
prä/post-Vergleich ermittelt. Wie aus Tab. 4 ersichtlich, verbesserten die Verumpatienten ihr Wissen um 12%, die Kontrollpatienten nur um 1%. Ein ähnlicher Trend
war bei den Angehörigen zu beobachten; die Verumangehörigen konnten ihr Wissen um 16% ausbauen, die Teilnehmer der Kontrollgruppe dagegen nur um 8%.
Die weiteren Daten hinsichtlich Krankheitskonzeptveränderung etc. zeigten einen
ähnlich positiven Trend bei den Verumteilnehmern.

Tabelle 4: Akzeptanz und Effizienz der Gruppen

	Patienten (n= 122)	Angehörige (n= 122)
Regelmäßige Teilnahme (≥ 4 mal)	75%	52%
Die Gruppen als hilfreich erlebt	93%	99%
Wissenszuwachs im Verumgruppe	12%	16%
Prä-/Post -Vergleich: Kontrollgruppe	1%	8%

Einjahreskatamnese

Der Einjahresverlauf nach der stationären Entlassung konnte von 81 Verum- und 82 Kontrollpatienten genau dokumentiert werden. Einige wichtige Daten sind in Tab. 5 zusammengefaßt, eine umfassende Beschreibung findet sich bei Kissling et al., (1995a, in Vorbereitung).

Hinsichtlich Compliance zeigten sich deutliche Unterschiede zwischen Verum- und Kontrollpatienten. Während die an den Gruppensitzungen teilnehmenden Patienten sowohl bei Entlassung als auch ein Jahr später zu etwa 80% eine gute Compliance zeigten, sank diese Quote in der Kontrollgruppe von 81 auf 58% ein Jahr später ab. Dementsprechend war in der Kontrollgruppe die Rate an stationären Wiederaufnahmen mit 38% deutlich höher als in der Kontrollgruppe mit 21% (p= 0,0251). Diese geringere stationäre Behandlungsbedürftigkeit bildet sich auch auf dem mittels GAS-Score gemessenen sozialen Funktionsniveau ab. Während in der Verumgruppe dieser Score im Einjahreszeitraum von 68 auf 78 anstieg, stagnierte er in der Kontrollgruppe und verbesserte sich dort lediglich von 64 auf 68. Auch die Zufriedenheit mit den familiären Beziehungen entwickelte sich in der Verumgruppe deutlich positiver; bei Entlassung waren 73, ein Jahr später 90% mit ihren Familienbeziehungen zufrieden, während diese Quote in der Kontrollgruppe von 80% auf 66% ein Jahr später abfiel. Ein ähnlicher Trend war hinsichtlich der subjektiven Einschätzung der weiteren Zukunft zu beobachten. Bei der Verumgruppe zeigten sich zu Ende des stationären Aufenthaltes 41% optimistisch, ein Jahr später waren es 62%. In der Kontrollgruppe stagnierte diese Rate bei 46%, nachdem sie während der Behandlung 43% betragen hatte. Neben den deutlichen Verbesserungen des subjektiven Befindens der Patienten aufgrund der geringeren Rate an stationären Wiederaufnahmen zeigte sich auch noch ein sehr relevanter Unter-

schied, was die Zahl stationärer Krankenhaustage durch Wiederaufnahmen anbe-
langt. Die Gesamtzahl an stationären Behandlungstagen betrug bei den Verumpatienten 1462, in der Kontrollgruppe lag sie um 832 Tage höher!

Diese Zahlen geben zur Hoffnung Anlaß, daß auch die Kostenträger sich für derartige Behandlungsmaßnahmen interessieren und die organisatorischen Voraussetzungen dafür schaffen, daß psychoedukative Behandlungsmaßnahmen zum Wohle
von Patienten und Angehörigen in den Routinealltag integriert werden können.

Tabelle 5: Einjahreskatamnese

		Verumpatienten (n=81)	Kontrollpatienten (n=82)	
Gute Com-	bei Entlassung	85%	81%	
pliance	1 Jahr später	80%	58%	
Zwischenzeitliche psycho-tische Reexazerbationen		51%	63%	
Stationäre Wiederaufnahmen		21%	38%	(p=0,0251)
GAS-	bei Entlassung	67	64	
Score	1 Jahr später	78	68	(p=0,000)
Zahl der Krankenhaus-tage durch stationäre Wiederaufnahmen		1462	2294	

Diskussion

Psychoedukative Behandlungsansätze im allgemeinen und das hier vorgestellte
PIP-Konzept im besonderen verstehen sich als eine Art basaler Breitbandpsycho-
therapie bei allen schizophren erkrankten Patienten. Bei gesicherter Diagnose gibt
es nahezu keine Kontraindikationen - extreme Akuterkrankungsfälle selbstverständlich ausgeschlossen -, die gegen die Teilnahme schizophrener Patienten an
diesen Gruppen sprechen.

Diese Gruppen leisten einen wesentlichen Beitrag zur Funktionalisierung der
individuellen Krankheitskonzepte, so daß sich ein kooperatives Behandlungsmo-

dell zwischen Patienten, Angehörigen und professionellen Helfern entwickeln kann. Dies führt zu einer signifikanten Verbesserung der Compliance mit deutlicher Reduktion der stationären Wiederaufnahmerate, wie dies mittlerweile auch in einigen deutschsprachigen Studien nachgewiesen werden konnte (Hahlweg, 1995; Hornung, 1994; Bäuml, 1994).

In der eigenen Studie unterschied sich die Zahl psychotischer Reexazerbationen nicht wesentlich zwischen Verum- und Kontrollgruppe, allerdings zeigte die Verumgruppe ein sehr viel besseres Coping hinsichtlich drohender psychotischer Rezidive. Die hilfreiche Intervention der Angehörigen war hierbei von entscheidender Bedeutung; hatten Patienten und Angehörige regelmäßig an den psychoedukativen Gruppen teilgenommen, so betrug die stationäre Wiederaufnahmerate nur 14% (Kissling, 1996, in Vorbereitung). Die psychoedukative Intervention führte auch zu einer Verbesserung der familiären Interaktion, zu einer verbesserten sozialen Adaption und einer allgemein positiveren Zukunftssicht.

Selbstverständlich ersetzt eine psychoedukative Gruppenintervention nicht die intensive und langfristige ambulante Einzelbehandlung der Patienten. Diese psychoedukativen Gruppen schaffen aber oftmals erst die Voraussetzung, daß Patienten bereit sind, sich auf eine Langzeitbehandlung mit den professionellen Helfern einzulassen. Die hierzu erforderliche basale Aufklärungsarbeit kann durch derartige Gruppen wesentlich erleichtert werden, viele Informationsinhalte sind verallgemeinerbar und haben Gültigkeit für alle von der Krankheit Betroffenen. Durch diesen zeitökonomischen Nebeneffekt bleibt in den Einzelgesprächen mehr Zeit für die Bearbeitung von individuellen Problemen. Zudem bewirken die sich von selbst ergebenden gruppendynamischen Faktoren eine nachhaltige Verankerung des gemeinsam entwickelten Krankheitskonzepts mit einer breiteren Akzeptanz der vorgeschlagenen Behandlungsmaßnahmen.

Wesentlicher Bestandteil dieser psychoedukativen Arbeit ist die parallele Einbeziehung der Angehörigen in eigene Gruppen. Die in familientherapeutischen Ansätzen übliche Einbeziehung von Patienten und Angehörigen in die gleiche Gruppe scheint bei dieser Zielsetzung nicht sinnvoll, da hierdurch zwar interaktionsspezifische Momente deutlicher zur Sprache kommen können, für die gezielte Erarbeitung des Kernwissens aber zu wenig Zeit bleibt. Die Instruktion der Angehörigen in eigenen Gruppen führt zu einem deutlichen Verständniszuwachs für die krankheitsbedingten Einbußen der Patienten und es kommt zu einer effizienteren Kooperation mit den Behandlern, so daß die Angehörigen eine Art "Co-Therapeuten-Funktion" übernehmen können, die langfristig zu einer verbesserten Bewältigung von psychotischen Krisen sowie den mit der Minussymptomatik einhergehenden Verhaltensauffälligkeiten führt.

Durch psychoedukative Gruppen, die zeitlich begrenzt und in der Regel für alle offen sind, können zwar keine spezifischen psychotherapeutischen Bedürfnisse in größerem Umfang bearbeitet werden. Wie bereits erwähnt, verstehen sie sich eher als eine psychotherapeutische Basisintervention, die jedoch den Boden für weiterführende spezifische Therapiemaßnahmen bereiten kann v.a. bei jenen Patienten, die aufgrund primärpersönlicher Verhaltensbeeinträchtigungen eine solche Behandlung brauchen. Durch den sich aus dem Vulnerabilitäts-Streß-Modell ableitenden integrativen Behandlungsansatz kann vielen Patienten die Notwendigkeit von komplementären soziotherapeutischen Ansätzen besser verständlich gemacht werden.

In der Langzeitbehandlung von schizophrenen Patienten hat sich v.a. die personelle Konstanz der Betreuer als stabilisierend erwiesen; dies hängt sicher damit zusammen, daß durch die gleichen Bezugspersonen auch ein homogenes Krankheitskonzept gewährleistet ist. Dieser Aspekt muß bei der Planung von komplementären Behandlungsmaßnahmen besonders sorgfältig beachtet werden.

Sofern verschiedene Behandler mit sich widersprechenden und in sich nicht kompatiblen Krankheitstheorien arbeiten, kommt es zwangsläufig zu einer erheblichen Irritation der Patienten. Besonders abträglich können z.B. einseitig überpointierte Schuldzuweisungen gegenüber den Angehörigen sein, die sich gelegentlich aus akzentuierten tiefenpsychologischen Erklärungsansätzen ergeben mit Forcierung von Abgrenzungsbestrebungen der Patienten auf der einen Seite und dem sich aus verhaltenstherapeutisch orientierten Konzepten ergebenden Aufbau eines kooperativen Behandlungsmodells mit gezielter Einbeziehung der Angehörigen, z.B. bei der Krisenbewältigung, auf der anderen Seite.

Eine kurzfristige Lösung dieses Problembereiches scheint kaum möglich, eine gewisse Konsensusbildung aller therapeutisch Tätigen ist aber unabdingbar, um nicht längerfristig bei den sich immer mehr informierenden und sich selbstkompetent machenden Patienten wie Angehörigen an Glaubwürdigkeit zu verlieren.

Die psychoedukativen Behandlungsansätze könnten einen praktikablen Kompromiß darstellen, der auf der Grundlage des Vulnerabilitäts-Streß-Modells die Integration auch unterschiedlich pointierter Therapieverfahren erlaubt. Diese müssen allerdings mit dem übergeordneten Therapieziel insofern konformgehen, daß Medikation und Psychotherapie keine unvereinbaren Gegensätze, sondern zwei sich synergistisch ergänzende Komponenten darstellen, die für eine erfolgreiche Langzeitbehandlung unerläßlich sind.

Mittlerweile gibt es eine Reihe von psychoedukativen Behandlungskonzepten, die eine Richtschnur für die Durchführung derartiger Gruppen darstellen (Luderer, 1990; Kieserg & Hornung, 1994; Kienberg, 1995; Hahlweg, 1993).

Wie bereits erwähnt, orientiert sich der hier beschriebene Behandlungsansatz an dem laiengerecht formulierten Ratgeberbuch für Patienten und Angehörige (Bäuml, 1994); das Begleitmanual für Therapeuten mit konkreten Anweisungen zur Durchführung dieser Gruppen befindet sich in Vorbereitung. Parallel zu diesem Therapeutenmanual wurde ein Lehrfilm entwickelt, der die theoretisch aufgezeigten Behandlungselemente durch anschauliche Gruppenszenen illustriert; dieser Film kann ausgeliehen werden, bei Interesse kann mit dem Autor Kontakt aufgenommen werden . (Psychiatrische Klinik der TU München, Ismaniger Straße 22, 81675 München)

Diese Therapeutenmanuale erleichtern die Konsensbildung der Gruppentherapeuten hinsichtlich der zu vermittelnden Inhalte, in Weiterbildungsseminaren und Workshops kann die praktische Einübung weiter trainiert werden (bei Teilnahmewunsch können die Workshoptermine beim Autor erfragt werden; s.o.). Die Einbeziehung aller an der Therapie beteiligten Therapiegruppen - Ärzte, Psychologen, Sozialpädagogen und Pflegepersonal - sollte hierbei unbedingt angestrebt werden, um den für einen multiprofessionellen, mehrdimensionalen Behandlungsansatz dringend erforderlichen Theoriekonsens zu erreichen.

Die Vertretung eines in sich stimmig wirkenden psychoedukativen Behandlungs-modells gegenüber der mit kritischen Augen auf die psychiatrisch-psychotherapeu-tisch Tätigen blickende Öffentlichkeit würde sicher einen gewissen Vertrauenszu-wachs in die Behandlungskompetenz der Professionellen bewirken mit einer größeren Akzeptanz und besseren sozialen Integration der von dieser Erkrankung Be-troffenen.

Literatur

Bäuml, J.; Kissling, W.; Buttner, P.; Pitschel-Walz, G.; Welschehold, M. & Bender, W. (1994). Informationszentrierte Gruppen für schizophrene Patienten und deren Angehörige - Akzeptanz, Effizienz und Durchführbarkeit unter klinischen Routinebedingungen. *Mittei-lungsorgan der gfts*, 1, 6-14

Bäuml, J. (1994). Psychosen aus dem schizophrenen Formenkreis. Ein Ratgeber für Patien-ten und Angehörige. Berlin: Springer Verlag

Bäuml, J.; Kissling, W. & Pitschel-Walz, G. (1996, in Druck). Psychoedukative Gruppen für schizophrene Patienten: Einfluß auf Wissensstand und Compliance; Ergebnisse der Münchner PIP-Studie. *Zeitschrift für interdisziplinäre Fortbildung-Nervenheilkunde*

Böker, W. (1992). In: Brenner H.D. & Böker, W. (Hrsg.). Möglichkeiten partnerschaftlichei Stabilisierungsarbeit mit Schizophrenen im Lichte der Bewältigungsforschung. Bern, Göttingen: Hans Huber, 280-286

Brown, G.W.; Owen, M.; Dalison, B. & Wing, J.K. (1966). Schizophrenia and Sozial Care. Oxford University Press: London

Buchkremer, G.; van der Ven, M. & Schulze-Mönking, H. (1988). In: Helmchen, H.; Hippi-us, H. & Tölle, R. (Hrsg.). Medikamentenmitbestimmung - ein therapeutisches Ziel bei schizophrenen Patienten. Stuttgart: Thieme, 125-128

Eckman, T.A.; Liberman, R.P.; Philips, C. & Blair, K.E. (1990). Teaching Medication Manage-ment Skills to Schizophrenic Patients. *Journal of Clinic Psychopharmacology*, 10, 33-38

Falloon, I.R.H. (1991). Das Familienmanagement der Schizophrenie. In: Retzer, A. (Hrsg.). Die Behandlung psychotischen Verhaltens. Heidelberg: Carl Auer Verlag, 17-41

Fallon, I.R.H.; McGill, C.W. & Boyd, J.L. (1984). Family Care of Schizophrenia. New York: Guilford Press

Goldstein, N.J. (1985). Individual and Family Therapy of Schizophrenia. Paper, Presented at the International Symposium on Schizophrenia, München

Greenberg, L.; Fine, S.B.; Cohen, C.; Larson, K.; Michaelson-Baily, A.; Rubinton, Ph. & Glick, I.D. (1988). An Interdisciplinary Psychoeducation Program for Schizophrenic Pati-ents and their Families in an Acute Care Setting. *Hosp. Commun. Psychiatry*, 39, 277-82

Hahlweg, K.; Dose, N.; Feinstein, E. & Müller, U. (1989). Familienbetreuung schizophrener Patienten. Rückfallprophylaxe und Änderung der familiären Kommunikationsmuster. In: Böker, W. & Brenner, H.D. (Hrsg.). Schizophrenie als systemische Störung. Bern: Hans Huber Verlag, 243-255

Hahlweg, K.; Müller, U.; Feinstein, E.; Dose, M.; Wiedemann, G. & Hank, G. (1991). Praxis der psychoedukativen Familienbetreuung. In: Retzer, A. (Hrsg.). Praxis der psychoedukati-ven Familienbetreuung. Heidelberg: Carl Auer Verlag, 172-213

Hahlweg, K. (1995). Rezidivprophylaxe bei schizophrenen Psychosen durch Kombination von Psychopharmakotherapie und Familienbetreuung. In: Heimann, H. & Hartmann-Lange D. (Hrsg.). Psych. Erkrankungen im Erwachsenenalter. Stuttgart: Gustav Fischer, 121-122

Hogarty, G.E. & Anderson, C.N. (1991). Family Psychoeducation, Social Skills, Training and Maintenance Chemo Therapy in the Aftercare Treatment of Schizophrenia. II: Two Year Effects of a Controlled Study on Relapse and Adjustment. *Arch. Gen. Psychiat.* 48, 340-347

Hogarty, G.E.; Kornblith, S.J.; Greenwald, D.; DiBarry, A.L.; Cooley, S.; Flesher, S.; Reiss D.; Carter, M. & Ulrich, R. (1995). Personal Therapy: A Disorder-Relevant Psychotherapy for Schizophrenia. *Schizophrenia Bulletin,* Vol. 21, No. 3, 379-394

Hornung, W.P.; Buchkremer, G.; Redbrake, M. & Klingberg, S. (1993). Patientmodifizierte Medikation: Wie gehen schizophrene Patienten mit ihren Neuroleptika um? *Nervenarzt,* 64, 434-439

Kelly, G.R. & Scott, J.E. (1990). Medication Compliance and Health Education among Outpatients with Chronic Mental Disorders. *Medical Care,* Vol. 28, No. 12, 1181-1197

Kieserg, A. & Hornung, W.P. (1994). Psychoedukatives Training für schizophrene Patienten (PTS). Ein verhaltenstherapeutisches Behandlungsprogramm zur Rezidivprophylaxe. Tübingen: dgvt-Verlag

Kissling, W. (1991). Guidelines for Neuroleptic Relapse Prevention in Schizophrenia. Berlin, Heidelberg: Springer

Kissling, W.; Bäuml, J. & Pitschel-Walz, G. (1995). Psychoedukation und Compliance bei der Schizophreniebehandlung. *Münchner Medizin. Wochenschrift,* 137, Nr. 49, 801-805

Kissling, W. et al. (1996, in Vorbereitung). The Effects of Psychoeducation in the Munich PIP-Study: Results of the One-Year-Follow Up.

Leff, J.; Kuipers, L.; Berkowitz, R.; Eberlein-Vries, R. & Sturgeon, D. (1982). A Controlled Trial of Social Intervention in the Families of Schizophrenic Patients. *Brit. J. Psychiat.,* 141, 121-134

Lewandowsk, L. & Buchkremer, G. (1988). Therapeutische Gruppenarbeit mit Angehörigen schizophrener Patienten. *Z. klin. Psychol.,* 17, 210-224

Linden, M.; Nather, J. & Wilms, H.U. (1989). Zur Definition, Bedeutung und Messung der Krankheitskonzepte von Patienten. Die Krankheitskonzept-Skala (KK-Skala) für schizophrene Patienten. *Fortschr. Neurol. Psychiat.,* 56, 35-43

Linden, M. (1993). Maßnahmen zur Förderung der Patienten-Compliance. In: Möller, H.-J. (Hrsg.). Therapie psychiatrischer Erkrankungen. Stuttgart: Enke Verlag, 104-113

Luderer, H.J. (1990). Schizophrenie. Stuttgart: Trias Verlag

Mayer, C. & Soyka, M. (1992). Compliance bei der Therapie schizophrener Patienten mit Neuroleptika. Eine Übersicht. *Fortschr. Neurol. Psychiat.,* 60, 217-222

Möller, H.-J. (1990). Neuroleptische Langzeittherapie schizophrener Erkrankungen. In: Heinrich, K. (Hrsg.). Berlin, Heidelberg: Springer, 97-115

Tarrier, N.; Barrowclough, C.; Vaughn, C.; Bamrah, J.S.; Porceddu, K. & Freeman, H. (1988). The Community Management of Schizophrenia: A Controlled Trial of a Behavioural Intervention With Families to Reduce Relapse. *Brit. J. Psychiat.,* 153, 532-542

Tarrier, N.; Barrawclough, C.; Vaughn, C.; Bamrah, J.S.; Porceddu, K.; Watts, S. & Freeman, H. (1998). Community Management of Schizophrenia: A Two-Year Follow-Up of Behavioural Intervention with Families. *Brit. J. Psychiat.,* 154, 625-628

Tölle, R. (1994). Auf den Kranken hören. Anthropologische Aspekte der psychiatrischen Behandlung. In: Kockott, G. & Möller H.-J. (Hrsg.). Sichtweisen der Psychiatrie. München, Wien: Zuckschwerdt, 42-52

Wiedemann, G.; Hahlweg, K.; Hank, G.; Feinstein, E.; Müller, U. & Dose, M. (1994). Zur Erfassung von Frühwarnzeichen bei schizophrenen Patienten. Einsatzmöglichkeiten in der Rückfallprophylaxe. *Nervenarzt*, 65, 438-443

Wienberg, G. (1995). Schizophrenie zum Thema machen. Bonn: Psychiatrie-Verlag

Windgassen, K. & Tölle, R. (1995). "Chemische Zwangsjacke", Therapie-Ersatz oder Therapeutikum? Zur Akzeptanz von Neuroleptika. *Deutsches Ärzteblatt*, 92, A-2076-2078

Psychoedukatives Training für schizophrene Patienten (PTS)

Theoretischer Hintergrund, empirische Befunde und praktische Erfahrungen aus einer Tagesklinik

W. Peter Hornung, Angela Kieserg & Reinhold Feldmann

Einleitung

Die Rezidivprophylaxe schizophrener Psychosen ist ohne die Anwendung von Neuroleptika heute kaum mehr denkbar. Spätestens nach der zweiten Episode benötigen die meisten ambulanten schizophrenen Patienten eine länger- bis langfristige neuroleptische Behandlung. Mittlerweile existieren dazu aktuelle Empfehlungen, nach denen die Dauer der medikamentösen Rezidivprophylaxe dann mindestens 5 Jahre betragen soll (Kissling et al., 1991). Sie basieren auf Langzeitstudien zum Verlauf der schizophrenen Erkrankung (Maurer & Biehl, 1988; Shepherd et al., 1989; Gmür, 1991) und auf Ergebnissen prospektiver Untersuchungen zur rezidivprophylaktischen Wirksamkeit der Neuroleptika (Übersicht in Davis et al., 1975).

Eine befriedigende und ausreichende Rezidivprophylaxe ist damit jedoch noch nicht erreicht. Die Grenzen neuroleptischer Rezidivprophylaxe werden darin sichtbar, daß unerwünschte Nebenwirkungen zum Teil - wie im Falle bestimmter tardiver Dyskinesien (Wöller & Tegeler, 1983) - irreversibel sind, Residualsymptome kaum beeinflußt werden (Schooler & Levine, 1983), und 20 bis 30% der Behandelten trotz Neuroleptika eine erneute Krankheitsmanifestation erleiden.

Außerdem sehen sich die Patienten nach Remission der akuten Krankheitswelle vielerlei Anforderungen gegenübergestellt. Zu deren Bewältigung bedürfen sie zwar einerseits des neuroleptischen Schutzes, andererseits aber haben sie etliche Leistungen weitgehend selbständig zu erbringen. So gilt es, mit noch verbleibender Restsymptomatik, mit Einschränkungen und Behinderungen umgehen zu lernen, sich während der ambulanten Behandlung im sozialen Umfeld (wieder) zu behaupten und gegebenenfalls gleichzeitig auf ein drohendes Rezidiv hinweisende Frühsymptome zu erkennen (Herz et al., 1982; Kunar et al., 1989; Jolley et al., 1990). Letzteres wird besonders dann wichtig, wenn im Verlaufe der rezidivprophylaktischen Behandlung von der Standardtherapie abgewichen wird, und bezüglich der Rezidivgefahr risikoreichere Strategien, wie z.B. Niedrigdosierung (Kane et al., 1983; Johnson et al., 1987; Marder et al., 1987) oder eine intermittierende neuroleptische Behandlung (Hirsch et al., 1986; Pietzcker et al., 1987) erprobt werden.

Theoretischer Hintergrund

Zu einer befriedigenden und umfassenden Rezidivprophylaxe muß und kann daher nur eine mehrdimensionale Therapie schizophrener Patienten verhelfen. Diese besteht neben pharmakotherapeutischen Maßnahmen aus milieu- und soziotherapeutischen Interventionen sowie psychotherapeutischem Vorgehen im engeren Sinne (Übersicht in Böker, 1992).

Als eine Möglichkeit psychotherapeutischer Maßnahmen bieten sich die sogenannten psychoedukativen Verfahren an (Anderson et al., 1980). Sie zielen darauf ab, die Rückfallgefahr für schizophrene Patienten zu vermindern. Sie entwickelten sich aus der Arbeit mit Familien bzw. Angehörigen von schizophrenen Patienten, in der über das Einbeziehen der Angehörigen und deren Aufklärung die emotionale Familienatmosphäre entspannt und so die Rezidivquote der Patienten reduziert werden konnte (Goldstein, 1994). Empirischer Ausgangspunkt waren dabei die Ergebnisse und Erfahrungen der Expressed Emotion-Forschung (Brown et al., 1972; Vaughn & Leff, 1976).

Ein einheitliches psychoedukatives Vorgehen in der Schizophreniebehandlung gibt es nicht (Hatfield, 1988). Als inhaltliche Komponenten finden sich im allgemeinen edukative Informationsvermittlung sowie unterschiedliche, meist psychotherapeutisch-verhaltenstherapeutische Methoden. Psychoedukative Verfahren unterscheiden sich damit von der (edukativen) ausschließlichen Informationsweitergabe an die Betroffenen: Wohl werden auf dem Wege der Informationsvermittlung Wissenslücken über die Erkrankung und deren Behandlung geschlossen und damit neue, realistischere Sichtweisen eröffnet. Überdies aber wird angestrebt, alternatives Verhalten durch spezifische Techniken einzuüben. Dies geschieht auf der allen psychoedukativen Verfahren gemeinsamen theoretischen Basis des Diathese-Streß-Modells (Zubin & Spring, 1977), welches für schizophrene Patienten eine mehrfach determinierte Herabsenkung der Vulnerabilitätsschwelle annimmt.

Ein für die Praxis bedeutsames Unterscheidungsmerkmal der verschiedenen Verfahren stellt der Kreis der Personen dar, der in das Gesamtprogramm der Psychoedukation einbezogen wird, und damit sowohl an den edukativen als auch an den psychotherapeutischen Therapiemaßnahmen teilnimmt. Demnach lassen sich folgende Konzepte unterscheiden:

* Psychoedukation nur für Angehörige (Vaughan et al., 1992; Schulze Mönking, 1994; auch Leff et al., 1982, weil der edukative Teil den Patienten nicht offenstand),

* Psychoedukation für die Gesamtfamilie (Falloon et al., 1982; Tarrier et al., 1988),

* Bifokale Psychoedukation mit parallel zu Angehörigengruppen laufenden Patientengruppen (Lewandowski & Buchkremer, 1988; Bäuml et al., 1990),

* Psychoedukation nur für Patienten (Ascher-Svanum, 1989; Eckman et al., 1990; Kaluzny Streicker et al., 1986),

* Kombination von psychoedukativer Familientherapie mit Patientengruppen (Wallace & Liberman, 1985; Hogarty et al., 1986).

Die Konzepte der familientherapeutischen Interventionen bzw. der therapeutischen Gruppenarbeit mit Angehörigen sind andernorts ausführlich dargestellt und in ihren positiven Effekten auf die Rezidivquoten der Patienten bestätigt worden (Übersicht in Strachan, 1986). Ähnlich umfangreiche Untersuchungen zu patientenzentrierten psychoedukativen Therapieangeboten liegen bislang noch nicht vor. Im folgenden soll deshalb ausschließlich auf die Effizienz der Methoden eingegangen werden, die ihre psychoedukativen Interventionen an die Patienten selbst richten.

Bereits vor jedem therapeutischen Anspruch im engeren Sinn kann mit einer *rein edukativen* Information der Patienten Günstiges bewirkt werden. So wird fast durchgängig gezeigt, daß sich der Wissensstand über die schizophrene Erkrankung und deren Behandlungsmöglichkeiten verbessern läßt (Batey & Ledbetter, 1982; Kaluzny Streicker et al., 1986; Brown et al., 1987; Buchkremer et al., 1988; Goldman & Quinn, 1988). Auch von Verbesserungen der Compliance und einer Verringerung der Angst vor Nebenwirkungen (Seltzer et al., 1980), einem verbesserten Umgang mit Medikamenten (Batey & Ledbetter, 1982) und einer Verringerung des Nebenwirkungsumfanges (Brown et al., 1987) wird berichtet. Eine therapeutische Wirkung scheint sich jedoch nur dann zu entfalten, wenn ein Mindestumfang des Behandlungsangebotes gewährleistet ist. Nach der Teilnahme an nur einer einzigen Informationsveranstaltung verschlechterte sich sogar die Medikamentencompliance der Patienten (Boczkowski et al., 1985).

Die Frage, ob um psychotherapeutische Verfahren erweiterte, also psychoedukative, Verfahren tatsächlich mehr für die Patienten bewirken, läßt sich zur Zeit noch nicht einwandfrei beantworten. Auch sie erhöhen allerdings den Wissensstand und die Krankheitseinsicht (Buchkremer et al., 1988; Ascher-Svanum, 1989). Ferner können die Medikamentencompliance und bestimmte soziale Fertigkeiten verbessert werden (Eckman et al., 1990). Ergänzend zum einfachen Informationstransfer werden verhaltenstherapeutische Techniken wie beispielsweise Modellernen, Rollenspiel und Lernhilfen in Form von Videobändern oder Handzetteln (Ascher-Svanum, 1989) angewandt. Das "medication management module" von Eckman et al. (1990) orientiert sich an verhaltenstherapeutischen Techniken wie etwa Redundanz und Klarheit der Information, spezifischen Zielsetzungen, Modeling, Verhaltensformung, Einsatz positiver Verstärker, Rollenspiel, Coaching und unmittelbarem Feedback. In einer anderen Untersuchung wurde eine Standardbehandlung, welche neben Medikamentenmitbestimmung auch edukative Komponenten und Angehörigenarbeit enthielt, mit kognitiver Psychotherapie kombiniert. Die Rezidivraten im ein- bzw. zweijährigen Katamnesezeitraum verringerten sich im Vergleich zur reinen Standardbehandlung signifikant (Buchkremer & Fiedler, 1987).

Ausgehend von diesen empirischen Befunden von Buchkremer und Fiedler (1987) wurden die einzelnen Ansätze weiterentwickelt und verschiedene Elemente (psycho)edukativer Vorgehensweisen mit verhaltenstherapeutischen Techniken kombiniert. Es wurde ein praktikables Therapieprogramm zur psychoedukativen Rezidivprophylaxe für chronisch Schizophrene (PTS) entworfen, das sich in die bestehende psychosoziale Versorgung gut integrieren läßt. Ziel der vorliegenden Darstellung ist, den in der Praxis und Klinik Tätigen einen Leitfaden für ein psychoedukatives (Gruppen-) Programm an die Hand zu geben und Erfahrungen aus der praktischen Anwendung weiterzureichen.

Praktisches Vorgehen

Ziele

Das psychoedukative Therapieprogramm verfolgt fünf übergeordnete Ziele:

• Verbesserung des Wissens über die schizophrene Erkrankung und ihre Behandlungsmöglichkeiten
• Erlernen von Früherkennungszeichen drohender Krankheitsepisoden
• Verbesserung des mitbestimmten Umgangs mit der neuroleptischen Medikation
• Verbesserung konkreter Strategien zur Bewältigung psychotischer Krisen
• Verhütung von Krankheitsrezidiven.

Neben einem angemessenen Umgang mit der Medikation sollen also auch Strategien der Krisenbewältigung (v.a. Erkennung von Frühsymptomen, Vermeidung psychoseprovozierender Überbelastungen) erarbeitet werden.

Rahmenbedingungen

Es handelt sich um ein halbstandardisiertes Therapieangebot, das in Gruppen von vier bis sechs Patienten und einem, idealerweise zwei Psychotherapeuten durchgeführt wird. Der Vorteil eines Gruppenangebotes ist neben seiner Ökonomie vor allem darin zu sehen, daß die Patienten durch den direkten Austausch mit den anderen Teilnehmern Vergleichsmöglichkeiten haben und so ihre eigenen Einstellungen und Verhaltensweisen differenzierter und realistischer bewerten können (Modellernen). Das Programm eignet sich jedoch auch für die Anwendung im Rahmen von Einzelbehandlungen.

Die oben genannten Ziele können innerhalb eines Zeitrahmens von 14 Sitzungen à 90 Minuten realisiert werden, wobei die Sitzungsinhalte aufeinander aufbauen. Ein ausführliches Manual dazu liegt vor (Kieserg & Hornung, 1994).

Das Therapieprogramm wurde für rezidivgefährdete ambulante Patienten entwickelt, die sich also zur Zeit des Programmablaufes weitestgehend in Remission befinden, und bei denen eine neuroleptische Langzeitbehandlung angezeigt ist. Nicht angebracht ist es bei akut Erkrankten und bei Patienten mit erheblicher kognitiver Beeinträchtigung.

Vor dem eigentlichen Trainingsbeginn sollten individuell, in einem persönlichen Gespräch, die Indikation und die Motivation abgeklärt werden. Insbesondere der Bildungsstand und das Maß kognitiver Beeinträchtigung der Patienten sind bei der Entscheidung über die Teilnahme zu berücksichtigen.

Es hat sich bewährt, daß gerade bei der erstmaligen Durchführung zwei Therapeuten, im Idealfall ein Psychiater und ein Diplompsychologe, die Gruppensitzungen anleiten. Später können die Sitzungen von einem Therapeuten allein durchgeführt werden. Ist dieser dann nicht zugleich der behandelnde Psychiater, wird eine ausführliche Kooperation zwischen diesem und dem Gruppenleiter notwendig sein. Voraussetzungen für eine verantwortliche Durchführung des Programms sind:

- Kenntnis des Manuals des psychoedukativen Therapieprogramms
- gute Kenntnisse über psychotherapeutische Veränderungsprinzipien
- klarer und eindeutiger Kommunikationsstil (vgl. Buchkremer & Windgassen, 1987)
- verhaltenstherapeutische Ausbildung
- mehrjährige klinische Erfahrung in der Psychiatrie
- gute theoretische und praktische Kenntnisse über Schizophrenien und deren Behandlung
- Erfahrung im Umgang mit Gruppen.

Aufbau des Programms

Der Ablauf gliedert sich formal in drei Phasen:
- Informationsphase (1.-6. Sitzung)
- Phase der Erfassung (Beobachtung) des Medikationsverhaltens und der Medikamentenmitbestimmung (7.-10. Sitzung)
- Phase des Trainings zur Früherkennung von drohenden Rezidiven/Krisenplan (11.-14. Sitzung)

Jede Sitzung beginnt und endet mit einem Blitzlicht, in dem jedes Gruppenmitglied seine momentane Befindlichkeit verbalisiert. So kann festgestellt werden, ob sich ein Patient überfordert fühlt und das Tempo entsprechend angepaßt werden sollte. Didaktisch wichtige Inhalte werden zusammengefaßt und den Gruppenteilnehmern schriftlich mitgegeben.

Der im folgenden beschriebene Ablauf sollte nicht als ein starres Programm aufgefaßt werden, sondern ist als ein idealtypisches Rahmenmodell für das praktische Vorgehen zu verstehen, das von den Therapeuten flexibel je nach konkreter Situation ausgestaltet werden darf. Die konkrete Realisierung des Programms ist im besonderen Maße von dem psychopathologischen Befund, dem intellektuellen Niveau der Teilnehmer, der Gruppenzusammensetzung und gruppendynamischen Faktoren abhängig.

1. Informationsphase

In der Informationsphase werden vornehmlich zwei Ziele verfolgt: Die Patienten sollen sich zunächst kennenlernen, miteinander vertraut werden. Genügend Raum zum ersten Kennenlernen sollte eingeplant sein. Außerdem soll das Wissen über die Krankheit und ihre Behandlungsmöglichkeiten erweitert und, ausgehend von den Erfahrungen und dem Wissen der Teilnehmer, durch das Expertenwissen ergänzt werden.

Zu Beginn dieser Phase informieren die Therapeuten über den formalen und inhaltlichen Rahmen des Therapieprogramms. Die Ziele, die konkreten Inhalte und der Ablauf sollen für die Teilnehmer transparent sein. Über ein erstes Gespräch zur Situation der Patienten (Wohnen, Beruf, Hobbies, Tagesablauf etc.) werden die Teilnehmer für die Thematik sensibilisiert. Unterstützende und empathische Interventionen tragen dazu bei, daß die Teilnehmer sich in das gemeinsame Gespräch einbringen.

In einem weiteren Schritt sind die Wünsche und Erwartungen an das Therapieprogramm auf Seiten der Teilnehmer anzusprechen. Die Therapeuten sollten abschätzen, inwieweit diese Wünsche integrierbar sind; die offene Metakommunikation hat auch den Zweck, unrealistische Erwartungen bezüglich der Möglichkeiten und Grenzen psychotherapeutischer Behandlungsmaßnahmen bereits im Vorfeld abzubauen.

In einem dritten Schritt geht es darum, die jeweiligen Einstellungen zur Erkrankung in der Gruppe zu besprechen. Ein Einstieg über die subjektiven Krankheitskonzepte der Patienten hat sich bewährt. So kann beispielsweise erfragt werden, welche Diagnosen den Patienten bereits bekannt sind, und welche inhaltlichen Vorstellungen sie damit verbinden. Wichtig ist hierbei, der gesellschaftlichen Stigmatisierung entgegenzuwirken und damit ein weitgehend wertfreies Krankheitskonzept als Gesprächs- und Behandlungsgrundlage herauszuarbeiten. Es zeigt sich oft, daß viele Patienten trotz jahrelanger Erkrankung wenig über die Bedeutung ihrer Diagnose wissen. Der Austausch über die eigenen zumeist impliziten Krankheitskonzepte der Patienten soll zu einer behandlungsfördernden Einstellungsänderung führen. Hier erklären die Therapeuten die Entwicklung schizophrener Störungen anhand des Vulnerabilitäts-Streß-Modells nach Zubin und Spring (1977) auf möglichst allgemeinverständliche Weise. Als hilfreich hat sich die visuelle Darstellung am Bild von Waagschalen herausgestellt. Damit kann gleichzeitig die Wirkung protektiver (Behandlungs-)Maßnahmen veranschaulicht werden.

Indem die Therapeuten die konkreten Sichtweisen der Patienten aufgreifen, informieren sie aus therapeutischer Sicht über die schizophrene Erkrankung und deren Behandlung. Im Rahmen der Vorstellung des Vulnerabilitäts-Streß-Modells und darüber hinaus sollte in dieser Phase zu folgenden Fragen Stellung genommen werden:

• Was versteht man aus psychiatrischer Sicht unter dem Begriff "schizophrene Psychosen"?
• Wie entstehen diese Erkrankungen?
• Welche Faktoren beeinflussen den Verlauf, und wie stellt dieser sich dar?
• Welche Auswirkungen hat die Erkrankung auf das alltägliche Leben und die Leistungsfähigkeit des Erkrankten?
• Welche Behandlungsmöglichkeiten gibt es?

Besondere Aufmerksamkeit wird auf die medikamentöse Behandlung gerichtet. Die Patienten sollen auf die Bedeutung der Neuroleptika aufmerksam gemacht werden. Dies geschieht zunächst in einem individuellen Vorgehen: jeder Patient berichtet über die eigene derzeitige Medikation, über die ärztliche Verordnung, über Wirkungen und Nebenwirkungen, über die Applikationsform etc. Bei der Besprechung der Medikamentennebenwirkungen wie z.B. der Spätdyskinesien sollten deren Symptome sowie die Wahrscheinlichkeit ihres Eintretens offen angesprochen werden.

Es geht hier weder um Über- noch um Unterbewertung, vielmehr darum, ernstzunehmende Risikofaktoren in adäquater Weise mit in die Aufklärung einzubeziehen. Die wichtigsten Informationen werden vom Therapeuten ergänzt, an einer Tafel übersichtlich gesammelt und abschließend anhand von Informationsblättern (als Erinnerungshilfe) weitergegeben.

2. Phase der Erfassung des Medikationsverhaltens und der Medikamentenmitbestimmung

Zu Beginn dieser Phase wird ein Medikamenten-Wochenbogen eingeführt, auf dem die Patienten regelmäßig die verordnete Medikation, Abweichungen von der Verordnung, die jeweilige Einnahmesituation und die Befindlichkeit zur Zeit der Einnahme eintragen sollen. In den folgenden Wochen eventuell auftretende Veränderungen der Medikamentenverordnung oder -einnahme können anhand dieser Erhebung erkannt werden. Da die Therapeuten davon ausgehen müssen, daß viele Patienten ihre Medikation absetzen oder individuell ohne Absprache mit dem behandelnden Arzt verändern (Hornung et al., 1990), ist es notwendig, offen über eigenständige Abweichungen von der ärztlichen Verordnung zu sprechen. Dadurch lassen sich auch Vorurteile des einzelnen Patienten gegenüber der Medikation erfassen und gezielter in der gemeinsamen Diskussion modifizieren.

Nach dieser Selbstbeobachtungsphase werden die Erfahrungen mit der Erhebung in der Gruppe ausgetauscht. Anhand der Eintragungen im Medikamenten-Wochenbogen soll ein Gespräch über Erfahrungen mit Reduktion, Mehreinnahme bzw. allgemein über Veränderung der Medikation zustande kommen. An dieser Stelle ist die klinische Erfahrung des Therapeuten im Umgang mit schizophrenen Patienten besonders wichtig. Es soll nämlich nicht vorrangig eine Veränderung oder gar gezielt eine Reduktion der Medikation angestrebt werden, sondern eine optimale Anpassung und ein verantwortungsbewußter und subjektiv sicherer Umgang mit der Medikamentendosierung. Günstig wäre, wenn die Patienten unter Anleitung des behandelnden Psychiaters eigene Erfahrungen mit Veränderungen der Dosierung gemacht haben oder machen können. Vorschläge für eine mögliche Anpassung der Neuroleptikadosierung müssen stets individuell besprochen werden. Hierbei sollten Handlungsanweisungen konkret benannt und die kontinuierliche Selbstbeobachtung fortgeschrieben werden. Mögliche Modifikationsvorschläge sind z.B. Veränderungen der Menge mit genauer Dosierungsangabe oder Variationen des Zeitintervalls der Einnahme.

Unter Berücksichtigung der systematisch registrierten Erfahrungen mit der Medikamenteneinnahme und den Erfahrungen aus der Vergangenheit werden Handlungsstrategien in bezug auf eine kurz- und langfristige Mitbestimmung der Patienten in der medikamentösen Behandlung erarbeitet. Dabei findet eine Kosten-Nutzen-Bewertung einer bestimmten Dosis statt. Jeder Patient soll nach Möglichkeit nach seinem Wissensstand kooperativ, zusammen mit dem Psychiater, rational mitentscheiden lernen, welche langfristige Dosis mit welchem Variationsspielraum für seine Situation angemessen ist. Deutlich werden sollte, daß es hier keine generelle, für alle Erkrankten verbindliche Richtschnur gibt. Über mögliche Konsequenzen der Dosismodifikationen (Rezidivgefahr) sollte immer Klarheit in der Gruppe hergestellt werden, um so eine Basis für eine realitätsgerechte Einschätzung des Verhaltens zu schaffen.

Es ist wünschenswert, daß jeder Teilnehmer zur nächsten Sitzung auf der Basis seines nun erweiterten Wissens und der Selbstbeobachtung einen konkreten Rahmen der Medikamentenmitbestimmung mit seinem Psychiater bespricht. Eine definitive Festlegung kann anschließend mit dem behandelnden Psychiater erfolgen, der, falls nicht identisch mit dem Gruppentherapeut, in jedem Fall aktiv miteinbezogen werden muß.

Danach werden erste Erfahrungen mit der Dosisfeineinstellung bzw. -veränderung besprochen. Hier ist eine gute Zusammenarbeit mit dem Psychiater Voraussetzung. Nur wenn der behandelnder Psychiater sich in bezug auf die Medikation auf die Bedürfnisse des Patienten einläßt, kann dieser auch seine Interessen vertreten. Umgekehrt kann der Arzt nur dann richtig beraten und mitentscheiden, wenn der Patient sich ihm gegenüber vertrauensvoll und offen verhält. Auf der Basis der regelmäßigen und kontinuierlichen Selbstbeobachtung des Befindens und der Neuroleptikaeinnahme soll nun das Medikationsverhalten modifiziert werden. Als Hilfestellung dazu tritt an die Stelle des Medikamenten-Wochenbogens ein sogenanntes Patienten-"Logbuch", ein Behandlungsbüchlein im Format eines Vokabelheftes, in dem der Patient Aspekte der Behandlung wöchentlich (nicht mehr täglich) registriert. Art und Dosis der Medikation, Veränderungen derselben im Vergleich zur Vorwoche, aber auch Befindlichkeit, Termine beim Behandelnden und Schwerpunkte des therapeutischen Gespräches sind vom Patienten zu notieren.

3. Phase der Früherkennung von drohenden Rezidiven/Erstellen eines Krisenplans

Die Erfahrungen der Patienten mit ihren individuellen Frühsymptomen sind Ausgangspunkte für prophylaktische Strategien (Herz et al., 1989). Machen Patienten und ihre Angehörigen wiederholt Erfahrungen mit schizophrenen Krankheitsepisoden, können sie die Vorboten der akuten Krankheitswelle meist gut benennen (Herz & Melville, 1980). Durch eine Analyse früher durchgemachter Rezidive können der Patient und auch seine Angehörigen erkennen, wodurch frühere Psychosen ausgelöst wurden, wie sie sich angekündigt haben, welche (suboptimalen) Bewältigungsstrategien bisher vorgenommen wurden und welche sich für die Zukunft anbieten. Aus der Kenntnis der Rückfallbedingungen kann der Patient also lernen, welche Lebensumstände für ihn in besonderer Weise belastend sind und damit ein Rückfallrisiko darstellen. Wenn sich diese Lebensbedingungen nicht verändern lassen, kann der Patient in Krisensituationen nach Rücksprache oder am besten in Korrespondenz mit seinem Psychiater über eine rasche und konsequente Intensivierung seiner neuroleptischen Behandlung mitentscheiden.

Zunächst muß jeder die Krankheitssymptome identifizieren, die in der Vergangenheit vor dem Auftreten der eigentlichen schizophrenen Symptomatik zu registrieren waren. Sodann wird besprochen, wie der einzelne auf diese sog. Frühsymptome reagierte, und wie erfolgreich diese Bewältigungsversuche in bezug auf die Rezidivprophylaxe waren. Gegebenenfalls werden optimale von suboptimalen oder schädlichen Bewältigungsstrategien gesondert oder Handlungsalternativen in der Gruppe diskutiert. Dann erarbeitet jeder einzelne eine Hierarchie der Schritte, die im Krisenfall zu unternehmen sind.

Insbesondere über die mögliche Mitarbeit von Bezugspersonen, etwa Angehörigen, im Umgang mit der Erkrankung und in bezug auf die Früherkennung von drohenden Rezidiven wird gesprochen. Neben der Mithilfe von Bezugspersonen ist der Einsatz oder die Dosiserhöhung der Neuroleptika die wichtigste Maßnahme zur Verhinderung eines Rezidives. Dies sind Beispiele für generell indizierte Maßnahmen. Die erarbeiteten Krisenbewältigungsstrategien werden gesammelt und mit den individuellen Frühsymptomen und einer Adressen- und Kontaktliste mit Telefonnummern (vom Therapeuten/Psychiater, behandelnden Institutionen etc.) in das bereits in der letzten Trainingsphase eingeführte Patienten-Logbuch eingetragen.

Am Ende des Programms erfolgt eine Rückschau mit Bewertung des Gesamtprogramms.

Eigene Befunde

Das Therapieprogramm wurde, gefördert vom Bundesministerium für Forschung und Technologie, im Rahmen einer prospektiven Interventionsstudie auf seine rezidivprophylaktische Wirksamkeit hin überprüft. (Das dabei angewendete Vorgehen umfaßte lediglich 10 Sitzungen, war inhaltlich jedoch mit dem hier beschriebenen identisch.)

Patienten und Methodik

Patienten

In die kontrollierte Studie wurden insgesamt 191 ambulant behandelte chronisch schizophrene Patienten (DSM-III-R, APA 1987) aufgenommen. 134 von ihnen erhielten nach der Randomisierung das psychoedukative Therapieprogramm alleine bzw. in Verbindung mit kognitiver Psychotherapie und/oder Bezugspersonenberatung, 57 wurden der Kontrollbedingung (Freizeitgruppe) zugeordnet. Alle Patienten sollten mit Neuroleptika zur Rezidivprophylaxe behandelt werden. 74 Patienten nahmen regelmäßig, d.h. an mehr als 70% der Gruppensitzungen, teil. Im Mittel 31,9 (SD 7,8) Jahre alt, im Alter von 23,9 (SD 6,6) Jahren erstmals erkrankt mit 4,4 (SD 3,1) Hospitalisierungen, unterschieden sie sich hinsichtlich der Randomisationskriterien nicht signifikant von den Patienten der Kontrollgruppe.

Untersuchungsplan

Die Patienten wurden vor Beginn und unmittelbar am Ende des Therapiezeitraums untersucht. Informationen über die medikamentöse Vorbehandlung und das Medikationsverhalten wurden mit Hilfe eines strukturierten Interviews ("Medikamentenfragebogen") gewonnen. Vorliegend wurden daraus 3 Items ausgewertet, die den subjektiv geschätzten Neuroleptikabedarf, die Zufriedenheit mit dem Medikamentenwissen und das Zutrauen in zukünftige Medikamentenmitbestimmung erfassen sollten. Außerdem wurde vom Untersucher die Medikamentencompliance dichotom eingeschätzt.

Die Auswertung der Daten erfolgte, abhängig vom Datenniveau, mittels Mann-Whitney-U-Test für unabhängige Stichproben (quantitatives Merkmal) oder chi^2-Test bei kategorialen Daten. Die Signifikanztests hatten explorativen Charakter, das Signifikanzniveau wurde auf $p < 0,05$ festgelegt.

Ergebnisse

Medikamentencompliance

Die Medikamentencompliance war eines von mehreren Randomisierungskriterien. Bei deshalb annähernd gleicher Ausgangsverteilung wurde der Anteil der Patienten mit guter Medikamentencompliance in beiden Gruppen nach Gruppenende größer, in der Therapiegruppe deutlicher als in der Kontrollgruppe (Tabelle 1). Der berechnete Unterschied ist allerdings nicht statistisch signifikant (chi^2-Test, p=0,05).

Tabelle 1: Gute Compliance vor und nach dem psychoedukativen Training

	Vor Therapie	Nach Therapie	chi^2
Therapiegruppe N=	74 74.3%	67 91.0%	
Kontrollgruppe N=	57 72.4%	46 76.1%	p=0.05

Die Patienten wurden außerdem gefragt, ob sie ihrer Meinung nach Medikamente aufgrund ihrer Erkrankung benötigen (Item 3.1 Medikamenten-Fragebogen). In bezug auf eine bejahende Haltung finden sich bei der Nachuntersuchung in der Therapiegruppe genauso viele günstige Entwicklungen wie in der Kontrollgruppe (81,0% vs. 82,9%).

Subjektive Einschätzung des Informationsstands und der Befähigung zur Medikamentenmitbestimmung

Nach der Therapie waren aus der Therapiegruppe mehr Patienten als vorher (63,3% vs. 55,6%) mit ihrem Wissen über ihre Medikamente zufrieden. In der Kontrollgruppe sank der Anteil von 60,5% auf 44,7%. Die Gruppen unterscheiden sich dabei nicht statistisch signifikant.

Therapieteilnehmer schätzten ihre Befähigung zur Medikamentenmitbestimmung nach der Therapie anders als vorher ein (Tab. 2). Bei ähnlicher Ausgangssituation gab es mit Ende der Behandlung in der Therapiegruppe mehr Patienten als in der Kontrollgruppe, die sich nicht zutrauten, ihre Medikamente innerhalb bestimmter Grenzen eigenständig in Absprache mit dem Arzt zu dosieren (chi^2-Test, p<0,05). Es ist zu vermuten, daß die größere Vorsicht im eigenständigen Umgang mit Neuroleptika ein Lerneffekt der Therapiegruppen ist. Wichtiger Bestandteil der Gruppen war darauf hinzuweisen, daß Dosismodifikationen ohne Rücksprache mit dem Arzt risikoreich sind und deshalb vermieden werden müssen.

Tabelle 2: Patienten die sich zutrauen, in bestimmten abgesprochenen Grenzen die Neuroleptika selbst festzulegen

	Vor Therapie		Nach Therapie	
	Therapiegr.	Kontrollgr.	Therapiegr.	Kontrollgr.
N=	70	56	64	36
Ja	50.0%	58.9%	50.0%	61.1%
Nein	35.7%	28.6%	43.7%	22.1%
Unklar	14.3%	12.5%	6.3%	16.8%
chi^2	n.s.		p<0.05	

Bewertung

Ziel des Therapieprogramms ist ein möglichst autonomer und verantwortungsbewußter Umgang schizophrener Patienten mit ihrer Erkrankung und deren Behandlungsmodalitäten. Durch die Systematisierung des Vorgehens kann das Trainingsprogramm nicht nur wissenschaftlich evaluiert, sondern auch bezüglich seiner Praktikabilität weiter geprüft werden. Die im Rahmen der wissenschaftlichen Anwendung gewonnenen Erfahrungen unterstützen die positive Bewertung dieses psychoedukativen Vorgehens. So ist es z.B. wegen der Gruppenform nicht nur ökonomisch einsetzbar, sondern wird gerade deshalb von den Patienten sehr geschätzt. Auch die Therapieinhalte werden allgemein sehr gut akzeptiert. Was insbesondere die therapeutische Effektivität angeht, weisen die ersten Befunde auf ähnliche Ergebnisse hin, wie sie von anderen (psycho)-edukativen Verfahren her bekannt sind.

Kasuistik: Erfahrungen bei der Anwendung des PTS in einem tagesklinischen Setting

In der nachfolgenden Kasuistik werden praktische Erfahrungen mit dem PTS, das von der Autorin (Angela Kieserg) in einer Tagesklinik angewendet wird, berichtet. Dieses ist nicht das "ideale" Setting für die Durchführung des PTS, welches ursprünglich für ambulant behandelte Patienten in geschlossenen Gruppen konzipiert wurde. Dadurch ergibt sich die Notwendigkeit für einige praktische und inhaltliche Modifikationen. Wir haben uns trotzdem für die Darstellung einer Kasuistik aus dieser Institution entschieden, auch um die Notwendigkeit und Möglichkeit einer flexiblen Anpassung des Manuals an die dem einzelnen Therapeuten vorliegenden Rahmenbedingungen zu unterstreichen.

Rahmenbedingungen

Es handelt sich um eine Tagesklinik, die Anfang des Jahres 1995 neu eröffnet wurde; sie ist angegliedert an die akutpsychiatrische Abteilung "Klinik am Schloßgarten" in Dülmen/Westf., die die Pflichtversorgung für den umliegenden Landkreis Coesfeld (Einw. ca. 200.000) übernimmt.

Die Tagesklinik ist auf 15 Plätze angelegt. Das Angebot richtet sich derzeit primär an Patienten, die an Psychosen erkrankt sind. Die Patienten werden jeweils in 2 Gruppen behandelt. Neben ergo-, kunst- und bewegungstherapeutischen Angeboten, Alltagstraining, Literatur- und Märchengruppe findet einmal täglich am Vormittag für eine Stunde eine Psychotherapiegruppe statt. An den 5 Vormittagen der Woche findet jeweils dreimal eine "Soziale-Kompetenz-Gruppe" statt und zweimal eine "Informationsgruppe", in der nach dem PTS vorgegangen wird. Das bedeutet also, daß das PTS eingebettet ist in ein größeres allgemeines und auch spezifisches (psychotherapeutisches) Angebot. Das PTS versteht sich als ein Teilaspekt im Rahmen der Gesamtbehandlung. Die hier beschriebene Gruppe wird von einer Diplom-Psychologin (Angela Kieserg) und einer Fachkrankenschwester für Psychiatrie geleitet.

Teilnehmende Patienten

Herr A: ein 25jähriger Student, der im Sommer des vergangenen Jahres erstmals an einer paranoid-halluzinatorischen Psychose erkrankt ist. Im Zusammenhang mit der Vorbereitung für eine Reise in den Mittelmeerraum hatte er zunehmend den Eindruck, daß die Mitfahrer sich gegen ihn verschworen hätten, etwas gegen ihn planten und daß auf dieser Reise etwas Schlimmes passieren würde. Parallel hatte er seinen Lebenslauf für die geplante Kriegsdienstverweigerung geschrieben, sich dabei in grüblerischer Weise immer mehr mit seiner Kindheit auseinandergesetzt. Dabei hatte er den Eindruck, daß seine Hand beim Schreiben geführt würde. In zunehmendem Wahnerleben fühlte er sich von Gott berufen bzw. glaubte, selbst Gott zu sein, gleichzeitig fühlte er sich vom Teufel verfolgt. Er unternahm einen Suizidversuch, wurde anschließend in die psychiatrische Klinik eingeliefert. Nach zunächst guter Remission unter klassischen Neuroleptika kam es während des stationären Aufenthaltes zu einer erneuten Exarzerberation der produktiven Symptomatik und einem weiteren Suizidversuch; der Patient wurde dann mit Clozapin weiterbehandelt und mußte insgesamt über 6 Monate stationär behandelt werden; die psychotische Symptomatik ist vollständig abgeklungen. Von der Klinik aus wurde er an die Tagesklinik überwiesen.

Frau B.: eine 35jährige Patientin, Hausfrau, verheiratet mit 2 Kindern, die im letzten Jahr erstmals eine paranoid-halluzinatorische Episode erlebte. Schon seit längerer Zeit hatte sie nach verschiedenen Zusammenhängen geforscht, hatte mit Hilfe eines Kalenders und mehrerer Horoskope Daten ausfindig zu machen versucht, an denen etwas Schlimmes passiere. Sie hatte sich mit "Seelenwanderung" beschäftigt und über den Tod ihrer Familie und ihren eigenen Tod spekuliert. Nachdem die Patientin von der Richtigkeit ihrer Vermutungen überzeugt war und sich zusätzlich auch noch akustische Halluzinationen einstellten, kam es zu einem (körperlichen) Zusammenbruch. Sie wurde dann in die psychiatrische Klinik aufgenommen und dort über mehrere Wochen mit hochpotenten Neuroleptika behandelt.

Sie ist jetzt in einer Phase, die mit allen Kennzeichen einer depressiven Nachschwankung behaftet ist.

Frau C.: 29jährige ledige Patientin, die jetzt zum vierten Mal an einer Psychose aus dem schizophrenen Formenkreis erkrankt ist. Dem stationären Aufenthalt vorausgegangen war, daß die Patientin ihre Medikation (Clozapin) selbständig abgesetzt hatte, sie war dann zunehmend unruhig geworden, hatte sich am Arbeitsplatz (Lagerarbeit) belästigt gefühlt und sich laut schimpfend gegenüber Kollegen zur Wehr gesetzt. Auch hatte sie sich von Passanten in der Innenstadt manipuliert und bedroht gefühlt. Zu Beginn der vollstationären Behandlung wurden außerdem deutliche formale Denkstörungen festgestellt. Bei der Patientin fällt jetzt eine starke affektive Labilität auf, eine erhöhte Ablenkbarkeit und eine erhöhte paranoide Reaktionsbereitschaft mit flüchtigen Wahngedanken.

Herr D.: ein 27jähriger Patient, bei dem eine emotional instabile Persönlichkeit diagnostiziert wurde. Der Patient berichtet zum einen über starke Zwangsgedanken und -handlungen, sowie von einem permanenten Gefühl des Schwankens zwischen extremen Stimmungslagen. Er ist außerdem sehr fixiert auf verschiedene körperliche Veränderungen, z.B. seiner Haut. Er hat eine stark symbiotische Beziehung zu seiner Freundin. Er lebt bei den Eltern, ist gelernter Tischler, derzeit arbeitslos, hat den Arbeitsplatz schon sehr häufig gewechselt und immer wieder längere Phasen der Arbeitslosigkeit erlebt. Der Patient bezeichnet sich selbst als "lebensuntüchtig". Er hat in den letzten Jahren mehrere ambulante und stationäre Psychotherapieversuche gemacht und hat sich aus eigenem Antrieb an die Tagesklinik gewandt.

Herr G.: ein 25jähriger Patient, der mit 15 Jahren an einer schizophrenen Psychose erkrankt ist, damals unter dem Einfluß imperativer Stimmen fremdaggressiv wurde und in den letzten 10 Jahren in mehreren psychiatrischen Krankenhäusern teilweise über ein Jahr behandelt wurde. Seit einem Jahr ist keine produktive Symptomatik mehr bekannt. Der Patient hat keine Berufsausbildung, es liegt eine leichte Minderbegabung vor. Er weiß derzeit nicht, wie er seinen Tagesablauf gestalten und strukturieren soll. Beim Patienten fällt eine deutliche affektive Veränderung auf, er ist häufig in gehobener, nahezu unernster Stimmungslage, lacht viel und laut, ist im Kontakt distanzlos, seine Sprache ist schwer verständlich. Der Patient erhält eine vergleichsweise hohe Dosis von Neuroleptika, in Form einer Depotspritze sowie oraler hoch und niedrig potenter Neuroleptika. Er wurde vom sozialpsychiatrischen Dienst des Gesundheitsamtes an die Tagesklinik verwiesen.

Exemplarische Beschreibung von drei Gruppensitzungen

Es ist die *zweite Gruppensitzung*, Thema ist das Gespräch über die Diagnose "Schizophrenie". Hierzu werden zunächst die Symptome während der akuten Phase gesammelt ("woran hat sich gezeigt, daß Sie eine psychische Erkrankung hatten?"). Herrn A. fällt dies sehr schwer, er betont, daß er diese Phase seines Lebens am liebsten vergessen und nicht mehr daran erinnert werden wolle. Frau C. ist diejenige, die relativ bereitwillig über ihr Erleben in der akuten Welle berichtet: "Ich dachte, alle wären gegen mich, ich bin immer unruhiger geworden, ich habe die Medikamente abgesetzt. Irgendwas haben meine Mutter und meine Kollegen damals wirklich gegen mich geplant. Auf der Straße haben die Leute über mich geredet, das tun sie jetzt manchmal auch noch. Ich glaube, die wollten mich wirklich anmachen." Frau C. hat offenbar Schwierigkeiten, sich jetzt vom damaligen paranoiden Erleben zu distanzieren; die Gruppenleiterin greift ein und versucht zusammen mit Frau C. zu differenzieren, bei welchen Beeinträchtigungserlebnissen es sich um Wahngedanken handelt. Dies geschieht auch, um die anderen Teilnehmer, die zum Teil unruhig geworden sind, zu beruhigen. Die Differenzierung gelingt Frau C. ansatzweise. Auf Ansprache berichtet dann Frau B. über ihr paranoides Erleben: "Ich war mir sicher, endlich Antwort auf viele Fragen gefunden zu haben, alles war miteinander und vor allem mit mir verbunden. Ich konnte mich mit nichts mehr beschäftigen, meine Gedanken kreisten nur noch um ein Thema und gingen auch durcheinander. Ich konnte mich nicht mehr um den Haushalt und die Kinder kümmern." Als sie das Thema "Seelenwanderung" berührt, schaltet sich Herr A. ein und berichtet zögernd von seinen religiösen Wahnideen. Die Gruppenleiterin ermutigt ihn, dies ausführlicher zu tun. Plötzlich interveniert Herr G., der bisher betont hatte, er könne sich nicht daran erinnern, wie es war, als er krank war, das sei schon so lange her. Er steht auf, stellt sich in die Mitte des Raumes und berichtet mit lauter Stimme: "Das ist ja toll, das ist genauso wie bei mir gewesen, ich dachte auch, ich wäre der Teufel, und das mußte raus, das war wirklich so. Mein 'Ich' war plötzlich weg, und ein anderes 'Ich' war da, das war aber auch nicht der Teufel, das andere 'Ich' hatte nur das Gefühl, der Teufel zu sein". Die anderen Patienten sind offensichtlich beeindruckt von dieser sehr authentischen Beschreibung; von hier ausgehend werden die Patienten ermuntert, über erlebte Ich-Störungen zu sprechen, was von Herrn A. sehr gerne aufgenommen wird.

Herr D., der zunächst zugehört hatte, ergreift das Wort und schildert ausführlich seine Zwangssymptome (z.B. durch bestimmte Rituale Gefahr abwenden zu müssen) und fragt, ob es sich hierbei auch um Wahngedanken handelt (der Begriff war zuvor von der Therapeutin eingeführt worden). Die Therapeutin erläutert den Unterschied zwischen Zwangs- und Wahngedanken (Ich-Dystonie vs. Syntonie), ermuntert dann jedoch Herrn D., auch seine Symptomatik ausführlich zu schildern.

Die Patienten werden dann gefragt, was eigentlich das Schlimmste im subjektiven Erleben der Psychose sei; nach einer Schweigephase spricht Herr A. darüber, wie einsam und allein und wie voller Angst er sich gefühlt habe. "Niemand hat mich verstanden, keinem konnte ich erklären, was mit mir los ist, ich hatte so schreckliche Angst, und ich fühlte mich eingesperrt...". Frau B.:" Ich war so unsicher, ich fühlte, daß etwas passieren mußte, und ich hatte solche Angst davor. Das Schlimmste war, daß ich gespürt habe, daß ich mich immer weiter innerlich von meinem Mann und den Kindern entfernen mußte".

Es wird dann über den Begriff "Schizophrenie" bzw. "schizophrene Psychose" gesprochen, den alle Patienten kennen. Die negativen Konnotationen des Begriffes werden zu präzisieren versucht (z.B. Unheilbarkeit, Unberechenbarkeit, Verrücktheit) und ein möglicher sinnvoller Gebrauch des Wortes diskutiert ("die Diagnose wird in der Psychiatrie benutzt, obwohl das Wort selbst nicht sehr glücklich gewählt ist; sie ist die Bezeichnung für eine bestimmte Symptomgruppe und erleichtert das Gespräch innerhalb der Psychiatrie"). Es wird dann noch auf die im Vergleich zu früher veränderten Ansichten über Verlauf, Prognose und Behandlung verwiesen.

Außerdem wird an dieser Stelle deutlich betont, daß Herr D. nicht an einer Psychose leidet; Bezeichnungen für sein Krankheitsbild werden überlegt, und ihm wird die psychiatrische Diagnose "Persönlichkeitsstörung" genannt und erläutert (längerdauernde Beeinträchtigung ohne akuten Beginn, kein periodischer Verlauf, sondern praktisch permanent bestehende Beeinträchtigung).

In der Rückmelderunde äußern sich alle Patienten sehr positiv. Herr A. meint, es habe gutgetan, doch noch einmal über alles zu reden, Frau B. betont, sie fühle sich etwas lockerer. Herr G. meint, es habe Spaß gemacht, Herr D. ist "nicht so recht zufrieden".

Es ist die *vierte Sitzung*, Thema ist die Wirkweise der Neuroleptika. In dieser Sitzung herrscht der Vortragsstil vor. Mit Hilfe der Abbildung 4 des Manuals zum PTS wird die Funktionsweise von Neuroleptika bzw. ihre Wirkung im synaptischen Spalt erklärt. Herr A. ist sehr interessiert, fragt immer wieder nach. Er ist sehr bemüht darum, daß auch die anderen alles verstehen, bietet sich an, Herrn D. den Sachverhalt jetzt und auch nach der Stunde noch einmal zu erklären. Herr D. hatte nach 5 Minuten gesagt, er verstehe das alles nicht, das sei zu hoch für ihn, er wolle lieber rauchen gehen; nach dem Angebot von Herrn A. wird er ruhiger und bleibt die ganze Sitzung über im Raum.

Frau C. fragt mehrmals nach, ob es denn wirklich so sei, daß sie viele kleine Kügelchen im Kopf habe, das mache ihr Angst. Sie neigt auch in dieser Sitzung dazu, sehr stark konkretistisch zu denken und auch wieder paranoide Ideen zu entwickeln. Die Therapeutin betont, daß es sich um eine Modellvorstellung handelt, um den Versuch einer anschaulichen Darstellung, die aber nicht die "Wirklichkeit" abbildet. Frau C. betont daraufhin, daß es ihr wichtig sei, zu sehen, daß die Medikamente doch etwas Sinnvolles bewirken würden: "Irgendwie stellen die ja das Gleichgewicht wieder her, was man selbst in dieser Zeit nicht machen kann". Herr D. ist ebenfalls sehr interessiert, fragt mehrmals nach, ob er nicht auch Medikamente haben könne und läßt sich die Wirkweise noch einmal genau erklären. Ihm wird deutlich gemacht, daß bei seiner Störung keine so klaren Befunde über eine Transmitterstörung bestehen und Medikamente deshalb auch nicht generell verabreicht werden, sondern nur zur Unterstützung in besonderen Situationen. Herr D. fragt dann, unterstützt von Frau B., weiter nach, wie denn das Gehirn überhaupt funktioniere, und ob der Dopaminüberschuß die Psychose "mache" und man deshalb "falsch denke". Aufgrund dieser Rückfragen wird von der Therapeutin die Reizleitung im normalen Ablauf und im psychotischen Zustand beschrieben, wobei dieser Sachverhalt über die im PTS beschriebenen Elemente hinausgeht. Die Veränderung der Sinneswahrnehmung, die "Reizüberflutung" im Gehirn werden physiologisch erläutert. Daran anschließend wird der möglicherweise kompensatorische Charakter der Wahngedanken beschrieben: "Wenn man merkt, daß sich die Wahrnehmung verändert und man seine Gedanken nicht mehr kontrollieren kann, dann kann es sein, daß man dafür nach Erklärungen sucht, die z.B. darin bestehen, daß man denkt, über besondere, auch göttliche Fähigkeiten zu verfügen oder von einer fremden Macht beeinflußt zu sein". Dieser Sachverhalt wird von Herrn A. interessiert aufgenommen und er beschreibt, wie sich die Wahngedanken von einer ersten Wahnstimmung zu einem ausgeprägten System verdichteten, "so, als ob etwas in mir versucht hat, alles zu ordnen". Auch Frau B. beschreibt, wie es war, als sie versuchte, "alles, was sich verändert hat, zu erklären und überall Zusammenhänge zu suchen, die mir ein Gefühl der Sicherheit geben sollten, obwohl sie das nachher nicht getan haben".

Es wird dann noch einmal zum Thema Dopaminüberschuß und Wirkweise der Medikation übergeleitet und die Rolle der Medikation betont. Die Patienten fragen nach der Langzeitwirkung der Medikamente, nach der Abhängigkeitsgefahr und betonen durchgängig, das Grundprinzip des Modells verstanden zu haben.

In der Rückmelderunde sind alle von dieser Sitzung begeistert und betonen, sie hätten viel gelernt.

Es ist die *11. Sitzung*, Thema sind die Frühsymptome. Zunächst wird die Sitzung eingeleitet. Deutlich ist bereits nach der Einleitung, daß Herr A. und Frau B. eine gewisse Betroffenheit zeigen bzgl. der Gefahr einer Wiedererkrankung, obwohl dieser Sachverhalt bereits mehrmals angesprochen wurde. Herr A. betont, daß die Krankheit ganz plötzlich über ihn hereingebrochen sei, daß er nichts davon vorher gemerkt habe, daß er sich erst im Krankenhaus als krank wahrgenommen habe.

Frau C. kann ihre Frühsymptome recht gut beschreiben, allerdings fällt die Unterscheidung zwischen Früh- und Krankheitssymptomen schwer: "Ich habe die Medikamente abgesetzt, weil ich dachte, die brauche ich nicht mehr; ich bin immer mißtrauischer geworden, insbesondere meiner Mutter gegenüber, der ich sonst immer sehr vertraue. Ich hatte das Gefühl, in Autokennzeichen seien geheime Botschaften verborgen. Ich war sehr unruhig, konnte nicht mehr schlafen. Ich wäre niemals zum Arzt gekommen, denn der hätte mir nur wieder Medikamente aufgeschrieben."Frau B. beginnt auf Aufforderung, ihre Frühsymptome zu schildern; sie beschreibt, wie sehr sie auf symbolische Zahlen- und Datenkonstellationen geachtet hat, auch, wie sie sich immer mehr von ihrem Mann distanziert hat. Hierbei stellt sich für Frau B. erstmals heraus, daß ein präpsychotischer Prozeß sich wohl über ein ¾ Jahr hingezogen hat, in dem zunehmender Rückzug, Beschäftigung mit sich selbst, aber auch eine Wahnstimmung sich breit machten. Dies führt bei Frau B. zu Betroffenheit "ich habe damals doch gar nichts davon bemerkt!" Die Therapeutin erläutert Frau B., daß dies bei vielen Patienten so ist, und daß dies wenig über die Frage des Eintritts und der Art einer Wiedererkrankung aussagt. Sie wird ermuntert, zukunfts- und bewältigungsorientiert weiterzudenken ("wichtig ist, die Möglichkeit eines Rückfalls zu kennen und zu wissen, wie man sich dann verhalten kann. Sie haben Möglichkeiten, sich dann anders zu verhalten als damals").

Aufgrund dieser ausführlichen Beschreibung und weiterer präziser Nachfragen durch die Therapeutin kann Herr A. nun ebenfalls seine Frühsymptome benennen: erstmals wird ihm hier deutlich, wie sehr sich der formale Gedankengang verändert hat (Herr A. holt zu Hause seine schriftliche Aufzeichnungen aus dieser Zeit hervor, in denen sich dies sehr deutlich zeigt). Auch die zunehmende Wahnstimmung kann er benennen: "Ja, wenn ich mir das jetzt so klar mache, hätte ich schon Wochen vorher drauf kommen können, daß etwas mit mir nicht stimmte; vielleicht hätte ich auch etwas dagegen unternehmen können". Herr D. bekommt eine leicht veränderte Aufgabenstellung; er soll benennen, wie sich bei ihm Krisen, verstanden als deutliche Verschlechterung seines Befindens (Ohnmachtsgefühle, selbstschädigende Handlungen), ankündigen bzw. zu beschreiben versuchen, wann, in welchem Rhythmus und unter welchen Umständen diese auftauchen.

Nachdem die Patienten ihren bisherigen Umgang mit Frühsymptomen geschildert haben, werden nun individuelle Krisenpläne entworfen: hier ist Herr A. sehr aktiv am Gruppengeschehen beteiligt, benennt viele autoprotektive Strategien (Ablenkung, Gespräch mit verschiedenen Familienangehörigen und Freunden, "die Zettel lesen, die ich aus der Tagesklinik mitgenommen habe"). Er zögert zunächst, Strategien mit professioneller Hilfeleistung aufzuschreiben oder gar eine Klinikeinweisung in Erwägung zu ziehen. Als Herr G. dies sehr ausführlich tut ("klar, da gehe ich doch lieber sofort in die Klinik, bevor ich Angst kriege, daß ich einem etwas antue"), wird er sehr nachdenklich. Als auch Frau C. betont, sie werde "beim nächsten Mal" möglichst frühzeitig einen Arzt aufsuchen, von diesem eine Erhöhung der Medikation verlangen und ggf. auch in die Klinik gehen, meint Herr A., er finde es doch irgendwie gut, daß die anderen das so sagen würden, "als ob das ganz normal ist". Die Therapeutin regt einen Austausch darüber an, wie "schlimm" es ist, bei einer Wiedererkrankung wieder in die Klinik zu müssen ("natürlich ist diese Vorstellung unangenehm, und wir überlegen derzeit ja auch, was man im

Vorfeld tun kann, eine Wiederaufnahme zu verhindern. Aber eine Wiederaufnahme muß auch keine Katastrophe sein".) Daraufhin betont Herr A., daß er sich entlastet fühle, denn er kenne nun einige Strategien "für vorher", sehe aber auch, daß es doch "kein Weltuntergang" sei, wenn er noch einmal in die Klinik müsse.

Frau B. hat für sich herausgefunden, daß sie unbedingt mit ihrem Mann über die Frühsymptome und den Krisenplan reden will, denn er solle ihr helfen und sie insbesondere bei der Identifikation der Frühsymptome unterstützen. Hieraus ergibt sich für Frau B., daß sie mit ihrem Mann überhaupt noch einmal ausführlich über die Erkrankung reden will, dies ist bisher noch nicht (intensiv) geschehen. Die Therapeutin bietet an, ggf. ein Gespräch mit ihm zusammen zu vereinbaren. Herr G. betont, für ihn sei das Thema zu "schwierig", er wolle lieber sofort zu seinem Psychiater gehen, wenn es ihm wieder schlecht gehe, oder sofort in die Klinik, alles andere sei "zu schwierig" für ihn. Es wird von der Therapeutin betont, daß es sich bei diesen Überlegungen ebenfalls um einen "Krisenplan" handelt, und daß dieser für Herrn G. absolut angemessen sei. Die Unterschiedlichkeit, aber Gleichwertigkeit aller Bewältigungsstrategien wird betont.

Auch Herr D. hat einige Ideen entwickelt, was er bei einer Verschlechterung seines Zustandes tun kann, um es nicht zu einer Eskalation kommen zu lassen (rausgehen, joggen, Sauna). Er betont jedoch, er wolle überlegen, wie er schon im Vorfeld solche Spannungszustände vermeiden könne und bittet die Therapeutin um Einzelgespräche zu diesem Thema. Zum Ende der Sitzung betont die Therapeutin, daß die Krisenpläne bis zur nächsten Sitzung von jedem aufgezeichnet werden sollen und man dann diese noch weiter konkretisieren und vielleicht verbessern wolle.

Diskussion

Aus der Kasuistik sollte deutlich geworden sein, daß ein tagesklinisches Setting eine Reihe von Vorteilen, aber auch von Schwierigkeiten für die Durchführung des PTS beinhaltet.

Zu den Vorteilen gehört, daß die Inhalte des PTS bei Bedarf jeweils anschließend im Einzelgespräch aufgearbeitet oder vertieft werden können. Wenn einzelne Themen sehr belastend sind und sie im Rahmen der Gruppensitzung nicht mehr bearbeitet werden können, ist das im Einzelgespräch möglich; so z.B. Themen wie "Möglichkeit der Wiedererkrankung", "Vererbung (bezogen auf eigene Kinder)" etc. Außerdem hat es sich auch bewährt, innerhalb einzelner Gruppensitzungen eine Einzelarbeit zu ermöglichen: bei der Erarbeitung der individuellen Frühsymptomliste und des Krisenplans kann es z.B. notwendig sein, daß einige Patienten spezielle Unterstützung benötigen, die sie dann von einer der beiden Gruppenleiterinnen erhalten.

Ein weiterer Vorteil ist, daß die Patienten von der Sozialen-Kompetenz-Gruppe ein problemorientiertes Vorgehen gewohnt und mit der Methode des Rollenspiels vertraut sind, sodaß diese Möglichkeiten auch im PTS zur Verfügung stehen.

Zu den Nachteilen gehört, daß die Gruppen nicht vollständig diagnosespezifisch durchgeführt werden können: es nehmen jeweils auch persönlichkeitsgestörte oder schwer gestörte neurotische Patienten teil. Hier ist ein klar strukturiertes und deutliches Vorgehen der Gruppenleiter notwendig, damit es nicht dazu kommt, daß Nicht-Psychotiker anfangen, bei sich nach psychotischen Symptomen zu "suchen" oder sich fälschlich mit dieser Diagnose identifizieren. In der 2. Sitzung mit dem Thema "Diagnose Schizophrenie" muß klar herausgearbeitet werden, welche Patienten unter einer Psychose leiden und welche nicht. In anderen Gruppensitzungen gibt es zwei unterschiedliche Wege. So wird beispielsweise bei einem Thema wie "Krisenplan/Frühsymptome" der Inhalt für die nicht-psychotischen Patienten leicht abgewandelt angewandt: auch diese Patienten werden dazu angeregt, nach "besonderen Krisensituationen" Ausschau zu halten, nach deren Anzeichen und nach Bewältigungsmöglichkeiten. Darüberhinaus werden für diese Patienten einige zusätzliche Einheiten zum Krankheitsverständnis, zu Ursachen und zum Umgang mit der Erkrankung angeboten: z.B. Symptomatik der Erkrankung, spezifische Sozialisationsdefizite, spezifische kognitive Strukturen, aufrechterhaltende Bedingungen etc. Natürlich ist es hier dann umgekehrt wichtig, diese Inhalte für die Psychotiker verständlich und handhabbar zu gestalten. Nach anfänglichen Schwierigkeiten haben wir gemerkt, daß dies am besten durchführbar ist, wenn unsererseits ein klares Konzept bzgl. sämtlicher Störungsbilder vorhanden ist, und die Unterschiede zwischen den Erkrankungen von uns klar benannt werden. Der Rahmen des PTS wird jedoch immer beibehalten und damit auch die primäre Ausrichtung an Psychotikern. So entstehen derzeit sozusagen parallel Überlegungen zu einem psychoedukativen Vorgehen mit Persönlichkeitsgestörten und Neurosekranken.

Dabei werden auch Fragen grundsätzlicher Natur aufgeworfen. Ist es sinnvoll, den Bewältigungsgedanken für diese Krankheitsbilder in den Vordergrund zu stellen, der ja davon ausgeht, daß ein Leben *mit* der Erkrankung bevorsteht, statt des Versuches, eine grundlegende Verhaltensmodifikation zur Beseitigung der Störung anzustreben? U.E. kann jedoch auch für Persönlichkeitsgestörte der Aufbau eines funktionalen Krankheitskonzeptes, der Gedanke "Bewältigung statt Heilung", sowie die Erstellung eines Krisenplans durchaus sinnvoll sein.

Ein weiteres Problem ist, daß die Gruppen nicht geschlossen durchgeführt werden können - es werden kontinuierlich Patienten entlassen oder neu aufgenommen, die dann in die jeweiligen Gruppen integriert werden müssen. Hier wird so vorgegangen, daß für neue Patienten jeweils eine spezielle Einführungsstunde in das PTS in der Gruppe stattfindet. Die "alten" Patienten stellen sich mit ihrer Erkrankung und mit dem bisher erworbenen Wissen vor; der neue Patient hat die Gelegenheit, sich ebenfalls hinsichtlich seiner Erkrankung vorzustellen und Fragen zu stellen. So können neue Patienten durch diejenigen, die schon länger dabei sind, auf den derzeitigen Wissensstand der Gruppe gebracht werden. Es ist jedoch nach unseren Erfahrungen auch ohne größere Probleme möglich, daß ein Patient zunächst den zweiten oder dritten Teil des PTS mitmacht und anschließend erst den ersten Teil.

Das PTS wird über einen Zeitraum von ca. 10 Wochen durchgeführt und beginnt dann "von vorne". Dies bedeutet auch, daß einzelne Patienten, die über einen längeren Zeitraum in der Tagesklinik bleiben, dann das Programm noch einmal durchlaufen. Dies hat sich jedoch bisher nicht als Problem dargestellt. Die Patienten sehen durchaus einen Sinn darin, schon erhaltene Informationen noch einmal zu vertiefen, sie noch einmal unter neuen Aspekten zu betrachten. Diese neuen

Aspekte entstehen schon allein durch neue Gruppenmitglieder, die ihre individuellen Erfahrungen einbringen.

Im Laufe der Zeit ergaben sich für uns auch einige Veränderungen, die wir zum Teil derzeit noch erproben. Der wichtigste Punkt betrifft hierbei eine Kürzung des mittleren Teils "Medikamentenmitbestimmung". Die Patienten werden über die Tagesklinik psychiatrisch versorgt, suchen keinen niedergelassenen Arzt auf. Die Medikamenteneinnahme wird kontrolliert, und, unserem Ansatz entsprechend, finden enge Absprachen bezüglich Dosierung und Einnahme mit den Patienten ohnehin statt, so daß keine Notwendigkeit für ein explizites Training in Medikamentenmitbestimmung sowie für eine Verhaltensbeobachtung beim Medikamentenverhalten besteht. Allerdings werden die Erfahrungen mit früheren Behandlern und Klinikaufenthalten in ein bis zwei Sitzungen aufbereitet, sowie Überlegungen zur Mitbestimmung/Gespräch mit dem (nach dem TK-Aufenthalt weiterbehandelnden) Arzt in Rollenspielen vorbereitet.

Eine Erweiterung findet statt im Bereich "Frühsymptome erkennen und Krisenplan entwerfen". Hier werden zunehmend auch "Kritische bzw. Streßsituationen, die mich destabilisieren" bearbeitet und hierfür konkrete Lösungsmöglichkeiten entworfen. Der Blick wird also nicht nur gerichtet auf die Frage, "was ist, wenn Frühsymptome auftreten", sondern zunehmend auch darauf, "was ist, wenn ich eine Krisensituation erlebe".

Die Patienten in der Tagesklinik reagieren ausgesprochen positiv auf das PTS. Es gehört zu den besonders beliebten Gruppenangeboten, wird beim Wochenrückblick häufig als positive Erfahrung genannt. Dies mag zum einen daran liegen, daß den Patienten im PTS weniger Aktivität als in der Sozialen-Kompetenz-Gruppe abverlangt wird, wo kontinuierlich mit Rollenspielen gearbeitet wird. Das PTS ist im Vergleich dazu ein eher "passives" Angebot. Andererseits "befruchtet" das PTS häufig auch die Soziale-Kompetenz-Gruppe, indem Themen aus dem PTS wie "am Arbeitsplatz mit Kollegen über die Erkrankung sprechen" oder "mit den Eltern über den Umgang mit der Erkrankung reden" von den Patienten als Themenvorschläge im Sozialen-Kompetenz-Training genannt werden. Ebenso fließen viele Anregungen aus der "Informationsgruppe" in die Einzelarbeit und umgekehrt. Auch betonen die Patienten häufig, daß sie sich durch die "Informationsgruppe" "irgendwie gleichberechtigter" fühlen. Daraus schlußfolgern wir, daß sie nicht nur die ihnen vermittelten Informationen sehr schätzen, sondern auch unseren therapeutischen Stil. Im PTS geht es nicht nur um reine Informationsvermittlung, sondern um ein eigenständiges psychotherapeutisches Vorgehen, bei dem für die Patienten häufig sehr bewegende Prozesse in Gang kommen. "Oberflächlich" betrachtet wird Wissen vermittelt und werden Erfahrungen ausgetauscht, aber mit Unterstützung durch die sachliche und nüchterne Struktur bzw. Atmosphäre gelingt es den Patienten, sich mit ihrer Krankheit auseinanderzusetzen und ein Gefühl für eigene Bewältigungs- und Kontrollmöglichkeiten zu bekommen.

Neben der hier beschriebenen Gruppenarbeit werden die Grundgedanken des PTS bzw. Elemente daraus von uns auch in der Angehörigenarbeit der TK und in der Einzelarbeit mit Patienten im stationären Bereich angewandt. Beides ist nach unseren Erfahrungen gut möglich. Angehörige erleben durch den informationszentrierten, eher sachlich-nüchternen Stil häufig eine Entlastung von Schuldgefühlen und diffusen Ängsten, dadurch wird in einem zweiten Schritt häufig eine intensive Auseinandersetzung mit eigenen Problemen möglich. Stärker beeinträchtigte Patienten im Akutbereich können mit Hilfe des PTS in der Einzelarbeit zu einer ersten Hinwendung zum Aufbau eines funktionalen Krankheitskonzeptes angeregt werden und zu einem ersten Blick auf die eigenen Bewältigungsfähigkeiten.

Literatur

American Psychiatric Association (1987). Diagnostic and Statistical Manual of Mental Disorders. 3rd Edition, Revised. Washington DC: American Psychiatric Association

Anderson, C.M.; Hogarty G.E. & Reiss, D.J. (1980). Family Treatment of Adult Schizophrenic Patients: a Psychoeducational Approach. *Schizophr Bull*, 6, 490-505

Ascher-Svanum, M. (1989). A Psychoeducational Intervention for Schizophrenic Patients. *Patient Educ Couns*, 14, 81-87

Batey, S.R. & Ledbetter, J.E. (1982). Medication Education for Patients in a Partial Hospitalization Program. *J. Psychosoc Nurs Ment Health*, 20, 7-10

Bäuml, J.; Bals, B.; Schlag, K.; Kissling, W. & Lauter, H. (1990). Informationszentrierte Angehörigengruppen zur Compliance-Verbesserung bei der Rezidivprophylaxe von schizophrenen Psychosen-Ergebnisse einer 1-Jahres-Katamnese. *Z Neurol Psychiat*, 255, 278

Böker, W. (1992). Rehabilitationsprogramme für chronisch schizophrene Patienten. In: Rifkin, A. & Osterheider, M. (Hrsg). Schizophrenie - aktuelle Trends und Behandlungsprogramme. Berlin, Heidelberg: Springer, S. 187-203

Bozckowski, J.A.; Zeichner, A. & DeSanto, N. (1985). Neuroleptic Compliance among Schizophrenic Outpatients: an Intervention Outcome Report. *J Consult Clin Psychol*, 53, 666-671

Brown, G.W.; Birley, J.L.T. & Wing, J. (1972). Influence of Family Life on the Course of Schizophrenic Disorders: a Replication. *Br J Psychiatry*, 121, 241-258

Brown, C.S.; Wright, R.G. & Christensen, D.B. (1987). Association Between Type of Medication, Instruction and Patients' Knowledge, Side Effects, and Compliance. *Hosp Community Psychiatry*, 38, 55-60

Buchkremer, G. & Fiedler, P. (1987). Kognitive versus handlungsorientierte Therapie. Vergleich zweier psychotherapeutischer Methoden zur Rezidivprophylaxe bei schizophrenen Patienten. *Nervenarzt*, 58, 481-488

Buchkremer; G.; van der Ven, M. & Schulze Mönking, H. (1988). Medikamentenmitbestimmung - ein psychotherapeutisches Ziel bei schizophrenen Patienten. In: Helmchen, H.; Hippius, H. & Tölle, R. (Hrsg). Therapie mit Neuroleptika - Perazin. Stuttgart: Thieme, S 125-128

Buchkremer, G. & Windgassen, K. (1987). Leitlinien des psychotherapeutischen Umgangs mit schizophrenen Patienten - Was ist den verschiedenen Schulen und Methoden gemeinsam? *Psychother Psychosom med Psychol*, 12, 401-436

Davis, J.M. (1975). Overview: Maintenance Therapy in Psychiatry: I. Schizophrenia. *Am J Psychiatry*, 132, 1237-1245

Eckman, T.A.; Liberman, R.P.; Phipps, C.C. & Blair, K.E. (1990). Teaching Medication Management Skills to Schizophrenic Patients. *J Clin Psychopharmacol*, 10, 33-38

Falloon, I.R.H.; Boyd, J.L.; McGill, C.W.; Razani, J.; Moss, M.B. & Gilderman, A.M. (1982). Family Management in the Prevention of Exacerbations of Schizophrenia. A Controlled Study. *New Engl J Med*, 306, 1437-40

Gmür, M. (1991). The 12-year Clinical Course of Schizophrenia. *Soc Psychiatry Psychiatr Epidemiol*, 26, 202-211

Goldman, C.H.R. & Quinn, F.L. (1988). Toward a Definition of Psychoeducation. *Hosp Community Psychiatry*, 39, 666-668

Goldstein, M.J. (1994). Psychoeducational and Family Therapy in Relapse Prevention. *Acta Psychiatr Scand*, 89 (suppl 382), 54-57

Hatfield, A.B. (1988). Issues in Psychoeducation for Families of the Mentally Ill. *Internat J Mental Health*, 17, 48-64

Herz, M.I. & Melville, C. (1980). Relapse in Schizophrenia. *Am J Psychiat*, 137, 801-805

Herz, M.J.; Szymanski, H.V. & Simon, J.C. (1982). Intermittent Medication for Stable Schizophrenic Outpatients. An Alternative to Maintenance Medication. *Am Journal Psy*, 139, 918-22

Herz, M.J.; Glazer, W.; Mirza, M.; Mostert, M. & Hafez, H. (1989). Treating Prodromal Episodes to Prevent Relapse in Schizophrenia. *Br J Psychiatry 155/suppl*, 123-127

Herz, M.J.; Glazer, W. & Mostert, M.A. & Sheard, M.A.; Szymanski, H.V.; Hafez, H.; Mirza, M. & Vana, J. (1991) Intermittent Versus Maintenance Medication in Schizophrenia: Two-Year Results. *Arch Gen Psychiat*, 48, 333-339

Hirsch, S.R.; Jolley, A.G.; Manchanda, R. & McRink, A. (1986). Frühzeitige medikamentöse Intervention als Alternative zur Depot-Dauer-Medikation in der Schizophreniebehandlung: Ein vorläufiger Bericht. In: Böker, W. & Brenner, H.D. (Hrsg). Die Bewältigung der Schizophrenie. Bern: Huber, S 62-71

Hogarty, G.E.; Anderson, C.M.; Reiss, D.J.; Kornblith, S.J.; Greenwald, D.P.; Javna, C.D. & Madonia, M.J. (1986). Family Psychoeducation, Sovcial Skills Training, and Maintenance Chemotherapy in the Aftercare of Schizophrenia I. One-year Effects. *Arch Gen Psychiatry*, 43, 633-642

Hornung, W.P.; Buchkremer, G. & Redbrake, M. (1990). Codetermination of Medication as a Step Towards Improved Compliance: the Patients' Viewpoint. *Schizophr Res*, 3, 41

Johnson, D.A.W.; Ludlow, J.M.; Stark, T. & Taylor, R.D.W. (1987). Double-Blind Comparison of Half-Dose and Standard-Dose Flupenthixol Decanoate in the Maintenance Treatment of Stabilised Outpatients with Schizophrenia. *Br J Psychiatry*, 151, 634- 638

Jolley, A.G.; Hirsch; S.R.; Morrison, E.; McRink, A. & Wilson, L. (1990). Trial of Brief Intermittent Neuroleptic Prophylaxis for Selected Schizophrenic Outpatients. Clinical and Social Outcome at Two Year. *Br Med J*, 301, 837-842

Kaluzny Streicker, S.; Amdur, M. & Dincin, J. (1986). Educating Patients about Psychiatric Medications: Failure to Enhance Compliance. *Psychosoc Rehabil*, 9, 15-28

Kane, J.M.; Rifkin, A.; Woerner, M.; Reamow, G.; Sarantakos, S.; Schiebel, D. & Ramos-Lorenzi, J. (1983). Low-Dose Neuroleptic Treatment of Outpatient Schizophrenics. *Arch Gen Psychiatry*, 40, 893-896

Kieserg, A. & Hornung, W.P. (1994). Psychoedukatives Training für schizophrene Patienten. Ein Behandlungsprogramm zur Rezidivprophylaxe. Tübingen: dgvt-Verlag

Kissling, W.; Kane, T.R.A.; Barnes, T.R.E.; Dencker, S.J.; Fleischhacker, W.W.; Goldstein, M.J.; Johnson, D.A.W.; Marder, S.R.; Müller-Spahn, F.; Tegeler, J.; Wistedt, B. & Woggon, B. (1991). Guidelines for Neuroleptic Relapse Prevention in Schizophrenia: Towards a Consensus View. In: Kissling, W. (Ed.). Guidelines for Neuroleptic Relapse Prevention in Schizophrenia. Berlin, Heidelberg: Springer, pp 94-108

Kunar, S.; Thara, R. & Rajkumar, S. (1989). Coping with Symptoms of Relapse in Schizophrenia. *Eur Arch Psychiatry Neurol*, 239, 213-215

Leff, J.; Kuipers, L.; Berkowitz, R.; Eberlein-Fries, R. & Stugeon, D. (1982). A Controlled trial of Social Intervention in the Families of Schizophrenic Patients. *Br J Psychiatry*, 141, 121-134

Lewandowski, L. & Buchkremer, G. (1988). Bifokale therapeutische Gruppenarbeit mit schizophrenen Patienten und ihren Angehörigen. Ergebnisse einer 5jährigen Katamnese. In: Kaschka, W.P.; Joraschky, P. & Lungershausen, E, (Hrsg). Die Schizophrenien. Biologische und familiendynamische Konzepte zur Pathogenese. Berlin, Heidelberg: Springer, S. 211-223

Marder, S.R.; van Putten, T.; Mintz, J.; Lebell, M.; McKenzie, J. & May, P.R.A. (1987). Low and Conventional Dose Maintenance Therapy with Fluphenazine Decanoate. *Arch Gen Psychiatry*, 44, 518-521

Maurer, K. & Biehl, H. (1988). Klinikaufenthalte und produktive Rückfälle bei ersterkrankten Schizophrenen. Determinanten des Zeitverlaufs zwischen stationären Aufnahmen bzw. schizophrenen Rezidiven über fünf Jahre. *Nervenheilkunde*, 7, 279-290

Pietzcker, A.; Gaebel, W.; Köpcke, W.; Linden, M.; Müller, P.; Müller-Spahn, F.; Schüssler, G. & Tegeler, J. (1986). A German Multicenter Study on the Neuroleptic Long-Term Therapy of Schizophrenic Patients. *Pharmacopsychiat*, 19, 161-166

Schooler, N.R. & Levine, J. (1983). Strategies for Enhancing Drug Therapy of Schizophrenia. *Am J Psychiatry*, 37, 521-532

Schuze Mönking, H. (1994). Self-Help Groups for Families of Schizophrenic Patients: Formation, Development and Therapeutic Impact. *Soc Psychiatry Psychiatric Epidemiol*, 29, 149-154

Seltzer, A.; Roncari, J. & Garfinkel, P. (1980). Effect of Patient Education on Medication Compliance. *Can J Psychiatry*, 25, 638-45

Shepherd, M.; Watt, D.; Falloon, I.R.H. & Smeeton, N. (1989) The Natural History of Schizophrenia. A five Year Follow Up Study of Outcome and Prediction in a Representative Sample of Schizophrenics. *Psychological Medicine*, Monograph suppl 15. Cambridge: Cambridge Press

Strachan, M. (1986). Family Intervention for the Rehabilitation of Schizophrenia: Toward protection and coping. *Schizophr Bull*, 12, 678-698

Tarrier, N.; Barrowclough, C.; Vaughn, C.; Bamrah, J.S.; Porceddu, K.; Watts, S. & Freeman, H. (1988). The Community Management of Schizophrenia: a Controlled Trial of a Behavioral Intervention with Families to Reduce Relapse. *Br J Psychiatry*, 153, 532-542

Vaughn, C.E. & Leff, J.P. (1976). The Influence of Familiy and Social Factors on the Course of Psychiatric Illness: a Comparison of Schizophrenic and Depressed Neurotic Patients. *Br J Psychiatry*, 129, 125-137

Wallace, C.J. & Liberman, R.P. (1985). Social Skills Training for Patients with Schizophrenia: a Controlled Clinical Trial. *Psychiatry Res*, 15, 239-247

Wöller, W. & Tegeler, J. (1983). Späte extrapyramidale Hyperkinesien. Klinik - Prävalenz - Pathophysiologie. *Fortschr Neurol Psychiatry*, 51, 131-157

Zubin, J. & Spring, B. (1977). Vulnerability - a New View of Schizophrenia. *J Abnorm Psychol*, 86, 103-126

VI.

Die Arbeit mit Familien bei der langfristigen Therapie schizophren Erkrankter

Umseitiges Bild:

ohne Titel
Andreas Bay

Psychoedukative Familienbetreuung als verhaltenstherapeutischer Ansatz zur Bewältigung schizophrener Psychosen

Heijo Dürr & Kurt Hahlweg

Einleitung

Schizophrene Erkrankungen bringen für die betroffenen Patienten neben der quälenden Symptomatik und der damit verbundenen Leistungsbeeinträchtigung eine ungünstige soziale Prognose mit sich. Dazu trägt wesentlich bei, daß die Krankheit relativ häufig chronisch oder rezidivierend verläuft, weshalb z.B. in einer Studie von Lässle, Pfister und Wittchen (1987) schizophrene Patienten im Zeitraum von sechs Jahren nach einer Klinikentlassung zu 80% erneut hospitalisiert werden mußten. Die vergleichsweise langdauernden und häufigen stationären Behandlungen belasten auch die medizinischen Versorgungssysteme ganz erheblich. So zeigte sich in einer australischen Studie von Andrews und Kollegen (1985), daß unter Berücksichtigung der direkten und indirekten Kosten Patienten mit Herzinfarkt insgesamt nur etwa doppelt so hohe Kosten verursachten wie schizophrene Patienten, obwohl Herzinfarkte sechsmal so häufig vorkamen. Die Abkehr von der bis in die 60er Jahre üblichen Langzeitbetreuung in Landeskrankenhäusern stellt im Hinblick auf die Lebensqualität der Patienten und die Entlastung der Versorgungseinrichtungen einen deutlichen Fortschritt dar. Die Angehörigen, die den größten Teil der ambulanten Betreuung übernehmen (Goldman & Gatozzi, 1981), sehen sich dadurch jedoch vor immense Probleme gestellt und reagieren häufig überfordert, ziehen sich z.B. von sozialen Kontakten zurück oder entwickeln selbst behandlungsbedürftige psychische Symptome, meist in Form von Depressionen und Ängsten (Creer & Wing, 1984; McCreadie et al., 1987). Psychosoziale Maßnahmen, die auf eine möglichst weitgehende Rehabilitation schizophrener Patienten abzielen, müssen vor diesem Hintergrund gerade auch bei den Familien ansetzen, die als eine der wichtigsten "Versorgungseinrichtungen" einen wesentlichen Einfluß auf den Krankheitsverlauf ausüben, zur Bewältigung der damit verbundenen Anforderungen und Belastungen aber dringend auf Unterstützung angewiesen sind.

Schizophrenie und Familie

Ätiologische Familientheorien und Behandlungsansätze

Systematische Theoriebildung und empirische Forschung zur Rolle der Familie bei schizophrenen Psychosen setzte in den 50er Jahren dieses Jahrhunderts ein und führte von Anfang an auch zur Entwicklung familientherapeutischer Behandlungsansätze. Die frühen Familientheorien beruhten auf der Annahme, daß Schizophrenien durch familiäre Faktoren verursacht seien, und verstanden die aus ihnen abgeleiteten therapeutischen Ansätze von daher als kausale Therapien (Bateson, Jackson, Haley & Weakland, 1956; Bowen, 1978; Wynne, Ryckoff, Day & Hirsch, 1958). Die zugrundeliegenden theoretischen Konzepte ließen sich jedoch ebensowenig empirisch belegen (Helmerson, 1983) wie die Wirksamkeit der auf ihnen beruhenden Therapieansätze (Massi & Beels, 1972). Nachdem sich außerdem die medikamentöse Behandlung mit Hilfe von Neuroleptika durchgesetzt hatte, trat der familientheoretische und -therapeutische Ansatz vorübergehend in den Hintergrund. Eine ausschließlich pharmakologische Therapie erwies sich jedoch als problematisch. Sie kann zwar in der Mehrzahl der Fälle die akute Symptomatik lindern und den kurzfristigen Verlauf günstig beeinflussen (Davis, Janicak, Chang & Klerman, 1982), bringt aber teilweise gravierende und irreversible Nebenwirkungen mit sich (Kane, Woerner, Weinhold, Wegner & Kinon, 1982) und ist bezüglich ihrer Wirkung auf die Negativsymptomatik umstritten (Serban, Siegel & Gaffney, 1992). Dies mag mit ein Grund dafür sein, daß familientheoretisches und -therapeutisches Denken in der Schizophrenieforschung wieder an Boden gewann, als man seit Ende der 70er Jahre das Konzept des emotionalen Familienklimas (EE) systematisch erforschte und dabei das alte Dogma der Verursachung von Schizophrenien durch familiäre Faktoren aufgab.

Das emotionale Familienklima und seine Stellung im VSBK-Modell

Ausgehend von den frühen Arbeiten von Brown und Kollegen (Brown, Birley & Wing, 1972) ging man systematisch der Frage nach, in welcher Weise die in einem Standard-Interview (Camberwell Family Interview; CFI, Vaughn & Leff, 1976) geäußerte Einstellung der Angehörigen gegenüber dem Patienten den Krankheitsverlauf beeinflußte. Im Hinblick auf Rückfälle der Patienten erwies sich eine familiäre Atmosphäre als ungünstig, die durch häufige und massive Kritik und/oder emotionales Überengagement der Angehörigen gekennzeichnet ist. Die Rezidivquote lag in solchen Fällen bei durchschnittlich 51% innerhalb von 9-12 Monaten, in Familien ohne diese Merkmale dagegen nur bei 23% (Kavanagh, 1992). Um zu klären, auf welchem Weg das emotionale Familienklima den Krankheitsverlauf beeinflußt, untersuchte man die psychophysiologische Aktivation schizophrener Patienten, wenn sie mit kritischen oder emotional überinvolvierten bzw. wenn sie mit emotional neutral eingestellten Angehörigen in direktem Kontakt standen. Daß die autonome Erregung der Patienten im letzteren Fall signifikant niedriger lag (Tarrier & Turpin, 1992), ließ auf eine chronische, den Patienten überfordernde Streßbelastung in emotional kritischen Familien schließen. Genau in diese Richtung wiesen auch Befunde, wonach das Interaktionsverhalten der Angehörigen und der Patienten in solchen Familien von negativerem verbalem und nonverbalem Verhalten und von deutlich längeren Sequenzen negativen Austauschs gekennzeichnet war als in Familien mit günstiger Familienatmosphäre (Hahlweg et al., 1989; Müller et al., 1992). Der Zusammenhang zwischen emotionalem Familienklima und Krankheitsverlauf ließ sich damit nicht nur als gesichert annehmen, sondern auch empirisch fundiert erklären. Das Expressed-Emotion-Konzept übernahm deshalb eine bedeutende Rolle innerhalb der modernen, empirisch orientierten Theoriebildung über den Verlauf schizophrener Psychosen. Im sogenannten Vulnerabilitäts-Streß-Bewältigungs-Kompetenz-Modell (VSBK-Modell; Liberman et al., 1986) fungiert das ungünstige Familienklima als einer von mehreren psychosozialen Risikofaktoren, die im Zusammenwirken mit biologischen und psychologischen Vulnerabilitätsfaktoren den Ausbruch akuter schizophrener Episoden begünstigen, während effektives familiäres Problemlösen und antipsychotische Medikation neben weiteren sozialen und persönlichen Schutzfaktoren die zur Manifestation hinführende Dynamik bremsen.

Die modernen Ansätze der Familienbetreuung zur Rehabilitation schizophrener Patienten

Die modernen familienorientierten Interventionsansätze zur Rehabilitation schizophrener Patienten basieren wesentlich auf dem VSBK-Modell und den zugrundeliegenden empirischen Befunden. Die verschiedenen Programme zur psychoedukativen Familienbetreuung (Anderson et al., 1986; Buchkremer et al., 1989; Falloon et al., 1984; Goldstein et al., 1978; Leff et al., 1985, 1989; Tarrier et al., 1988; Vaughan et al., 1992; im Überblick: Hahlweg, Dürr & Müller, 1995) unterscheiden sich in formalen Aspekten, vor allem dem Ausmaß direkter Beteiligung des Patienten an den Familiensitzungen und der Durchführung mit einzelnen Familien bzw. in Gruppen. Folgende Komponenten sind allen Programmen gemeinsam:
a) Neuroleptikatherapie. Um dopaminergen Dysfunktionen, die nachweislich einen wesentlichen Anteil der biologischen Vulnerabilität für schizophrene Erkrankungen ausmachen, entgegenzusteuern, versucht man, die Patienten auf eine optimale neuroleptische Dosis einzustellen. b) Information. Die Familien werden über den heutigen Kenntnisstand zu schizophrenen Erkrankungen und über die Behandlungsmöglichkeiten einschließlich der Medikation ausführlich aufgeklärt (deshalb auch der Begriff psychoedukativ). c) Das therapeutische Vorgehen zielt darauf ab, das emotionale Familienklima und die Art und Weise, wie die Familienmitglieder miteinander umgehen, zu verbessern, z.B. mit Hilfe eines strukturierten Kommunikationstrainings (Falloon et al., 1984). d) In der Therapie versucht man, z.B. mittels strukturierter Problemlösegespräche konkrete Lösungen für aktuelle Familienprobleme zu finden. e) Die Familien werden angeleitet, so früh als möglich vorhandene Ressourcen zu nutzen und Fertigkeiten zu entwickeln, um die Krankheit ohne weitere professionelle Hilfe zu bewältigen ("Hilfe zur Selbsthilfe"). f) Die Maßnahmen richten sich nicht nur auf die Probleme des Patienten, sondern zielen darauf ab, die Lebensqualität aller Familienmitglieder zu verbessern.

Der Fokus liegt dabei vor allem auf dem Abbau von psychosozialem Streß, d.h. konkret von Kritik und emotionalem Überengagement der Angehörigen, aber auch von ungünstigen Verhaltensweisen des Patienten, die familiäre Konflikte auslösen oder verschärfen können. Man versucht, vorhandene Kommunikations- und Problemlösefertigkeiten in der Familie zu stärken, um diese in die Lage zu versetzen, krankheitsbedingte und andere Schwierigkeiten in einer für alle Beteiligten möglichst wenig belastenden Art und Weise zu lösen. Eine therapeutische Überforderung der Patienten, die ein Wiederaufflammen der floriden Symptomatik provozieren kann (Goldberg, Schooler, Hogarty & Roper, 1977; Wing, Monk, Brown & Carstairs, 1964), versucht man zu vermeiden.

Empirische Befunde zur Familienbetreuung

Die verschiedenen Programme zur psychoedukativen Familienbetreuung wurden sämtlich in kontrollierten Studien überprüft. Dabei zeigten sich sehr günstige Effekte auf die Rezidivrate der Patienten sowie auf die emotionale Expressivität in der Familie. Insgesamt läßt sich festhalten, daß mit Hilfe von Familienbetreuung das Rückfallrisiko schizophrener Patienten gegenüber Kontrollgruppen, in denen nur neuroleptisch und mit psychosozialen Einzelmaßnahmen behandelt wird, deutlich, nämlich von 41 bis 60% auf 8 bis 19% im ersten Jahr und von ca. 70 auf ca. 20% im zweiten Jahr nach Behandlungsbeginn gesenkt werden kann (Hahlweg et al., 1995).

Für das am weitesten verbreitete und am besten untersuchte Therapiekonzept von Falloon, Boyd und McGill (1984) konnten über die rückfallprohylaktische Wirkung hinaus günstige Effekte auf die Häufigkeit und Dauer von Klinikeinweisungen, auf die soziale Anpassung der Patienten und auf die subjektive Belastung der Familienmitglieder gefunden werden, wobei die gegenüber individueller Behandlung deutlich besseren Ergebnisse mit um 22% geringeren Kosten erzielt wurden (Liberman et al., 1987). Daß sich durch psychoedukative Familienbetreuung aufgrund des günstigen Einflusses auf den Krankheitsverlauf und damit auf die erforderlichen stationären Behandlungen Kosten in erheblichem Umfang einsparen lassen, konnten inzwischen auch Tarrier und Kollegen in England (1991: Kostenreduktion 25%) und Held in Deutschland (1993: Kostenreduktion 39 %) nachweisen.

Vor dem Hintergrund der oben dargestellten Befunde, wonach das emotionale Familienklima und damit korrespondierende Kommunikationsmuster in der Familie einen wesentlichen Einfluß auf den Krankheitsverlauf ausüben, erhalten Untersuchungen besonderes Gewicht, in denen die kurz- bzw. langfristigen Effekte des Ansatzes von Falloon et al. (1984) auf die direkten, interaktiven Verhaltens- und Problemlösemuster der Familienmitglieder analysiert wurden. In einer Studie von Doane und Kollegen (1985) zeigte sich, daß kritische und intrusive Äußerungen der Angehörigen gegenüber den Patienten innerhalb von nur drei Monaten nach Behandlungsbeginn in der Familienbetreuungsgruppe deutlich zurückgingen, während sie bei den individuell betreuten Fällen sogar noch zunahmen. Gleichzeitig ergab sich ein signifikanter Zusammenhang zwischen der Anzahl kritischer und intrusiver Botschaften, die die Patienten von den Angehörigen erhielten, einerseits und Rückfällen im Katamnesezeitraum andererseits. Unter Verwendung eines Kodiersystems für familiäres Problemlöseverhalten ließ sich ferner aufzeigen, daß die ungünstigen interaktiven Verhaltensweisen der Angehörigen in der mit Familienbetreuung behandelten Gruppe nicht einfach nur abnahmen, sondern daß sie durch konstruktive, problemorientierte Äußerungen ersetzt wurden (Goldstein et al., 1986). Die langfristigen Effekte wurden sehr viel differenzierter mit Hilfe des Kategoriensystems für Partnerschaftliche Interaktion (KPI; Hahlweg et al., 1984) untersucht, wobei sich ein ganz ähnliches Bild ergab: Familien in Familienbetreuung steigerten bis zum Erhebungszeitpunkt 24 Monate nach Behandlungsbeginn die Rate problembezogener Äußerungen deutlich und reduzierten die Häufigkeit kritischer und ablehnender Äußerungen, was bei der Kontrollgruppe nicht der Fall war (Falloon et al., 1990).

Auch in einer vom Bundesministerium für Forschung und Technologie geförderten Studie (Förderkennzeichen: PSF 20, 0701620 5), die in den Jahren 1988 bis 1992 am Max-Planck-Institut für Psychiatrie in München durchgeführt wurde (Hahlweg et al., 1995), ließ sich eine günstige Entwicklung der Familienkommunikation im Verlauf von Betreuungen nach dem Konzept von Falloon und Kollegen nachweisen. Vom Behandlungsbeginn bis zur Erhebung nach sechs Monaten nahmen bei den Angehörigen alle mit dem KPI erfaßten verbal negativen Kommunikationsformen ("Kritik", "Negative Lösung", "Rechtfertigung" und "Nicht-Übereinstimmung") und auch das nonverbal-negative Verhalten signifikant ab, während mit Ausnahme der Kategorie "Zustimmung" sämtliche positiven Verbalkategorien ("Selbstöffnung", "Problemlösen" und "Akzeptanz") sowie "Nonverbal positives Verhalten" signifikant häufiger kodiert wurden. Die Veränderungen bei den Patienten fielen weniger deutlich aus, gingen aber in dieselbe Richtung, so daß insgesamt von einer im Hinblick auf familiäre Konflikt- und Problemlösung äußerst günstigen Entwicklung ausgegangen werden kann (Rieg et al., 1991).

Hinsichtlich der Rückfallraten ließ sich an der Münchner Stichprobe mit insgesamt 18% (9 von 51 Patienten) innerhalb von 18 Monaten nach Klinikentlassung ein ähnlich günstiges Ergebnis erzielen wie in den vorausgegangenen Studien aus dem angloamerikanischen Sprachraum. Dabei muß man in Rechnung stellen, daß in der Münchner Untersuchung bei parallel laufender Familienbetreuung zwei unterschiedliche medikamentöse Behandlungsstrategien miteinander verglichen wurden, nämlich Standardmedikation und prophylaktische Frühmedikation, von denen letztere mit einem erhöhten Rückfallrisiko behaftet ist. Man setzt hier nämlich die Neuroleptika nach einer Ausschleichphase gänzlich ab und verabreicht sie erst wieder, wenn Frühwarnzeichen einen drohenden Rückfall ankündigen (z.B. Herz et al., 1991). Tatsächlich lag die Rückfallquote unter Standardmedikation nur bei 4%, unter prophylaktischer Frühmedikation dagegen bei 33%, so daß letztere trotz des nachweislich geringeren Medikamentenverbrauchs auch bei gleichzeitiger Familienbetreuung nur in besonders geeigneten Fällen empfohlen werden kann. Da Prädiktoren für die Zuordnung von Patienten zur Standard- bzw. prophylaktischen Frühmedikation nicht ermittelt werden konnten, muß man im Einzelfall aufgrund des klinischen Eindrucks entscheiden. Prophylaktische Frühintervention sollte nur dann ernsthaft in Erwägung gezogen werden, wenn aus dem bisherigen Krankheitsverlauf eine geringe Rückfallneigung, eine deutliche Prodromalphase ohne Verlust der Krankheitseinsicht und eine gute medikamentöse Compliance bekannt sind.

Unabhängig von der medikamentösen Behandlungsform ließen sich bei den Patienten im Verlauf der Familienbetreuung signifikante Verbesserungen im Hinblick auf Psychopathologie, körperliche Beschwerden, soziale Anpassung und wahrgenommene Belastung des Familienlebens nachweisen. Auch sämtliche in der Studie erfaßten Angehörigenvariablen, nämlich psychopathologische Symptome, körperliche Beschwerden und Einschätzung der familiären Belastung, verbesserten sich signifikant. Die Angehörigen der Patienten mit prophylaktischer Frühmedikation sahen das Familienleben allerdings durch die Erkrankung mehr belastet als die Angehörigen der Patienten mit Standardbehandlung.

Insgesamt ließen sich in der Münchner Studie die vorausgehenden Befunde bestätigen, wonach die verhaltenstherapeutisch orientierte Familienbetreuung eine hocheffektive Strategie zur Rückfallprophylaxe darstellt. Die Ergebnisse der Studie sprechen für die Kombination mit neuroleptischer Langzeitmedikation, wobei mit Rücksicht auf die Nebenwirkungen der Neuroleptika eine möglichst niedrige Dosierung angestrebt werden sollte. Wenngleich mit Hell (1988) darauf hinzuweisen ist, daß die beeindruckenden Effekte der Familienbetreuung auf die Rehabilitation des Patienten bislang nur für die Zeit anhaltender therapeutischer Anstrengungen nachgewiesen werden konnten, sollten die nachgewiesenen Effekte auf den Krankheitsverlauf, auf die Belastung der Betroffenen durch die Erkrankung und nicht zuletzt auch auf die Behandlungskosten doch dazu führen, daß die psychoedukative Familienbetreuung möglichst rasch zum festen Bestandteil der psychosozialen Versorgung schizophrener Patienten und ihrer Angehörigen gemacht werden.

Da in der Münchner Studie detaillierte Analysen des Therapieverlaufs vorgenommen wurden, konnten neben den bereits im Überblick dargestellten Ergebnissen zum Therapieerfolg auch Erkenntnisse über die Wirkmechanismen von Familienbetreuungen gewonnen werden. Bevor diese und sich daraus ergebende Hinweise zur Therapiedurchführung wiedergegeben werden, soll zunächst das Vorgehen nach dem Konzept von Falloon und Kollegen (1984) grob skizziert und anhand eines Fallbeispiels erläutert werden.

Psychoedukative Familienbetreuung nach Falloon et al., 1984

Die folgende Darstellung gibt einen kurzen Überblick über Zielsetzung, äußere Rahmenbedingungen und Ablauf der Familienbetreuung. Eine ausführliche Beschreibung einschließlich der diagnostischen Instrumente findet sich in einem von Hahlweg, Dürr und Müller (1995) vorgelegten deutschsprachigen Therapiemanual.

Ziele der Familienbetreuung

Um die Rehabilitationschancen des Patienten zu verbessern, ist in der Arbeit mit schizophrenen Patienten und ihren Angehörigen primär eine angemessene Vorbeugung gegen Krankheitsrückfälle zu gewährleisten. Zu diesem Zweck müssen zum einen eine optimale neuroleptische Behandlung, zum anderen eine weitgehende Vermeidung von Streßbelastungen sichergestellt werden. Dies setzt neben einer umfassenden Aufklärung der Familie über schizophrene Psychosen voraus, daß intrafamiliäre Konflikte abgebaut und kritische Lebensereignisse bzw. krankheitsbedingte Verhaltensprobleme des Patienten konstruktiv bewältigt werden. Als therapeutische Aufgabe ergibt sich daraus, die Kommunikationsfertigkeiten der einzelnen Familienmitglieder und die Problemlösefähigkeit der Gesamtfamilie gezielt und intensiv zu trainieren. Die Familienbetreuung zielt jedoch nicht allein auf die Vermeidung von Rückfällen ab, sondern versucht auch, den Patienten bei der bestmöglichen Wiedererlangung seiner früheren Fähigkeiten zu unterstützen. In diesem Zusammenhang kommt es darauf an, realistische Erwartungen hinsichtlich der beruflichen und sozialen Leistungsfähigkeit zu wecken und den Patienten unter Nutzung vorhandener familiärer Ressourcen optimal zu fördern, ohne ihn und seine Angehörigen zu überfordern.

Äußere Rahmenbedingungen

Da nach den Richtlinien des Bundesausschusses der Ärzte und Krankenkassen über die Durchführung der Psychotherapie in der kassenärztlichen Versorgung (Psychotherapie-Richtlinien) eine Kostenübernahme durch die gesetzlichen Krankenkassen nicht möglich ist, kann die Familienbetreuung bisher praktisch nur im institutionellen Rahmen angeboten werden. Sie ließe sich prinzipiell auch sehr gut in ambulanter Praxis realisieren, wobei hier die Grundregel besonders zu beachten wäre, daß im Fall der Durchführung durch Psychologen eine enge Kooperation mit dem behandelnden Psychiater sicherzustellen ist.

Die Familienbetreuung ist als ambulante Nachbetreuung im Anschluß an eine stationäre Behandlung vorgesehen, kann aber auch zu einem anderen Zeitpunkt begonnen werden. Mit der Diagnostikphase (s.u.) setzt man i.d.R. bereits während des Klinikaufenthaltes ein, wobei der Patient erst dann einbezogen werden sollte, wenn er optimal medikamentös eingestellt und darüber hinaus in der Lage ist, ca. 45 Minuten konzentriert mitzuarbeiten. Die Familienbetreuung wird jeweils mit einer Familie (meist Eltern oder Partner zusammen mit dem Patienten) durchgeführt. Bevor der Therapeut wie vorgesehen die Therapie allein durchführt, sollte er Erfahrung mit psychotischen Patienten gesammelt, ein gründliches Vortraining durchlaufen und wenigstens zwei Familienbetreuungen zusammen mit einem erfahrenen Kollegen durchlaufen haben. Um im Bedarfsfall die oft sehr komplexen und rasch ablaufenden Interaktionen während der Sitzungen im Anschluß noch einmal nachvollziehen zu können, ist es günstig, Audio- oder Videoaufnahmen zu erstellen. Soweit möglich sollten in regelmäßigen Abständen einzelne Sitzungen zuhause bei den Familien durchgeführt werden, um die häuslichen Gegebenheiten kennenzulernen und die Generalisierung des neu zu Lernenden auf die natürliche Umgebung zu erleichtern. Die Dauer beträgt ca. 25 Sitzungen innerhalb des ersten Jahres, wobei die Sitzungsanzahl und Frequenz den individuellen Erfordernissen jeder Familie angepaßt wird. In den ersten drei Monaten werden üblicherweise wöchentliche Sitzungen vereinbart, danach Sitzungen in zwei- oder mehrwöchigem Abstand. Die Betreuung sollte zumindest auf einen 2-Jahres-Zeitraum angelegt sein und für die Familie die Möglichkeit bieten, in Krisenfällen schnell eine außerplanmäßige Sitzung zu vereinbaren.

Phasen der Familienbetreuung

Diagnostikphase

Das Familienbetreuungskonzept beinhaltet - entsprechend einer Grundregel jeglicher verhaltenstherapeutischer Arbeit - als ersten Schritt und als Grundlage aller später folgenden Interventionen eine differenzierte Verhaltensdiagnostik, die auf die spezifischen Stärken und Schwächen jedes einzelnen Familienmitglieds und der Gesamtfamilie abzielt. Der Therapeut analysiert das Interaktionsverhalten aller Beteiligten und informiert sich über ihre Einstellungen, Gefühle, Ziele und Motive. Er erfaßt das emotionale Klima und das Problemlöseverhalten der Familie, wobei er auf Defizite achtet, die er später korrigieren muß (z.B. mangelnder Blickkontakt, gegenseitiges Unterbrechen, für andere sprechen, vom Thema abschweifen, Vorwürfe machen, inkongruenter nonverbaler Ausdruck etc.), aber auch auf Kompetenzen, auf denen er aufbauen kann.

Um die notwendigen Informationen zusammenzutragen, werden mit den Angehörigen "Camberwell Family Interviews" (Vaughn & Leff, 1976) durchgeführt, in denen die Krankheitsgeschichte erfragt und die Einstellung gegenüber dem Patienten erfaßt wird. Außerdem sollten ergänzende halbstrukturierte Einzelinterviews mit jedem Familienmitglied geführt werden, in denen Familienprobleme und eigene Belastungen im Mittelpunkt stehen. Zusätzlich beobachtet der Therapeut die Familie bei dem Versuch, gemeinsame Probleme ohne Unterstützung Dritter im Gespräch zu lösen, und ergänzt seine Beobachtungen, die er bis zu diesem Zeitpunkt im Labor oder im Therapieraum gemacht hat, später bei den ersten Hausbesuchen, wenn er die Familie in ihrem natürlichen Kontext erlebt.

Auf der Basis dieser vielfältigen Informationen formuliert der Therapeut auf den verschiedenen Ebenen des Familiensystems spezifische Ziele, so für das kommunikative Verhalten jedes einzelnen Familienmitglieds (z.B. weniger kritisches Verhalten des Vaters; stärkere Beteiligung des Sohnes am Gespräch, v.a. nonverbal in Form von Blickkontakt etc.), für das Problemlöseverhalten der Gesamtfamilie (z.B. Einigung auf spezifische, konkrete Probleme, Vermeidung von Ausweichversuchen auf andere Themen etc.) und für die Struktur des Familiensystems (z.B. Unterstützung der Autonomiebestrebungen einzelner Familienmitglieder).

Neben der Gewinnung von Information versucht der Therapeut in der Diagnostikphase als zweites Ziel, eine tragfähige Arbeitsbeziehung mit jedem einzelnen Familienmitglied herzustellen. In diesem Zusammenhang achtet er auf einen empathischen Stil, er respektiert die bisherigen Bewältigungsversuche der Familie und vermeidet jegliche Schuldzuweisung. Diese Grundhaltung des Therapeuten, ebenso wie das Erheben und Auswerten diagnostischer Informationen, bilden am Anfang der Familienbetreuung den Schwerpunkt. Sie enden aber nicht mit dem Beginn der nächsten Phase, sondern sind als fließender Prozeß gedacht, der die gesamte Zusammenarbeit zwischen Therapeut und Familie wie ein roter Faden durchzieht.

Fallbeispiel

Bei dem 26jährigen Patienten, Herrn C., setzte die schizophrene Krankheitsentwicklung 1987 mit depressiven Verstimmungen (v.a. dem Gefühl innerer Leere und Müdigkeit) ein. Anfang 1988 litt Herr C. unter Stimmenhören ("Aids, Aids"),

Konzentrationsstörungen und anhaltenden Angstzuständen. Er ließ sich ärztlich behandeln, ohne daß es allerdings durch neuroleptische Medikation zu einer wesentlichen Besserung seiner Symptome kam. Seit einem Autounfall im Juli 1988 war Herr C. davon überzeugt, daß übernatürliche Strahlen aus dem Universum seine körperlichen Vorgänge beeinflußten. U.a. hatte er den Eindruck, sein Gehirn sei "auseinandergewachsen" und der Penis habe sich "vergrößert". Da es bei seiner Arbeit als Speditionskaufmann zunehmend zu Problemen kam, ließ sich der Patient Anfang 1989 krankschreiben und verlor im April 1989 seine Arbeitsstelle. Er hielt sich fast nur noch zuhause auf und konnte sich "meistens zu nichts aufraffen". Gelegentlich traten starke Depressionen mit Suizidgedanken auf, die Herr C. jedoch immer abwehren konnte.

Bei der stationären Aufnahme im Sommer 1989 war der Patient bewußtseinsklar und orientiert, allerdings im Affekt gelegentlich nicht ganz adäquat und in der Stimmung etwas gehoben. Im formalen Denken fiel eine diskrete assoziative Lokkerung auf. Inhaltlich standen ausgeprägte Leibhalluzinationen mit dem Charakter des von außen Gemachten im Vordergrund: Herr C. spürte "große Bewegungen im Unterleib", und die Muskeln im Bereich der Oberschenkel schienen ihm "wie pulsierend". Dabei war er noch immer davon überzeugt, daß "Strahlen in ein bestimmtes Zentrum seines Gehirns" eindrangen und die körperlichen Störungen verursachten. Akustische Halluzinationen bestanden zum Zeitpunkt der Klinikaufnahme nicht mehr. Die neurologisch-internistische Untersuchung blieb ohne Befund. Entsprechend dem bisherigen Verlauf und aktuellen Bild der Erkrankung wurde bei Herrn C. eine "chronische paranoid-halluzinatorische Schizophrenie" diagnostiziert (DSM-III-R Nummer 295.32)

Während der Klinikbehandlung war es bei Herrn C. unter medikamentöser Behandlung zunächst kaum zu einer Besserung der schizophrenen Symptomatik gekommen. Statt dessen waren massive Unruhezustände, suizidale Gedankeninhalte und verstärkte Antriebsstörungen aufgetreten. Unter veränderter Medikation hatte sich dann jedoch das Zustandsbild allmählich in allen Bereichen leicht verbessert. Bei der Entlassung aus der Klinik bestanden allerdings auf niedrigerem Niveau Leibhalluzinationen fort, wobei die Vorstellung, daß diese von Strahlen gespeist würden, fast nicht mehr vorhanden war. Obwohl der Patient nicht krankheitseinsichtig war, nahm er die verordneten Medikamente zuverlässig ein, was durch Plasmaspiegelkontrollen bestätigt wurde.

Herr C. wohnte bei seiner geschiedenen Mutter und deren neuem Partner, seine beiden Geschwister hatten die Familie bereits verlassen. Die Mutter des Patienten war mit der Betreuung ihres kranken Sohnes überfordert, da sie zusätzlich ihre eigene, pflegebedürftige Mutter versorgen, sich öfter um ihre Enkelkinder kümmern, den Haushalt erledigen und zusätzlich regelmäßig zwei ältere, kranke Damen betreuen mußte. Der Partner von Frau H. hatte einen eigenen kleinen Handwerksbetrieb, in dem jede helfende Hand gebraucht wurde. Er empfand den permanent untätigen Sohn seiner Partnerin, um den die Mutter "sich ständig kümmern" mußte, obwohl ihm äußerlich "ja keinerlei Krankheit anzusehen" war, als Last, zumal "man nicht einmal mit ihm reden" konnte.

Die Vordiagnostik zur Familienbetreuung ergab folgendes Bild: In psychopathologischer Hinsicht fiel Herr C. neben persistierender schizophrener Symptomatik durch Zwanghaftigkeit, Depressivität und Ängstlichkeit auf. Seine allgemeine Befindlichkeit war ebenso deutlich beeinträchtigt wie seine soziale Integration und v.a. die berufliche Leistungsfähigkeit. Der Patient gab relativ viele und häufige körperlich-funktionale Beschwerden an, wurde in dieser Hinsicht aber noch von seiner Mutter übertroffen. Bei der Erhebung des emotionalen Familienklimas ließ Frau H. gegenüber ihrem Sohn eine leicht kritische und emotional überinvolvierte Haltung erkennen, ihr Partner äußerte sich in hohem Maße kritisch über den Patienten. Der Interaktionsstil zwischen Herrn C. und seiner Mutter zeichnete sich durch Kritik, Rechtfertigung, Nichtübereinstimmung und negatives nonverbales Verhalten aus, wobei hervorzuheben ist, daß die gegenseitige Kritik sehr viel stärker vom Patienten als von seiner Mutter ausging. In den Einzelgesprächen beklagte der Patient v.a., daß seine Mutter zuviel arbeitete. Er spürte ihre Überlastung und empfand als störend, daß sie sich weniger um ihn kümmern konnte, als er sich dieses gewünscht hätte. Herr C. fühlte sich oft zu Unrecht kritisiert, wenn die Mutter und deren Partner ihn etwa zu bestimmten Aktivitäten aufforderten, ohne dabei seine krankheitsbedingten Handicaps in Rechnung zu stellen. Die Mutter des Patienten und ihr Partner wünschten sich übereinstimmend von Herrn C. mehr Hilfe im Haushalt (Küche saubermachen, Staubsaugen...) und v.a. mehr Kontaktbereitschaft bzw. Offenheit. Konkret sollte der Patient sich öfter an Gesprächen in der Familie beteiligen und z.B. erzählen, was er bei den seltenen Treffen mit seinen Freunden unternahm. Als weiteres Ziel wurde angegeben, daß Herr C. aktiver werden, v.a. unangenehmen Pflichten (Besorgungen, Behördengänge...) weniger aus dem Weg gehen sollte.

Als wichtigste Therapieziele ergaben sich aus der Vordiagnostik, die Sozialkontakte des Patienten in und außerhalb der Familie zu verbessern und das Ausmaß an Kritik in der Familie zu reduzieren. Dabei kam es nicht nur darauf an, die Kritik seitens der Angehörigen durch behutsame, an den Bedürfnissen des Patienten orientierte Unterstützung zu ersetzen, sondern gerade auch dessen häufige Angriffe gegen die Mutter und ihren Partner durch konstruktive Kommunikationsformen zu ersetzen. Eine weitere Zielsetzung lag bei Herrn C. im Aufbau von Aktivitäten und in der Überwindung der Antriebsprobleme, um einerseits den depressiven Verstimmungen entgegenzuwirken und andererseits Anlässe für Kritik aus der Familie zu reduzieren.

Informationsphase

Als erste eigentliche therapeutische Intervention schließt sich an die Diagnostikphase eine gründliche Aufklärung der Familie über schizophrene Psychosen und ihre Behandlung an, um so eine Wissensgrundlage zur kompetenten Bewältigung der Krankheit zu schaffen. Die Informationsphase umfaßt normalerweise zwei Sitzungen, von denen die erste sich mit der Krankheit selbst, insbesondere mit der Abgrenzbarkeit der Schizophrenie als eigenständige Krankheitseinheit, mit der Symptomatik, dem Verlauf und der Ätiologie befaßt. Der Therapeut vermittelt unter Rückgriff auf graphische Darstellungen und Informationstexte in möglichst einfacher, verständlicher Weise das VSBK-Modell und klärt genau die Rolle, die die Familie im Zusammenhang mit der Erkrankung spielt. Dabei zielt er vor allem darauf ab, Selbstvorwürfe der Angehörigen und Vorwürfe an den Patienten abzubauen und die Familie zur Teilnahme an der Familienbetreuung zu motivieren. Er betont, daß eine einseitige Verursachung der Schizophrenie durch familiäre Faktoren wie frühe Erziehungsfehler oder aktuelle Familienstörungen wissenschaftlich nicht belegt werden konnte, und daß er von daher auch nicht darauf abzielt, aus einer "kranken" eine "normale", sondern vielmehr aus einer "normalen" eine "besonders effektiv funktionierende" Familie zu machen, damit sie krankheitsbedingte Probleme besser bewältigen und Streßbelastungen für den Patienten abfangen kann. Indem er gerade auch die biologischen Grundlagen der Schizophrenie hervorhebt und krankheitsbedingte Verhaltensprobleme als solche kennzeichnet, versucht der Therapeut außerdem, kontraproduktive Kontrollstrategien der Angehörigen in Form von Kritik und Nörgeln am Patienten abzubauen und durch angemessene Erwartungen und Anforderungen zu ersetzen. Er forciert einen direkten Austausch zwischen den Familienmitgliedern über die bisherigen, oft sehr belastenden Krankheitserfahrungen und gibt damit den Beteiligten die Möglichkeit, sich zu entlasten. Indem er den Patienten ausdrücklich als "Experten" behandelt, versucht er, seine familiäre Rolle als "Versager", "Problemkind" etc. in Frage zu stellen.

In der zweiten Informationssitzung, die sich mit der medikamentösen Behandlung der Schizophrenie befaßt, versucht der Therapeut, Ängste vor Psychopharmaka und speziell Vorurteile gegenüber Neuroleptika abzubauen und durch realistische Vorstellungen zu ersetzen. Er vermittelt die wichtigsten Fakten über Antipsychotika, um die Patienten und die Angehörigen im Umgang damit kompetent zu machen und vor allem eine zuverlässige Einnahme entsprechend der ärztlichen Verordnung sicherzustellen. Im einzelnen hebt der Therapeut die positiven Effekte der Neuroleptika, insbesondere die rasche Besserung florider Symptome und die rezidivprophylaktische Wirkung, hervor. Er geht auf alle wichtigen Fragen zur Dosierung, zu unerwünschten Nebenwirkungen und zu Möglichkeiten ihrer Bewältigung ein. Er spricht mit der Familie über verschiedene Gründe, die Patienten dazu veranlassen können, ihre Medikamente gegen ärztlichen Rat abzusetzen, und über die Rolle von Rauschgiften und Alkohol. Häufig bestehende Ängste, Neuroleptika könnten süchtig machen, entkräftet der Therapeut u.a. dadurch, daß er den Patienten seine diesbezüglichen bisherigen Erfahrungen darstellen läßt.

Die vermittelten Inhalte sollen die Kombinationsbehandlung aus Neuroleptikatherapie und Minimierung von psychosozialem Streß für die Familienmitglieder nachvollziehbar machen. Auf dieser Grundlage erstellt man am Ende der Informationsphase gemeinsam mit der ganzen Familie eine Liste patientspezifischer Prodromalzeichen und erarbeitet Maßnahmen für den Fall eines drohenden Rückfalls (Wiedemann et al., 1994). Mit Rücksicht auf den biologischen Anteil der Schizophrenie zielt man dabei auf eine frühestmögliche fachärztliche Untersuchung ab, um im Bedarfsfall eine vorübergehende Erhöhung der neuroleptischen Medikation sicherzustellen. Als weiteren wesentlichen Bestandteil einer Krisenintervention vereinbart man eine ebenfalls kurzfristig anzusetzende Familienbetreuungssitzung, in der alle Möglichkeiten zur Entlastung des Patienten von psychosozialen Belastungen auszuschöpfen sind.

Die beiden Informationssitzungen müssen an die individuellen Bedürfnisse und Möglichkeiten der jeweiligen Familie angepaßt werden. Dabei sind neben der Diagnose und dem bisherigen Verlauf vor allem die spezifischen Symptome und Verhaltensdefizite des Patienten, aber auch die intellektuelle Differenzierung und bestehende Vorkenntnisse der Familienmitglieder zu berücksichtigen, soweit sie aus der Vordiagnostik und vorliegenden Arztberichten bekannt sind. Der Therapeut bemüht sich, die Informationen im Dialog mit der Familie zu erarbeiten und dabei soweit möglich Erlebnisse des Patienten und seiner Angehörigen einzubeziehen.

Fallbeispiel

Bei der Festlegung von patientspezifischen Prodromalzeichen ergab sich im Fall von Herrn C. das Problem, daß die Frühwarnsymptome "Nervosität", "innere Unruhe" und "depressive Verstimmungen" stark fluktuierten und so zunächst als Indikatoren für eine gravierende Verschlechterung im Sinne eines drohenden Rückfalls kaum taugten. Allmählich lernte Herr C. aber die "normale" Schwankungsbreite kennen und konnte deutliche "Ausreißer" diskriminieren. Außerdem blieben die Symptome "Schlafstörungen" und "Konzentrationsstörungen" relativ konstant und konnten als empfindlichere Indikatoren vom Patienten und seiner Mutter beobachtet werden. Aus der ausführlichen und behutsamen Diskussion seiner Symptome sowie der krankheitsbedingten Beeinträchtigungen im Verlauf der Informationssitzungen resultierte eine spürbare Erschütterung der mangelnden Krankheitseinsicht des Patienten.

Als Ergebnis der Diagnostik- und Informationsphase im Hinblick auf die Motivierung der Familienmitglieder zur Familienbetreuung und in bezug auf die therapeutische Beziehungsaufnahme ist folgendes festzuhalten: Herr C. litt sehr unter seiner Symptomatik und v.a. auch darunter, daß er mit seinen Funktionsbeeinträchtigungen auf wenig Verständnis in der Familie stieß. Er erhoffte sich in dieser Hinsicht Verbesserungen von der Therapie und war nach den Informationssitzungen, in denen er seine Probleme darlegen konnte - und in denen diese als krankheitsbedingt und eben nicht willentlich beeinflußbar dargestellt wurden - zur weiteren aktiven Beteiligung an der Familienbetreuung erkennbar motiviert. Seine Mutter hoffte darauf, im Verlauf der Familienbetreuung adäquate Reaktionen auf die krankheitsbedingten Probleme ihres Sohnes zu erlernen und dadurch auch persönlich entlastet zu werden. Sie arbeitete vom Beginn der Familienbetreuung an engagiert mit, vor allem, nachdem sie in den Informationssitzungen von Schuldvorwürfen ihres Sohnes entlastet worden war, sie habe durch frühe Erziehungsfehler und die Trennung von ihrem Mann die Krankheit verursacht. Der Partner der Mutter war mit dem Aufbau seines Betriebes so beschäftigt, daß er wegen "Zeitmangels" nicht zu einer über die Informationssitzungen hinausgehenden Teilnahme an der Therapie zu bewegen war. Der Therapeut spürte bei Herrn C. und seiner Mutter ein hohes Maß an Vertrauen sowie an Bereitschaft, angebotene Hilfen konstruktiv aufzunehmen, so daß ein guter Rapport zu beiden Familienmitgliedern entstand.

Da alleinige Aufklärung über die Schizophrenie und ihre Behandlung ohne weiterführende Interventionen zwar Schuldgefühle, Ängste und Vorwürfe in der Familie verringern und dadurch Streßbelastungen für den Patienten reduzieren kann, die positiven Effekte jedoch nicht über einen längeren Zeitraum bestehen bleiben und sich auch nicht auf den weiteren Krankheitsverlauf erstrecken (Abramowitz et al., 1989; Reilly et al., 1988; Tarrier et al., 1989), wird die Informationsgabe im Familienbetreuungsansatz von Falloon und Kollegen (1984) als Fundament gesehen, auf dem später ein intensives Kommunikations- und Problemlösetraining aufbauen kann.

Kommunikationstraining

Die folgenden vier Sitzungen werden auf ein gezieltes Training der wichtigsten Kommunikationsfertigkeiten verwendet, um einerseits belastende und spannungsinduzierende Interaktionen in der Familie durch einen konstruktiven Umgangsstil zu ersetzen und andererseits die Voraussetzungen für die später zu übenden Problemlösegespräche zu schaffen. Damit destruktive Kommunikationsformen wie persönliche Kritik, Vorwürfe, ultimative Forderungen und Drohungen allmählich überflüssig werden, trainiert man folgende Fertigkeiten, auf die in der Regel jeweils eine Sitzung verwendet wird:

a. Spezifisches Ausdrücken positiver Gefühle: Hier zielt der Therapeut darauf ab, die Aufmerksamkeit der Familie auf positive Aspekte des Zusammenlebens zu lenken. Er trainiert alle Beteiligten darin, erwünschte Verhaltensweisen der anderen zu erkennen und eine entsprechende Rückmeldung zu geben. Nach einer knappen didaktischen Einführung, die vor allem die Funktion positiver Gefühlsäußerungen als positive Verstärkung und als Regulans des Familienklimas hervorhebt, werden die Familienmitglieder darin geübt, Blickkontakt aufzunehmen, das günstige Verhalten der anderen möglichst spezifisch und konkret zu beschreiben und das Gefühl mitzuteilen, das dadurch ausgelöst wurde.

b. Konstruktives Mitteilen von Wünschen: Der Therapeut versucht hier, ungünstige Kommunikationsstile wie Vorwürfe, Drohungen und destruktive Kritik, die oft in fruchtlose Auseinandersetzungen münden, durch das spezifische Äußern von Bitten zu ersetzen. Er zeigt zunächst anhand von Beispielen die Wirkung negativer Wunschäußerungen auf und trainiert dann eine konstruktive Form des Bittens, die wieder das Herstellen von Blickkontakt, eine genaue Beschreibung des gewünschten Verhaltens und die Benennung des Gefühls umfaßt, das dadurch hervorgerufen würde.

c. Spezifisches Ausdrücken negativer Gefühle: Zur Korrektur sozialer Defizite des Patienten kann es durchaus hilfreich sein, wenn die Angehörigen sich nicht mit unerwünschten Verhaltensweisen arrangieren, sondern entsprechende Anforderungen stellen. Sie müssen jedoch lernen, sich dabei strikt an den Möglichkeiten des Patienten zu orientieren und diese im Gespräch mit ihm zu klären. Eine elementare Voraussetzung ist in diesem Zusammenhang das konstruktive Äußern von negativen Gefühlen, welches außerdem verhindert, daß sich Spannungen und Unzufriedenheiten aufstauen und später in eruptiven Ausbrüchen entladen.

Als Elemente des spezifischen Mitteilens von negativen Gefühlen vermittelt der Therapeut den Familienmitgliedern, den Gesprächspartner anzuschauen, fest und bestimmt zu sprechen, das unerwünschte Verhalten möglichst konkret zu beschreiben und wiederum das dadurch ausgelöste Gefühl zu benennen. Als letzte

Komponente soll der Sprecher einen Verbesserungsvorschlag machen, d.h. an das negative Gefühl einen konkreten Wunsch anhängen, um damit im Gespräch eine Bewältigung des Problems einzuleiten.

d. Aktives Zuhören: In der letzten Sitzung des Kommunikationstrainings geht der Therapeut auf die Rolle des Zuhörers ein und trainiert die Familienmitglieder darin, auf den Gesprächspartner empathisch einzugehen und unklare oder widersprüchliche Botschaften zu klären. Er fokussiert dabei auf vier Fertigkeiten, nämlich Blickkontakt aufzunehmen, "aufnehmend" zuzuhören, d.h. durch nonverbale Signale wie Kopfnicken oder paraverbale Signale wie "ja", "aha", "mhm" Aufmerksamkeit zu bekunden, bei Unklarheiten nachzufragen und schließlich das Gehörte zurückzumelden.

Beim Training der Kommunikationsfertigkeiten achtet der Therapeut vor allem darauf, daß die Familienmitglieder neben den verbalen auch die dazugehörigen nonverbalen Verhaltensaspekte schrittweise erlernen, und setzt dazu eine Reihe verhaltenstherapeutischer Techniken ein:

Auf eine didaktische Einführung mit Hilfe von Schaubildern und Handzetteln folgen praktische Übungen in Form von Rollenspielen, die idealerweise aktuelle Inhalte des Familienlebens aufgreifen, indem sie sich z.B. an destruktive Äußerungen in der Sitzung anschließen oder Situationen aus dem täglichen Umgang miteinander aufgreifen. Der Therapeut läßt sich die Situation schildern und veranlaßt dann die Familienmitglieder zu einer Wiederholung der Situation unter Einhaltung der Kommunikationsregeln (rehearsal). Er gibt gezielte Hilfestellungen (coaching), und zwar zum einen in Form direkter Instruktionen oder kurzer Hinweise während der Übungen (Soufflieren, prompting), zum anderen dadurch, daß er die anvisierten Verhaltensaspekte selbst demonstriert. Er greift außerdem selbst bei jeder Gelegenheit auf die Kommunikationsfertigkeiten zurück, die er den Familienmitgliedern beibringen will (modeling). Unmittelbar nach dem Rollenspiel läßt er dem Protagonisten spezifische Rückmeldungen zukommen, die er in der Familie initiiert und/oder selbst gibt (feedback). Dabei achtet er v.a. darauf, daß positive Verhaltensaspekte verstärkt werden, um so allmählich die angestrebte Kompetenz aufzubauen (shaping) und gleichzeitig den Familien zu demonstrieren, wie man Verhalten durch konsequente Nutzung sozialer Verstärker beeinflussen kann. Um zu gewährleisten, daß die in den Sitzungen gelernten Fertigkeiten auch auf den häuslichen Alltag generalisiert werden, erteilt der Therapeut regelmäßig Hausaufgaben, d.h. er bittet die Familienmitglieder, die Übungen bis zum nächsten Termin in eigener Regie fortzusetzen, und gibt entsprechende Protokollbögen aus. Außerdem führt er - soweit möglich - die Sitzungen im Hause der Familie durch.

In die familiären Beziehungs- und Konfliktmuster mischt der Therapeut sich möglichst wenig ein; er schenkt den von den Teilnehmern vorgebrachten *Inhalten* kaum Beachtung und konzentriert sich fast ausschließlich auf den *Interaktionsprozeß*. Langfristig versucht er, die Familienmitglieder dahin zu bringen, daß sie positive und negative Gefühle in kompetenter - d.h. spezifischer und konstruktiver - Weise und bei der passenden Gelegenheit austauschen. Sobald er ein ausreichendes Stück auf diesem Weg zurückgelegt hat, geht der Therapeut gezielt das effektive Lösen von Problemen im gemeinsamen Gespräch an.

Fallbeispiel

Herr C. und seine Mutter arbeiteten in den Sitzungen des Kommunikationstrainings sehr gut mit und führten auch die häuslichen Übungen gewissenhaft durch, so daß auf beiden Seiten deutliche Verbesserungen des Kommunikationsverhaltens eintraten. Wichtige Impulse ergaben sich gleich zu Beginn beim Äußern positiver Gefühle: Wenngleich dem Patienten die Übungen erkennbar schwerfielen und deshalb recht "holprig" wirkten, profitierte Frau C. doch sehr davon, daß ihr Sohn sich für ihre Bemühungen um ihn, die er bislang scheinbar als Selbstverständlichkeit hingenommen hatte, nun dankbar zeigte. In den folgenden Sitzungen konnte deutlich herausgearbeitet werden, daß negative Gefühle vom anderen viel besser angenommen wurden, wenn sie in Form von selbstöffnenden Mitteilungen und eben nicht als Kritik und Angriff auf den anderen geäußert wurden. Herr C. und seine Mutter erkannten ferner, daß Gespräche viel reibungsloser und ergiebiger verliefen, wenn sie sich gegenseitig aufmerksam zuhörten, anstatt den anderen um jeden Preis vom eigenen Standpunkt überzeugen zu wollen. Der Patient nahm bereits während des Kommunikationstrainings deutlich mehr Kontakt zur Familie auf, als er durch wiederholte positive Rückmeldungen seitens der Mutter nicht mehr nur seine Defizite kritisiert, sondern eher seine Fortschritte anerkannt sah.

Trotz der genannten Veränderungen verbesserte sich der psychopathologische Befund des Patienten nicht. Er litt nach wie vor unter regelmäßig zu- und wieder abnehmenden Akutsymptomen und depressiven Nachschwankungen mit teilweise akuter Suizidalität, die nur durch Mithilfe der Mutter ambulant abgefangen werden konnte. Als der Bruder des Patienten im Herbst 1989 einen lebensbedrohlichen Unfall erlitt und Frau C. an die Grenzen ihrer Belastbarkeit stieß, wurde der Patient erneut stationär aufgenommen. Wenngleich keine deutliche Exazerbation seiner Symptome im Sinne eines Rückfalls eingetreten war, sollte doch versucht werden, durch eine Umstellung der Medikation seinen Zustand zu verbessern und die Mutter vorübergehend zu entlasten. Tatsächlich stellte sich nach einem Wechsel auf Leponex eine spürbare Verbesserung ein, wenngleich Symptomatik und Stimmung immer noch relativ stark fluktuierten.

Problemlösetraining

Durch konsequente Anwendung der Kommunikationsregeln lassen sich viele problematische Situationen meistern, die sonst zu belastenden Auseinandersetzungen führen würden. Die Bewältigung lang andauernder, tiefgehender Konflikte oder überraschend eintretender, streßreicher Lebensereignisse verlangt der Familie jedoch weitergehende Fertigkeiten ab, wenn es nicht zum Scheitern, in der Folge zu Belastungen für alle Beteiligten und damit letztlich zu einer Zunahme des Rezidivrisikos kommen soll. Die Familie braucht effektive Problemlösestrategien und wird entsprechend vom Therapeuten in der Anwendung eines strukturierten, systematischen Gesprächsablaufs trainiert, der sechs aufeinanderfolgende Schritte umfaßt:

a. Problemidentifikation: Im ersten Schritt legt jedes Familienmitglied seine Sichtweise des Problems dar, und die übrigen versuchen, diese möglichst gut zu verstehen. Hierfür ist es sehr hilfreich, wenn alle Beteiligten auf die gelernten Kommunikationsfertigkeiten zurückgreifen. Die Familie soll versuchen, im gemeinsamen Gespräch möglichst alle wichtigen Aspekte des Problems zusammenzutragen, damit diese bei den später zu erarbeitenden Lösungsansätzen berücksichtigt werden können. Oft ist es sinnvoll, komplexe Probleme in Teilschritte zu zerlegen, die dann sukzessive aufgearbeitet werden können. Am Ende des ersten Schrittes müssen die Beteiligten sich auf eine gemeinsame Problemdefinition festlegen, damit sie im weiteren Gespräch an einem Strang ziehen.

b. Sammeln von Lösungsmöglichkeiten: Als nächstes soll jeder mindestens einen Vorschlag machen, wie man das anstehende Problem lösen könnte. Bei diesem "brainstorming" sind jegliche Bewertung und Diskussion zu vermeiden; es kommt allein darauf an, möglichst viele - vor allem auch neue und kreative - Ideen zusammenzutragen.

c. Diskussion der Lösungsvorschläge: Erst bei diesem Teilschritt sollen die spezifischen Vor- und Nachteile jedes Vorschlags gemeinsam besprochen werden, um allmählich die aussichtsreichsten Ansätze herauszufiltern. Es ist besonders wichtig, daß alle Familienmitglieder aktiv beteiligt werden, damit sie sich nicht übergangen fühlen und Lösungen später sabotieren.

d. Einigung auf die beste(n) Lösung(en): Hier kommt es vor allem darauf an, daß jeder einzelne zustimmt, weil man nur so die Durchsetzung "einsamer Lösungen" vermeiden und statt dessen Kompromißvorschläge etablieren kann, die später von allen Beteiligten mitgetragen werden.

e. Planung der Durchführung: Wenn jeder sich auf die anderen verläßt, erwachsen aus eigentlich aussichtsreichen Lösungsansätzen oft Mißerfolge. Um dies zu vermeiden, erarbeitet man Strategien zur konkreten, praktischen Umsetzung der Vorschläge, auf die man sich geeinigt hat. Dazu gehört vor allem, einen Zeitplan zu erstellen und die Aufgaben auf die Familienmitglieder zu verteilen, damit jeder weiß, was er wann tun muß, um das Problem gemeinsam zu bewältigen. In manchen Fällen kann es notwendig sein, Konsequenzen der ersten Lösungsschritte zu antizipieren und Pläne für den Umgang mit eventuell auftretenden Schwierigkeiten zu entwerfen.

f. Rückblick auf die Bemühungen: Der letzte Schritt schließt sich an erste konkrete Aktivitäten an und besteht darin, die gemeinsamen Anstrengungen noch einmal zu rekapitulieren. Dabei sollen alle Bemühungen gelobt werden, unabhängig davon, ob sie zum Erfolg geführt haben oder nicht, um die Bereitschaft zur Mitarbeit an weiteren Problemlöseversuchen zu steigern. Danach kann die Familie entscheiden, ob sie mit dem Ergebnis zufrieden ist, oder ob auf der Basis der bisherigen Erfahrungen ein erneuter Anlauf zur Bewältigung der Schwierigkeiten genommen werden muß, ob also ein neuerlicher Durchgang durch das Problemlöseschema erforderlich ist.

Es empfiehlt sich, den Gesprächsverlauf anfangs anhand relativ einfach strukturierter Probleme einzuüben, um die Familie mit dem Vorgehen vertraut zu machen und erste Erfolgserlebnisse zu ermöglichen. Die Familie wird sich mit zunehmender Kompetenz allmählich an schwierigere Themen heranwagen und so Schritt für Schritt Belastungen, die den Krankheitsverlauf ungünstig beeinflussen können, abbauen. Für den Therapeuten besteht die Möglichkeit, Therapieprobleme wie Unregelmäßigkeiten bei der Medikamenteneinnahme, Nichterledigung von Hausaufgaben, Nichterscheinen einzelner Familienmitglieder zu den Sitzungen etc. zur Bearbeitung vorzuschlagen. Zu jedem Problemlösegespräch wird ein Protokollbogen ausgefüllt, auf dem Notizen zu den einzelnen Schritten festgehalten werden. Der Therapeut versucht so früh wie möglich, die Gesprächsleitung an die Familienmitglieder zu delegieren, um sich im weiteren mehr und mehr zurückzuziehen. In diesem Zusammenhang streckt er auch die Abstände zwischen den Sitzungen und läßt die Familie als Hausaufgabe Problemlösesitzungen in eigener Regie durchführen. Allmählich soll er ganz entbehrlich werden und nur noch in Krisenzeiten, z.B. bei drohenden Rückfällen, zur Verfügung stehen.

Es ist durchaus keine Seltenheit, daß einzelne krankheitsbedingte Schwierigkeiten des Patienten so gravierend sind, daß die Familie sie mit Problemlöseversuchen allein nicht in den Griff bekommt. In solchen Fällen - etwa, wenn schwere postremissive Depressionszustände, Ängste, Zwangssymptome oder massive Defizite in den sozialen Kompetenzen bestehen - empfiehlt Falloon den Einsatz spezifischer verhaltenstherapeutischer Interventionsmaßnahmen wie z.B. Aktivitätenplanung und kognitive Umstrukturierung, behutsame Konfrontationsübungen, Gedankenstopp-Training und gezieltes Einüben sozialer Fertigkeiten.

Die verschiedenen Phasen der Familienbetreuung werden in der Praxis nicht scharf voneinander abgegrenzt durchlaufen, vielmehr erstrecken sich die einzelnen Inhalte über die gesamte Therapie hinweg, wobei die Schwerpunkte entsprechend der skizzierten Reihenfolge wechseln. Beispielsweise ist das Kommunikationstraining mit Abschluß der Trainingsphase meist nicht beendet, sondern setzt sich über die ersten Problemlösegespräche hinweg fort und muß oft auch später noch einmal aufgegriffen werden, wenn z.B. die Familienatmosphäre durch Krisen belastet wird. Ein weiteres Beispiel sind die Problemlösesitzungen, die normalerweise erst im Anschluß an das Kommunikationstraining, im Rahmen von Kriseninterventionen aber auch schon früher eingeführt werden. Trotz dieser Überschneidungen hält der Therapeut den beschriebenen Ablauf soweit wie möglich ein, da die verschiedenen Komponenten der Familienbetreuung in funktionaler Weise miteinander verbunden sind und eine logisch sinnvolle Abfolge einzelner Teilschritte ergeben.

Fallbeispiel

Je mehr Herr C. sich im Verlauf des Problemlösetrainings selbst forderte bzw. von außen gestellte Anforderungen zu bewältigen versuchte, desto eher waren seine Mutter - und wie sie berichtete auch ihr Partner - in der Lage, die real recht geringe Leistungsfähigkeit des Patienten und deren starke Fluktuationen zu akzeptieren. Dazu trug auch der immer häufiger stattfindende Austausch über die jeweils aktuellen Befindlichkeiten und Möglichkeiten des Patienten bei. Allmählich konnten so öfters auch Probleme der Mutter zum Gegenstand der Gespräche gemacht und durch Mithilfe von Herrn C. im Haushalt und bei der Versorgung kranker Familienmitglieder gewisse Entlastungen erarbeitet werden. Eine akute Lungenembolie, die eine dreiwöchige nicht psychiatrische stationäre Behandlung erforderlich machte, warf den Patienten vorübergehend etwas zurück; er konnte jedoch relativ schnell sein Aktivitätenprogramm wieder einhalten und sogar ausbauen. Dabei standen Sport, Unternehmungen mit Freunden, Haus- und Gartenarbeit sowie Pflege der kranken Großmutter im Vordergrund.

Die Familienbetreuung, die bei Herrn C. insgesamt 25 diagnostische und therapeutische Sitzungen umfaßte, wurde nach einem Jahr beendet. Der Therapeut, der Patient und seine Mutter stimmten darin überein, daß die Ziele der Familienbetreuung erreicht worden waren. Wenngleich in den ersten Monaten nach der stationären Behandlung die persistierende Symptomatik stark fluktuiert und eine erneute stationäre Umstellung der Medikation notwendig gemacht hatte, war doch nie eine Verschlechterung eingetreten, die als Rückfall zu werten gewesen wäre.

Bei der Erhebung der Postdaten 12 Monate nach der Entlassung aus der Klinik zeigte sich gegenüber der Eingangsdiagnostik bei Herrn C. ein deutlicher Rückgang der Depressivität und der Zwanghaftigkeit. Während die körperlich-funktionalen Beschwerden sich kaum verändert hatten, war im Bereich der sozialen Integration eine deutliche Verbesserung eingetreten. Die Mutter hatte ihre anfangs kritische Einstellung gegenüber dem Patienten bis zum Ende der Familienbetreuung abgelegt. In der Interaktion zwischen Mutter und Sohn zeigte sich eine deutliche Abnahme verbal- und nonverbal-negativen Verhaltens zugunsten vor allem von gegenseitiger Akzeptanz und positiven Lösungsvorschlägen.

Wenngleich sich aufgrund des chronischen Krankheitsbildes der psychopathologische Befund des Patienten insgesamt nur leicht verbessert hatte, waren doch signifikante Fortschritte in der persönlichen und familiären Bewältigung der Psychose erreicht worden. Herr C. konnte die immer noch alle drei bis vier Wochen auftretenden vermehrten Leibhalluzinationen und Stimmungseinbrüche inzwischen ohne Rückgriff auf Tavor-Medikation überstehen und dabei elementare Aktivitäten aufrechterhalten. Dazu trug neben der in der Familie gefundenen Problemlösung sicher auch bei, daß sich das Befinden des Patienten nach der Umstellung der Medikation allmählich leicht besserte. Im Hinblick auf die Familiensituation war v.a. als günstig zu werten, daß die Mutter den Rückzugs- und Vermeidungstendenzen ihres Sohnes nicht mehr hilflos gegenüberstand, sondern diese als krankheitsbedingt akzeptierte und außerdem einen Weg gefunden hatte, ihn tatsächlich zu mehr Aktivitäten zu bewegen. Daß er bei besserem Befinden Aufgaben im Haushalt und bei der Versorgung der Großmutter übernahm, empfand Frau C. als echte Erleichterung. Herr C. fühlte sich von seiner Mutter deutlich weniger bedrängt und hatte aufgrund der von ihr recht häufig gegebenen positiven Rückmeldungen das Gefühl, daß seine Bemühungen anerkannt wurden, auch wenn sie an schlechten Tagen nur für ein "Notprogramm" an Aktivitäten hinreichten.

Das Stoppen der Teufelskreise aus Kritik, Rückzug, mangelnder Aktivität und Depression hatte erkennbar zur Entspannung des emotionalen Familienklimas und zur Bewältigung der krankheitsbedingten Beeinträchtigungen beigetragen. Die im Verlauf der ambulanten Nachbetreuung erreichte Verbesserung der Familiensituation war in prognostischer Hinsicht ebenso günstig zu werten wie die Aktivitätssteigerung und die soziale und beginnende berufliche Reintegration des Patienten, auch wenn wegen des chronischen Krankheitsverlaufs die Psychose selbst nicht wesentlich beeinflußt werden konnte.

Ergebnisse der Prozeß-Erfolgs-Studie und Konsequenzen im Hinblick auf die Durchführung der Familienbetreuung

Nachdem die Effektivität der psychoedukativen Familienbetreuung bei schizophrenen Psychosen vielfältigt belegt worden war, wurde in der Münchner Studie erstmalig eine genaue Analyse auch des Therapieverlaufs und der Zusammenhänge mit dem Therapieerfolg durchgeführt. Ziel war dabei, Einsichten in die *Wirkmechanismen* der Familienbetreuung zu gewinnen und daraus Handlungsmaximen für eine möglichst effektive Therapiedurchführung abzuleiten. Die folgende Darstellung gibt lediglich die wichtigsten Ergebnisse im Überblick wieder, eine genaue Beschreibung des Vorgehens, des Instrumentariums, der vielfältigen Einzelbefunde und der daraus abzuleitenden Schlußfolgerungen findet sich in Dürr (1993) bzw. in Dürr und Hahlweg (im Druck).

Kursorischer Überblick über den Ansatz der Prozeß-Erfolgs-Studie

In die Prozeßstudie gingen 40 schizophrene Patienten zusammen mit ihren wichtigsten Angehörigen ein. Sie wurden von vier Therapeutinnen und drei Therapeuten behandelt, die alle ein intensives Vortraining durchlaufen hatten, aber unterschiedliche Vorerfahrungen mitbrachten. Neben verschiedenen vorgegebenen Therapievariablen auf Seiten der Patienten und der Familien wurden bei den Therapeuten Geschlecht und allgemeine therapeutische Vorerfahrung bzw. spezifische Vorerfahrung bezüglich der Familienbetreuung nach dem Konzept von Falloon et al. (1984) erfaßt. Von den Therapien wurden die zweite und dritte Sitzung des Kommunikationstrainings, die zweite und fünfte Sitzung des Problemlösetrainings und die letzte Sitzung vor der Post-Messung, die sechs Monate nach der Klinikentlassung des Patienten stattfand, auf Tonband aufgenommen. Entsprechend dem Konzept der "multiplen Perspektiven" (Gurman et al., 1986) wurde der Therapieprozeß aus der Sichtweise unabhängiger Beobachter, der Therapeuten und der Familienmitglieder erfaßt und dann dem Konzept der "multiplen Analyseebenen" folgend auf verschiedenen Ebenen des therapeutischen Systems untersucht (Einzelpersonen; Gesamtfamilie; Gesamtheit der Therapieteilnehmer).

Zur Klärung der Frage, ob Therapeut und Familienmitglieder gemeinsam in den einzelnen Sitzungen der Familienbetreuung das taten, was laut Therapieprogramm vorgesehen war, wurde ein Kodierungssystem eingesetzt, mit dem sich die zeitliche Verteilung und die Abfolge einzelner Therapiekomponenten im Behandlungsverlauf abbilden und in einem zweiten Schritt die Orientierung des Vorgehens am Therapieprogramm bestimmen läßt. Das Therapeutenverhalten wurde mit Hilfe von Ratingskalen zur Erfassung globaler und spezifischer Therapeutenkompetenzen erhoben, und zwar global im Hinblick auf die Beziehungs- und die Leitungskompetenz bzw. spezifisch in bezug auf didaktische Kompetenz, Initiierung von Verhaltensübungen, Steuerung und positive Rückmeldung. Die Beobachtung der Familienmitglieder wurde ebenfalls mit Hilfe entsprechender Ratingskalen vorgenommen. Sie richtete sich zum einen auf das Ausmaß von Kooperation bzw. Wider-

stand gegenüber dem Therapeuten und zum anderen auf das interaktive Verhalten
gegenüber den anderen Familienmitgliedern. Letzteres wurde hinsichtlich der negativen Kategorien "Kritik und Abwertung" bzw. "Einflußnahme und Gedankenle-
sen", sowie im Hinblick auf die positiven Kategorien "Akzeptanz des Gesprächs-
partners" und "Themenorientierung" erfaßt. Außerdem wurde das nonverbale Kommunikationsverhalten eingeschätzt. Mit Hilfe von Fragebögen wurde die gegenseitige Wahrnehmung von Therapeut und Familienmitgliedern und die Zufriedenheit
der Familienmitglieder bzw. des Therapeuten mit der Sitzung erhoben. Die Fragebögen wurden jeweils am Ende der Sitzungen vorgegeben und auf die Globaldi-
mension "positive vs. negative Beurteilung" reduziert.

Entsprechend dem Konzept der "problem-treatment-outcome-congruence"
(Schacht & Strupp, 1984) wurden als Hauptmaß zur Beurteilung des Therapieer-
folgs Veränderungen im Kommunikations- und Problemlöseverhalten der Familienmitglieder erfaßt, und zwar mit Hilfe des Kategoriensystems für Partnerschaftliche Interaktion (Hahlweg et al., 1984). Als weiteres Therapieerfolgskriterium wurde erhoben, ob der Patient innerhalb des ersten Jahres nach der Klinikentlassung
einen schizophrenen Rückfall erlitten hatte.

Die wichtigsten Ergebnisse und Konsequenzen im Hinblick auf die Durchführung der Familienbetreuung

Die *Prozeß-Erfolgs-Analysen* ließen an den vorgegebenen Therapiebedingungen
seitens des Therapeuten, des Patienten und der Familie keine Ansatzpunkte zur
Verbesserung des Therapieergebnisses erkennen. Um so deutlicher trat hervor,
welche Prozesse im Verlauf der Familienbetreuung den Erfolg positiv beeinflußten: Die Kommunikation zwischen den Familienmitgliedern entwickelte sich um
so günstiger, je positiver bzw. je weniger negativ diese in den Sitzungen der Familienbetreuung einander begegneten. Voraussetzung dafür war vor allem, daß der
Therapeut verhaltenstherapeutisch versiert in das Geschehen zwischen Patient und
Angehörigen eingriff. Als förderlich erwies sich daneben, wenn die Therapiestunden integer im Sinne des Behandlungskonzepts gestaltet wurden. Der Erfolg der
Familienbetreuung in der Münchner Studie dürfte vor diesem Hintergrund gerade
auch darauf zurückgehen, daß es den Therapeuten nach intensivem Training erkennbar gelungen ist, die nach dem Therapiekonzept vorgesehenen Schwerpunkte
zu setzen und damit auf Akzeptanz bei den Familienmitgliedern zu stoßen. Darauf
läßt u.a. schließen, daß die für eine integre Therapiedurchführung als wichtig er-
achteten Kriterien zu drei Vierteln erfüllt waren. Ob die Familienbetreuung - nicht
nur bezüglich der Familieninteraktion sondern gerade auch im Hinblick auf die
Rückfallprophylaxe - erfolgreich verlief, hing jedoch nicht allein vom Vorgehen
des Therapeuten ab, sondern auch davon, ob die Familienmitglieder in ausreichender Weise mit ihm kooperierten.

Das aus den Prozeß-Erfolgs-Analysen gewonnene Bild über die Wirkmechanismen der Familienbetreuung gewinnt an Kontur, wenn man die dazugehörigen Ergebnisse der *Prozeßanalysen* betrachtet: Positives Interaktionsverhalten zwischen
den Familienmitgliedern trat tatsächlich in den Therapiesitzungen um so deutlicher

bzw. negatives Interaktionsverhalten um so weniger deutlich auf, je besser die Familienmitglieder mit dem Therapeuten kooperierten, und je kompetenter dieser die Sitzungen leitete, Verhaltensübungen initiierte und steuernd in das Geschehen zwischen den Familienmitgliedern eingriff. Kompetentes Verhalten des Therapeuten und kooperatives Verhalten der Familienmitglieder korrelierte positiv mit der Integrität der Therapiedurchführung und diese ihrerseits mit positiver Familieninteraktion. Es sieht damit so aus, als ob - vereinfacht dargestellt - im Falle eines erfolgreichen Therapieverlaufs alle beobachteten Prozeßvariablen im Sinne des Therapieziels günstig ausgeprägt gewesen wären und so zur angestrebten Verbesserung der Familieninteraktion beigetragen hätten.

Ob die Familienbetreuung in diesem Sinne günstig oder ungünstig verlief, hing nicht von den vorgegebenen Therapiebedingungen des Patienten oder der Familie, wohl aber von denen des Therapeuten ab: Therapeuten mit spezifischen Vorerfahrungen hinsichtlich der Durchführung von Familienbetreuungen zeigten sich im Vergleich mit ihren weniger erfahrenen Kollegen nicht nur insgesamt kompetenter, sondern sie behielten ihr vergleichsweise hohes Niveau auch in den schwierigen Sitzungen des Problemlösetrainings bei, während Anfänger gerade in dieser wichtigen Therapiephase abfielen. Daß spezifische Vorerfahrungen sich zusätzlich auf das Interaktionsverhalten der Familienmitglieder, auf die Integrität der Therapiedurchführung und auf die Beurteilung der Stunden durch die Therapeuten selbst förderlich auswirkten und damit aus vier voneinander unabhängigen Perspektiven deutlich wurden, stützt die Schlußfolgerung, daß - insbesondere in den schwierigen Sitzungen des Problemlösetrainings - die erfahrenen Therapeuten den Anforderungen der Familienbetreuung besser gewachsen waren als die unerfahrenen. Dabei ist hervorzuheben, daß die genannten positiven Effekte nur von spezifischen Vorerfahrungen in der Durchführung von Familienbetreuungen ausgingen und bei großer allgemeiner Therapieerfahrung nicht festgestellt werden konnten. Letztere war lediglich bei der Bewältigung von Widerständen der Familienmitglieder hilfreich, ohne daß sich daraus eine positive Wirkung auf irgendeine der übrigen Prozeßvariablen ergeben hätte.

Therapeutinnen schnitten im Hinblick auf das kooperative Verhalten der Familienmitglieder, auf die negative Familieninteraktion und auf ihre eigene Beurteilung der Stunden schlechter ab als ihre männlichen Kollegen. Da sich weder hinsichtlich der therapeutischen Kompetenz noch der Therapiedurchführung Geschlechtsunterschiede fanden, scheint der Ursprung für die beschriebenen Phänomene am ehesten bei den Familienmitgliedern zu liegen. Diese gehorchten möglicherweise gesellschaftlichen Geschlechtsrollen und damit verbundenen Normen, die Widerstand gegen die Vorgaben einer Frau eher zulassen als gegen die eines Mannes. Vermutlich konnten die Therapeutinnen aufgrund unzureichender Mitarbeit der Familienmitglieder deren negatives Interaktionsverhalten nicht verhindern und waren deshalb mit dem Fortgang der Therapie in den Sitzungen unzufrieden.

Im Hinblick auf *Ausbildung und Supervision* ist aus den Ergebnissen der Prozeß-Erfolgs-Studie zu schließen, daß Therapeuten auch dann, wenn sie große allgemeine Erfahrung mitbringen, am Anfang ihrer Arbeit mit Familien engmaschige Begleitung brauchen, da es ihnen schwerfällt, das komplexe Interaktionsgeschehen in den Sitzungen der Familienbetreuung nach den Vorgaben des Therapiekonzepts zu strukturieren und so zu gestalten, daß die Familienmitglieder die angestrebten Lernfortschritte tatsächlich erreichen können. Dies gilt v.a. für die Problemlösesitzungen, die erkennbar die höchsten Anforderungen an das therapeutische Können stellen. Die Ausbildung und Supervision von Therapeuten mit großer allgemeiner, aber geringer spezifischer Erfahrung sollte von daher primär auf die Frage zielen, wie die bei den Familienmitgliedern geweckte Kooperationsbereitschaft dazu genutzt werden kann, die spezifischen Ziele der Familienbetreuung zu erreichen.

Bei geringer Kooperationsbereitschaft der Familienmitglieder sollte die Wahl eines männlichen Therapeuten erwogen werden, dem die Familienmitglieder eventuell weniger Widerstand entgegenbringen. Im Hinblick auf Ausbildung und Supervision speziell von Frauen ergibt sich die Konsequenz, besonderes Augenmerk auf den Umgang mit mangelnder Bereitschaft zur Mitarbeit zu legen, da Widerstände gegen therapeutische Vorgaben von weiblicher Seite zu negativer Familieninteraktion beitragen und die Zufriedenheit der Therapeutin mit den Sitzungen beeinträchtigen können. Konkret sollte hier die Vermittlung steuernder Interventionen im Mittelpunkt stehen, nachdem sich bei den Prozeßanalysen zeigte, daß die Familienmitglieder in den Sitzungen der Familienbetreuung um so besser kooperierten, je kompetenter der Therapeut das interaktive Geschehen zwischen den Familienmitgliedern steuerte.

Als bedeutsamster Indikator für einen ungünstigen Therapieverlauf erwies sich die subjektive Wahrnehmung des Therapieverlaufs durch den Therapeuten. Dieser beurteilte nämlich die Therapiestunden und die Familienmitglieder um so günstiger, je positiver diese einander in den Sitzungen begegnet waren, je besser sie mit ihm kooperiert hatten und je enger sich der Sitzungsablauf an den Vorgaben des Therapiekonzepts orientiert hatte. Auf die Stundenbeurteilung des Therapeuten wirkte sich zusätzlich aus, ob es ihm selbst gelungen war, seine therapeutischen Aufgaben in kompetenter Weise zu bewältigen, und ob die Familienmitglieder wenig negatives Interaktionsverhalten gezeigt hatten. Der Wahrnehmung des Therapeuten kommt vor diesem Hintergrund in der Supervision eine wichtige Warnfunktion zu.

Zentraler Ansatzpunkt im Falle von Fehlentwicklungen ist das Verhalten des Therapeuten, der vor allem dazu angeleitet werden sollte, sein Vorgehen möglichst eng an den Vorgaben des Therapiekonzepts zu orientieren, die Sitzungen der Familienbetreuung möglichst klar zu strukturieren, im Zuge von Verhaltensübungen negatives Interaktionsverhalten zwischen den Familienmitgliedern zu stoppen, auf positive Kommunikationsformen hinzulenken und diese dann angemessen zu verstärken. Strukturiertes verhaltenstherapeutisches Vorgehen des Therapeuten geht in den Sitzungen mit geringen Widerständen und einer insgesamt günstigen Interaktion zwischen den Familienmitgliedern einher und liefert so einen wesentlichen Beitrag zur Abnahme gegenseitiger Kritik, zur Zunahme selbstöffnender, den Gesprächspartner akzeptierender Äußerungen und konstruktiver Problemlösevorschläge sowie zur Verbesserung des nonverbalen Verhaltens. Die Ausbildung und Supervision von Therapeuten sollte also primär auf spezifisch verhaltenstherapeutische Kompetenzen fokussieren, wobei besonderes Augenmerk auf deren Realisierung in den Problemlösesitzungen zu legen ist.

Literatur

Abramowitz, I.A. & Coursey, R.D. (1989). Impact of an Educational Support Group on Family Participants Who Take Care of their Schizophrenic Relatives. *Journal of Consulting and Clinical Psychology*, *57*, 232-236

Anderson, C.M.; Reiss, D.J. & Hogarty, G. (1986). *Schizophrenia and the Family*. New York: Guilford Press

Andrews, G.; Hall, W.; Goldstein, G.; Lapsley, H.; Bartels, R. & Silove, D. (1985). The Economic Costs of Schizophrenia. Implications for Public Policy. *Archives of General Psychiatry*, *42*, 537-543

Bateson, G.; Jackson, D.D.; Haley, J. & Weakland, J. (1956). Toward a Theory of Schizophrenia. *Behavior Science*, *1*, 251-264

Bowen, M. (1978). *Family Therapy in Clinical Practice*. New York: Jason Aronson

Brown, G.W.; Birley, J.L. T & Wing, J.K. (1972). Influence of Family Life on the Course of Schizophrenic Disorders: a Replication. *British Journal of Psychiatry*, *121*, 241-258

Buchkremer, G., Jonasson, S., Rook, A. & Schmitz-Niehus, B. (1989). Effekte therapeutischer Angehörigengruppen auf Familienatmosphäre, Krankheitsverlauf und Wohn- und Arbeitssituation bei schizophrenen Patienten. Erste Ergebnisse der Münsteraner Angehörigenstudie. In: Buchkremer, G. & Rath, N. (Hrsg.). Therapeutische Arbeit mit Angehörigen schizophrener Patienten. Bern: Huber, 181-188

Creer, C. & Wing, J.K. (1984). Der Alltag der Schizophrenen. In: Katschnig, H. (Hrsg.). Die andere Seite der Schizophrenie. (2. Aufl.). München: Urban & Schwarzenberg, 97-166

Davis, J.M.; Janicak, P.; Chang, S. & Klerman, K. (1982). Recent Advances in the Pharmacologic Treatment of the Schizophrenic Disorders. In: Grinspoon, L. (Hrsg.). Psychiatry 1982. The American Association Annual Review: Washington, DC: APA

Doane, J.A.; Falloon, I.R.H.; Goldstein, M.J. & Mintz, J. (1985). Parental Affective Style and the Treatment of Schizophrenia: Predicting Course of Illness and Social Functioning. *Archives of General Psychiatry*, *42*, 34-42

Dürr, H. (1993). Prozeß-Erfolgs-Analysen zur Familienbetreuung schizophrener Patienten. Frankfurt: Peter Lang

Falloon, I.R.H.; Boyd, J.L. & McGill, C.W. (1984). Family Care of Schizophrenia. New York: Guilford

Falloon, I.R.H.; Hahlweg, K. & Tarrier, N. (1990). Family Interventions in the Community Management of Schizophrenia: Methods and Results. In: Straube, E.R. & Hahlweg, K. (Hrsg.). Schizophrenia. Concepts, Vulnerability, and Intervention. Berlin: Springer, 217-240

Goldberg, S.C; Schooler, N.R.; Hogarty, G.E. & Roper, M. (1977). Prediction of Relapse in Schizophrenic Outpatients Treated by Drug and Sociotherapy. *Archives of General Psychiatry*, *34*, 171-184

Goldman, H.H. & Gatozzi, A. (1981). Defining and Counting the Chronically Mentally Ill. *Hospital and Community Psychiatry*, *32*, 21-27

Goldstein, M.J.; Rodnick, E.H.; Evans, J.R.; May, P.R.A. & Steinberg, M.R. (1978). Drug and Family Therapy in the Aftercare of Acute Schizophrenics. *Archives of General Psychiatry*, *35*, 1169-1177

Goldstein, M.J. & Strachan, A.M. (1986). The Impact of Family Intervention Programs on Family Communication and the Short-Term Course of Schizophrenia. In: Goldstein, M.J.;

Hand, I. & Hahlweg, K. (Hrsg.). Treatment of Schizophrenia: Family Assessment and Intervention. Berlin, Heidelberg: Springer, 185-192

Gurman, A.S.; Kniskern, D.P. & Pinsof, W.M. (1986). Research on the Process and Outcome of Marital and Family Therapy. In: Garfield, S.L. & Bergin, A.E. (Hrsg.). Handbook of Psychotherapy and Behavior Change. New York: Wiley, 565-626

Hahlweg, K.; Dürr, H. & Müller, U. (1995). Familienbetreuung schizophrener Patienten. Weinheim: Psychologie Verlags Union

Hahlweg, K.; Goldstein, M.J.; Nuechterlein, K.H.; Magana, A.B.; Mintz, J.; Doane, J.A.; Miklowitz, D.J. & Snyder, K.S. (1989). Expressed Emotion and Patient-Relative Interaction in Families of Recent Onset Schizophrenics. *Journal of Consulting and Clinical Psychology, 57*, 11-18

Hahlweg, K.; Reisner, L.; Kohli, G.; Vollmer, M.; Schindler, L. & Revenstorf, D. (1984). Development and Validity of a New System to Analyse Interpersonal Communication. KPI: Kategoriensystem für partnerschaftliche Interaktion. In: Hahlweg, K. & Jacobson, N.S. (Hrsg.). Marital Interaction: Analysis and Modification. New York: Guilford, 182-198

Held, T. (1993). Ambulante Familienintervention rechnet sich für Arzt und Patient. Kosten durch Prophylaxe minimiert. *Fortschritte der Medizin, 111, Suppl. 147*, 7-10

Hell, D. (1988). Angehörigenarbeit und Schizophrenieverlauf. *Nervenarzt, 59*, 66-72

Helmerson, P. (1983). Family Interaction and Communication in Psychopathology: An Evaluation in Recent Perspectives. London: Academic Press

Herz, M.I.; Glazer, W.M.; Moster, M.A.; Sheard, M.H.; Szymanski, H.V.; Hafez, M.; Mirza, M. & Vaha, J. (1991). Intermittent vs. Maintenance Medication in Schizophrenia. Two Year Results. *Archives of General Psychiatry, 48*, 333-339

Kane, J.M.; Woerner, M.; Weinhold, P.; Wegner, B. & Kinon, B. (1982). A Prospective Study of Tardive Dyskinesia Development: Preliminary Results. *Journal of Clinical Psychopharmacology, 2*, 345-349

Kavanagh, D.J. (1992). Recent Developments in Expressed Emotion and Schizophrenia. *British Journal of Psychiatry, 160*, 601-620

Lässle, R.; Pfister, H. & Wittchen, H.U. (1987). Risk of Rehospitalisation of Psychotic Patients: a 6-Year Follow-Up Investigation Using the Survival Approach. *Psychopathology, 20*, 48-60

Leff, J.; Berkowitz, R.; Shavit, N.; Strachan, A.; Glass, I. & Vaughn, C. (1989). A Trial of Family Therapy v.s. a Relatives Group for Schizophrenia. *Brit J of Psychiatry, 154*, 58-66

Leff, J.P.; Kuipers, L.; Berkowitz, R.; Eberlein-Fries, R. & Sturgeon, D.A. (1985). A controlled Trial of Social Intervention in the Families of Schizophrenic Patients: a Two Year Follow-Up. *British Journal of Psychiatry, 146*, 594-600

Liberman, R.P.; Cardin, V.; McGill, C.W.; Falloon, I.R.H. & Evans, C.D. (1987). Behavioral Family Management of Schizophrenia: Clinical Outcome and Costs. *Psychiatric Annals, 17*, 610-619

Liberman, R.P.; Jacobs, H.E.; Boone, S.E.; Foy, D.W.; Donahoe, C.P.; Falloon, I.R.H.; Blackwell, G. & Wallace, C.J. (1986). Fertigkeitentraining zur Anpassung Schizophrener an die Gesellschaft. In: Böker, W. & Brenner, H.D. (Hrsg.). Bewältigung der Schizophrenie. Bern: Huber, 96-112

Massi, H.N. & Beels, C.C. (1972). The Outcome of the Family Treatment of Schizophrenia. *Schizophrenia Bulletin, 1*, 24-37

Müller, U.; Hahlweg, K.; Feinstein, E.; Hank, G.; Wiedemann, G. & Dose, M. (1992). Familienklima (Expressed Emotion) und Interaktionsprozesse in Familien mit einem schizophrenen Mitglied. *Zeitschrift für Klinische Psychologie, 21*, 332-351

Reilly, J.W.; Rohrbaugh, M. & Lackner, J.M. (1988). A Controlled Evaluation of Psychoeducation Workshops for Relatives of State Hospital Patients. *Journal of Marital and Family Therapy, 14*, 429-432

Rieg, C.; Müller, U.; Hahlweg, K.; Wiedemann, G.; Hank, G. & Feinstein, E. (1991). Psychoedukative Rückfallprophylaxe bei schizophrenen Patienten: Ändern sich die familiären Kommunikationsmuster? *Verhaltenstherapie, 1*, 283-292

Schacht, T.E. & Strupp, H.H. (1984). Psychotherapy Outcome: Individualized is Nice, but Intelligible is Beautiful. Paper Presented at the Annual Meeting of the Society for Psychotherapy Research.

Tarrier, N.; Barrowclough, C.; Vaughn, C.; Bamrah, J.S.; Porceddu, K.; Watts, S. & Freeman, H. (1988). The Community Management of Schizophrenia. A Controlled Trial of a Behavioural Intervention with Families to Reduce Relapse. *British Journal of Psychiatry, 153*, 532-542

Tarrier, N.; Barrowclough, C.; Vaughn, C.; Bamrah, J.S.; Porceddu, K.; Watts, S. & Freeman, H. (1989). Community Management of Schizophrenia. A Two-Year Follow-Up of a Behavioral Intervention with Families. *British Journal of Psychiatry, 154*, 625-628

Tarrier, N.; Lowson, K. & Barrowclough, C. (1991). Some Aspects of Family Interventions in Schizophrenia. II. Financial Considerations. *British Journal of Psychiatry, 159*, 481-484

Tarrier, N. & Turpin, G. (1992). Psychosocial Factors, Arousal and Schizophrenic Relapse. The Psychophysiological Data. *British Journal of Psychiatry, 161*, 3-11

Vaughan, K.; Doyle, M.; McConaghy, N.; Blaszczynski, A.; Fox, A. & Tarrier, N. (1992). The Sydney Intervention Trial: a Controlled Trial of Relatives' Counseling to Reduce Schizophrenic Relapse. *Social Psychiatry and Psychiatric Epidemiology, 27*, 16-21

Vaughn, C. & Leff, J.P. (1976). The Influence of Family and Social Factors on the Course of Psychiatric Illness. *British Journal of Psychiatry, 129*, 125-137

Wiedemann, G.; Hahlweg, K.; Hank, G.; Feinstein, E.; Müller, U. & Dose, M. (1994). Zur Erfassung von Frühwarnzeichen bei schizophrenen Patienten. *Nervenarzt, 65*, 438-443

Wing, J.K.; Monk, E.; Brown, G.W. & Carstairs, G.M. (1964). Morbidity in the Community of Schizophrenic Patients Discharged from London Mental Hospitals in 1959. *British Journal of Psychiatry, 110*, 10-21

Wynne, L.C.; Ryckhoff, I.M.; Day, J. & Hirsch, S.I. (1958). Pseudomutuality in the 'Family Relations of Schizophrenics. *Psychiatry, 21*, 205-220

Psychoedukative Therapie in der stationären Behandlung schizophrener Patienten

Roswita Hietel-Weniger & Klaus Brücher

Einleitung

In diesem Aufsatz wird ein Konzept der stationären Psychoedukation schizophrener Patienten vorgestellt, das seit 1988 an der Klinik für Psychiatrie der Universität Marburg praktiziert wird (Brücher, 1992). Die Intention bei der Erstellung des Konzeptes war, durch Einsatz eines gezielten Therapieangebotes die Selbststeuerungs- und Bewältigungsressourcen der Patienten so zu aktivieren, daß auch mittel- und langfristig der Therapieerfolg der stationären Behandlung erhalten bleibt. Der psychoedukative Ansatz zielt, kurz gesagt, auf Erwerb von Handlungskompetenz der Patienten und ihrer Angehörigen im praktischen Umgang mit der Erkrankung.

Daß Behandlungsansätze notwendig sind, die über eine Standardbehandlung hinausgehen, ist evident. Die Rezidivrate innerhalb eines Jahres liegt bei einer neuroleptischen Rezidivprophylaxe unter naturalistischen Bedingungen bei ca. 50%, bei konsequenter Neurolepsie und strikten Studienbedingungen zwischen 4 und 35% (Kissling, 1992), bei Neurolepsie, Psychoedukation und Einbeziehung der Familie um 10%. Zu den Einzelheiten dieser in Effizienz, Intensität und Inhalt unterschiedlichen Strategien vergleiche den Beitrag von A. Schaub und H.D. Brenner in diesem Band.

Der vorliegende Aufsatz verfolgt zwei Ziele. Es sollen Vermittlungsstrategien aufgezeigt werden, die die ungewöhnliche Lernsituation schizophrener Patienten berücksichtigen: über die krankheits- und/oder medikamentös bedingten kognitiven Einschränkungen hinaus sind viele Patienten nicht oder nur partiell krankheitseinsichtig und infolgedessen zu einer aktiven Auseinandersetzung mit ihrer Erkrankung nur bedingt bereit. Um diesem Problem wirksam entgegenzutreten, erweist sich unserer Erfahrung nach eine Unterrichts*gruppe* als hilfreich. Den Patienten kann dort ein Raum zur Verfügung gestellt werden, in den sie ihre eigenen Erfahrungen und Sichtweisen einbringen; diese zum Ausgangspunkt zu nehmen, ist grundlegende Bedingung einer Verständigung mit dem Patienten, die auch jenseits der Klinikmauern Effekte zeitigen soll. Die unterschiedlichen Erfahrungen und Standpunkte anderer Patienten bringen zudem eine Relativierung der eigenen Position leichter in Gang, als ärztliches Fachwissen. Zweitens wird anhand von Fallbeispielen exemplarisch die Spannweite möglicher Aneignungsweisen des psychoedukativen Programms durch die Patienten dargestellt.

Zum Konzept der Psychoedukation

Auf eine geschlossene 12-Bettenstation werden Patienten mit akuten oder subakuten schizophrenen oder schizoaffektiven Psychosen über die psychiatrische Poliklinik aufgenommen. Bei den akut Erkrankten steht zunächst die medikamentöse Therapie im Vordergrund. Mit Abklingen der Symptomatik wird zunehmend eine Teilnahme am sogenannte "Programm" der Station möglich, das folgende Elemente umfaßt:
* Unterrichtsgruppe für die Patienten zu Fragen der Erkrankung
* Training sozialer Fertigkeiten im Rahmen eines therapeutischen Milieus (Alltagsbewältigung, Hygiene u.a.)
* Rollenspiele, Sensibilitäts- und Expressivitätstraining in Bezug auf soziale Situationen
* Werktherapie, Konzentrationstraining

Separat werden angeboten:
* Angehörigengruppen
* fakultative Unterrichtssitzungen für den einzelnen Patienten und seine Angehörigen zu Fragen der Erkrankung

Zu den Zielen der Unterrichtsgruppe

Wesentliches Ziel des Unterrichtes ist, die Patienten dazu zu bewegen, sich aktiv am Krankheitsmanagement zu beteiligen. Dies setzt voraus, daß sie nicht nur über Diagnose, Symptomatologie, Therapiemöglichkeiten und Verlauf aufgeklärt werden, sondern dies relevante psychiatrische Wissen integrieren in ihre durch eigene Erfahrungen geprägten Wissensbestände. Diese haben sehr häufig eine durchaus andere Struktur als die psychiatrischen Lehrinhalte. Eine häufige und basale Diskrepanz liegt bereits in der Bewertung der Symptome: Ist es ein Krankheitszeichen oder - zumindest auch - ein Gewinn, wenn der Patient über eine allzeit präsente Stimme verfügt? Hier helfen nicht psychiatrische Sitzungen, nur die sorgfältige Betrachtung und Analyse des Symptoms in der konkreten Lebenswirklichkeit des Patienten. Gerade wenn es sine ira et studio evaluiert wird, muß der Patient es nicht in seiner Positivität verteidigen oder gar dissimulieren. Hier ist die Gruppe ein wichtiger Schrittmacher. Die Patienten können sehen, daß ihre Mitpatienten über ihre Symptomatologie reden, ohne sofort "psychiatrisch" sanktioniert zu werden, und daß sie ernstgenommen werden in ihren Erfahrungen. D.h. nicht, daß der Arzt nicht klar seine Meinung vertreten sollte, aber er sollte sie dem Patienten nicht oktroyieren (der Fall akuter Gefährdung bleibt davon ausgenommen). Sich vortastend bringen manche Patienten ihre - vermutlich aktuelle - Symptomatologie ein, indem sie sich auf die Erfahrungen anderer beziehen und berichten, derartiges hätten sie *in der Vergangenheit* auch erlebt.

Wissensvermittlung ist ein schwieriger und umwegiger Prozeß, der voraussetzt, sich auf die subjektive Bedeutungsebene der Patienten einzulassen, um sie nach Anschlußmöglichkeiten für die Akzeptanz psychiatrischer Hilfestellung abzusuchen (vgl. Brücher in diesem Band)

Ein Beispiel: ein 33jähriger, äußerlich verwahrloster Patient der seit 15 Jahren an einer paranoid-halluzinatorischen Schizophrenie erkrankt ist, wird erneut hospitalisiert. Mehrere Anläufe, ein Studium zu absolvieren, hat er abbrechen müssen und schließlich vor Jahren eine Ausbildung zum Bürokaufmann abgeschlossen. Aufgrund des chronisch-residualen Krankheitsverlaufs war die Aufnahme einer Vollzeitarbeit unmöglich, zu einer stundenweisen Tätigkeit unterhalb seiner Qualifikation war er nicht bereit. Die Zeit außerhalb der Klinikaufenthalte verbrachte er im Wesentlichen beim "Zocken". Im Verlauf der stationären Behandlung reifte in ihm die Erkenntnis, daß eine Rente im Alter viele Vorteile mit sich brächte. Unter diesen Auspizien war er erstmals bereit, eine Anstellung in einer Reha-Werkstatt zu erwägen. Zwar würde er dort wenig verdienen, jedoch würden seine Sozialversicherungsbeiträge bezahlt. Alle Vorbedingungen, um die die Station bei früheren Aufenthalten vergeblich mit ihm gerungen hatte, erfüllte er jetzt ohne sonderliche Schwierigkeiten: Er wusch sich regelmäßig, ging zum Friseur, achtete auf saubere Kleidung, hielt Termine ein, absolvierte ein Vorbereitungspraktikum und arbeitet jetzt trotz rezidivierend auftretender Symptomatik sehr zuverlässig seit mehr als einem Jahr dort.

Erst auf dem Hintergrund, daß Patient und Arzt vom gleichen Sachverhalt sprechen, wenn sie von der "Psychose" sprechen, können konkrete Planungen erfolgen. Welches Therapieziel soll in welchen Schritten anvisiert werden? Wie kann der Patient sich medikamentös und in seiner Lebensführung vor Krankheitsrezidiven schützen; welche Frühwarnsymptome gibt es, wie sollte der Patient im Fall ihres Auftretens reagieren, welche Medikamentendosis und Einnahmeschemata sind adäquat u.s.w.?

Im Unterricht kann sich auch erweisen, daß ein Patient an seinem Symptom festhalten will. Gerade die Ablehnung einer Verhaltensänderung kann darauf hinweisen, daß das Symptom an sich möglicher Weise bereits einen Selbstheilungsversuch im Sinne einer reparativen Leistung darstellt (Böker & Brenner, 1983). Auch diese Patienten können insofern von dem psychoedukativen Programm profitieren, als sie sich über ihren Standpunkt klar werden und Stellung beziehen können (vgl. dazu Fallbeispiel 2 am Ende dieses Beitrages).

Themen des Gruppenunterrichtes

Symptomatik:	akute Psychose
	Initialsymptome eines Rezidivs
Verlauf:	Verlaufstypen, Häufigkeit
	Auslösebedingungen, Bedeutung belastender Lebensereignisse
	"Konzept der besonderen Verletzbarkeit"
	(Vulnerabilitäts-Streß-Bewältigungs-Modell, Böker & Brenner, 1983)

Behandlung: akut
               langfristig
               Prävention
Medikamente: Medikamententypen
               erwünschte Wirkungen
               Nebenwirkungen
               Einnahmeschemata

Form und Gestaltung der Unterrichtsgruppe

Die Gruppensitzungen finden zweimal wöchentlich statt und dauern jeweils 45 Minuten. Mit Ausnahme der akut Erkrankten nehmen alle Patienten unterschiedlichen Schweregrades der Krankheit, nach Möglichkeit auch Mitglieder des Pflegeteams, teil. Die Leitung der Gruppe obliegt dem Stationsarzt bzw. Psychologen, je nach Stationsbesetzung.

Die Patienten sitzen in einem Halbkreis, so daß allen der Blick auf eine Wandtafel möglich ist. Auf dieser werden zunächst die Kernaussagen der Patienten gesammelt und im weiteren nach systematischen Gesichtspunkten geordnet. Hierzu kann es hilfreich sein, ein Bild oder Schema einzuführen, das je nach Thema variiert wird.

Beispiel: Um die Häufigkeit bestimmter Frühsymptome zu verdeutlichen, ist es möglich, die Namen der Gruppenteilnehmer in eine Reihe oben auf die Tafel zu schreiben und durch senkrecht nach unten verlaufende Striche voneinander zu trennen, so daß einzelne Spalten entstehen. Die Frühsymptome, nach Häufigkeit geordnet, werden unter den einzelnen Namen aufgetragen. D.h. konkret: Das von fast allen genannte Symptom besteht in einer Störung des Schlafverhaltens. In die erste Zeile unter den Namen der Patienten wird in Spalte 0 der Oberbegriff Schlafstörungen notiert, in Spalte 1, also unter den ersten Patientennamen das von diesem genannte Symptom. Bei Fr. B. steht dann "Einschlafstörungen", bei Fr. M. "vermehrt Alpträume", bei Fr. L. "unruhiger Schlaf", bei Hr. I. "Halbschlaf, Dämmerzustand", bei Fr. Th. "Schlafbedürfnis sinkt" u.s.w. In den Zeilen darunter werden dann in entsprechender Weise die weniger häufigen Symptome festgehalten.

Die so jeweils entstandene Zusammenfassung der Kernaussagen auf der Tafel bleibt bis zur darauffolgenden Stunde stehen und dient als Hilfe beim Wiederholen des bereits Erarbeiteten. Ein Unterrichtszyklus umfaßt ca. 8 Wochen. Da die Stunden themenbezogen in sich abgeschlossen sind, ist ein Einstieg neuer Patienten möglich.

Aufgrund der in der Einleitung bereits genannten besonderen Lernschwierigkeiten der Patienten - bestehende kognitive Defizite oder aber Krankheitsuneinsichtigkeit und deshalb problematische Mitarbeit - ist ein Unterrichten im üblichen Sinne nicht möglich. Der gewünschte Unterrichtsgruppenprozeß kommt dann in Gang, wenn es dem Arzt/Psychologen gelingt, die Patienten durch offene Fragen so anzusprechen, daß sie selbst beginnen, die Stunde zu einem Großteil inhaltlich zu füllen. Dem Gruppenleiter kommt eine anleitende, strukturierende Funktion zu die der Maxime folgt, zwar Aktivität und Mitarbeit zu fördern, diese jedoch im Einzelfall nicht zu erzwingen. Es wird versucht, eine Art Arbeitsatmosphäre zu schaffen. Manche Patienten sind überaktiv, andere nehmen nur stumm an den Sitzungen teil.

Dennoch hat sich in den Einzelgesprächen gezeigt, daß auch diese Patienten profitieren. Eine Auseinandersetzung mit sozialen Belastungen oder Problemen Einzelner wird nur insofern gefördert, als sie für die Gruppe als Ganze einen Zugewinn an Erfahrungswissen mit sich bringt. Einer Emotionalisierung des Gruppenprozesses wird entgegengewirkt, da der Mehrheit der Patienten die hierfür notwendige psychische Stabilität fehlt (Buchkremer & Fiedler, 1983). Durch die Beiträge der Patienten über ihre persönlichen Erfahrungen öffnen sie sich, die Psychopathologie wird für alle erfahrbar und die Patienten werden - unserer Erfahrung nach - eher aufnahmebereit für die Lehrinhalte, die durch den Arzt/Psychologen vermittelt werden. Er knüpft an die Patientenbeiträge an und baut darauf ein Konzept der Schizophrenie auf, das die Aspekte des Vulnerabilitäts-Streß-Bewältigungs-Modells berücksichtigt. Auf diese Art wird vermieden, "über die Köpfe hinweg" zu unterrichten. Der Transformationsprozeß von der subjektiven Bedeutungs- und Erfahrungsebene hin zu der Ebene des allgemeinen Wissens ist anhand eines Bildes am ehesten verstehbar: Wie beim Erlernen einer Sprache gilt es, die einzelnen Vokabeln oder Sätze durch das Einführen einer Art "Grammatik" in ihrer Stellung und Bedeutung innerhalb des übergeordneten Regelzusammenhangs transparent zu machen.

Wir konnten wiederholt die Beobachtung machen, daß sich die Patienten gerade in den Unterrichtsstunden leichter öffnen und mehr von ihrer Krankheit erzählen können als in den Einzelgesprächen. Dennoch bildet die Arzt-Patient-Beziehung den Hintergrund des Beziehungsmusters in der Unterrichtsgruppe, da je nach Stationsbesetzung der Unterrichtsgruppenleiter behandelnder Therapeut entweder aller oder eines Teils der Patienten ist. Wichtig ist darauf zu achten, daß das Tempo der Auseinandersetzung mit der Erkrankung von den Patienten selbst bestimmt wird. Gelegentlich können in den Unterrichtsstunden entscheidende Hinweise auftauchen, die in die Therapie einbezogen werden müssen. Letzteres wird im folgenden Beispiel anschaulich:

Eine 27 Jahre alte schwergestörte Patientin mit einer chronifizierten schizoaffektiven Psychose, die trotz adäquater langfristiger medikamentöser und stationärer Behandlung in verschiedenen Kliniken nicht remittierte, äußerte erstmals in den Gruppenstunden Gefühle und Verhaltensweisen, die deutlich werden ließen, daß bei ihr ein bisher nicht erkannter Liebeswahn vorlag. In der individuellen Therapie (Einzelgespräche) wurde mit aller Vorsicht darauf eingegangen. Ein mühsamer Prozeß begann, da die Patientin das Thema Partnerschaft als Tabu betrachtete und darüber zunächst nicht zu sprechen bereit war. Sie verfügte über die Erfahrung einer einjährigen Beziehung mit einem wesentlich älteren Mann, der aus einer unteren sozialen Schicht stammte und von ihren Eltern nicht akzeptiert wurde. Er zwang sie zu brutalen intimen Praktiken, die von ihr als erniedrigend erlebt wurden, gegen die sie sich jedoch nicht wehren konnte. Da sie aufgrund ihres Studiums den Wohnort wechselte und ihr Partner auch andere Beziehungen pflegte, verloren sie sich aus den Augen. Mit Studienbeginn begann ihre gewähnte Beziehung zu einem Kommilitonen, den es in der Realität zwar gab, der jedoch kein Interesse an ihr zeigte. Nachdem in der therapeutischen Beziehung über das Thema Partnerschaft gesprochen werden konnte und sie ihrer Sehnsucht nach einem Partner Ausdruck verleihen konnte, traten die Wahninhalte anhaltend in den Hintergrund.

Vierphasenmodell einer Gruppenunterrichtsstunde für schizophrene Patienten

Im Laufe der Arbeit auf Station hat sich gezeigt, daß die einzelne Unterrichtsstunde themenunabhängig aus vier Phasen bestehen sollte:

Phase 1: Konstituierung der Gruppe
Phase 2: Mitteilung persönlicher Erfahrungen
Phase 3: Systematisierung der Patientenbeiträge zu einem Konzept der
          Schizophrenie, welches die Aspekte des Vulnerabilitäts-Streß-
          Bewältigungsmodells berücksichtigt
Phase 4: Integration

Zu Phase 1: Konstituierung der Gruppe

Der Beginn einer Unterrichtsstunde ist entscheidend für den weiteren Verlauf. Wie schon ausgeführt, ist hier das Ziel, die Patienten ohne Zwang zur Mitarbeit zu motivieren. Dies gelingt, wenn der Sinn des Unterrichtes - Aufklärung und Information über die Erkrankung - vermittelt werden kann. Zu Beginn wird darauf verzichtet, die Einzelheiten des Vorgehens während der Stunde zu erläutern, da die Patienten unter Erwartungsdruck kommen könnten. Indem ihnen der Gruppenleiter sein Anliegen vermittelt, kann bei den Teilnehmern das Gefühl entstehen, daß sie einen Gewinn aus der Stunde ziehen können. Die Angst, etwas leisten zu müssen, wird dadurch verringert. Neuen Patienten wird die Möglichkeit gegeben, sich vorzustellen und sich damit in die Gruppe zu integrieren. Eine Wiederholung der Kernaussagen der vorausgegangenen Stunde schließt sich an. Hierzu ist es hilfreich, wenn auf die Zusammenfassung auf der Tafel jener zurückgegriffen werden kann. Je nach Leistungsvermögen der Gruppe wird diese nach kurzem Blick darauf gelöscht und zur Wiederholung erneut reproduziert oder die Gruppe wird durch einfache Fragen so angeregt, daß die Wiederholung auch ohne Tafel möglich ist. Dies ist in zweierlei Hinsicht von Bedeutung, nämlich sowohl für den Lernprozeß als auch für das Lösen der Spannung, in die besonders neue Patienten versetzt werden können, wenn sie sich der Unterrichtsgruppensituation ausgesetzt fühlen. Da von den Patienten am Ende einer Stunde aus dem Kreis möglicher Themen heraus das Thema für die nächste Stunde festgelegt wurde, kann hierzu nach der Wiederholung gleitend übergegangen werden.

Zu Phase 2: Mitteilung persönlicher Erfahrungen

Je nach Thema erfolgt zunächst eine knappe Einführung. Ist der Unterrichtsgegenstand klar umrissen, werden die Patienten aufgefordert, ihre persönlichen Erfahrungen zu schildern und damit ihr subjektiv krankheitsspezifisches Wissen in den Gruppenzusammenhang einzubringen. Auf eine Vervollständigung der Fakten wird in dieser Phase verzichtet. Die Patienten werden zunächst nur mit dem konfrontiert, was durch sie als eigene Erfahrung geschildert wurde. Auf der Ebene der persönlichen Erfahrungen haben die Patienten dem Arzt/Psychologen etwas voraus: nicht er ist hier Lehrmeister, sondern der Patient ist Experte. Der Arzt/Psychologe gibt lediglich Hilfestellungen, dieses Expertenwissen sinnvoll einzusetzen. Manchmal vollzieht sich der Erfahrungsaustausch der Patienten, ohne daß weitere Hilfestellungen durch den Gruppenleiter notwendig sind. In dieser Phase finden die Patienten ansatzweise aus der Verstrickung in die Eigenwelt der Psychose heraus.

Ausführliches Beispiel einer Stunde vom Januar 94 zum Thema "Symptome der akuten Psychose": In der Einführung wird durch den Gruppenleiter das Thema exponiert. Auf die Frage, welche Veränderungen z.B. beim Denken beobachtet werden konnten werden genannt:
"Behinderung beim Denken"
"zu viele oder zu wenig Gedanken"
"das Denken ist verworren"
"die Gedanken kommen von draußen"
Auf die nächste Frage, welche Veränderungen im Bereich des zusätzlichen Wahrnehmens und besonderen Erlebens beobachtet wurden erfolgt keine Antwort. Die Frage ist zu wenig konkret.
• Mit welchen Organen nehmen wir wahr?
Die einzelnen Sinnesmodalitäten werden genannt.
• Haben Einzelne Erfahrungen, daß sie mehr hören als andere?
Genannt und beschrieben wird fast immer das Hören von Stimmen, seltener gustatorische und olfaktorische Halluzinationen und Coenästhesien u.a.
Die Patienten berichten ohne weitere Nachfrage über weitere Veränderungen:
"Bedrohung durch alle Menschen und Dinge"
"sich ganz klein fühlen"
"sich übermäßig stark fühlen"
"ich erlebe in mir ein göttliches Wesen".
Diese Beiträge werden notiert. Zur Veränderung der Gefühle werden am selben Tag genannt:
"unermeßliche Angst"
"Mißtrauen gegenüber Freunden"
"Gefühl der Gemütlichkeit geht verloren"
"Gefühl von Alleinsein"
"gereizte Stimmung"
"alles ist egal"
"Gefühle sind übermäßig stark"
Zu Veränderungen des Verhaltens, Handelns, Antrieb:
"Chaos wird produziert"
"inneres Getriebensein"
"äußere Erstarrung"
"ich kann mich für nichts entscheiden"
"das Essen wird eingestellt"
"Schlaflosigkeit"
"Kontakt zur Außenwelt wird abgebrochen".
"Abgrenzung gegenüber anderen ist nicht mehr möglich"
"Gefühl von Fremdheit"
"alles hat eine Bedeutung für mich"

Zu Phase 3: Systematisierung der Patientenbeiträge

Fortsetzung des Beispiels zum Thema "Symptome der akuten Psychose": Um die Symptome zu ordnen, hat sich ein einfaches Schema bewährt: wir malen eine schematische Skizze einer menschlichen Gestalt, die die Geschlossenheit der Person verdeutlicht. Das Denken und Wahrnehmen wird dem Kopf zugeordnet, das Fühlen der Herzregion, das Handeln, Verhalten und der Antrieb den Gliedmaßen. Wiederum daneben werden die von den Patienten genannten Symptome notiert. Fehlendes wird ergänzt, wichtige Begriffe aus der Psychopathologie wie formale und inhaltliche Denkstörungen, Störungen der Affektivität, Ambivalenz, Wahn, Halluzinationen, katatone Symptome werden, anhand des Tafelbildes nachvollziehbar, eingeführt.

Durch die Darstellung der Lehrinhalte in Form einer Zusammenfassung auf der Tafel wird die Distanz der Patienten zu ihrer Eigenwelt weiter verstärkt. Um bei dem oben eingeführten Bild der von Patienten und Gruppenleiter gemeinsam zu erlernenden Sprache zu bleiben: die Patienten haben in Phase 2 mit ihren Beiträgen einzelne Vokabeln, Satzhälften oder ganze Sätze zusammengetragen, nun geht es darum, ihren regelhaften Zusammenhang durch das Einführen einer Art Grammatik darzustellen. Eine Entmystifizierung der Erkrankung und der mit ihr verbundenen Prozesse wird angestrebt. Fehlendes wird ergänzt, Faktenwissen wird mit Hilfe der Darstellung auf der Tafel für alle nachvollziehbar vermittelt. Der Akzent liegt weniger auf Vollständigkeit und Abstraktion als auf der Möglichkeit für den Einzelnen, sich mit seinem Wissen in einem größeren Rahmen wiederzufinden. Der individuelle Beitrag soll deshalb auf der Tafel als solcher wiedererkannt werden können. Die Vielzahl der zusammengestellten Aspekte zeigt den Patienten, daß sie selbst nur ausschnittweise über Erfahrungen mit der Erkrankung verfügen. Insgesamt kommt dieser Phase eine überwiegend entlastende Funktion zu. Eine Gefahr kann hierbei entstehen, wenn sich einzelne Patienten - meist mit drogeninduzierten Psychosen - beim Thema Symptome durch deren Vielfalt faszinieren lassen und das eigene Erleben erst recht zu erweitern streben. Diese bilden jedoch die Ausnahme. Besonders geachtet werden muß auf Patienten mit Ersterkrankungen bei folgenden Themen: mögliche Verlaufsformen, Nebenwirkungen der Psychopharmaka und medikamentöse Rückfallprophylaxe. Aus einer auswärtigen Klinik ist uns der Fall eines Patienten mit einer Erstmanifestation einer schizophrenen Psychose bekannt, der - nach der Remission über die möglichen Verlaufsformen aufgeklärt - die Klinik verließ und sich suizidierte. Wir haben solche Erfahrungen bisher nicht gemacht. Im Gegenteil, zwar zwingen die prozentualen Angaben über die Verläufe - einmalige Manifestation, rezidivierender Verlauf, chronischer Verlauf - zum Nachdenken, andererseits ist eine Anknüpfung für therapeutische Möglichkeiten gegeben. Innerhalb der Gruppe ist es noch am ehesten möglich, nicht den Mut zum Durchhalten zu verlieren, da unter den Gruppenteilnehmern in der Regel solche sind, die über positive Erfahrungen verfügen, sei es im Blick auf die Remission oder den Schutz der Neuroleptika.

Zu Phase 4: Integration

Die Patienten werden angeregt, den Bogen von der allgemeinen Wissensebene zurück zu ihrer subjektiven Erlebniswelt zu spannen. Hierzu ist ein Rückgriff auf die individuellen Beiträge anhand des Tafelbildes dienlich. In dieser Phase sind bei den Patienten Erkenntnisse möglich, denen Initialzündungscharakter beizumessen ist. Nur das, was der Einzelne an Zusammenhängen eingesehen und für sich als bedeutungsvoll erkannt hat, wird zu Handlungskonsequenzen im Sinne von Verhaltensänderungen führen.

Fallbeispiele:

Anhand von Fallbeispielen dreier Patienten mit langjährigem Krankheitsverlauf soll abschließend gezeigt werden, wie unterschiedlich die Auseinandersetzung mit der Erkrankung und der Aneignungsprozeß veränderter Verhaltensmuster Einzelner sein kann, die am psychoedukativen Programm teilgenommen haben:

• *Fallbeispiel 1:*
Ein 35jähriger autonomiebedachter Theologiestudent und Optikergeselle, Herr H. wurde in einem Jahr zweimal auf unserer Station behandelt. Die Krankheitsanamnese einer zunächst schizophren, dann schizoaffektiv verlaufenden Psychose umfaßte 19 Jahre. Das Militär hatte für ihn eine besondere biographische Bedeutung. Ein Onkel hatte dort einen hohen Posten innegehabt und viel Anerkennung erhalten. Herr H. hatte sich als Kind und Jugendlicher eine glanzvolle Karriere beim Militär erträumt. Diese Laufbahn scheiterte jedoch bereits bei der Musterung, da er trotz verschiedener Versuche, für tauglich erklärt zu werden, aufgrund seiner Krankheitsanamnese ausgemustert wurde. Im sog. freien Intervall war der Patient krankheitseinsichtig, jedoch residual verändert und konnte mit seiner Sehnsucht nach dem Militär gut umgehen. In der akuten Psychose flammte diese jedoch regelmäßig übermächtig auf und bestimmte sein Verhalten. Ein großes Problem in der Behandlung bestand darin, daß die akute Exazerbation sich zwar durch bestimmte Frühsymptome ankündigte, sich der Übergang von Krankheitseinsichtigkeit zu Krankheitsuneinsichtigkeit jedoch so abrupt vollzog, daß Herr H. mehrfach polizeilich eingewiesen werden mußte. Dies kränkte ihn jedesmal sehr und das Verhältnis zu den Behandlern war entsprechend belastet, da er sich fremdbestimmt erlebte. Im Rahmen des zweiten Aufenthaltes auf unserer Station und der Teilnahme am psychoedukativen Programm war er bereit, sich von sich aus einer äußeren Kontrolle zu unterwerfen mit dem Ziel, die Frühsymptome zu erkennen und sich dann aus eigenem Entschluß heraus sofort in Behandlung zu begeben. Er nahm sich vor, einmal pro Woche seinen amtlichen Betreuer zu treffen sowie in regelmäßigen Abständen die Poliklinik aufzusuchen. Eine Liste seiner Frühsymptome wurde erarbeitet und mit dem Betreuer besprochen. Angesichts des biographischen Hintergrundes wird deren Eigenart verständlich:
• gesteigerte Sehnsucht nach dem Militär
• Ahnenforschung bei hochrangigen Personen betreiben und diese mit ihrer militärischen Vergangenheit konfrontieren
• Ängste vor der Mobilmachung haben
• Freunden mit Bemerkungen auf den Schlips treten
• das Gefühl haben, Marburg ist ein Kurort und entsprechend mehr Geld auszugeben (statt DM 20 täglich DM 50 und mehr)
• statt 10 Stunden nur 8 Stunden Schlaf brauchen

Während des auf die stationäre Behandlung folgenden dreiviertel Jahres nahm er die Termine bei seinem Betreuer und in der Poliklinik regelmäßig wahr. Bei einem sich ankündigenden Rezidiv stimmte er der Erhöhung der Medikation zu. Eine erneute stationäre Behandlung konnte so umgangen werden. Seither steuert er die Behandlung im Wesentlichen selbst und betont, seit er wisse, daß er eine manisch-depressive Psychose habe - was ihm unverständlicher Weise kein Arzt gesagt habe - wisse er mit seinen Stimmungsschwankungen per Medikamentenänderung umzugehen. Herr H. ist nach wie vor affektiv instabil, oft gereizt und latent aggressiv, aber seit nunmehr dreieinhalb Jahren mußte er nicht mehr stationär behandelt werden.

Dieser Patient hatte sein Verhalten durch Unterwerfung unter eine zunächst externe Kontrolle so umgestellt, daß er die für ihn belastenden Zwangseinweisungen umgehen konnte. Im Verlauf eines Jahres lernte er, mit sich ankündigenden Rezidiven per Medikamentenerhöhung selbständig umzugehen. Daß ihm bei dem Prozeß des Akzeptierens der Erkrankung und dem Lernprozeß neuer Verhaltensweisen Ärzte ein Hilfe waren, erkennt er nicht an.

• *Fallbeispiel 2:*
Eine 33jährige Patientin mit einer 10jährigen Krankheitsanamnese wurde bei uns 15 Wochen behandelt. Sie hatte in verschiedenen Städten Kunst studiert, ohne das Studium abzuschließen und sich intensiv mit parapsychologischen Themen beschäftigt. Diagnostisch handelte es sich um eine chronifizierte paranoid-halluzinatorische Psychose. In den vorausgegangenen 4 Jahren wurde sie viermal stationär behandelt, im letzten Jahr befand sie sich durchgehend in verschiedenen psychiatrischen Kliniken. Ihre Einstellung gegenüber der Erkrankung war ambivalent: einerseits sah sie sich als Opfer okkulter Angriffe und in der Psychiatrie eine Zuflucht, andererseits erwartete sie von dort keine Hilfe und lehnte deshalb psychiatrische Einrichtungen und deren Therapieangebot radikal ab. Während unserer Behandlung nahm sie zunächst nur mit Unwillen am Stationsprogramm teil, begann dann jedoch zunehmend, dieses anzuerkennen. Es zeigten sich Andeutungen einer Krankheitseinsicht: sie äußerte angesichts ihrer bisherigen Biographie, ihr fehle Struktur, ihr Leben zerrinne ihr unter der Hand, sie brauche, um gesund zu bleiben, einen festen Lebensrahmen und eine erdverbundene Arbeit, auch merke sie die stabilisierende Wirkung der Medikamente. Als im Unterricht das Thema Symptomatik behandelt wurde zeigte sich, daß sie nur partiell krankheitseinsichtig war. Da sie die psychotischen Symptome zwar als Ausdruck ihrer Erkrankung anerkannte, diese jedoch durchweg positiv erlebte, lehnte sie Bewältigungsstrategien ab. Schlafstörungen bedeuteten für sie "nächtliche kreative Hochs", Essen sei grundsätzlich nicht nötig, da sie von ihr zufließenden Energien ernährt würde. (Sie war wiederholt wegen akuter Eigengefährdung durch mangelnde Nahrungszufuhr zwangseingewiesen worden). Wenn sie sich bedroht fühle, heiße das, sie solle den Wohnort wechseln. Obwohl abzusehen war, daß unser Vorhaben scheitern würde, vermittelten wir ihr eine Probewoche in einer Übergangseinrichtung, die sowohl künstlerische als auch gärtnerische Tätigkeit erlaubte. Nach ihrer Rückkehr äußerte sie sich zwar positiv über die Einrichtung, lehnte eine Aufnahme dort jedoch ab, da sie sich dort verändern würde.

Diese Patientin konnte erstmals psychiatrisches Handeln als grundsätzlich sinnvoll anerkennen, kam jedoch zu der Überzeugung, daß sie für sich an der Erkrankung festhalten wolle.

• *Fallbeispiel 3:*
Ein 27jähriger Patient mit einer schizoaffektiven Psychose war mit 22 Jahren erstmals stationär aufgenommen worden, nachdem er in psychotischer Verkennung der Realität gemeint hatte, fliegen zu können und aus dem Fenster gesprungen war. Zwischen 1988 und 1993 wurde er zehnmal stationär behandelt. Seither hat er sein Lebenskonzept fundamental umgestellt: Er gab sein Geographiestudium auf und absolvierte eine Lehre zum Bürokaufmann im Rahmen einer Rehabilitationsmaßnahme, er wechselte aus seiner Studentenbude ins Betreute Wohnen über und akzeptierte schließlich die Notwendigkeit einer medikamentösen Rückfallprophylaxe (Lithium und Clozapin), die er sorgfältig einhielt. All diese Maßnahmen änderten jedoch nichts an der hohen Rezidivfrequenz. Erst als Patient, Ärzte und Betreuer gelernt hatten, seine Belastbarkeit richtig einzuschätzen und damit angemessen umzugehen, blieb er von Rehospitalisierungen verschont. Kleine Krisen, die sich in Muskelschmerzen in den Beinen, Unruhe, Erschöpfung und - gleichsam in einer ersten Eskalationsstufe - in Verfolgungsideen äußerten, kurierte er innerhalb der letzten beiden Jahre mit Time out-Phasen und kurzzeitiger Medikamentenerhöhung selbst. Voraussetzung dieses Erfolgs war, daß der Patient nur zwischen zwei und maximal vier Stunden täglich an dem eigentlich achtstündigen Ausbildungsgang teilnahm, wobei er aufgrund seiner guten Intelligenz sich das nötige Wissen auch in diesem Zeitrahmen aneignen konnte. Die Bewährungsprobe kam, als er im Streß der Gesellenprüfung Frühsymptome entwickelte. Er besaß die Souveränität, seine Vorbereitungen abzubrechen und sich erneut eine Auszeit zu nehmen. Die Symptome verschwanden prompt und er bewältigte die Prüfung mit einem guten Ergebnis.

Dieser Patient hatte nicht nur gelernt, daß er Medikamente benötigte - er meinte *"so wie ein Zuckerkranker auf das Insulin angewiesen ist, bin ich auf die Neuroleptika angewiesen"* - er und sein Umfeld hatten darüber hinaus die viel schwierigere Einsicht akzeptieren müssen, daß seine qualitative Leistungsfähigkeit zwar weiterhin ausgezeichnet blieb, er aber in seiner Belastbarkeit dramatisch eingeschränkt war. Der Patient formulierte dies in der Maxime: *"Für mich geht die Gesundheit vor".* Seit er unter dieser Devise lebt, ist er jetzt über zwei Jahre lang rezidivfrei.

Schlußfolgerungen

Das hier vorgestellte "psychoedukative Programm" enthält nichts, was im psychiatrischen Alltag nicht in irgendeiner Form vorkommt. Das Besondere ist die Organisation einer Station bezogen auf dieses Programm und insbesondere die Gestaltung der Unterrichtsgruppe. Diese erlaubt, bei den individuellen Erfahrungen anzuknüpfen, sie zugleich gegebenenfalls zu relativieren und den Patienten neue Sichtweisen und Verhaltensstrategien zu eröffnen, unabhängig vom Schweregrad der Erkrankung. Dies bedeutet, nicht nur auf die vorhandenen Defizite und deren Bewältigung zu fokussieren, sondern auch auf die besonderen individuellen Entwicklungsmöglichkeiten. Die Erfahrung lehrt, daß sich eine Neuorientierung und Veränderung der Verhaltensweisen wenn, dann nur in kleinsten Schritten bei strikt individualisierendem Vorgehen vollzieht.

Eine Fortführung psychoedukativer Strategien im ambulanten Bereich ist wünschenswert. In eine ambulante "Psychotikergruppe" ließe sich der Unterricht in etwas weniger konzentrierter Form gut übertragen. Hier wäre Raum für gleichsam kontrollierte Experimente mit Rückbindung an die Gruppe und den beratenden Therapeuten. Es könnte beispielsweise ausprobiert werden, welches Maß an Belastungen verträglich ist. Darüber hinaus könnten die Familien der Patienten effektiver, da näher am Alltag, im Umgang mit ihren kranken Angehörigen unterstützt werden.

Literatur

Böker, H. & Brenner, H.D. (1983). Selbstheilungsversuche Schizophrener. Psychopathologische Befunde und Folgerungen für Forschung und Therapie. *Nervenarzt*, 54, 578-589

Brücher, K. (1992). Ein individualisiertes Therapiekonzept in der stationären Behandlung Schizophrener - Modelle und eigene Erfahrungen. *Psychiatrische Praxis*, 19, 59-65

Brücher, K. (1995). Die langfristige ambulante Therapie Schizophrener unter Einbeziehung ihrer Familien. In diesem Band

Buchkremer, G. & Fiedler, P. (1987). Kognitive versus handlungsorientierte Therapie. Vergleich zweier psychotherapeutischer Methoden zur Rezidivprophylaxe bei schizophrenen Patienten. *Nervenarzt*, 58, 481-488

Kissling, W. (1992). Neuroleptische Rezidivprophylaxe - eine verpaßte Chance? In: Rifkin, A. & Osterheider, M. (Hrsg.). Schizophrenie - aktuelle Trends und Behandlungsstrategien. Berlin: Springer Verlag, 83-91

Schaub, A. & Brenner, H.D. (1995). Aktuelle verhaltenstherapeutische Ansätze zur Behandlung schizophren erkrankter Menschen. In diesem Band

Zubin, J., Spring, B. (1977). Vulnerability - a New View of Schizophrenia. *Journal of Abnormal Psychology*, 86, 103-126

Die langfristige ambulante Therapie schizophren Erkrankter unter Einbeziehung ihrer Familien

Klaus Brücher

Einleitung

Die Schizophrenie ist - je enger man sie diagnostisch bzw. definitorisch faßt - eine Erkrankung, die häufig chronisch oder rezidivierend verläuft. Nur ca. 17% der Patienten machen eine einzige Krankheitsepisode durch, bei ca. 20-25% tritt - unter Umständen nach mehreren Episoden - eine Vollremission auf, in ca. 30% kommt es zu leichten Residuen, bei weiteren 30% resultieren ungünstige Verläufe mit deutlich ausgeprägter Minussymptomatik (Affektverflachung, Apathie, Anhedonie, Alogie, sozialer Rückzug) und/oder chronifizierten Halluzinosen und Wahnbildungen (Bleuler, 1972, Huber et al. 1979). Die Therapie schizophrener Patienten muß der Langzeitperspektive, dem Problem residualer Behinderungen und der Vielfalt der pathogenetischen Momente, die von genetischen über biochemischen bis zu psychosozialen Faktoren reicht, gerecht werden.

Psychoedukative Therapieansätze haben sich als Ergänzung der medikamentösen Rückfallprophylaxe als außerordentlich wirksam erwiesen; die Einbeziehung der Familien war besonders bei sogenannten high-expressed-emotion-Familien günstig. In prospektiven randomisierten Studien, in der die Experimentalbedingung der verhaltenstherapeutischen Psychoedukation mit Einbeziehung der Familie sowie einer neuroleptischen Rückfallprophylaxe des Patienten mit einer Kontrollgruppe von nur neuroleptisch behandelten Patienten verglichen wurde, ergaben sich für Katamnesezeiträume von 6-12 Monaten für die Therapiegruppe Rezidivraten um 10%, für die Kontrollgruppen um 50% (Leff et al., 1982; Tarrier et al., 1988). Hogarty et al. (1986) gaben unter den Bedingungen der Familientherapie 19%, unter den Bedingungen eines Social-skill-Trainings 20% Rezidive an, im Vergleich zu 41% bei der nur medikamentös behandelten Kontrollgruppe. Wurden Familientherapie und Sozialtraining kombiniert, erlitt keiner der so behandelten Patienten innerhalb eines Jahres ein Rezidiv. Goldstein et al. (1978) fanden etwas ungünstigere, Köttgen et al. (1984) mit 33% deutlich ungünstigere Ergebnisse. Drei Studien verfolgten die Katamnese über zwei Jahre: In den Experimentalgruppen wurden 14-17% Rezidive berichtet, in den Kontrollgruppen 42-83% Rezidive (Buchkremer et al., 1987; Falloon et al., 1985; Leff et al., 1985). Die neueste Untersuchung von Hahlweg et al. (1995) ergab 18% Rückfälle nach 18 Monaten, wobei die Subgruppe mit Langzeitneurolepsie deutlich besser abschnitt als die mit intermittierend gegebener Frühmedikation bei Auftreten von psychotischen Frühwarnzeichen.

Die Ergebnisse sind so eindrucksvoll, daß die Einführung derartiger Maßnahmen in die Routinebehandlung zu fordern ist. Eine ausführliche Praxisanleitung haben Hahlweg et al. (1995) vorgelegt, siehe dazu auch Dürr & Hahlweg in diesem Band. Bei aller Euphorie sollten jedoch die Limitierungen, die sich aus den obengenannten Untersuchungen auch ergeben, nicht übersehen werden:

1) Die Therapie- bzw. Katamnesedauer von max. zwei Jahren ist eine lange Zeit für eine Untersuchung, aber kurz für die Zeitdimensionen der Überzahl schizophrener Verläufe.

2) In der Regel nehmen die Rezidivraten auch bei fortgeführter Therapie im Zeitverlauf zu. Hogarty et al. (1986), die selbst eine erfolgreiche psychoedukative Studie durchgeführt haben, hat das zu dem Resümee veranlaßt, daß die Therapie die Rezidive eher hinauszuschieben denn zu verhindern scheint.

Wir haben es hier also mit einem überwiegend sehr langfristigen Krankheitsproblem zu tun, das massiv in die Entwicklungsmöglichkeiten der Patienten eingreift und durch die psychotische Symptomatik neue Relevanzsetzungen produziert. In diesem Kräftefeld muß sich die Therapie bewähren, wobei die beiden Gefahren der Unterforderung und Überforderung in gleicher Weise zu vermeiden sind - ein angesichts der inneren Dynamik vieler schizophrener Patienten schwieriger Balanceakt. Die hohen Suizidraten chronisch schizophrener Patienten, die im Zeitraum mehrerer Jahrzehnte 10% und mehr betragen (Müller et al. 1989), demonstrieren eindrücklich die Risiken.

Um sich in diesem komplexen Feld zu orientieren, benötigt der Therapeut ein fundiertes Wissen über die typischen schizophrenen Problemkonstellationen und deren Bedingungsgefüge. Erst innerhalb eines derartigen Rahmens kann dann verhaltenstherapeutischen Techniken ihr genauer Ort zugewiesen werden. Drei zentrale Bestandsstücke eines solchen psychodynamisch angeleiteten Rahmenverständnisses sollen im folgenden erörtert werden:

• Die spezifische Form der therapeutischen Beziehung bei der Behandlung schizophren Erkrankter.
• Die Stellungnahme der Patienten zur Krankheit.
• Die Lebenssituation des Patienten unter dem Aspekt der jeweils anstehenden Entwicklungsaufgabe.

Zunächst unerwartet, haben gerade die Erfahrungen eines psychoedukativen stationären Therapieprogramms (Brücher, 1992, Hietel & Brücher, in diesem Band) uns mit diesen Problemstellungen konfrontiert. Die Entmystifizierung des Psychotischen, zu der die Aufklärung über die Erkrankung im allgemeinen und der Gruppenunterricht der Patienten in Psychopathologie im besonderen beigetragen hat, hat zu einer überraschenden Veränderung des Umgangs der Patienten mit ihrer Symptomatik geführt; sie haben mit einer uns aus anderen Settings nicht bekannten ungewöhnlichen Offenheit über ihre Symptome und das, was sie für sie bedeuten, berichtet und uns so auf die genannten psychodynamischen Implikationen gestoßen. Wir nehmen das als Beleg, daß unterschiedliche Therapiedoktrinen unterschiedliche Aspekte des Gesamtphänomens erfassen und ihre Integration - kontrolliert durch die klinische Praxis - zu einer verbesserten Therapie führen kann.

Therapeutische Grundhaltung und Setting in der Schizophrenie-Therapie

Schizophrene Menschen sind in ihren Selbst- und Weltbezügen fundamental gestört. Viel spricht dafür, daß hier jener Bereich tangiert ist, in dem die Leistungen der Ich- und Welt-Konstitution generiert werden (Scharfetter, 1983). Tritt ein anderer in therapeutischer Absicht an diese zentrale Stelle, so muß er ungeheuer wichtig, mächtig und potentiell auch bedrohlich werden. Damit ist ein Spannungsfeld bezeichnet, das für die Therapie Schizophrener zentral ist.

Der Therapeut stellt dem Patienten seine Kompetenz zur Verfügung, Ordnung in die Desintegration seines Selbst zu bringen und ihn in der Realität zu re-orientieren. Essentiell ist dabei eine tragende, ich-stützende, durch die "nicht egoistische Anwesenheit" (Benedetti, 1980) des Therapeuten gekennzeichnete Beziehung, in der es *nicht* auf Deutungen unbewußter Prozesse ankommt, vielmehr um das "Prinzip "Antwort" " (Heigl-Evers & Nitzschke, 1991) geht; das Hier und Jetzt der therapeutischen Situation soll dem Patienten als verstehbarer - statt chaotischer - Zusammenhang dargestellt und erlebbar werden, der Therapeut darf sich daher nicht hinter einer Spiegelfunktion oder einer Übertragungsfigur verbergen, im Gegenteil muß er sich als authentische Person zeigen und klar, nachvollziehbar und in dosierter Empathie gleichsam ein Muster der Interaktion realisieren. Hier bietet sich ein erster Ansatzpunkt für den Einsatz eines Kommunikationstrainings.

Will sich der Therapeut in diese eminent wichtige Position bringen, setzt das eine langfristige Zeitperspektive voraus; weniger als 2-3 Jahre sollten für derartige Therapien nicht veranschlagt werden. Es ist gut möglich, daß eine solche Therapie, die dann eher zu einer "Begleitung" wird, unbegrenzt dauert. Der Therapeut funktioniert hier als eine Art Prothese. Er ist in der andauernd oder intermittierend chaotischen Welt diverser Antinomien - von Gut und Böse, Symbiose und Autismus, narzißtischer Grandiosität und Selbstverlorenheit - ein stabiler Bezugspunkt, den psychotischen Deformationen von Wahrnehmung, Denken, Affekt und Beziehung im günstigen Fall zumindest soweit enthoben, daß er zu einer Instanz der Ordnung und Reorientierung werden kann.

Die Ziele dieser Behandlung sind einerseits bescheiden, da mit einer rückfallfreien und vollständigen Restitution in der Mehrzahl der Fälle nicht gerechnet werden kann. Hebt man auf den Langzeitaspekt und die oft nur unvollständige Remission der Patienten ab, kann man mit Hubschmid (1985) statt vom therapeutischen besser vom präventiv-rehabilitativen Paradigma sprechen. Der Gewinn kann dennoch erheblich sein - vor allem, wenn der Therapeut weiß, wie zentral die Leistungen sind, die er bereits dadurch erbringt, daß er mit dem Patienten in einer zugleich unterstützenden und ihn nicht bedrängenden Weise verläßlich zusammen ist.

Die therapeutische Leistung liegt gerade darin, diese heikle Balance situationsent-
sprechend zu wahren und sie über lange Zeiträume zuverlässig, frustrationsresi-
stent und unangefochten von Größenideen und Entmutigung (auf Seiten des Patienten wie des Therapeuten) durchzuhalten. Es gibt nicht wenige Patienten, die nur
zurechtkommen oder sich gar am Leben erhalten können, weil sie diesen "guten"
und mächtigen Verbündeten haben. Die therapeutische Allianz ist wie ein Auftan-
ken; in Haltung und Mimik, Affekt und Denken kann sich ausdrücken, daß der
Patient nach dem Gespräch geschlossener, klarer, sicherer geworden ist.

Bei akut psychotischen oder chronisch produktiven Patienten ist oft die Sichtung ihrer Wahrnehmungen wichtig, um den realistischen Kern der psychotisch
deformierten Wahrnehmungen freizulegen und Strategien zu vermitteln, das eine
vom anderen zu unterscheiden. Ein wichtiger Punkt ist die Besprechung der Neu-
roleptika-Medikation, hier insbesondere das Wissen um die erwünschten Effekte,
das Erfragen der subjektiv erlebten Wirkungen und Nebenwirkungen und die Entwicklung eines Verständnisses dieser Effekte. Neben der Behandlung von Alltagsproblemen ist die Erarbeitung einer Tagesstruktur für die Patienten außerordentlich
bedeutsam. Schließlich - besonders wichtig und schwierig - geht es um die Aus-
handlung des Therapie- bzw. Rehabilitationsziels. Hier stoßen die oft grandiosen,
angesichts des Krankheitshandicaps fast immer unrealistisch überfordernden
Selbstkonzepte zusammen mit dem, was die therapeutische Erfahrung empfiehlt.
Der notwendige Prozeß des Heruntermoderierens dieser Erwartungen ist ebenso
schwierig wie riskant und wird nur gelingen, wenn der Patient sich auf der Bezie-
hungsebene von seinem Therapeuten akzeptiert weiß. Womit wir beim entscheidenden Punkt wären, der Beziehungsgestaltung.

Nach Mentzos steht unausgesprochen der Beziehungsaspekt im Vordergrund
der Therapie: Die positive, idealisierende Übertragung auf den Therapeuten, die
Erfahrung seiner Beständigkeit und "Haltbarkeit" trotz zwischenzeitlich phantasier-
ter oder wahnhafter Befürchtungen, ihm geschadet oder ihn sonstwie verloren zu
haben, sowie die Authentizität der Beziehung über Jahre hinweg (Mentzos, 1992,
S. 58).

Die Macht und Bedeutung des Therapeuten ist für den Patienten ein heikles
Problem. Interferiert diese Position doch mit dem psychodynamischen Grundkon-
flikt der Schizophrenen: der Spannung zwischen symbiotischen Verschmelzungs-
wünschen und bis zum Autismus gehenden Distanzierungstendenzen, zwischen
narzißtischen, auf das Selbst gerichteten und auf die anderen und die Welt zielen-
den Strebungen (Mentzos, 1992, S. 31 u. S. 39). Die reale Abhängigkeit des Patienten vom Therapeuten, dessen zentrale Funktion für die psychische Integration
des Patienten und die genannten psychodynamischen Konstellationen erfordern ein
sorgfältiges Management der Nähe-Distanz-Relation. Schizophrene Patienten
"übertragen" nicht nur, sie können dies ggf. so massiv tun, daß ihnen die Realität
abhanden kommt und der Therapeut zum Inhalt und Auslöser psychotischer Episoden wird. Die Patienten sprengen dann den Rahmen des "als ob" der therapeutischen Situation (Brücher, 1988), phantasierte und projizierte Anteile schlagen unvermittelt in Realität um. Um derartige "Übertragungspsychosen" zu vermeiden, ist
der erforderliche Abstand einzuhalten. Äußere Hilfsmittel dazu sind Frequenz und
Dauer der Sitzungen (in der Regel höchstens 1x pro Woche, später alle 3-8 Wo-

chen oder länger, die Dauer kann von ca. 20 Min. bis 1 Std. variieren). Inhaltlich gilt die Maxime der "nicht egoistischen Anwesenheit" (Benedetti, 1980), d.h. den aktuellen Bedürfnissen des Patienten zu folgen, nicht etwa der eigenen Neugierde, extern gesetzten Zeitvorgaben und ähnlichem. Der Abstand muß je nach Krankheitsgrad und Therapiephase variabel gehalten werden, um *jeweils* "richtig" zu sein. Ein zu insistierender Therapeut kann außer einer produktiv-psychotischen Desintegration auch den Rückzug des Patienten, im Extremfall in Mutismus oder Stupor, provozieren. Diese radikale Form der Grenzsicherung ist vermutlich im Sinne einer Schutzreaktion des Patienten zu interpretieren.

Kohut gibt in seiner Selbstpsychologie eine Analyse gestörter Selbstfunktionen, die für das Verständnis der Schizophrenien relevant ist. Das Selbst dieser Patienten sei nicht stabil und bleibe abhängig von Selbstobjekten, d.h. von der Präsenz von - als vom eigenen Selbst nicht getrennt erlebten - Idealisierungen signifikanter anderer (hier: des Therapeuten) und deren Reaktion auf die Größenphantasien des Patienten (Kohut, 1981)[1] . Aus dieser dem Therapeuten zugeschriebenen Omnipotenz wächst dessen Macht, an der das fragile Selbst des Patienten sich partizipierend aufrichtet. Der Therapeut kann diese Omnipotenz weder einfach negieren - der Patient stünde sonst in Gefahr, ohne diesen Schutz ins Bodenlose zu stürzen - noch darf er sich mit ihr identifizieren; die Enttäuschung kommt, wenn der Patient in der Therapie nicht zu jenem Genie wird, als das er sich sieht, und mit ihr die Verdammung des Therapeuten oder die radikale Selbstentwertung, die eine suizidale Krise einleiten kann. Analoges gilt für den Umgang mit den grandiosen Vorstellungen des Patienten über sich selbst. Dem Therapeuten ist hier die Aufgabe gestellt, diese überwertigen Vorstellungen in einem doppelten Sinne aufzuheben: Sie müssen eine positive Resonanz in ihm finden können, und er muß sie mit dem realistischerweise Möglichen vermitteln. Das ist ein außerordentlich schwieriger und verantwortungsvoller Prozeß. Die unkritische Identifikation mit den Projekten des Patienten kann diesen in einem Lebensentwurf festlegen, der ihn soweit überfordert, daß die Diskrepanz in einem Psychoserezidiv "gelöst" oder im Suizid außer Kraft gesetzt wird. Die nicht seltenen Suizidversuche und Suizide im Vorfeld überfordernder Rehabilitationsmaßnahmen gehören hierher. Umgekehrt wird die Reduktion der grandiosen Vorstellungen, die für den Patienten schon in einem zu schnellen Tempo ihrer Relativierung kritisch werden kann, ihn unter Umständen so entmutigen, daß er die Therapie abbricht, in seiner psychotischen Welt verbleibt oder suizidal wird. Es gilt also, dem Patienten soviel narzißtische Zufuhr zu geben, daß er sich vor diesem Hintergrund - allmählich! - auf die Einschränkungen der Realität einlassen kann. Dieser Balanceakt ist für den Patienten hoch riskant; er muß ein neues narzißtisches Gleichgewicht finden, was zunächst heißt, einen zwar prekären, aber immerhin etablierten Zustand aufzugeben. Das setzt auf Seiten des

---

[1] Die klinische Substanz dieses Konzepts läßt sich mit Gewinn nutzen, auch wenn man seiner Metapsychologie nicht folgen will. Weil Kohut auf der theoretisch-konzeptionellen Ebene den Charakter von "Beziehung" verfehlt, indem er sie als Brückenschlag zwischen den Monaden "Subjekt" und "Objekt" auffaßt und dadurch zur Konstruktion des Fabelwesens "Selbstobjekt" gezwungen wird, beschreibt er die schizophrene Situation, für die genau dieser Sachverhalt gilt. Aber eben nicht als Modell von Beziehung überhaupt, sondern als Degenerationsform von Beziehung, als ihr Herausfallen aus einem vorgängigen Mitsein.

Patienten ein großes Maß an Vertrauen und Hoffnung voraus und erfordert vom Therapeuten nicht nur das Wissen um die Schwierigkeiten dieses Wegs für den Patienten, sondern eine verantwortungsvolle und verläßliche Begleitung.

Die Arbeit am Symptom

Die Orientierung an Symptomen ist leitend für verhaltenstherapeutische Strategien. Was aber ist ein Symptom, - jenseits seiner Verwendung als diagnostischer Indikator?

Nur die sogenannten primären Symptome können mit der Störung selbst identifiziert werden als deren unmittelbarer Ausdruck. Für die sekundären Symptome - und das ist bei der Schizophrenie die weit überwiegende Zahl - hat Bleuler (1911) in einer bis heute gültigen Form geschrieben, sie seien "teils psychische Funktionen unter veränderten Bedingungen, teils die Folgen mehr oder weniger mißglückter oder auch geglückter Anpassungsversuche an die primären Störungen". Müller (1930) fragt nach dem Anteil kompensatorischer Gegenkräfte am Aufbau der schizophrenen Symptome und nach der Bedeutung derartiger "Selbstheilungskräfte" für den Verlauf. Bertschinger (1911) beschrieb "Heilungsvorgänge" durch unterschiedliche Verarbeitungsformen der Psychose, Mayer-Gross (1920) unterschiedliche Weisen der Stellungnahme zur abgelaufenen Psychose. Auf der Grundlage von Hubers Basisstörungskonzept hat neuerdings Klosterkötter (1988) den Aufbau einiger schizophrener Sichtsymptome als aktive Leistung des Patienten nachzuzeichnen versucht. Lange (1981), dann Böker & Brenner (1983) haben im deutschen Sprachraum Konzept und Strategien der "Selbstheilung" Schizophrener erneut vorgestellt.

Darüber hinaus können Symptome - wie immer sie zustande gekommen sein mögen - sekundär eine *psychische Funktion* gewinnen. So geht mit dem Umschlag der Wahnstimmung in den geformten Wahn, also des Gefühls diffus bedrohlicher, nicht genauer zu bezeichnender Bedeutsamkeit in den Zustand, in dem dann eine benennbare Gefahr entdeckt wird, eine signifikante Angstreduktion einher (Conrad, 1958). Ciompi (1980) hat die Negativsymptomatik Schizophrener (Rückzug, verflachter Affekt, Antriebsminderung u.a.) als Artefakt interpretiert; mit dieser Art der vita minima sollen die Schizophrenen sich vor ihrer erhöhten Vulnerabilität schützen. Bei nicht wenigen akustisch halluzinierenden sowie wahnhaften Patienten ist offensichtlich, daß ihre Psychopathologie eine wichtige Orientierungs- und Begleitfunktion für sie hat oder zumindest im Laufe der Zeit gewinnt (Romme et al., 1989). Dieser Typus von Symptomen ist also Ausdruck eines defizitären Funktionsmodus des psychischen Systems, läßt sich aber zugleich als Versuch der Kompensation eines psychischen Defizits auffassen.

Eigene Untersuchungen (Brücher et al., 1996) an 21 Patienten mit einer chronischen und 12 Patienten mit einer akuten akustischen schizophrenen Halluzinose ergaben, daß die "Stimmen" dieser Patienten bedeutsamer waren als reale soziale Bezugspersonen, daß sie - gemessen mit dem Repertory-Grid - zu einer Komplexitätsreduktion der Wahrnehmung führten und ein das "Selbst" dominierendes und mit ihm in Konkurrenz tretendes Organisationszentrum bildeten.

Der Versuch, derartige Symptome zu beeinflussen, muß daher den dynamischen Zusammenhang, in dem sie ihre Funktion haben, mitberücksichtigen. So kann ein Symptom wegen seiner (intrapsychischen und/oder sozialen) Bedeutung allen therapeutischen Einflußnahmen trotzen, wie man es immer wieder bei paranoid-halluzinatorischen Syndromen sieht. Die nahe und allzeit verfügbare halluzinatorische Befriedigung macht es unnötig, sich auf mühsamere Weise äquivalente Befriedigungen in der Realität zu verschaffen. Bei Negativsymptomen kann es angeraten sein, ihnen wegen ihrer Schutzfunktion für den Patienten nur ganz allmählich und ggf. auch nur graduell entgegenzusteuern, um keine akut psychotische Dekompensation zu provozieren.

Zwei Fallvignetten sollen das Gesagte veranschaulichen

Eine Patientin, die über ihren "Liebhaber" oder "Typ" sagt: "Wenn der besonders aggressiv auf mir rumhackt, dann wünsche ich mir, daß es nur Einbildung ist...". Würde aber die Stimme völlig verstummen, "dann würde ich vielleicht sogar etwas vermissen... Ich habe mich irgendwie auch daran gewöhnt, ich war ja ziemlich verliebt in den Kerl, jetzt bin ichs zwar nicht mehr so, aber irgendetwas, irgendeine Zuneigung zu dem habe ich noch... Ich glaube, ich würde etwas vermissen, wenn das weg wäre".

Hier wird die Doppeldeutigkeit des Symptoms sichtbar: Es ist Krankheitszeichen *und* reparative Leistung. Welchen Stellenwert es zwischen diesen Polen für den Patienten hat, dürfte von vielen Faktoren (Chronizität der Erkrankung, Persönlichkeit und Lebenssituation des Patienten) abhängen, unseres Erachtens nicht zuletzt auch von der Therapie; denn ob ein Patient sich verstanden und sicher fühlt, entscheidet mit darüber, ob er sich auf Ratschläge, die Risiken der Veränderung beinhalten, einlassen wird.

Dieser Doppelaspekt des Symptoms ist relevant unabhängig von der Konzeptionalisierung, die wir ihm in wissenschaftlicher oder therapeutisch-praktischer Absicht geben. Daß diese Doppeldeutigkeit der Symptome selbst für Patienten Gültigkeit haben kann, die unter ihren Folgewirkungen schwer leiden, zeigt der folgende Fall eines Patienten, der unter dem Einfluß imperativer Stimmen drei schwere Suizidversuche begangen hatte.

Herr R., seit mehr als zehn Jahren trotz mehrfacher stationärer Behandlung und ambulanter Neurolepsie chronisch produktiv psychotisch, gerät nach dem Sistieren der Symptomatik unter Clozapin in eine schwere, sich über Wochen hinziehende Krise. Er ist ängstlich-agitiert, hilflos und in sichtlich schlechterer Verfassung als die Jahre zuvor. Rückblickend schildert er diese Erfahrung: er habe gesucht, gewartet auf die gewohnte beratende Stimme. Dann habe er sich gesagt, die Beratung ist nicht mehr da, da mußt du mit leben. Schließlich meint er: "Es ist schon ein Verlust, aber ich habe mich daran gewöhnt". Auf die provokative Frage, ob wir ihm durch die Medikation nicht geschadet hätten: "So habe ich es auch nicht gesehen... Ob das jetzt ein Schaden ist... Wenn man vielleicht ganz grob nachdenkt... vielleicht...".

Diese Phänomene spielen vor allem bei längerfristig Kranken eine Rolle. Weiß der Therapeut nicht um sie und vermag sie in sein Behandlungskonzept nicht aufzunehmen, wird er wenig erreichen. Der gutgemeinte Ratschlag an den Patienten, mehr Compliance zu zeigen oder der Versuch, ihn auf die Beachtung von Früh-symptomen zu trainieren, haben nur Sinn, wenn und sofern der Patient dazu er-stens überhaupt in der Lage ist (d.h. zumindest so angstentlastet, realitätsorientiert und beziehungsfähig ist, daß er das Risiko einer Veränderung wagen kann) und zweitens einen möglichen Gewinn darin sieht. Ihm diesen Übergang aus der psy-chotischen Welt in die reale zu ebnen, ist die - schwierige - Aufgabe des Thera-peuten. Dazu wiederum muß er die Maximen der therapeutischen Grundhaltung adäquat anwenden können. Insofern sind auch Trainingsmaßnahmen nicht außer-halb eines psychotherapeutischen Rahmens möglich, generell gesprochen: techni-sche Strategien nicht ohne ein vorgängiges *Verstehen* der jeweiligen Situation.

Zwei therapeutisch relevante Konstellationen

Die Erstmanifestation schizophrener Psychosen - gemessen an frühesten Krank-heitssymptomen - zeigt einen ersten Altersgipfel bis zum 25. Lebensjahr, die klei-nere Hälfte der Patienten erkrankt ab dem 45. Lebensjahr (Häfner et al., 1991). Im folgenden soll die Situation jener Patienten betrachtet werden, die in der Adoles-zenz, das ist in der Phase der lebenszyklisch anstehenden Ablösung von der Fami-lie, erkranken. Bei ihnen ist die Einbeziehung der Familie besonders naheliegend und therapeutisch ergiebig.

Typische Konstellationen des Erkrankungsbeginns dieser Lebensphase sind:
Die Patienten dekompensieren im Zuge einer inneren und/oder äußeren Neuorien-tierung (erste Liebeserfahrungen, Ausbildungs- und Berufsbeginn, Bundeswehr u.a.) mit dramatischen und meist paranoid-halluzinatorischen Symptomen, Unruhe, Schlafstörungen usw. Die Krankheitsmanifestation ist zugleich das - zumindest vorläufige - Ende der Verselbständigung.

Oder die Erkrankung beginnt schleichend, wird als Erkrankung erst im Rück-blick und nach einem gewissen Zeitverlauf erkennbar. Die Patienten ziehen sich zurück, zeigen einen Leistungsknick, verarmen an Initiative, sie können sonder-lingshafte Verhaltensweisen zeigen, igeln sich ein, - so daß es zu der anstehenden Ablösung vom Elternhaus erst gar nicht kommt oder die Patienten nach diesem Schritt auf eine diffuse, schwer faßbare Weise scheitern. Der Stillstand, daß sich nichts mehr tut, wird Anlaß zur Behandlung.

Therapeutisch geht es zunächst darum, diese Konstellationen als Ausdruck von Krankheit zu diagnostizieren und angemessene Konsequenzen daraus zu ziehen. Die Patienten neigen dazu, ihr Scheitern nicht realistisch wahrzunehmen oder es zwar zu erkennen, dessen Ursachen aber von sich und der Erkrankung weg und nach außen zu attribuieren. Daher liegen für sie zwei Strategien nahe: das Schei-tern zu verleugnen und ihre Pläne darauf zu setzen, da weiterzumachen, wo der Faden unterbrochen wurde - oder sich im Gegenteil panisch in den Schoß der Fa-milie zu retten in der Hoffnung, dort werde alles gut. Beide Verhaltensweisen sind hoch anfällig für ein erneutes Scheitern. Der Shift von einer extrem distanzierten Position in Richtung einer symbiotischen Verschmelzung ist außerordentlich cha-rakteristisch für schizophrene Patienten, bezeichnet aber nur einen Seitenwechsel in dem typischen Konflikt zwischen Nähe und Distanz, verändert mithin das Vorzeichen, ohne einer Lösung näherzukommen. Die erneute Dekompensation von der je anderen Seite des Dilemmas her ist damit bereits angelegt. Der abrupte Wechsel überspringt zudem, worauf es gerade ankäme: die Möglichkeit sukzessiver Entwicklung, im glücklichsten Fall Reifung - Phänomene, für die *Zeit* konstitutiv ist.

Aus dem bisher Gesagten ergibt sich, daß "schnelle Lösungen" riskant sind. In ihnen reproduzieren sich eher typische - und kontraproduktive - Lösungsstrategien Schizophrener. Konkret heißt das: Mit den Patienten sollten kleine, überschaubare Schritte erarbeitet und diese genauestens vorbereitet werden; der Patient sollte dabei weder überfordert noch unterfordert werden; im ersteren Fall droht eine produktiv-psychotische Exacerbation, im letzteren die Förderung von Negativsymptomatik (Wing u. Brown 1970). Die Patienten benötigen daher viel Zeit, meist mehr, als sie spontan selbst aufzuwenden bereit sind; Aufgabe des Therapeuten ist es daher, hier beratend und steuernd einzugreifen.

Einbeziehung der Angehörigen

Hier setzt die Einbeziehung der Angehörigen ein. Sie ist eine wichtige Option, da die Familien das relevante Milieu für die Patienten darstellen, in das sie entweder zurückkehren oder aus dem sich sich emanzipieren (wollen bzw. sollen).

Wie die Expressed-Emotion (EE)-Forschung nachweisen konnte, beeinflußt der familiäre Interaktionsstil die Rezidivraten Schizophrener. In sogenannten hoch-EE-Familien, die gekennzeichnet sind durch hohe Werte von critical comments, emotional overinvolvement (im Sinne von exaggerated emotional response, self-sacrificing and devoted behavior, extremely overprotective behavior) und hostility erleiden Schizophrene signifikant häufiger einen Rückfall als in sogenannten niedrig-EE-Familien (Leff & Vaughn, 1985). Die Rezidivraten innerhalb von 9 Monaten liegen, gemittelt über 8 Studien, bei 54% versus 16% (Hahlweg et al., 1989). Durch Reduzierung des face-to-face-Kontakts zwischen Patient und Familie kann das Risiko produktiv-psychotischer Dekompensationen ebenfalls verringert werden.

Diese Befunde legen 2 Strategien nahe: Den Versuch, die familiäre Atmosphäre in Richtung eines niedrig-EE-Interaktionsstils zu verändern oder den Patienten aus der Familie herauszulösen. Beide Varianten erfordern die Einbeziehung der Familien. Der Transfer des Rehabilitanten in eine außerfamiliäre Umgebung (z.B. Übergangswohnheim) ist nur aussichtsreich, wenn Patient *und* Familie diesem Schritt zustimmen. Zu warnen ist vor einem therapeutischen Impetus, der mit wohlmeinenden und nur in abstracto richtigen Weichenstellungen den Patienten und seine Familie aktuell überfordert. Die Wahrscheinlichkeit, daß die Patienten die Rehabilitation abbrechen und in ihre Familie zurückkehren oder in dem Spagat zwischen Heim und Familie suizidal werden, ist groß. Die Meinung, die räumliche Distanzierung von der Herkunftsfamilie werde die innere Autonomisierung schon voranbringen, ist wenig begründet; oft ist das Gegenteil der Fall. Das zeigt das Beispiel einer Patientin, die nach erheblichen initialen Widerständen sich vermeintlich gut über mehrere Monate in einem Wohnheim etabliert hatte. Schließlich stellte sich heraus, daß sie täglich mindestens einmal mit ihrer Mutter stundenlang telefoniert hatte. Als die Betreuer diese Nabelschnur durchtrennten, stürzte sich ihre Klientin aus dem Fenster. Gelebt hatte sie eben mit und durch die telefonische Verbindung mit ihrer Mutter, und ihre Anpassung im Heim war lediglich äußerer Schein.

Die Angehörigen sollten wenn immer möglich in die Behandlung einbezogen werden. Die Form, in der das geschieht, hängt vom Therapieziel und den jeweiligen therapeutischen Ressourcen ab. Die Arbeit mit Angehörigen reicht von separaten Angehörigengruppen (mit Schwerpunkt auf expertendominierter Informationsvermittlung versus Selbsthilfe) bis zu unterschiedlichen Formen der Familientherapie (siehe dazu Katschnik & Konieczna, 1989). Die in ihrer Wirksamkeit als effizient erwiesenen verhaltenstherapeutischen Strategien stützen sich auf folgende Elemente: Aufklärung über die Erkrankung für Angehörige und Patienten, Strategien des Umgangs mit der Erkrankung mit Fokus auf der Medikamentencompliance, kognitive und/oder soziale Trainingsverfahren für die Patienten, Problemlösetraining für die Familie.

Die auf diese Weise erzielten eindrucksvollen Erfolge wurden in der Einleitung referiert. Welchen Wirkfaktoren sie sich verdanken, ist nicht eindeutig entscheidbar. In den einzelnen Studien wurden zum Teil sehr unterschiedliche Kombinationen der einzelnen Therapieelemente eingesetzt und diese vor allem in ganz unterschiedlicher Intensität angewandt. Andererseits weisen alle Konzepte eine Reihe von Gemeinsamkeiten auf (Angermeier, 1987):

* Pragmatische Ausrichtung an konkreten Problemen
* Ein Handicap (Vulnerabilität) wird als gegeben akzeptiert; damit zurechtzukommen ist das Ziel, nicht dessen wie immer geartete "Auflösung"
* Aufklärung über die Erkrankung als wesentliches Element
* Schwerpunkt auf übenden statt auf deutenden Verfahren
* Aktivierung von Bewältigungs- und Selbststeuerungsressourcen.

Wie eine an diesen Leitlinien orientierte, in ein psychodynamisches Verständnis des Schizophrenieproblems eingebettete Therapie aussehen kann, soll im folgenden skizziert werden.

Schwierig ist bereits der Anfang: die Angehörigen zu gewinnen. Allgegenwärtige Schuldgefühle, Überforderung und Erschöpfung nach der zumeist belastenden Zeit vor der Klinikaufnahme des Patienten schaffen das Bedürfnis nach Abstand und Erholung. In dieser Situation schreckt der Ausdruck "Familientherapie" die Angehörigen geradezu ab: die "schizophrenogene Mutter" unseligen Angedenkens und andere schuldinduzierende Konzepte werfen hier ihre Schatten. In dieser Phase der Verunsicherung und Erschöpfung der Familie hat sich der Einstieg in die Einbeziehung der Familie durch Aufklärung über die Erkrankung bewährt, die durch ihren Charakter sachlicher Information angstreduzierend wirkt. Haben die Familien erst einmal gemerkt, daß sie unterstützt und in ihren Sorgen und Nöten (Schuldgefühle sind hier ein großes Thema) angenommen werden, statt daß man nach Ursachen der Erkrankung bei ihnen forscht, sind sie meist zu einer Kooperation zu gewinnen. Dann wird schnell der circulus vitiosus thematisch, in dem die Krankheit des Angehörigen die Eltern in eine Verantwortung nimmt, die der Patient als überprotektive Einengung seiner Autonomie auffaßt. Daß er sich ihr widersetzt, steigert die Angst der Eltern vor einem Rückfall in die Erkrankung, was zu

Versuchen verstärkter Fremdbestimmung oder auch zu einem resignativen Rückzug führt. Es resultiert eine affektiv hoch aufgeladene Familien-Atmosphäre, die Rückfälle begünstigt und eine schrittweise Entwicklung - im Sinne eines situationsangemessenen Überlassens und Realisierens von Autonomie - gerade blockiert.

In einer derartigen Beschreibung können sich in aller Regel sowohl Patienten wie Angehörige wiederfinden. Als Hintergrundkonzept bietet sich dabei das Vulnerabilitäts-Streßmodell an (Zubin & Spring, 1977; Nüchterlein, 1987). In seiner wissenschaftlichen Rationalität führt es ein Stück Klarheit und emotionale Neutralität in die oft angespannte Familienatmosphäre ein. Mit der Konzeption des verletzlichen, dünnhäutigen Individuums bietet es einen Rahmen, in dem die schizophrene Erkrankung als Endergebnis eines Prozesses aufgefaßt wird, bei dem auf der Grundlage substratnaher Basisstörungen (z.B. Störungen der Informationsverarbeitung und Anomalien des autonomen Nervensystems) das Zusammenspiel von Stressoren und protektiven Faktoren darüber entscheidet, ob sich die Erkrankung manifestiert oder nicht. Dieses Modell erlaubt die Identifikation von Belastungsfaktoren und die Erarbeitung geeigneter Bewältigungsstrategien. Bedeutsam sind hier insbesondere die Strategie der kleinen Schritte, das (familiäre) Milieu mit seinen verlaufsmodifizierenden Potenzen (hier setzt die Einbeziehung der Familie in die Therapie an) und die Funktion der Neuroleptika zur Senkung der Vulnerabilitätsschwelle.

Für die Einbeziehung der Familie in die Behandlung gilt, was für die Individualtherapie bereits gesagt wurde: Sie ist ein langfristiges Unternehmen, nicht nur, weil Veränderungen schwierig sind, sondern vor allem, da schnelle Veränderungen vorschnelle Adaptationen an problematische, weil in sich antagonistische Strukturen sein können - wie das Beispiel zeigt.

B.I., seinerzeit 25 Jahre alt und an einer zunächst blande beginnenden, dann paranoid-halluzinatorischen Psychose mit katatonen Symptomen erkrankt, konnte trotz monatelanger intensiver stationärer Behandlung kaum gebessert werden. Autistisch zurückgezogen, war sie kaum zu irgendwelchen Aktivitäten zu motivieren, sprach nur das nötigste und blieb von außen kaum erreichbar. Nur in Anwesenheit ihrer Eltern wurde sie vergleichsweise offen, ein befriedigtes Lächeln überzog dann ihr Gesicht, besonders mit ihrer Mutter sprach sie einige Sätze.

Wir haben diese Patientin schließlich kaum gebessert in ihre Familie entlassen und dieser eine Weiterbehandlung angeboten. Wieder zu Hause, führte die Patientin, die von ihren Eltern als scheu und extrem distanzbedürftig beschrieben worden war (man habe sie kaum berühren dürfen), ein Arrangement herbei, in dem sie das Baby zwischen ihren Eltern war. Sie zog zur Mutter ins Ehebett, verlangte von dieser immer wieder "geknuddelt" zu werden, konnte offenbar an Wärme und Nähe gar nicht genug bekommen. Den zuvor aushäusigen Vater zwang sie in die Familie zurück, sie stopfte ungeheure Mengen Süßigkeiten in sich hinein, nahm enorm zu. Innerhalb der Familie war sie auf eine etwas flach-euphorische Weise munter, hing der Mutter am Rockzipfel und war durchaus aktiv. Bei einer Familiensitzung Monate nach der Entlassung sitzt sie vergnügt und feist in diesem zwangsveranstalteten Familienidyll und antwortet auf meine Frage nach der Zukunft: Sie möchte verreisen. - Und wohin? - Nach Neuseeland, für 1-2 Jahre. - Diese junge Frau, die sich in den Schoß der Familie förmlich eingebohrt hat, phantasiert einen Aufenthalt bei den Antipoden - selbstverständlich alleine.

Man sieht: Der Patientin geht es eindrucksvoll besser, das Dilemma zwischen Nähe und Distanz, Symbiose und Individuierung aber besteht unverändert; die Patientin hat sich einstweilen auf dessen einem Pol eingerichtet - bis sie abrupt zum Gegenpol wechseln wird.

Aufgabe der Therapie ist es, diesem Sprung, der in die Psychose führt oder deren frühes Symptom ist - in jedem Fall ein Indikator der ungelösten Spannung zwischen Symbiose und Individuierung -, durch allmähliche Ausdifferenzierung des Alltagslebens der Patientin in der Familie vorzubeugen. Konkret ging es hier darum, grobe Grenzüberschreitungen zu korrigieren: Die Patientin sollte, wenn sie die Toilette benutzte und sich duschte, die Badezimmertüre schließen, aus dem Bett neben der Mutter in ein eigenes Zimmer ziehen, zum Haushalt beitragen usf. Schon an diesen vergleichsweise banalen Schritten zeigten sich die Schwierigkeiten. Die Patientin sah zunächst wenig Grund, sich mit derartigen Bagatellen überhaupt zu befassen; wenn sie schon selbständig werden sollte, redete sie lieber davon, daß sie studieren und fliegen lernen wolle. Die Eltern andererseits befürchteten, ihre Tochter könnte Anforderungen von ihrer Seite als Lieblosigkeit verstehen.

In einem weiteren Schritt ist es wichtig, den Patienten erneut Außenkontakte zu erschließen, ebenso - getrennt davon - den Angehörigen. Schließlich sollte versucht werden, dem Patienten eine regelmäßige Beschäftigung, möglichst außerhalb des Hauses, zu vermitteln. Die Hoffnung ist, durch einen faktischen Zuwachs an Autonomie den Prozeß der intrapsychischen und äußeren Differenzierung zu befördern, so daß Übersprungslösungen immer weniger notwendig werden.

Bei B.I. gelang dieses Projekt nur teilweise. Sie gewann zwar an äußerer Selbständigkeit und Kompetenz, bezog einen eigenen Bereich im Elternhaus, arbeitete erfolgreich halbtags, zeitweise auch ganztags in ihrem Beruf als Kauffrau - blieb allerdings ebenso auf ihre Mutter bezogen wie diese auf sie. Beide arbeiteten im selben Betrieb fast nebeneinander, ihre zahlreichen Aktivitäten (Sprachkurse, Turnen, Fernstudium Betriebswirtschaft), die die Patientin durchaus auch selbst initiierte, teilte sie ausnahmslos mit der Mutter. Die innere und äußere Ablösung von der Familie blieb stillgelegt und wurde von der Patientin auch so erlebt. Sie machte sich Sorgen um ihre Mutter, wenn sie diese allein zurücklassen würde, sah durch ihr massives Übergewicht ihre Chancen, über einen Mann ihre Verselbständigung zu erreichen als zur Zeit unrealistisch an und ging auf einer psychotischen Ebene mit diesem Thema so um, daß sie untergründig wähnte, einige Männer hätten an ihr ein besonderes Interesse. Erst im erneuten Aufflackern der Psychose 1991 und 1994 mit konsekutiver Rehospitalisierung wurde das Thema der Ablösung wieder manifest, dann jeweils in der Form, daß die Patientin von zu Hause ausziehen, sich einen anderen Arbeitsplatz suchen und zu einem wahnhaften Liebespartner ziehen wollte.

Zur Zeit versuchen wir, aus der erneuten postpsychotischen Readaptation an die alten Zustände die Idee der Verselbständigung im Wohnen gleichsam zu retten - die anderen Pläne werden einstweilen zurückgestellt - und der Patientin hier einen Weg zu weiterer allmählicher Emanzipation zu eröffnen. Bei verbaler Zustimmung sind die Widerstände von Seiten der Familie (und der Patientin) beträchtlich und es bleibt abzuwarten, ob dieser Schritt jetzt gelingt.

Der dargestellte Behandlungsverlauf wurde ausgewählt, um die Schwierigkeiten, Rückschläge - aber eben auch die trotz aller Beschränkungen sich erst über die Zeit ergebenden Entwicklungsmöglichkeiten darzustellen. Diese Therapien führen in der Mehrzahl der Fälle nicht zur "Heilung" der Patienten, obwohl es diese natürlich auch gibt. Die Patienten und ihre Familien kommen jedoch miteinander und mit der Erkrankung deutlich besser zurecht, vielen gelingt der Übergang in selbständigere Lebensformen. Nicht zuletzt stellen diese Maßnahmen auch einen Beitrag zur Rezidivprophylaxe der Psychose dar, indem sie im geglückten Falle die Risiken der Über- bzw. Unterstimulierung durch Familie, Umfeld und Therapie vermeiden. Sie können auf diese Weise auch eher eine Reduktion der Neuroleptika-Dosis erlauben.

Die Einbeziehung der Familie in die Behandlung macht nach unserer Erfahrung die Behandlung stabiler, wohl deshalb, weil die Ein- und Ausgrenzungsprozeduren, die sonst in dem Dreieck zwischen Therapeut, Patient und Familie ablaufen, hier besser erkannt und bearbeitet werden können. Andererseits sind diese Therapien aufwendiger und schwieriger, zunächst einmal, weil die Situation sehr viel unübersichtlicher ist als in der Einzeltherapie, oft auch, weil es sehr turbulent zugeht und der Therapeut gefordert ist, Struktur in die Sitzung zu bringen. Das ist diffizil, weil eine Parteinahme vermieden werden muß. Andererseits besteht in diesem Setting die Chance, die Probleme sehr viel früher, drastischer und realitätsnäher präsentiert zu bekommen als in der perspektivisch verzerrten Situation der Einzeltherapie. Dementsprechend können die Interventionen direkter sein und die Therapie kann als - auch verhaltenstherapeutisch zu gestaltendes - Feld dienen, adäquatere Umgangsstile und Lösungswege zu praktizieren.

Wenn möglich sollten Familienbehandlungen zumindest am Anfang nicht von einem Therapeuten allein durchgeführt werden; angesichts der Komplexität der Situation und der Anforderung, aktuell reagieren zu müssen, bedeutet ein Co-Therapeut einen erheblichen Gewinn an Sicherheitsgefühl und Kompetenz im Management der Situation. Die Abstände zwischen den Therapien können relativ lang sein, am Anfang z.B. 2-4 Wochen, später wesentlich länger, zu einer Art Erhaltungstherapie können 3-4 Sitzungen pro Jahr ausreichen. Damit ist dies Verfahren trotz der auf Jahre zu veranschlagenden Dauer praktikabel und nach unseren Erfahrungen auch sehr lohnend.

Literatur

Angermeyer, M.C. (1987). Theoretical Implications of Psychosocial Intervention Studies on Schizophrenia. In: Häfner, H. et al. (Eds.). Search for the Causes of Schizophrenia. Berlin: Springer, S.331-348

Bertschinger, H. (1911). Heilungsvorgänge bei Schizophrenen. *All Z Psychiat*, 68, 209-222

Benedetti, G. (1980). Klinische Psychotherapie. Einführung in die Psychotherapie der Psychosen. Stuttgart: Hans Huber

Bleuler, E.(1991). Dementia praecox oder Gruppe der Schizophrenien. Leipzig: Deuticke

Böker, W. & Brenner, H.D. (1983). Selbstheilungsversuche Schizophrener. *Nervenarzt*, 54, 578-589

Brücher, K. (1988). Über die strukturellen Bedinungen psychotherapeutischer Prozesse. Ein Beitrag zu einer allgemeinen Theorie des therapeutischen Feldes. *Fundamenta Psychiatrica*, 4, 228-238

Brücher, K. (1992). Ein individualisierendes psychoedukatives Therapiekonzept in der stationären Behandlung Schizophrener - Modelle und eigene Erfahrungen. *Psychiatr. Praxis*, 19, 59-65

Brücher, K.; Puchert, F.; & Hietel-Weniger, R. (1996, in press). Aspects of the Importance and Function of "Voices" of Schizophrenic Patients. A Study with the Repertory Gridtechnique.

Buchkremer, G. & Fiedler, P. (1987). Kognitive versus handlungsorientierte Therapie. *Nervenarzt*, 58, 481-488

Ciompi, L. (1980). Ist die chronische Schizophrenie ein Artefakt? Argumente und Gegenargumente. *Fortschr Neurol Psychiat*, 48, 237-248

Conrad, K. (1958). Die beginnende Schizophrenie. Versuch einer Gestaltanalyse des Wahns. Stuttgart: Thieme

Fallon, I.R.H.; Boyd, J.L.; McGill, C.W.; Razani, J.; Moss, H.B. & Gildermann, A.M. (1982). Family Managment in the Prevention of Exacerbations of Schizophrenia. *New Engl J Med*, 306, 1437-1440

Fallon, I.R.H.; Boyd, J.L.; McGill, C.W.; Williamson, M.; Razani, J.; Moss, H.B.; Gildermann, A.M. & Simpson, G.M. (1985). Family Managment in the Prevention of Morbidity of Schizophrenia. *Arch Gen Psychiat*, 42, 887-896

Goldstein, M.J.; Rodnick, E.H.; Evans, J.R.; May, P.R.A. & Steinberg, M.R. (1978). Drug and Family Therapy in the Aftercare of Acute Schizophrenics. *Arch Gen Psychiat*, 35, 1169-1177

Häfner, H.; Maurer, K.; Löffler, W. & Riecher-Rössler, A. (1991). Schizophrenie und Lebensalter, 62, 536-548

Hahlweg, K.; Dose, M.; Feinstein, E.; Müller, U. & Brenner H.D. (1989). Rückfallprophylaxe für schizophrene Patienten durch psychoedukative Familienbetreuung. *System Familie*, 2, 145-156

Heigl-Evers, A. & Nitschke, B. (1991). Das Prinzip "Deutung" und das Prinzip "Antwort" in der psychoanalytischen Therapie. Anmerkungen zur theoretischen Begründung zweier therapeutischer Angebote, die an unterschiedliche Patientengruppen gerichtet sind. *Z Psychosomat Med*, 37, 115-127

Hogarty, G.E.; Anderson, C.M.; Reiss, D.J.; Kornblith, S.J.; Greenwald, D.B.; Javna, C.D. & Madonia, M.J. (1986). Family Psychoeducation, Social Skills Training, and Maintenance Chemotherapy in the Aftercare Treatment of Schizophrenia. *Arch Gen Psychiat*, 43, 633-642

Hubschmid, T. (1985). Von der Familientherapie zur Angehörigenarbeit in der Psychiatrie. In: Katschnig, H. (Hrsg.): Die andere Seite der Schizophrenie. Patienten zu Hause. München: Psychologie Verlags Union, 207-228

Katschnig, H. & Konieczna, T. (1989). Neue Formen der Angehörigenarbeit in der Psychiatrie. In: Katschnig, H. (Hrsg.). Die andere Seite der Schizophrenie. Patienten zu Hause. München: Psychologische Verlags Union, 207-228

Klosterkötter, J. (1988). Übergänge oder Grenzen zwischen Persönlichkeitsvarianten und Schizophrenien. In: Janzarik, W. (Hrsg.). Persönlichkeit und Psychose. Stuttgart: Enke

Kohut, H. (1981). Die Heilung des Selbst. Frankfurt: Suhrkamp

Köttgen, C.; Sönnichsen, I.; Mollenhauer, K. & Jurth, R. (1984a). Families' High-Expressed-Emotions and Relapses in Young Schizophrenic Patients: Result of the Hamburg Camberwell Family Interview Study II. *Int J Fam Psychiat*, 5, 71-82

Köttgen, C.; Sönnichsen, I.; Mollenhauer, K. & Jurth, R. (1984b). Group Therapy with Families of Schizophrenic Patients; Results of the Hamburg Camberwell Family Interview Study III. *Int J Fam Psychiat*, 5, 83-94

Lange, H.U. (1981). Anpassungsstrategien, Bewältigungsreaktionen und Selbstheilungsversuche bei Schizophrenien. *Fortschritt Neurol Psychiat*, 49, 275-285

Leff, J.; Kuipers, L.; Berkowitz, R.; Eberlein-Vries, R. & Sturgeon, D. (1982). A Controlled Trial of Social Intervention in the Families of Schizophrenic Patients. *Br J Psychiat*, 141, 121-134

Leff, J.; Kuipers, L.; Berkowitz, R. & Sturgeon, D. (1985). A Controlled Trial of Social Intervention in the Families of Schizophrenic Patients: Two Year Follow-Up. *Br J Psychiat*, 146, 594-600

Leff, J. & Vaughn, C. (1985). Expressed Emotion in Families. New York: The Guilford Press

Mayer-Gross, W. (1920). Über die Stellungnahme zur abgelaufenen akuten Psychose. Eine Studie über verständliche Zusammenhänge in der Schizophrenie. *Z Neurol*, 60, 160-212

Mentzos, S. (1992). Psychodynamische Modelle in der Psychiatrie. Göttingen: Vandenhoeck und Ruprecht

Müller, M. (1930). Über Heilungsmechanismen in der Schizophrenie. Berlin: Karger

Nuechterlein, K.H. (1987). Vulnerability Models for Schizophrenia: State of Art. In: Häfner, H.; Gattaz, W.F. & Janzarik, W. (Eds.). Search for the Causes of Schizophrenia. Berlin: Springer

Romme, M.A.J. & Escher, A.D.M.A.C. (1989). Hearing Voices. *Schiz Bull*, 15, 209-216

Scharfetter, Ch. (1985). Allgemeine Psychopathologie. Eine Einführung. Stuttgart: Thieme

Tarrier, N.; Barrowclough, C.; Vaughn, C.; Bamrah, J.S.; Proceddu, K. & Freeman, H. (1988). The Community Managment of Schizophrenia: a Controlled Trial of a Behavioral Intervention with Families to Reduce Relaps. *Br J Psychiat*, 153, 532-642

Wing, J.K. & Brown, G.W. (1970). Institutionalism and Schizophrenia. London: Cambridge University Press

Zubin, J. & Spring, B. (1977). Vulnerability - a New View of Schizophenia. *J Abnorm Psychol*, 96, 103-126

AutorInnenverzeichnis

Josef Bäuml, Dr. med., Facharzt für Psychiatrie
Seit 1983 Tätigkeit an der psychiatrischen Klinik der TU München. Seine Aufgaben umfaßten die Leitung einer geronto-psychiatrischen Tagesklinik, Arbeit in der Akutpsychiatrie, sowie Durchführung des Psychiatrischen Liaison- Konsiliardienstes im Klinikum rechts der Isar. Derzeit ist er in der psychiatrischen Poliklinik tätig, wobei seine Interessenschwerpunkte in der Angehörigenarbeit bei schizophrenen Patienten, Maßnahmen zur Compliance-Verbesserung und psychopädagogischer Wissensvermittlung bei psychiatrischen Patienten liegen. Er arbeitete an zahlreichen Therapiestudien mit, unter anderem Untersuchungen über die Langzeitbehandlung von schizophrenen Patienten. Zudem ist er als Referent in der Fort- und Weiterbildung tätig und fungiert als Projekt-Koordinator der Münchner PIP-Studie.

Bernd Behrendt, Dipl.-Psych.
Studium der Psychologie und Tätigkeit als wissenschaftlicher Mitarbeiter an der Universität Trier. Seit 1983 arbeitet er als Klinischer Psychologe an der Nervenklinik Homburg. Seine Arbeitsschwerpunkte sind die berufliche Integration psychisch Behinderter, Rückfallprophylaxe bei schizophrenen Erkrankungen und psychologische Trainingsprogramme für Schizophrene.

Gabriele Berten, Dipl.-Psych.
Studium der Psychologie und Philosophie an der Ruhr-Universität Bochum, zusätzlich Ausbildung in Verhaltenstherapie und Psychodrama. Seit 1989 ist sie als leitende Psychologin in rehabilitativen Wohnheimen für Menschen mit chronischen psychiatrischen und Suchterkrankungen tätig.

Hans-Dieter Brenner, Prof. Dr. med., Dr. phil.
Medizinstudium in Tübingen, Heidelberg und Bern; Psychologiestudium in Mannheim, Bern und London. Er ist Facharzt für Neurologie, Psychiatrie und Psychotherapie und habilitierte sich 1981 für das Fach Psychiatrie. Extraordinarius 1987; seit 1994 Ordinarius und Direktor der Sozialpsychiatrischen Universitätsklinik Bern. Seine Arbeitsschwerpunkte beinhalten schizophrene Erkrankungen, Rehabilitation, Kognitiver Therapie und Verhaltenstherapie.

Klaus Brücher, Dr. med.
Arzt für Neurologie und Psychiatrie, Oberarzt der Psychiatrischen Klinik der Universität Marburg. Dort Ausbau und Leitung einer psychoedukativ orientierten Station für die Akut- und Nachbehandlung schizophrener Patienten. Seine Arbeitsschwerpunkte sind das Krankheits- und Behandlungserleben schizophren Erkrankter, die Bewältigungsstrategien schizophren Erkrankter, qualitative Forschungsstrategien in der Psychiatrie sowie Strukturanalysen der therapeutischen Beziehung und des therapeutischen Settings.

Peter Buttner, Dr. med.
Psychiatrische Ausbildung am Klinikum der TU München rechts der Isar. Derzeit komm. Leiter der Tagesklinik im Atriumhaus - Psychiatrisches Krisenzentrum in München. Tätigkeit als Lehrbeauftragter an der Staatlichen Fachhochschule München, Fachbereich Sozialwesen und am Psychodramainstitut für Europa. Seine Arbeitsschwerpunkte sind Psychoedukation, Psychotherapie für altersdepressive Patienten und Psychodrama mit psychiatrischen Patienten.

Matthieu Conrads, Dipl.-Päd.
Arbeitet seit zehn Jahren pädagogisch, sozialarbeiterisch und therapeutisch in der Erwachsenenpsychiatrie (Dauerwohnheime, Betreutes Wohnen). Derzeitiger Interessensschwerpunkt sind die therapeutischen Möglichkeiten der Förderung chronisch Schizophreniekranker in Langzeiteinrichtungen.

Heijo Dürr, Dr., Dipl.-Psych.
Studium der Psychologie in München. Danach Tätigkeit als wissenschaftlicher Mitarbeiter in der Abteilung für Klinische Psychologie am Max-Planck-Institut. Seit 1990 betreibt er eine freie Praxis in München mit dem Schwerpunkt verhaltenstherapeutische Kinder- und Familientherapie.

Reinhold Feldmann, Dipl.-Psych, Dipl.-Theol.
Studium der Psychologie, Theologie und Geschichte in Rom und Münster. Er ist als wissenschaftlicher Mitarbeiter an der Klinik für Psychiatrie der Universität Münster tätig.

Kurt Hahlweg, Prof. Dr., Dipl.-Psych.
Studium der Psychologie an der Universität Hamburg, Research assistant an der Queens University, Belfast. Später war er als wissenschaftlicher Assistent in der Abteilung für Klinische Psychologie am Max-Planck-Institut für Psychiatrie tätig. Seit 1988 ist er Professor für Klinische und Diagnostische Psychologie an der TU Braunschweig und seit 1994 wissenschaftlicher Leiter des Institus Braunschweig der Christoph-Dornier-Stiftung für Klinische Psychologie. Seine Arbeitsschwerpunkte liegen in der Verhaltenstherapeutischen Ehe- und Familientherapie, Schizophrenieforschung und der interpersonellen Diagnostik.

Hans-Dietrich Hempel, Dr. med., Privatdozent
Arzt für Psychiatrie, Neurologie und Psychotherapie. Wissenschaftliche Arbeiten insbesondere zu nosologischen und klassifikatorischen Fragestellungen psychiatrischer Krankheiten. In diesem Zusammenhang beschäftigte er sich auch mit Methoden der Früherfassung und -behandlung schizophrener Psychosen unter Berücksichtigung verhaltenstherapeutischer und psychoedukativer Aspekte.

Jutta Herrlich, Dr. rer. med., Dipl.-Psych.
Arbeitet in der Funktionseinheit Klinische Psychologie am Zentrum der Psychiatrie des Universitätsklinikums Frankfurt. Lehrauftrag für Verhaltenstherapie bei schizophren Erkrankten an der Universität Mainz, sowie in der Weiterbildung tätig. Ihre Hauptarbeitsgebiete sind die Konzeptentwicklung und Anwendung von Verhaltenstherapie bei ambulanten und stationären psychiatrischen Patienten mit Schizophre-

nie und Zwangskrankheit, Kognitive Verhaltenstherapie bei Depression und Angehörigenarbeit.

Roswita Hietel-Weniger, Dr. med.
Promotion zum Thema "Manisch-Depressive vor ihrem familiären Hintergrund" in Marburg. Ihre ärztliche Tätigkeit begann sie in der Klinik für Psychiatrie der Universität Marburg, danach arbeitete sie in der Neurologischen Abteilung der Klinik Schloß Pulsnitz (Sachsen). Ihre Interessensschwerpunkte bilden die Therapie Psychosekranker, Verhaltenstherapie und systemische Familientherapie.

Eberhard Höfer, Dr. med.
Medizinstudium und dann Medizinalassistent an der Universität Gießen. Anschließend Assistenzarzt an der psychiatrischen Klinik des Landeskrankenhauses Hildesheim sowie der neurologischen Klinik des Agnes-Karl-Krankenhauses, Laatzen. Seit 1982 Leiter des Sozialpsychiatrischen Dienstes am Gesundheitsamt Hildesheim, seit 1985 Dozent an der Akademie für Öffentliches Gesundheitswesen in Düsseldorf sowie weitere Lehraufträge an der Universität Düsseldorf und Hildesheim.

W. Peter Hornung, Priv.-Doz., Dr. med.
Arzt für Neurologie, Psychiatrie und Psychotherapie (Tiefenpsychologie, Verhaltenstherapie und Gruppenpsychotherapie). Er ist als Oberarzt an der Klinik und Poliklinik für Psychiatrie der Westfälischen Wilhelms-Universität Münster tätig und war zunächst stellvertretender, später hauptverantwortlicher Leiter des Forschungsprojektes zur Rezidivprophylaxe schizophrener Patienten. Seine Hauptarbeitsgebiete sind Schizophrenie, verhaltenstherapeutische Methoden und Gerontopsychiatrie.

Angela Kieserg, Dipl.-Psych.
ist Diplom-Psychologin und Psychotherapeutin mit dem Schwerpunkt Verhaltenstherapie. Sie war wissenschaftliche Mitarbeiterin an der Klinik und Poliklinik für Psychiatrie der Westfälischen Wilhelms-Universität Münster im Forschungsprojekt zur Rezidivprophylaxe schizophrener Patienten. Heute ist sie in einer psychiatrischen Tagesklinik tätig. Ihre Hauptarbeitsgebiete sind Psychotherapie im psychiatrischen Krankenhaus und Weiterbildung in der Verhaltenstherapie.

Werner Kissling, Dr. med.
Psychiatrische Ausbildung am Max-Planck-Institut für Psychiatrie in München. Derzeit arbeitet er als Oberarzt an der psychiatrischen Klinik der TU München. Seine Arbeitsschwerpunkte sind die Rezidivprophylaxe schizophrener Psychosen, Psychoedukative Interventionen für schizophren Erkrankte sowie Compliance.

Jochen Maurer, Dipl.-Psych.
Nach universitärerTätigkeit in der Abteilung Klinische Psychologie an der Gesamthochschule Wuppertal im komplementär-psychiatrischen Bereich: erst in einem Heim für chronisch psychisch kranke Menschen, aktuell im Sozialpsychiatrischen Dienst Wuppertal. Daneben freiberufliche Tätigkeit als Psychotherapeut und Supervisor.

Ulrike Nagel-Schmitt, Dipl.-Psych.
Studium an der Universität Heidelberg, Ausbildung als Klinische Psychologin/
Psychotherapeutin (BDP) sowie Ausbildung in Verhaltenstherapie. Seit 1991 ist sie
in der Psychiatrischen Klinik in Karlsruhe tätig, davon 1993/94 an der Tagesklinik.
Ihre Arbeitsschwerpunkte sind kognitiv orientierte Gruppen- und Einzeltherapien
mit Patienten mit Störungen aus dem schizophrenen Formenkreis sowie Gesundheitsunterricht und Angehörigenarbeit.

Gabriele Pitschel-Walz, Dipl.-Psych.
Studium der Psychologie in München. Sie war wissenschaftliche Mitarbeiterin am
Institut für Therapieforschung (IFT), Projektgruppe Herz-Kreislauf-Prävention sowie an der Psychiatrischen Klinik der Universität München, wo sie an der multi-
zentrischen Münchner PIP-Studie beteiligt war. Sie arbeitete darüber hinaus an einem Lehrfilm über "Psychoedukative Gruppen in der Schizophreniebehandlung"
mit und führte Workshops für Psychiater und andere Berufsgruppen zum selben
Thema durch. Seit 1995 ist sie in einem Forschungsprojekt zur alltagsrelevanten
Gedächtnisrehabilitation bei Patienten mit Alzheimerscher Krankheit tätig.

Annette Schaub, Dr. phil., Dipl.-Psych.
1984-1991 wissenschaftliche Assistentin an der Psychiatrischen Universitätsklinik
Bonn. 1992 Auslandsaufenthalt in USA und Teilnahme an Projekten unter der Leitung von M. Goldstein, R.P. Liberman und A. Bellack, zur Familien- und Verhaltenstherapie bei schizophren erkrankten Menschen. Seit 1993 wissenschaftliche
Assistentin an der Psychiatrischen Universitätsklinik Bern und Projektleitung zur
Evaluation eines bewältigungsorientierten Therapieansatzes für schizophrene Patienten. Seit 1995 zudem wissenschaftliche Assistentin an der Psychiatrischen
Universitätsklinik München. Schwerpunktthemen: Bewältigung psychischer Erkrankung, verhaltens- und familientherapeutische Ansätze bei psychisch Kranken,
Therapieforschung.

Thomas Spille, Dipl.-Psych. und Psychotherapeut
Studium an der FU Berlin. Tätigkeit in der psychosozialen und stationär psychiatrischen Versorgung. Zur Zeit arbeitet er in einer psychosozialen Kontakt- und Be-
ratungsstelle. Seine Arbeitsschwerpunkte sind die Psychotherapie bei affektiven
und schizophreniformen Störungen sowie Schmerztherapie. Zusätzliche Erfahrungen in der regionalen Psychiatrieplanung und Organisationsentwicklung im psychosozialen Bereich. Seine wissenschaftlichen Interessen gelten dem Gebiet der
Versorgungsforschung und neueren Ansätzen in der Schizophrenieforschung.

Arnold Stark, Dipl.-Psych.
Professor am Fachbereich Sozialpädagogik der Fachhochschule Hildesheim/Holz-
minden für die Lehrgebiete "Klinische Psychologie" und "Sozialpsychiatrie/Sozial-
arbeit mit psychisch Erkrankten". Zusätzlich ist er als niedergelassener Psychotherapeut mit den Schwerpunkten Verhaltenstherapie und Gesprächspsychotherapie in
der Regelversorgung tätig. Seit 1992 Mitglied der Anerkennungskommission der
DGVT. Thematische Schwerpunkte seiner Arbeit liegen in der Gemeindepsychiatrie und der Qualitätskontrolle bei der Ausbildung in Verhaltenstherapie.

Angela Kieserg & W. Peter Hornung

Psychoedukatives Training
für schizophrene Patienten (PTS)

Ein verhaltenstherapeutisches Behandlungsprogramm
zur Rezidivprophylaxe

Das PTS ist ein psychoedukativ ausgerichtetes Gruppentherapie-
programm. Es hat zum Ziel, die Rückfallgefahr bei schizophrenen
Psychosen zu reduzieren und eignet sich besonders für mehrfach-
erkrankte schizophrene PatientInnen in ambulanter oder teilstationärer,
aber auch vollstationärer Behandlung.
Im Zentrum des Programms steht die Informationsvermittlung über die
Erkrankung und ihre Behandlungsmöglichkeiten als Grundlage für
Strategien zur Krisenbewältigung und Rückfallverhütung. Einen
weiteren Schwerpunkt bilden Überlegungen zur Mitbestimmung der
Betroffenen bei der Pharmakotherapie. Auf diese Weise wird es allen
TeilnehmerInnen ermöglicht, individuell auf sich zugeschnittene
Formen des Umgangs mit der Erkrankung zu entwickeln.
Das Manual ist als klar strukturierter, auf die Praxis zugeschnittener
Leitfaden aufgebaut und enthält alle notwendigen Unterlagen und
Materialien zur Durchführung des Therapieprogramms. Es richtet sich
vor allem an ÄrztInnen, PsychologInnen und andere in der Psychiatrie
tätige Berufsgruppen.
Für die Qualität des PTS spricht, daß es auf so große Resonanz
gestoßen ist und die erste Auflage bereits innerhalb eines Jahres ver-
griffen war. Für die Neuauflage ist es jetzt gründlich überarbeitet und
in einzelnen Programmteilen erweitert worden. Es umfaßt nun insgesamt 15 Sitzungen.

Materialie 27, 1994, 2. überarb. u. erw. Auflage 1996
80 Seiten und 16 Kopiervorlagen, DM 27,-
ISBN 3-87159-327-3

J.K. Zeig (Hrsg.)

PSYCHOTHERAPIE
Entwicklungslinien und Geschichte

Das Buch präsentiert in einzigartiger Weise die Summe der Erkenntnisse und Entwicklungen der gegenwärtigen Psychotherapie, dargestellt von 27 der prominentesten führenden Theoretiker- bzw. PraktikerInnen.

1991, fest gebunden, Schutzumschlag, 672 Seiten, DM 64,-
ISBN 3-922686-97-4

Aus dem Inhalt:

Die Forum-Reihe auf einen Blick: